厚德博學
經濟匡時

匡时 投资学系列　　新形态

|第3版|

房地产估价

王克强　刘红梅　姚玲珍　主　编
马克星　叶　方　副主编

上海财经大学出版社
SHANGHAI UNIVERSITY OF FINANCE & ECONOMICS PRESS

上海学术·经济学出版中心

图书在版编目(CIP)数据

房地产估价 / 王克强, 刘红梅, 姚玲珍主编.
3 版. -- 上海：上海财经大学出版社, 2025.7.
(匡时). -- ISBN 978-7-5642-4584-9
Ⅰ. F293.35
中国国家版本馆 CIP 数据核字第 2025ZP0328 号

责任编辑：季羽洁
封面设计：张克瑶
版式设计：朱静怡
投稿邮箱：jiangyu@msg.sufe.edu.cn

房地产估价(第3版)

著　作　者：王克强　刘红梅　姚玲珍　主编
　　　　　　马克星　叶　方　副主编
出版发行：上海财经大学出版社有限公司
地　　　址：上海市中山北一路 369 号(邮编 200083)
网　　　址：http://www.sufep.com
经　　　销：全国新华书店
印刷装订：上海新文印刷厂有限公司
开　　　本：787mm×1092mm　1/16
印　　　张：29(插页:2)
字　　　数：567 千字
版　　　次：2025 年 7 月第 3 版
印　　　次：2025 年 7 月第 1 次印刷
定　　　价：68.00 元

前 言

随着房地产市场的发展,房地产估价显得越来越重要。房地产估价就是专业房地产估价人员根据特定的估价目的,遵循公认的估价原则,按照严谨的估价程序,运用科学的估价方法,在对影响估价对象价值的因素进行综合分析的基础上,对估价对象在估价时点的价值进行估算和判定的活动。中国的房地产估价有悠久的历史。据史料记载,早在 2 000 多年之前,我国就已经出现了最早的土地估价;国民政府于 1930 年颁布了《土地法》,为满足《土地法》所规定的对土地纳税及土地征用的需要,国民政府的职能机关开始对土地的价值进行评估;在我国 20 世纪 30 年代出版的一些土地经济学方面的专著中,就有关于房地产价格评估的论述。1949 年以后,尤其在 20 世纪 50 年代至 70 年代这段时期,我国废除房地产私有制,实行土地公有制度,房地产估价活动也因此基本上停滞不前,房地产价值评估的研究也逐渐被冷落下来。1995 年,我国实施《中华人民共和国城市房地产管理法》,规定国家实行房地产价格评估制度和房地产价格评估人员资格认证制度,在法律上明确确立了房地产价格评估在中国房地产行业中的重要地位,房地产交易需要估价,房地产估价师考试也越来越受到重视。基于多年的房地产估价的教学和实践经验,借鉴已有的成果,我们撰写了这本书。

本书在第 2 版的基础上修订而成,升级为新形态教材,在形式上包括两个部分:纸质主体部分和数字资源部分。

本书主体部分共 14 章,分五大部分:第一部分是第一至四章,是房地产估价的基本情况介绍;第二部分是第五至十一章,介绍房地产估价的主要方法;第三部分是第十二章,介绍房地产估价信息系统;第四部分是第十三章,介绍房地产批量评估;第五部分是第十四章,阐述房地产评估中的社会主义核心价值观。第一章"绪论",介绍房地产估价的需要,房地产估价在中国的发展,房地产估价的对象和学习方法;第二章"房地产的价值和价格",介绍房地产的概念、特点、价值和价格,国内外房地产估价协会及估价师资格取得;第三章"影响房地产价格的因素",介绍影响房地产价格因素的分类,影响房地产价格的一般因素、区域因素、个别因素和供求因素以及对影响房地产价格因素的认识;第四章"房地产估价概述",对房地产估价人员、估价目的、信价原则,其他国家与地区的房地产估价体系、房地产估价报告等进行了介绍;第五章"成本法",介绍成本法的原理、新开发房地产的成本法估价、旧房地产的成本法估价,成本法中经常遇到的问题及解决的对策建议,成本法运用举例;第六章"收益还原法",介绍收益还原法的原理、计算方法、净收益和收益年限的确定、报酬率和资本化率以及收益乘数的确定,收益还原法中经常遇到的问题及解决的对策建议,收益还原法的运用举例;第七章"市场比较法",介绍市场比较法原理,交易实例的搜集和可比实例的选择、交易情况修正、各项修正计算、求取比准价格,市场比较法中常遇到的问题及解决的对策建议,市场比较法运用案例;第八章"假设开发法",介绍假设开发法原理、估价公式、估价的步骤及各项计算,假设开发法中经常遇到的问题及解决的对策建议,假设开发法的运用举例;第九章"基准地价修正法",介绍基准地价评估原理与估价步骤,基准地价修正法存在的问题和改进建议,以及基准地价修正法应用举例;第十章"路线价法",介绍路线价法的基本原理、操作过程,路线价法中经常遇到的问题及解决的对策建议,以及路线价法的应用举例;第十一章"长期趋势法",介绍长期趋势法的基本原理、运用方法、房地产价格指数、长期趋势法中经常遇到的问题及解决的对策建议,以及长期趋势法的运用举例;第十二章"房地产估价信息系统",介绍信息系统、房地产估价信息系统基本构成及与房地产估价有关的主要信息系统;第十三章"房地产批量自动估价",简述批量自动估价,介绍批量自动估价方法、房地产批量自动估价系统组成,举例讲授房地产批量自动估价,分析房地产批量自动估价局限性并进行展望;第十四章"房地产估价业务和人才培养中的社会主义核心价值观",介绍社会主义核心价值观与房地产估价业务和人才培养的关系,其中包括社会主义核心价值观体现:和谐、敬业、法治、公正、诚信、平等。

  本书数字资源包括关键概念、思维导图、课堂自测题、拓展资料、案例、阅读书目,在书中以二维码形式呈现。

  本书主体部分有以下几个特点:第一,在评估方法的各章中,在讲述原理和方法之后,探讨了该方法运用中存在的一些问题。第二,在评估方法的各章中,有各种方法的案例分析。第三,为了便于读者掌握重点和把握关键概念,在每章内容之后设有"本章小结"板块;为了检测课堂效果设置了课堂自测题;为了便于读者复习巩固,构建了思维导图,提供了习题。第四,介绍了具有大数据和批量评估的房地产批量自动估价。第五,介绍了房地产估价业务和人才培养中的社会主义核心价值观。第六,为了更好地把握实务,提供了基于实务的二维码案例。第七,为了让学有余力的读者掌握更多的知识和技能,提供了拓展资料和阅读书目。第八,为方便教师开展教学工作,配套了教学课件、习题答案等丰富的教学资料。

在本书的编写过程中,我们参考了许多专家的成果。本书的调查研究和写作过程得到了上海财经大学、上海师范大学、上海第二工业大学、云南财经大学、上海城市房地产估价有限公司等单位的支持和帮助。本书还得到了上海财经大学的出版资助。在此,一并表示感谢。

全书由王克强、刘红梅和姚玲珍拟定提纲,并由王克强、刘红梅和姚玲珍完成最后的编撰定稿工作。参加本书编写和资料收集整理的其他人员有马克星、叶方、裘炯、江草、金杰等;参与以前版本相关工作的人员还有姚东、梅佳慧、李国祥、路江林、陈悦、王怡涵、尹吟悄、和楠、张丽冬、关承、魏兴旺、丁以保、李悦、吴长乐等。

本书可作为房地产专业、土地资源管理专业、资产评估专业等本科生和研究生的教材,也可作为从事相关专业工作人员的参考书。

由于我们水平有限,编写时间仓促,书中定有许多不妥之处,恳请同行专家学者批评指正!

编　者
2025 年 1 月

扫码或输入网址 https://qr.readoor.cn/bhmm-wg,可进入上海财经大学出版社数字教材服务平台"上财云津"本书专区

本书数字资源专区

教师用微信扫码(请标注姓名、院校、教材名称及版本)验证教师身份后,可入群获取丰富的教学资料

教学资料获取通道

目 录

第一章　绪论　/ 1
第一节　房地产估价的需要　/ 1
第二节　房地产估价在中国的发展　/ 8
第三节　房地产估价的对象和学习方法　/ 17
本章小结　/ 20
习题　/ 21

第二章　房地产的价值和价格　/ 23
第一节　房地产的概念　/ 24
第二节　房地产特性　/ 27
第三节　房地产价值和价格　/ 33
第四节　国内外房地产估价协会及估价师资格取得　/ 41
本章小结　/ 52
习题　/ 53

第三章　影响房地产价格的因素　/ 55
第一节　影响房地产价格因素的分类　/ 55
第二节　影响房地产价格的一般因素　/ 59
第三节　影响房地产价格的区域因素　/ 65
第四节　影响房地产价格的个别因素　/ 66
第五节　影响房地产价格的供求因素　/ 70
第六节　对影响房地产价格因素的认识　/ 74
本章小结　/ 75
习题　/ 76

第四章　房地产估价概述　/ 77
第一节　房地产估价简介　/ 77
第二节　房地产估价人员　/ 88
第三节　房地产估价目的和原则　/ 90
第四节　其他国家与地区的房地产估价体系　/ 102
第五节　房地产估价报告　/ 108
本章小结　/ 114
习题　/ 115

第五章　成本法　/ 117
第一节　成本法概述　/ 117
第二节　新开发的房地产成本法估价　/ 120
第三节　旧房地产的成本法估价　/ 127
第四节　成本法中经常遇到的问题及解决的对策建议　/ 140
第五节　成本法运用举例（一）　/ 141
第六节　成本法运用举例（二）　/ 143
本章小结　/ 145
习题　/ 146

第六章　收益还原法　/ 149
第一节　收益还原法的原理及概述　/ 149
第二节　收益还原法的计算方法　/ 151
第三节　净收益和收益年限的确定　/ 164
第四节　报酬率、资本化率和收益乘数的确定　/ 172
第五节　收益还原法中经常遇到的问题及解决的对策建议　/ 186
第六节　收益还原法的运用举例　/ 189
本章小结　/ 191
习题　/ 192

第七章　市场比较法　/ 195
第一节　市场比较法概述　/ 196

第二节　交易实例的搜集和可比实例的选择　/ 198

第三节　交易情况修正　/ 204

第四节　各项修正计算　/ 209

第五节　求取比准价格　/ 217

第六节　市场比较法中常见问题及解决的对策建议　/ 220

第七节　市场比较法案例分析　/ 223

本章小结　/ 231

习题　/ 232

第八章　假设开发法　/ 235

第一节　假设开发法概述　/ 235

第二节　假设开发法的估价公式　/ 239

第三节　假设开发法估价的步骤及各项计算　/ 243

第四节　假设开发法中经常遇到的问题及解决的对策建议　/ 248

第五节　假设开发法的运用举例　/ 252

本章小结　/ 258

习题　/ 258

第九章　基准地价修正法　/ 261

第一节　基准地价评估概述　/ 261

第二节　基准地价修正法的基本原理与估价步骤　/ 277

第三节　基准地价修正法存在的问题探讨　/ 284

第四节　基准地价修正法的改进建议　/ 292

第五节　基准地价修正法应用举例　/ 296

本章小结　/ 301

习题　/ 302

第十章　路线价法　/ 305

第一节　路线价法的基本原理　/ 305

第二节　路线价法的操作步骤　/ 308

第三节　路线价法中经常遇到的问题及解决的对策建议　/ 322

第四节　路线价法的应用举例　/ 328

本章小结　/ 332

习题　/ 333

第十一章　长期趋势法　/ 336

第一节　长期趋势法的基本原理　/ 336

第二节　长期趋势法运用的方法　/ 338

第三节　房地产价格指数　/ 348

第四节　长期趋势法中经常遇到的问题及解决的对策建议　/ 362

第五节　长期趋势法的运用举例　/ 365

本章小结　/ 368

习题　/ 369

第十二章　房地产估价信息系统　/ 373

第一节　信息系统　/ 373

第二节　房地产估价信息系统概述　/ 379

第三节　与房地产估价有关的主要信息系统　/ 384

本章小结　/ 389

习题　/ 389

第十三章　房地产批量自动估价　/ 391

第一节　批量自动估价概述　/ 391

第二节　批量自动估价方法　/ 400

第三节　房地产批量自动估价系统组成　/ 406

第四节　房地产批量自动估价案例　/ 408

第五节　房地产批量自动估价的局限性与展望　/ 419

本章小结　/ 420

习题　/ 421

第十四章　房地产估价业务和人才培养中的社会主义核心价值观　/ 427

第一节　社会主义核心价值观与房地产估价业务和人才培养的关系　/ 428

第二节　社会主义核心价值观体现之一——和谐　/ 430

第三节　社会主义核心价值观体现之二——敬业　/ 434

第四节　社会主义核心价值观体现之三——法治　/ 437

第五节　社会主义核心价值观体现之四——公正　/ 440

第六节　社会主义核心价值观体现之五——诚信　/ 443

第七节　社会主义核心价值观体现之六——平等　/ 446

本章小结　/ 449

习题　/ 449

第一章 绪 论

学习目的

知识目标：了解房地产估价在社会经济生活中的重要性，理解房地产和房地产市场的特性；了解房地产估价在中国的发展历程以及相应制度的产生和估价行业组织的成立。根据本章所学知识，能够对房地产估价和房地产估价课程有一个清晰认知。

能力目标：熟悉房地产估价对象的基本存在形态和复杂多样性，掌握房地产的分类方式；掌握房地产估价的方法。通过本章学习，为房地产估价方法的学习奠定基础。

思政目标：中国土地使用和住房制度与西方国家差别显著，房地产估价必须从中国实际出发。通过本章学习，提升中国房地产估价指导思想与社会主义核心价值体系相一致的意识。

关键概念	思维导图

第一节 房地产估价的需要

一、房地产估价在理论上的需要

在日常生活中，小到在菜市场买一斤菜，大到购买一件家用电器，我们都会对其价格进行估计，或是货比三家，或是根据自己的个人经验，至多再咨询内行的朋友，并不都需要专业估价。但房地产估价完全不同,其专业性要求表现为五个方面:第一,由专业机构和专业人员完成;第二,专业房地产估价提供的是专业意见;第三,专业房地产估价运用科学的估价方法,经过严谨的分析、测算、判定,其结果具有公信力;第四,专业房地产估价实行有偿服务,即需要向房地产估价师或专业机构支付一定的费用;第五,专业房地产估价需要依法承担法律责任。①

就房地产而言,其具有十个特性:不可移动、独一无二、寿命长久、供给有限、价值量大、流动性差、用途多样、相互影响、易受限制、保值增值。而其中,独一无二、价值量大这两个特性决定了房地产估价真正需要专业估价。原因有二:其一,一种资产如果不具有独一无二的特性,那么在市场上便会存在很多"同质资产",其价格普遍存在或者只需简单的方法即可确定,那么就不需要专业人员进行专业估价;其二,即使一种资产具有独一无二的特性,如果其价值量较小,委托专业机构估价的花费与资产本身的价值相比较高,甚至超过财产本身的价值,则委托专业估价就会不经济,一般也不需要专业估价。②

此外,房地产市场属于典型的不完全竞争市场,需要对房地产进行专业估价。在西方经济学中,不完全竞争市场是除完全竞争市场以外的所有的或多或少带有一定垄断因素的市场,其不具备下述条件之一:第一,存在同质产品,买者不在乎从谁的手里购买;第二,有众多的买者与卖者;第三,买者和卖者可以自由进入市场;第四,所有买者和卖者都掌握当前物价的完全信息,并能预测未来物价;第五,就总成交额而言,市场各个经济主体的购销额是无关紧要的;第六,买者与卖者无串通合谋行为;第七,消费者追求效用最大化,生产者追求利润最大化;第八,商品可转让且可发生空间位置的移动。不难看出,房地产市场属于典型的不完全市场,存在市场信息不对称的现象,普通人很难获取房地产的真实价格,因而需要专业的房地产估价师凭借其专业知识和经验进行"替代"市场的估价,以此维系房地产市场的正常秩序。③

二、房地产估价在现实中的需要

随着我国逐渐实行有偿土地使用制度,房屋商品化推进了房地产行业的高度发展,市场规模日益扩大,同时也推动了房地产估价行业的快速发展,其服务领域越来越广泛,现实生活中的许多方面都需要应用房地产估价,大致可以归纳为以下几个方面:

---

① 柴强.房地产估价[M].10 版.北京:首都经济贸易大学出版社,2022:17.
② 中国房地产估价师与房地产经纪人学会.房地产估价原理与方法[M].北京:中国建筑工业出版社,2022:14.
③ 中国房地产估价师与房地产经纪人学会.房地产估价原理与方法[M].北京:中国建筑工业出版社,2022:15.

(一)房地产管理工作的需要

在过去高度集中的计划经济体制下,土地不得以任何形式转给个人或其他单位使用;而在改革开放环境下的社会主义市场经济体制下,土地开始推行有偿使用,并且通过建立法律、制度等逐渐完善房地产的管理。在房地产市场日益发展壮大的情况下,房地产估价显得愈发重要。

《中华人民共和国城市房地产管理法》第三条规定:"国家依法实行国有土地有偿、有限期使用制度。但是,国家在本法规定的范围内划拨国有土地使用权的除外。"第三十四条规定:"国家实行房地产价格评估制度。"第三十五条规定:"国家实行房地产成交价格申报制度。"第五十九条规定:"国家实行房地产价格评估人员资格认证制度。"这些条款都与房地产估价直接相关。由于房地产具有价值量大的特性,交易中往往产生巨额的资金流动,加上房地产市场又是一个典型的不完全市场,所以房地产难以自动形成适当的价格。如果没有房地产估价,不适当的价格就会影响房地产行业的正常秩序,甚至对经济建设产生负面影响。

(二)土地使用权出让价格评估的需要

土地使用权出让是指国家将国有土地使用权在一定年限内出让给土地使用者,由土地使用者向国家支付土地使用权出让金的行为。

《中华人民共和国土地管理法》第五十五条规定:"以出让等有偿使用方式取得国有土地使用权的建设单位,按照国务院规定的标准和办法,缴纳土地使用权出让金等土地有偿使用费和其他费用后,方可使用土地。"《中华人民共和国城市房地产管理法》第十三条规定:"土地使用权出让,可以采取拍卖、招标或者双方协议的方式。"在这些出让方式中,都需要对拟出让使用权的土地进行估价,为市、县人民政府国土资源行政主管部门确定出让底价提供参考依据,或为意向用地者确定相应的出价提供参考依据。

(三)房地产交易的需要

房地产交易是房地产交易主体之间以房地产这种特殊商品作为交易对象所从事的市场交易活动。按交易形式的不同,可分为房地产转让、房地产租赁、房地产抵押。

1.房地产转让价格评估的需要

房地产转让是指房地产权利人通过买卖、互换、作价出资、作价入股、抵偿债务(抵债)等合法方式将其房地产转移给他人的行为。实际估价中往往隐含着"交易假设",假定被估价房地产处于买卖之中,然后模拟市场对其进行估价。[1]

---

[1] 中国房地产估价师与房地产经纪人学会.房地产估价原理与方法[M].北京:中国建筑工业出版社,2022:45.

《中华人民共和国城市房地产管理法》第三十四条规定："国家实行房地产价格评估制度。房地产价格评估，应当遵循公正、公平、公开的原则，按照国家规定的技术标准和评估程序，以基准地价、标定地价和各类房屋的重置价格为基础，参照当地的市场价格进行评估。"在房地产转让和租赁的过程中，通常需要房地产估价作出相应的分析及判定，为确定合理的转让价格和租金提供参考依据，避免定价过低或过高所带来的不必要的损失。

《城市房地产转让管理规定》第十三条规定："依照本规定第十二条规定转让的房地产再转让，需要办理出让手续、补交土地使用权出让金的，应当扣除已经缴纳的土地收益。"也就是说，以划拨方式取得土地使用权再转让时，其价格评估须另行给出转让价格中包含的土地收益。

由划拨建设用地使用权转变为出让建设用地使用权需要缴纳的出让金等费用，应按估价对象所在地规定的标准进行测算。

2.房地产租赁价格评估的需要

房地产租赁有房屋租赁、土地租赁、土地使用权出租等，是房屋所有权人、土地所有权人、土地使用权人作为出租人，将其房地产交付承租人使用、收益，由承租人向出租人支付租金的行为。①

《中华人民共和国城市房地产管理法》第五十五条规定："住宅用房的租赁，应当执行国家和房屋所在城市人民政府规定的租赁政策。租用房屋从事生产、经营活动的，由租赁双方协商议定租金和其他租赁条款。"《城市房屋租赁管理办法》第二十五条规定："承租人在租赁期限内，征得出租人同意，可以将承租房屋的部分或全部转租给他人。出租人可以从转租中获得收益。"房地产估价不只是评估房地产的租赁价格，当承租人转租房地产租赁权时，出租人可以获得的收益值等都需要专业估价提供参考依据。

《城市房屋租赁管理办法》第二十五条规定："以营利为目的，房屋所有权人将以划拨方式取得使用权的国有土地上建成的房屋出租的，应当将租金中所含土地收益上缴国家。土地收益的上缴办法，应当按照财政部《关于国有土地使用权有偿使用收入征收管理的暂行办法》和《关于国有土地使用权有偿使用收入若干财政问题的暂行规定》的规定，由市、县人民政府房地产管理部门代收代缴。国务院颁布有新的规定时，从其规定。"据此，以营利为目的出租划拨土地使用权上的房屋时，其价格评估须另行给出租赁价格中包含的土地收益。

---

① 中国房地产估价师与房地产经纪人学会.房地产估价原理与方法[M].北京:中国建筑工业出版社,2022:48.

3.房地产抵押价值评估的需要

房地产抵押是指抵押人以其合法的房地产以不转移占有的方式向抵押权人提供债务履行担保的行为。债务人不履行债务时,抵押权人有权依法以抵押的房地产拍卖所得的价款优先受偿。

《城市房地产抵押管理办法》第九条规定:"……抵押人所担保的债权不得超出其抵押物的价值。房地产抵押后,该抵押房地产的价值大于所担保债权的余额部分,可以再次抵押,但不得超出余额部分。"第二十二条规定:"设定房地产抵押时,抵押房地产的价值可以由抵押当事人协商议定,也可以由房地产价格评估机构评估确定。"为了确定客观合理的房地产抵押价格,往往需要委托专业的房地产估价机构进行估价。对于依法不得抵押、首次抵押、再次抵押、以划拨方式取得的土地使用权连同地上建筑物、具有土地使用年限、享受国家优惠政策购买、按份额共有、共同共有的房地产抵押,应根据不同的实际情况对抵押价值进行估价,以此作为房地产抵押价格的参考依据。

(四)房地产保险估价的需要

房地产保险是指以房地产作为标的物,主要以房屋设计、营建、销售、消费和服务等环节中的房屋及其相关利益与责任为保险标的的保险。由于房地产具有价值量大的特点,尽管风险较小,但因自然灾害和意外事故而造成房屋等损毁的情况随时可能存在,房地产保险的建立可减少意外事故带来的巨大损失。

房地产保险对房地产估价的需要表现在以下几个方面:一是评估投保时保险标的的实际价值,为投保人和保险人约定保险标的的保险价值和保险金额提供参考依据;二是保险事故发生后评估因事故导致的财产损失,为确定赔偿保险金的数额提供参考依据;三是保险期间保险标的的保险价值明显减少的,需要专业评估为采取有关补救措施提供参考依据。[①]

(五)房地产课税估价的需要

房地产估价保证国家税收公平合理,避免了纳税人偷税漏税和税务机关课税不公平,保障了双方的权益。自从推行房屋商品化后,房地产行业成为良好的课税来源,除城镇土地使用税和耕地占用税依据占地面积实行从量定额征收外,其他与房地产相关的税种均需要房地产估价为征收机关核定计税依据提供参考。此外,纳税人认为税务机关核定的计税依据不合理的,也可以委托专业估价机构评估房地产价值,以说服税务机关重新核定计税依据。

《中华人民共和国营业税暂行条例实施细则》第十五条规定:"纳税人销售不动产明显偏低又无正当理由,主管税务机关可按纳税人当月销售的同类不动产的平均价

---

① 柴强.房地产估价[M].10版.北京:首都经济贸易大学出版社,2022:48.

格,或纳税人近期销售的同类不动产的平均价格,或成本加一定利润,核定其营业额。"企业所得税、个人所得税都以营业额为计税依据,当房地产销售价格出现异常时,会对这些税的征收产生直接影响。因此,需要进行房地产估价,以客观合理的房地产价格核定房地产营业额。

《中华人民共和国土地增值税暂行条例》第九条规定:"纳税人有下列情形之一的,应按照房地产评估价格计算征收:(一)隐瞒、虚报房地产成交价格的;(二)提供扣除金额不实的;(三)转让房地产的成交价格低于房地产评估价格又无正当理由的。"因此,在征收房地产税收时,通常都需要房地产估价为征收机关提供核定计税依据的专业参考。

《关于全面推开营业税改征增值税试点的通知》规定:"经国务院批准,自2016年5月1日起,在全国范围内全面推开营业税改征增值税试点,建筑业、房地产业、金融业、生活服务业等全部营业税纳税人,纳入试点范围,由缴纳营业税改为缴纳增值税。"其第十五条关于增值税税率的规定:"提供交通运输、邮政、基础电信、建筑、不动产租赁服务,销售不动产,转让土地使用权,税率为11%。"经过修订,最新税率为9%。因此,在征收房地产增值税时,同样需要房地产估价为征收机关提供核定计税依据的专业参考。

(六)征地和房屋征收拆迁补偿估价的需要

征地和房屋征收拆迁分别是指征用农村集体所有的土地(简称征地)和拆迁城市国有土地上的房屋及其附属物(简称拆迁)。

《中华人民共和国民法典》第二百四十三条规定:"为了公共利益的需要,依照法律规定的权限和程序可以征收集体所有的土地和组织、个人的房屋以及其他不动产。征收集体所有的土地,应当依法及时足额支付土地补偿费、安置补助费以及农村村民住宅、其他地上附着物和青苗等的补偿费用,并安排被征地农民的社会保障费用,保障被征地农民的生活,维护被征地农民的合法权益。征收组织、个人的房屋以及其他不动产,应当依法给予征收补偿,维护被征收人的合法权益;征收个人住宅的,还应当保障被征收人的居住条件……"《城市房屋拆迁管理条例》第二十四条规定:"货币补偿的金额,根据被拆迁房屋的区位、用途、建筑面积等因素,以房地产市场评估价格确定。具体办法由省、自治区、直辖市人民政府制定。"因此,在征地和房屋征收拆迁的过程中,通常需要房地产估价对被征收人进行合理公正的补偿,对于实行房屋产权调换补偿的,对被拆迁房屋的价值和所调换房屋的价值进行评估,可为结算房屋产权调换的差价提供参考依据。

(七)房地产分割估价的需要

在实际生活中,共有财产分割、遗产分割等往往牵涉房地产的分割,例如夫妻离异后共有住房的分割、子女继承的房产分割。由于房地产是非均质且不可移动的,一般很难按照面积进行分割,多数先对需分割的房地产进行变卖,以现金形式再进行分割。即使确实对房地产采取实物分割,也很难完成平均分割,最终仍需以现金形式弥补各部分之间的差异。因此,无论以何种形式分割房地产,都需要房地产估价对分割提供专业意见。房地产分割估价的过程中应注意分割、合并对房地产价值的影响。分割前的房地产整体价值不能简单等于分割后各部分房地产价值之和,应对分割后的各部分分别估价。

(八)房地产纠纷估价的需要

房地产纠纷是指公民、法人、其他组织或房地产管理机构之间及其相互之间基于房屋和土地的权利义务所发生的争议,可分为土地纠纷、房产交易纠纷、房屋租赁纠纷、房屋拆迁纠纷、物业管理纠纷、相邻权纠纷六类。在房地产纠纷中,通常需要对所涉及的争议房地产的价值、造价、成本、交易价格、租金以及补偿金额、赔偿金额、估价结果等进行科学的分析、鉴定,提出客观、公正、合理的专业意见,为解决纠纷提供参考依据。值得注意的是,在房地产纠纷估价过程中,往往根据协议、调解、仲裁、诉讼等解决纠纷的不同方式相应进行估价。

(九)房地产拍卖底价评估的需要

房地产拍卖是指拍卖公司受银行、司法机关等单位或社会个人的委托,向社会公告房地产出售信息,以公开竞价的形式,将房地产所有权转让给最高应价者的买卖方式。

《中华人民共和国拍卖法》第五十条规定:"拍卖标的无保留价的,拍卖师应当在拍卖前予以说明。拍卖标的有保留价的,竞买人的最高应价未达到保留价时,该应价不发生效力,拍卖师应当停止拍卖标的的拍卖。"因此,在房地产拍卖中,需要通过专业估价对拟出让房地产保留价的确定提供参考依据。

(十)企业各种经济行为中涉及的房地产估价的需要

企业的经济行为主要包括企业合资、合作、联营、股份制改组、上市、合并、兼并、分立、出售、破产清算等,往往需要评估企业的房地产或整体资产的价值,为决策者提供参考依据。此外,企业运营中的房地产,根据会计计量的需要或者有关监管的要求,也会对其公允价值或市场价值进行评估。

企业各种经济活动所涉及的房地产估价,应在界定房地产和其他资产范围的基础上,明确估价对象的财产范围;应根据企业经济活动的类型,按相应估价目的的房地产估价进行,对于房地产权属发生转移的,应按相应的房地产转让行为进行估价;应调查估价对象合法改变用途的可能性,并分析、判断以"维持现状前提"或"改变用途前提"进行估价。

企业破产清算等强制处分涉及的房地产估价，其影响因素应包括估价对象的通用性、可分割转让性、改变用途、更新改造等的合法性和可能性，以及变现时限、对潜在购买者范围的限制等。

（十一）其他目的的房地产估价的需要

其他目的的房地产估价，包括提供财产证明需要的估价、估价结果复核或鉴定、涉案房地产价值量的评估、房地产开发经营过程中的估价、建设用地使用权期限届满后的估价、房地产证券化需要的估价以及房地产投资信托基金需要的估价等。[①]

第二节　房地产估价在中国的发展

一、中国古代房地产估价

房地产估价在中国的历史可以追溯到上千年前。据史料记载，早在2 000多年前，我国就已经出现了最早的土地估价。当时的统治阶级和土地拥有者出于征收税收的需要，开始对土地进行评估。尽管当时的评估主要局限于对土地产能的评价，即对土地的自然质量的评价，并以此作为赋税多少的依据，但是房地产估价的形式已经初见端倪。根据土地产出的高低征收不同等级的农业税，当时这种基于土地自然质量的估价旨在保证赋税的公平与合理。[②]

在之后的封建社会制度下，随着地主占有生产资料和不完全占有劳动者，出现了土地私有制，占有土地的地主彼此之间往往需要进行土地产权交易或者将土地出租给农民。为了满足土地上发生的经济活动的需要，原始的建立在土地自然质量上的估价显然无法符合要求，因而出现了对土地价值或价格评估的需求，土地价格评估的方法开始得到关注，之后房屋也逐渐加入买卖产品的行列之中。在长期的评估实践中，初步形成了一些简单的土地评估方法、基础理论体系：通过对邻近的土地质量、产出、形状、面积等方面进行对比，确定土地的差异，以邻近地块的交易价格为参考，再根据实际情况进行调整以确定最终成交价格。这种方法体现了市场比较法的思想的雏形。[③]

宋朝时期，土地的交易价格开始引入了地租的概念，即按地租来定价。在这里，地租可以理解为土地所有者在租赁土地过程中所获得的稳定收益，这样的估价方法有收益还原法的特征。在封建社会晚期，尤其是清朝时期，对房屋的价格评估开始关注建造的成本，比如清朝官员在征收俄国农民使用过的土地时，采用了计算其建造成本并

---

① 柴强. 房地产估价[M]. 10版. 北京：首都经济贸易大学出版社，2022：46—54.
② 马光红. 房地产估价理论与方法[M]. 上海：上海大学出版社，2016：1—3.
③ 马光红. 房地产估价理论与方法[M]. 上海：上海大学出版社，2016：1—3.

以此为依据进行补偿的方法。①

二、中国近代房地产估价

在晚清时期,由于人口的急速增长,土地更为紧张,土地所有者不断提高地租加重了农民的负担,加之帝国主义的侵略,使得土地资源稀缺,土地的使用更为紧张。到了民国初期,人地矛盾日益突出,土地分配非常不合理。为改变这种不利局面,孙中山受欧美学者斯宾塞、亨利·乔治、马西克、单·威廉的影响,提出了恒定地价、照价抽税、照价收买的"平均地权"政策。之后,又在胡汉民的提倡和支持下,国民政府于1930年颁布了《土地法》,共涵盖5编、397条。为满足《土地法》所规定的对土地纳税及土地征用的需要,国民政府的职能机关开始对土地的价值进行评估。②

我国房地产估价的理论研究也于20世纪30年代开始发展,陆续出版了一些土地经济学方面的专著,包括章植的《土地经济学》(1930年)、王丙勋的《土地经济学导论》(1938年)以及翻译美国经济学家伊利与莫尔豪斯合著的《土地经济学原理》。之后,张辉的《上海市地价研究》(1935年)、高信的《南京市之地价与地价税》(1935年)以及王季深的《上海之房地产》(1944年)等一系列著作的出版也代表了我国近代房地产估价理论处于初步探索阶段,而这个时期的学术研究还主要停留在翻译介绍国外的房地产经济学理论上。③

三、中国现代房地产估价

1949年以后,尤其在20世纪50—70年代,随着房地产私有制的废除,政府颁布标准的地价、房价、房租等作为房地产税收的计税依据,而房地产的买卖、租赁等经济活动也在我国住房福利分配和土地行政划拨制度下逐渐减少,我国逐渐实行城市土地公有化制度,房地产估价活动受制度制约几近停滞。④

直到1978年改革开放之后,我国逐渐实行城镇国有土地有偿使用。在这样的背景下,房屋商品化催生了房地产市场的复苏,房地产估价活动也逐渐恢复。在20世纪80年代末之后,无论从估价业务数量的增长、估价专业队伍的壮大,还是从估价技术方法的成熟、估价执业行为的规范等方面,都不难看出我国房地产估价行业的蓬勃发展,估价行业的社会影响显著提升。与此同时,政府更加注重对房地产估价行业的规范,在借鉴国外成熟房地产估价体系的基础上,逐步建立并完善房地产估价制度体系。

---

① 马光红.房地产估价理论与方法[M].上海:上海大学出版社,2016:1—3.
② 马光红.房地产估价理论与方法[M].上海:上海大学出版社,2016:3—4.
③ 张协奎,陈伟清.中外房地产估价发展综述[J].河南城建高等专科学校学报,2000(2):52—57.
④ 马光红.房地产估价理论与方法[M].上海:上海大学出版社,2016:4—5.

通过政府监管、行业组织的自行规范以及社会监督的管理体制等途径,尽管房地产估价机构的设置、从事房地产估价专业人员的资格等方面还有所欠缺,但基本已经形成了一个公平竞争、开放有序、监管有力的房地产估价市场,既为维护房地产市场秩序、保护房地产权利人和利害关系人的合法权益提供了有力的保证,又为防范金融风险、共建和谐社会等起到了积极正面的作用。[①]

具体而言,我国房地产估价行业的逐渐完善主要体现在以下几个方面。

(一)房地产估价制度的建立

自1995年1月1日起,我国实施《中华人民共和国城市房地产管理法》,确定了我国实行的五种基本管理制度(国有土地有偿有限期使用制度、房地产价格评估制度、房地产成交价格申报制度、房地产价格评估人员资格认证制度、土地使用权和房屋所有权登记发证制度)。其中,第三十四条规定:"国家实行房地产价格评估制度。"第三十五条规定:"国家实行房地产成交价格申报制度。"第五十九条规定:"国家实行房地产价格评估人员资格认证制度。"这就在法律上明确确立了房地产价格评估在中国房地产行业中的重要地位。

(二)房地产估价标准与指导意见的制定

国家标准《房地产估价规范》(GB/T 50291—1999)是根据建设部《一九九八年工程建设国家标准制订、修订计划(第二批)》(建标〔1998〕244号)和建设部房地产业司《关于委托制订"房地产价格评估技术规程"的函》(建房市函字〔1996〕第40号)的要求,由建设部负责主编,具体由中国房地产估价师学会会同建设部政策研究中心、广东省房地产估价师学会等10个单位共同编制而成的,于1999年正式实施,旨在规范房地产估价行业的职业行为,以统一的标准规范房地产估价程序和方法,切实保证房地产价格评估结果的合法和公正。

《房地产估价规范》(GB/T 50291—1999)共涵盖总则、术语、估价原则、估价程序、估价方法、不同估价目的下的估价、估价结果、估价报告、职业道德九个方面的内容。该规范主要就房地产价格评估中涉及的专业术语进行了较为明确的定义,阐述了估价过程中需要遵守和依照的估价原则,并对房地产估价师在房地产价格评估活动中的行为进行了职业道德的规范。最重要的是《房地产估价规范》对估价程序和估价方法进行了具体的规定,并对估价报告进行了严格的格式统一。

2013年6月,住房和城乡建设部、原国家质量监督检验检疫总局联合发布了《房地产估价基本术语标准》,对房地产估价的术语进行了统一和规范。2015年4月,住房和城乡建设部发布了新的《房地产估价规范》。与旧版规范相比,新的《房地产估

---

① 马光红.房地产估价理论与方法[M].上海:上海大学出版社,2016:5—6.

价规范》主要在以下几个方面进行了修订：第一，调整了章节划分，删除了原规范的第二章术语和附录 A 估价报告的规范格式；第二，增加了路线价法、标准价调整法、多元回归分析法、修复成本法、损失资本化法、价差法等方法，以及房地产损害赔偿估价、房地产投资基金物业估价、为财务报告服务的房地产估价等目的的估价；第三，细化、完善了估价原则、估价程序、估价方法、不同估价目的下的估价、估价结果、估价报告、估价职业道德等内容。

2016 年 7 月，全国人民代表大会常务委员会通过并颁布了《中华人民共和国资产评估法》，自 2016 年 12 月 1 日起正式实施。资产评估法为各类评估专业建立了法律基础，明确了评估分专业领域和专业类别，降低了从业人员准入门槛，加大了评估人员和机构的法律责任，取消了评估机构设立审批等诸多限制，赋予了评估行业协会众多职责。该法对规范资产评估行为，保护资产评估合法权益和公共利益，促进资产评估行业健康发展，维护社会主义市场经济秩序具有重要意义。自 2016 年 10 月起，财政部、中国资产评估协会对《资产评估准则——基本准则》及 26 项资产评估职业准则和职业道德准则进行了全面修订。

随着我国参与国际竞争机会的增加，我国逐渐迈向国际房地产投资市场，这就需要国内的房地产估价师掌握能够在不同国家和区域实行的统一的估价标准，而由英国皇家特许测量师学会发行的房地产估价标准《红皮书》（中文版）为我国房地产估价师提供了新的工具。作为在世界上应用最广泛的估价标准，《红皮书》确保了在房地产贷方、投资方投资、购买资产以及对物业的估价等方面在不同国家、区域的规范统一。[①]

除此以外，针对不同的估价目的，建设部还另外颁布了一些特殊的指导意见。例如：2003 年 12 月 1 日，建设部颁布《城市房屋拆迁估价指导意见》（建住房〔2003〕234 号），以此规范城市房屋拆迁估价行为，维护拆迁当事人的合法权益；2006 年 1 月 13 日，建设部联合中国人民银行、原中国银行业监督管理委员会共同出台《房地产抵押估价指导意见》（建住房〔2006〕8 号），以此规范房地产抵押估价行为，保证房地产抵押估价质量，维护房地产抵押当事人的合法权益，防范房地产信贷风险。一些地方部门也颁布了房地产估价相关标准或实施细则。

（三）房地产估价师执业资格制度的建立和房地产估价师资格行政许可项目的设立

1. 房地产估价师执业资格制度

执业资格制度是国家对某些承担较大责任，关系国家、社会和公众利益的重要专业岗位实行的一项管理制度。由于某些行业中牵涉到人员资格问题，作为国际通行的管理制度的执业资格制度在我国也应运而生。自 1992 年正式实施执业资格制度以

[①] 李杰.房地产估价[M].北京：人民交通出版社，2007：41—42.

来,我国已在多个专业领域建立了执业资格制度,包括注册会计师、注册税务师、注册(投资)咨询师、注册金融分析师、注册资产评估师、注册土地估价师、注册建筑师、注册结构师、注册造价师、注册监理师、注册道路工程师以及注册城市规划师等。

作为我国第一个建立的执业资格制度,房地产估价师执业资格制度是由国家人事部、建设部共同联合,在借鉴英美等发达国家经验后所建立的。1993年5月,首批140名房地产估价师经由国家人事部和建设部严格考核后认定,随后在1994年4月又认定第二批共计260名房地产估价师。从1995年开始,国家人事部、建设部颁布了《关于印发〈房地产估价师执业资格制度暂行规定〉和〈房地产估价师执业资格考试实施办法〉的通知》,并且严格执行组织房地产估价师执业资格全国统一考试制度。

房地产估价师执业资格考试从1995年开始实施,理论上每两年举行一次,2002年之后改变为每年举行一次。考试科目共四科,分别为:房地产基本制度与政策、房地产投资经营与管理、房地产估价理论与实务、房地产估价案例与分析。

为了加强房地产估价专业人员队伍建设,提升房地产估价、土地估价行业管理水平,维护房地产估价当事人合法权益和公共利益,根据《中华人民共和国城市房地产管理法》《中华人民共和国资产评估法》和国家职业资格制度有关规定,2021年,住房和城乡建设部、自然资源部制定了《房地产估价师职业资格制度规定》和《房地产估价师职业资格考试实施办法》。

房地产估价师职业资格考试科目包括房地产制度法规政策、房地产估价原理与方法、房地产估价基础与实务、土地估价基础与实务。根据《房地产估价师职业资格制度规定》第十条,具备下列考试报名条件的公民,可以申请参加房地产估价师职业资格考试:(1)拥护中国共产党领导和社会主义制度;(2)遵守中华人民共和国宪法、法律、法规,具有良好的业务素质和道德品行;(3)具有高等院校专科以上学历。

《房地产估价师职业资格考试实施办法》规定,房地产估价师职业资格考试实行全国统一大纲、统一试题、统一组织,考试设置4个科目,原则上每年举行1次。

2. 房地产估价师资格行政许可

行政许可是指行政机关根据公民、法人或者其他组织的申请,经依法审查,准予其从事特定活动的行为。《中华人民共和国行政许可法》第十二条规定,下列事项可以设定行政许可:(1)直接涉及国家安全、公共安全、经济宏观调控、生态环境保护以及直接关系人身健康、生命财产安全等特定活动,需要按照法定条件予以批准的事项;(2)有限自然资源开发利用、公共资源配置以及直接关系公共利益的特定行业的市场准入等,需要赋予特定权利的事项;(3)提供公众服务并且直接关系公共利益的职业、行业,需要确定具备特殊信誉、特殊条件或者特殊技能等资格、资质的事项;(4)直接关系公共安全、人身健康、生命财产安全的重要设备、设施、产品、物品,需要按照技术标准、技术规范,通过检验、检测、检疫等方式进行审定的事项;(5)企业或者其他组织的设立等,需要确定主体资格的事项;(6)法律、行政法规规定可以设定行政许可的其他事项。

随后,在2004年7月1日开始施行的《国务院对确需保留的行政审批项目设定行政许可的决定》中,由国务院对所属各部门的行政审批项目进行了全面清理,予以保留并设定共500项行政许可。其中第84项为列入政府管理范围的专业技术人员职业资格审批,实施机关为人事部及国务院各有关主管部门,而房地产估价师执业资格审批也被列入其中。

(四)房地产估价行业组织的成立[①]

1994年8月15日,中国房地产估价师学会正式成立,成为我国房地产估价行业第一个全国性的自律性组织;2004年7月变更为中国房地产估价师与房地产经纪人学会,中文简称为中房学,英文名称为China Institute of Real Estate Appraisers and Agents(CIREA)。

中国房地产估价师与房地产经纪人学会是全国性的房地产估价和经纪行业自律管理组织,由从事房地产估价和经纪活动的专业人士、机构及有关单位组成,依法对房地产估价和经纪行业进行自律管理,现为国际测量师联合会(FIG)全权团体会员。

中国房地产估价师与房地产经纪人学会的主要宗旨是开展房地产估价和经纪研究、交流、教育及宣传活动,拟订并推行相关技术标准和执业规则,加强行业自律管理,开展国际交流合作,不断提升房地产估价和经纪人员及机构的专业能力和职业道德水平,维护其合法权益,促进房地产估价和经纪行业规范健康持续发展。目前学会承担全国房地产估价师、房地产经纪人执业资格考试、注册、继续教育等工作。

中国房地产估价师与房地产经纪人学会的最高权力机构为全国会员代表大会。理事会是全国会员代表大会的执行机构。理事会下设秘书处和考试注册、教育培训、学术、标准和国际交流等5个专业委员会。秘书处为日常办事机构,下设综合财务部、考试注册部、发展服务部、培训交流部、信息技术部、房地产研究中心,主办会刊《中国房地产估价与经纪》和网站"中国房地产估价师""中国房地产经纪人"。

中国房地产估价师与房地产经纪人学会按照"提供服务、反映诉求、规范行为"的要求,秉承"服务会员、服务行业、服务社会"的理念,不断提高服务能力和服务水准,促进房地产估价和经纪行业规范健康持续发展。

如今,各个地方性的房地产估价师学会也相继设立。房地产估价师自律性组织协助政府开展房地产估价行业的管理工作,促进了房地产的公平交易,在提高房地产市场效率、降低交易成本等方面发挥着独特的作用。

---

① 参见中国房地产估价师官网 http://www.cirea.org.cn/。

(五)房地产估价机构的设置和房地产估价机构的备案管理制度

房地产估价机构是指依法设立并取得房地产估价机构资质,从事房地产估价活动的中介服务机构。为了贯彻落实资产评估法、规范房地产估价行业管理,住房和城乡建设部决定自 2016 年 12 月 1 日起对房地产估价机构实施备案管理制度,不再实行资质核准。对符合资产评估法规定设立的房地产评估机构,省级住房和城乡建设(房地产)主管部门应当予以备案,核发统一格式的备案证明。符合《房地产估价机构管理办法》中相应等级标准的,在备案证明中予以标注。①

房地产估价机构等级分为一、二、三级,各等级房地产估价机构的等级标准如下:

1. 一级房地产估价机构标准

(1)机构名称有房地产估价或者房地产评估字样;

(2)从事房地产估价活动连续 6 年以上,且取得二级房地产估价机构资质 3 年以上;

(3)有 15 名以上专职注册房地产估价师;

(4)在申请核定等级之日前 3 年平均每年完成估价标的物建筑面积 50 万平方米以上或者土地面积 25 万平方米以上;

(5)法定代表人或者执行合伙人是注册后从事房地产估价工作 3 年以上的专职注册房地产估价师;

(6)有限责任公司的股东中有 3 名以上、合伙企业的合伙人中有 2 名以上专职注册房地产估价师,股东或者合伙人中有一半以上是注册后从事房地产估价工作 3 年以上的专职注册房地产估价师;

(7)有限责任公司的股份或者合伙企业的出资额中专职注册房地产估价师的股份或者出资额合计不低于 60%;

(8)有固定的经营服务场所;

(9)估价质量管理、估价档案管理、财务管理等各项企业内部管理制度健全;

(10)随机抽查的 1 份房地产估价报告符合《房地产估价规范》的要求;

(11)在申请核定等级之日前 3 年内无《房地产估价机构管理办法》第三十三条禁止的行为。

2. 二级房地产估价机构标准

(1)机构名称有房地产估价或者房地产评估字样;

(2)取得三级房地产估价机构资质后从事房地产估价活动连续 4 年以上;

(3)有 8 名以上专职注册房地产估价师;

---

① 胡细英.房地产基本制度与政策[M].3 版.北京:化学工业出版社,2023:150.

(4)在申请核定资质等级之日前3年平均每年完成估价标的物建筑面积30万平方米以上或者土地面积15万平方米以上；

(5)法定代表人或者执行合伙人是注册后从事房地产估价工作3年以上的专职注册房地产估价师；

(6)有限责任公司的股东中有3名以上、合伙企业的合伙人中有2名以上专职注册房地产估价师，股东或者合伙人中有一半以上是注册后从事房地产估价工作3年以上的专职注册房地产估价师；

(7)有限责任公司的股份或者合伙企业的出资额中专职注册房地产估价师的股份或者出资额合计不低于60%；

(8)有固定的经营服务场所；

(9)估价质量管理、估价档案管理、财务管理等各项企业内部管理制度健全；

(10)随机抽查的1份房地产估价报告符合《房地产估价规范》的要求；

(11)在申请核定等级之日前3年内无《房地产估价机构管理办法》第三十三条禁止的行为。

3.三级房地产估价机构标准

(1)机构名称有房地产估价或者房地产评估字样；

(2)有3名以上专职注册房地产估价师；

(3)在暂定期内完成估价标的物建筑面积8万平方米以上或者土地面积3万平方米以上；

(4)法定代表人或者执行合伙人是注册后从事房地产估价工作3年以上的专职注册房地产估价师；

(5)有限责任公司的股东中有2名以上、合伙企业的合伙人中有2名以上专职注册房地产估价师，股东或者合伙人中有一半以上是注册后从事房地产估价工作3年以上的专职注册房地产估价师；

(6)有限责任公司的股份或者合伙企业的出资额中专职注册房地产估价师的股份或者出资额合计不低于60%；

(7)有固定的经营服务场所；

(8)估价质量管理、估价档案管理、财务管理等各项企业内部管理制度健全；

(9)随机抽查的1份房地产估价报告符合《房地产估价规范》的要求；

(10)在申请核定等级之日前3年内无《房地产估价机构管理办法》第三十三条禁止的行为。

(六)房地产估价部门规章与规范性文件的颁布

房地产业是国民经济支柱产业，而房地产估价作为其重要的组成部分，与社会经济稳定发展和社会大众的切身利益息息相关。为了维护房地产估价市场的正常秩序，建设部相应颁布了多部部门规章与规范性文件，以此加强对房地产估价师及房地产估价机构的管理，推动房地产估价行业的健康发展。

1. 房地产估价师注册管理

1998年8月20日发布的《房地产估价师注册管理办法》和2001年8月15日发布的《建设部关于修改〈房地产估价师注册管理办法〉的决定》，目的就是加强对房地产估价师的注册管理，完善房地产价格评估制度和房地产价格评估人员执业资格认证制度，提高房地产价格评估水平。

2. 房地产价格评估机构等级管理

2015年5月4日发布的《房地产估价机构管理办法》修订版和2016年12月印发的《住房和城乡建设部关于贯彻落实资产评估法规范房地产估价行业管理有关问题的通知》，目的就是规范房地产估价机构行为，维护房地产估价市场秩序，保障房地产估价活动当事人的合法权益。

3. 房地产企业及执（从）业人员信用档案系统

除此以外，2002年8月20日发布的《建设部关于建立房地产企业及执（从）业人员信用档案系统的通知》，旨在进一步做好整顿和规范房地产市场秩序的工作，规范房地产企业及执（从）业人员市场行为，增强房地产企业及执（从）业人员的信用意识，提高行业诚信度和服务水平。

（七）房地产估价行业服务领域的拓宽

房地产估价最早是伴随着房地产交易活动而产生的，如今则主要应用于土地使用权出让、房地产转让、房地产租赁、房地产抵押、房地产保险、房地产课税、征地和房屋拆迁补偿、房地产割并、房地产纠纷、房地产拍卖底价和企业各种经济活动中涉及的房地产等评估目的。随着房地产市场的迅速发展，房地产估价的服务领域逐渐拓宽到社会经济生活的各个领域，估价对象从最初整体概念逐步细化到土地、房屋、建筑物等各类精细的分类，房地产估价也被应用到会计计量需要的估价服务、出国财产证明所需的估价服务、房地产证券化所需的估价服务等领域，日后房地产估价行业必将会有越来越广阔的服务领域和运用空间。[①]

（八）统一开放、竞争有序的房地产估价市场的形成

2000年6月，国务院提出了经济鉴证类社会中介机构脱钩改制的要求，规定挂靠单位必须与以本单位名义兴办或挂靠本单位的中介机构在人员、财务（包括资金、实物、财产权利等）、业务、名称等方面彻底脱钩。之后根据国务院的统一部署，建设部大

---

① 李杰. 房地产估价[M]. 北京：人民交通出版社，2007：40—41.

力推进原有房地产估价机构与政府部门的脱钩改制工作。到 2001 年底,原有的房地产估价机构已经改制为由房地产估价师出资设立的有限责任公司或合伙制企业,脱钩改制工作基本完成,并且推动形成了一批与现代社会主义市场经济相适应的房地产估价市场的经济主体,促进房地产估价机构独立、客观、公正地执业,使其真正成为自主经营、自担风险、自我约束、自我发展、平等竞争的经济组织,打破了原先房地产估价行业垄断和地区市场分割的局面,营造了公平竞争的市场氛围,初步形成了统一开放、竞争有序的房地产估价市场。[①]

四、社会主义核心价值体系对房地产估价的新要求

2012 年 11 月,中共十八大报告首次提出社会主义核心价值观的基本内涵:"倡导富强、民主、文明、和谐,倡导自由、平等、公正、法治,倡导爱国、敬业、诚信、友善,积极培育和践行社会主义核心价值观。"社会主义核心价值观体现了社会主义本质要求,展示出中国共产党与时俱进的时代精神。[②]

我国土地使用制度、住房制度与西方国家具有显著差别,房地产估价行业的发展必须从我国实际出发,根据我国国情不断探索和完善。在新时代,我国房地产估价的指导思想必须与社会主义核心价值体系相一致,在"富强、民主、文明、和谐,自由、平等、公正、法治,爱国、敬业、诚信、友善"的社会主义核心价值体系指导下,客观、真实、准确地评估房地产价格,维护我国房地产市场的健康稳定。

房地产评估机构及从业人员应升级工作理念,以高质量发展房地产估价行业;拓展服务内容,不断扩大自身知识面,参与到估价的各个环节中,通过发挥自身在房地产行业积累的经验及资源,以更高效率、更高质量的服务满足客户的需求;通过客观、公正的评估分析方法进行总结与整理,形成自身业务优势,将绿色、创新等无形要素应用到估价分析,以顺应经济发展新理念;加大基础研究力度,夯实自身实力,发展具有中国特色社会主义新时代的房地产评估方法和体系。[③]

第三节 房地产估价的对象和学习方法

一、房地产估价的对象

房地产估价的对象是指一个具体估价项目中需要估价的房地产。房地产具有三

---

① 李杰. 房地产估价[M]. 北京:人民交通出版社,2007:40—41.
② 参见习近平总书记在北京大学师生座谈会上的讲话.
③ 潘世炳,余尚松,李逸梦. 高质量发展阶段对房地产估价提出的新要求、新机遇[J]. 住宅与房地产,2018(36):9.

种基本存在形态:土地、建筑物、房地合一。在实际房地产估价中,估价对象是复杂多样的,要弄清房地产估价对象的具体类型,首先必须了解房地产的类型。房地产类型可以根据用途、开发程度、是否产生收益以及经营使用方式等标准来划分。[①]

(一)按用途划分

房地产按用途划分,可以分成居住房地产和非居住房地产。

1. 居住房地产

居住房地产是供家庭或个人长时期居住使用的地产,可以分为住宅和集体宿舍两类,住宅又可以分为普通住宅、高档公寓和别墅,而集体宿舍又分为单身职工宿舍、学生宿舍等。

2. 非居住房地产

非居住房地产分为商业房地产、旅馆房地产、餐饮房地产、体育和娱乐房地产、办公房地产、工业房地产、农业房地产、特殊用途房地产、综合用途房地产九类。

(1)商业房地产是指供出售商品使用的房地产,主要包括商业店铺、百货商场、购物中心、超级市场、批发市场等。

(2)旅馆房地产是指供旅客住宿使用的房地产,宾馆、饭店、酒店、旅店、招待所、度假村均属于旅馆房地产。

(3)餐饮房地产是指供顾客用餐使用的房地产,酒楼、美食城、餐馆、快餐店等均属于餐饮房地产。

(4)体育和娱乐房地产是指供人健身、消遣使用的房地产,体育馆、体育场、游乐场、娱乐城、康乐中心、影剧院、高尔夫球场等均属于娱乐房地产。

(5)办公房地产是指供处理各种事务性工作使用的房地产,办公用地、办公楼(办公楼又可分为商务办公楼和行政办公楼两类)等均属于办公房地产。

(6)工业房地产是指供工业生产使用或直接为工业生产服务的房地产,厂房、仓库等均属于工业房地产。

(7)农业房地产是指供农业生产使用或直接为农业生产服务的房地产,农场、林场、牧场、果园、种子库、拖拉机站、饲养牲畜用房等均属于农业房地产。

(8)特殊用途房地产包括车站、机场、医院、学校、教堂、寺庙、墓地等。

(9)综合用途房地产是指具有两种或两种以上用途的房地产,如商住楼等。

(二)按开发程度划分

房地产按开发程度划分,可以分成生地、毛地、熟地、在建工程、现房五类。

---

① 中国房地产估价师与房地产经纪人学会.房地产估价原理与方法[M].北京:中国建筑工业出版社,2022:86,96.

1. 生地

生地是指不具有城市基础设施的土地,如农地、荒地。

2. 毛地

毛地是指具有一定城市基础设施,其地上物(如老旧房屋、围墙、树木等)需拆除或迁移但尚未完成拆除或迁移的土地。

3. 熟地

熟地是指具有较完善的城市基础设施且土地平整,能直接在其上进行房屋建设的土地。

4. 在建工程

在建工程是指处在某种开发建设阶段而尚未竣工的房地产。该房地产可能停工了多年,因此,在建工程包括停缓建工程。

5. 现房

现房是指已建成、可直接使用的房屋及其占用范围内的土地。

(三)按是否产生收益划分

房地产按是否产生收益划分,可以分成收益性房地产和非收益性房地产。

1. 收益性房地产

收益性房地产是指能直接产生租赁或其他经济收益的房地产,主要包括商品住宅、写字楼、旅馆、商店、餐馆、游乐场、影剧院、停车场、加油站、标准厂房、仓库、农地等。

2. 非收益性房地产

非收益性房地产是指不能直接产生收益的房地产,学校、医院、未开发的土地、政府办公楼、教堂、寺庙等均属于非收益性房地产。

(四)按经营使用方式划分

房地产的经营使用方式主要包括出售、出租、自营和自用等。

房地产按经营使用方式来划分,可以分成出售型房地产、出租型房地产、自营型房地产、自用型房地产四类。

按照此类方式划分有利于估价方法的选取,出售型房地产可以采用市场比较法进行估价,出租型和自营型房地产可以采用收益还原法估价,而自用型房地产则主要采用成本法估价。

二、房地产估价的学习方法

房地产估价是指专业估价人员根据估价目的,遵循估价原则,按照估价程序,选用适宜的估价方法,并在综合分析影响房地产价格因素的基础上,对房地产在估价时点的客观合理价格或价值进行估算和判定的活动。因此,想要学习好房地产估价,就必须对估价目的、估价原则、估价程序、估价方法等有深刻的理解。

估价对象是指一个具体估价项目中需要估价的房地产。估价目的是指估价结果的期望用途。估价时点是指估价结果对应的日期。估价原则主要包括合法原则、最高最佳使用原则、替代原则、估价时点等原则。估价程序包括估价申请和业务受理、制定估价作业计划、资料的收集与整理、现场查勘、综合分析和估算、撰写估价报告书、交付估价报告书及收取估价服务费。估价方法主要有市场比较法、成本法、假设开发法、基准地价修正法等。

值得注意的是,由于我国房地产估价行业只有30余年的发展,估价方法很大部分都是欧美等房地产市场成熟的国家的房地产估价体系中的估价方法。但我国的土地使用制度与这些国家还是有差别的,这就需要我们在使用房地产估价方法时,必须从实际出发,切实根据我国国情加以修正和完善,以得到更为客观、真实、准确的房地产评估价格。

现有房地产估价起步于个案估价,即一次对单个估价对象实施价格或价值确认的过程。在房地产估价理论发展近100年来的历史中,房地产理论逐步产生、发展和完善,形成成本法、收益还原法、市场比较法三大传统估价方法,以及假设开发法、基准地价修正法、路线价法等其他个案估价方法。随着统计学、模糊数学、计算机技术等新兴理论与技术的发展,房地产估价技术方法显现新跨越,形成了一套以传统估价方法为核心、统计学为基础、计算机技术为辅助的房地产批量估价方法。批量估价方法充分借鉴了个案估价的特长和优势,其定量分析能力更强,估价效率更高,是房地产估价理论与技术发展的重要方向。[1]

本章小结

与一般商品不同,房地产具有独一无二、价值量大这两个特性,并且房地产市场属于典型的不完全竞争市场,从而决定了房地产估价需要专业估价。首先,房地产估价需要由具有房地产估价师资格的专业人士以及取得房地产估价机构资质的专业机构进行;其次,房地产估价运用科学的估价方法,经过严谨的分析、测算、判定,其结果具有公信力;最后,房地产估价实行有偿服务,即需要向房地产估价师或专业机构支付一定的费用。

房地产估价是理论及现实生活中不可或缺的一部分,其在现实中的需要可以归纳为:房地产管理工作的需要,土地使用权出让价格评估的需要,房地产交易的需要,房地产保险估价的需要,房地

---

[1] 张然,杜清运,唐琳.城市商业房地产整体估价[M].北京:人民出版社,2018:4—37.

产课税估价的需要,征地和房屋征收拆迁补偿估价的需要,房地产分割估价的需要,房地产纠纷估价的需要,房地产拍卖底价评估的需要,企业各种经济活动中涉及的房地产估价的需要,其他目的的房地产估价的需要。

房地产估价在中国的历史可以追溯到上千年前。据史料记载,早在2 000多年前,我国就已经出现了最早的土地估价。房地产估价在我国的发展可以划分为三个阶段,即中国古代房地产估价、中国近代房地产估价、中国现代房地产估价。我国房地产估价的不断完善主要体现为:房地产估价制度的建立,房地产估价标准与指导意见的制定,房地产估价师执业资格制度的建立和房地产估价师资格行政许可项目的设立,房地产估价行业组织的成立,房地产估价机构的设置和房地产估价机构资质行政许可项目的设定,房地产估价部门规章与规范性文件的颁布,房地产估价行业服务领域的拓宽,统一开放、竞争有序的房地产估价市场的形成。

房地产估价对象是指一个具体估价项目中需要估价的房地产。房地产具有三种基本存在形态:土地、建筑物、房地合一。然而,在实际房地产估价中,估价对象往往是复杂多样的。要弄清房地产估价对象的具体类型,可以从了解房地产的类型入手。房地产类型主要按照房地产用途、开发程度、是否产生收益以及经营使用方式等来划分。

房地产估价中的批量估价方法充分借鉴了个案估价的特长和优势,其定量分析能力更强,估价效率更高,是房地产估价理论与技术发展的重要方向。

习题

一、选择题

1. 以下不属于房地产特性的是(　　)。
   A. 不可移动性　　　B. 独一无二　　　C. 报酬递减性　　　D. 价值量大
2. 房地产交易是房地产交易主体之间以房地产这种特殊商品作为交易对象所从事的市场交易活动。按交易形式的不同分为三个内容,以下说法正确的是(　　)。
   A. 房地产转让、出租、租赁　　　　B. 房地产出让、租赁、拍卖
   C. 房地产转让、租赁、抵押　　　　D. 房地产出让、出租、挂牌
3. 居住房地产是供家庭或个人长期居住使用的地产,可以分为住宅和(　　)。
   A. 集体宿舍　　　B. 学生宿舍　　　C. 高档公寓　　　D. 单身职工宿舍
4. 房地产按开发程度来划分,可以分成(　　)五类。
   A. 生地、毛地、熟地、在建工程、已建工程　　B. 生地、毛地、熟地、在建工程、现房
   C. 生地、熟地、已建工程、现房、期房　　　　D. 生地、毛地、在建工程、已建工程、现房

二、判断题

1. 房地产纠纷可以分为房产纠纷、地产纠纷、房屋租赁纠纷、房屋拆迁纠纷、物业管理纠纷、相邻权纠纷六类。　　　　　　　　　　　　　　　　　　　　　　　　　　　　　　(　　)
2. 宋朝时期,土地交易价格开始引入了地租的概念。　　　　　　　　　　　　(　　)
3. 房地产估价师执业资格考试从1995年开始实施,理论上每两年举行一次,2002年之后改变为每年举行一次。考试科目共四科,分别为:房地产基本制度与政策、房地产投资经营与管理、房地

产估价理论与实务、房地产估价案例与分析。（　）

4.1984年8月15日,中国房地产估价师学会正式成立,成为我国房地产估价行业第一个全国性的自律性组织。（　）

三、名词解释
1. 房地产特性
2. 土地使用权出让
3. 房地产转让
4. 房地产租赁
5. 房地产抵押
6. 房地产保险
7. 房地产估价对象

四、简答题
1. 从理论角度,试述为什么房地产需要进行估价。
2. 在现实生活中,有哪些方面需要进行房地产估价?
3. 从房地产用途的角度而言,房地产估价对象主要有哪些?
4. 从房地产开发程度的角度而言,房地产估价对象主要有哪些?
5. 从房地产是否产生收益的角度而言,房地产估价对象主要有哪些?
6. 从房地产经营使用方式的角度而言,房地产估价对象主要有哪些?
7. 房地产估价原则有哪些?
8. 简述房地产估价程序。

课堂自测题	拓展资料
阅读书目	

第二章　房地产的价值和价格

学习目的

知识目标：了解房地产包括土地、建筑物及其他地上定着物,并掌握三者的概念;理解房地产实物的概念和所含内容,区分房地产的各种权益类型;正确理解房地产价值和价格的确切含义,掌握不同价值概念之间的区别;了解国内外房地产估价协会及估价师资格取得的条件。

能力目标：搭建起房地产基本概念框架体系,能够结合房地产特性分析某一阶段房地产市场的价格变化趋势及形成原因,分析不同权益状况对房地产市场价值的影响方向。

思政目标：房地产价格是房地产市场的核心问题,也是事关人民群众切身利益的问题,通过本章学习,有助于理解房地产相关的基本概念,掌握房地产价格的形成原理和变化规律。

关键概念	思维导图
[QR code]	[QR code]

第一节 房地产的概念

房地产是指土地、建筑物及其他地上定着物,是实物、权益、区位三者的综合体,包括物质实体和依托于物质实体上的权益。在经济学中,由于房地产具有不可移动的特性,因而房地产也被称为不动产,其具有三种存在形态,即土地、建筑物、房地合一。

一、土地、建筑物和其他地上定着物

（一）土地

1. 从横向来看关于土地包含范围的几种观点

（1）土地即土壤,亦即地球陆地表面输送的、有肥力的、可以生长植物的表层部分。

（2）土地即地球的纯陆地部分,不包括陆地上的水面。

（3）土地即陆地及其水面,亦即地球表面除海洋之外的陆地及其江河、湖泊、水库、池塘等陆地水面。

（4）土地即地球表面,亦即地球的陆地部分和海洋部分都包括在内。

2. 从纵向来看对土地所包含内容的不同见解

（1）英国经济学家马歇尔认为:"土地是指大自然为了帮助人类,在陆地、海上、空气、光和热各方面所赠与的物质和力量。"

（2）美国土地经济学家伊利认为:"经济学家所使用的土地这个词所指的是自然的各种力量,或自然资源……经济学上的土地是侧重于大自然所赋予的东西。"

（3）澳大利亚地理学者克里斯钦认为:"土地是地表上的一个立体垂直剖面,从空中环境到地下的物质层,并包括动植物群体,以及过去和现在与土地相联系的人类活动。"

3. 土地概念

综上所述,土地即由地球表面以上一定范围的空间（地上空间）和地球表面以下一定范围的空间（地下空间）的岩石、矿藏、土壤、水文和植被等要素构成的自然综合体,即陆地及其自然附属物。

（二）建筑物

建筑物是主要的一种土地定着物,是指人工建筑而成,由建筑材料、建筑构配件、建筑设备等组成的整体物,通常包括房屋和构筑物两类。

1. 房屋

房屋是指有墙、顶、门、窗、柱、梁,供人们居住或其他用途（如工作、学习、娱乐、储

藏等社会活动）的建筑物。

2. 构筑物

构筑物是指为某种使用目的而建造的、人们一般不直接在里面进行生产和生活活动的工程实体或附属建筑设施，如水塔、烟囱、桥路、道路、隧道等。

此外，需要注意的是，在部分相关法律、法规中对建筑物的界定与本文有所不同。例如，《中华人民共和国建筑法》第三十九条规定："施工现场对毗邻的建筑物、构筑物和特殊作业环境可能造成损害的，建筑施工企业应当采取安全防护措施。"《中华人民共和国城市房地产管理法》第二条规定："本法所称房屋，是指土地上的房屋等建筑物及构筑物。"

（三）其他地上定着物

其他地上定着物是建筑物以外的土地定着物，具体是指固定在土地或建筑物上，与土地、建筑物不能分离；或者虽然可以分离，但是分离不经济，或分离后会破坏土地、建筑物的完整性、使用价值或功能，或会使土地、建筑物的价值明显受到影响的定着物。例如，为了提高土地或建筑物的使用价值或功能，埋设在地下的管线、设施，建造在地上的围墙、假山、水池，种植在地上的树木、花草等均属于其他土地定着物。仅仅只是放进土地或者建筑物中，置于土地或者建筑物的表面，与土地或者建筑物毗连的则都不属于其他土地定着物。例如，挂在墙上的壁画、房屋内安置的家具家电、在土地上临时搭建的帐篷、戏台等均不属于其他土地定着物。

二、房地产实物

（一）房地产的实物概念

房地产的实物是指房地产中看得见、摸得着的部分，具体包括有形的实体、该实体的质量以及结合完成的功能三部分。

（二）房地产的实物内容

建筑物的外观（轮廓、色彩等）、结构（砖木、石材、玻璃等）、设备（给排水、燃气、照明、空调、电梯等）、装修，土地的形状、地势、地质条件（地基承载力、地下水和地震等）、基础设施完备程度、平整程度等均属于房地产实物。

三、房地产权益

在市场经济中，任何物质都不能仅仅从实体的范畴去理解，还必须从权益的角度加以深刻认识，而房地产的权益状况对其市场价值有极为重要的影响，全面认识房地产的权益特点显得尤为重要。

房地产的权益是房地产中无形的、不可触摸的一部分，包括权利、利益和收益。房地产权益是以房地产权利为基础的,包括房地产的各种主要权利(所有权、使用权、地役权、抵押权、租赁权等),受到其他房地产权利限制的房地产权利(地役权、抵押权等),受到其他各种限制的房地产权利(如城市规划等对房地产利用的限制),以及房地产的其他额外利益和收益。

就目前而言,我国主要的房地产权利包括所有权、使用权、租赁权、地役权、抵押权、典权、地上权、空间利用权等。

(一)所有权

房地产所有权是指房地产所有权人对自己的房地产,依照法律规定享有占有、使用、收益和处分的权利,在法律规定的范围内自由支配自己的房地产并排除他人干涉的权利。

房地产所有权可以分为独有、共有和建筑物区分所有权。

(1)独有是由一个自然人或法人所有。

(2)共有是由两个以上的自然人或法人所有。

(3)建筑物区分所有权是以建筑物的某一特定部分为客体而成立的房地产所有形式,由专有部分的所有权、共用部分的持份权和因共同关系所产生的成员权组成,是一种复合性的权利。

(二)使用权

房地产使用权目前主要是土地使用权,是指在我国土地使用制度下形成的土地使用者依法对国家或农民集体所有的土地享有占有、使用、收益和部分处分的权利。它可以分为出让土地使用权、划拨土地使用权、土地承包经营权、宅基地使用权、临时用地土地使用权。

(三)租赁权

房地产租赁权是指房地产所有人或土地使用权人将房地产或土地出租给他人使用,承租人以支付租金的方式获取使用该房地产的权利。

(四)地役权

地役权是指土地所有权人或土地使用权人为使用自己土地的便利而使用他人土地的权利。最典型的地役权是在他人土地上通行的权利,因而地役权有时也被称作为通行权。

(五)抵押权

抵押权是债务人或者第三人不转移房地产的占有,将该房地产作为债权的担保,债务人不履行债务时,债权人有权依法以该房地产折价或者以拍卖、变卖该房地产的价款优先受偿。

（六）典权
典权是指支付典价占有他人房地产而为自己使用、收益的权利。

（七）地上权
地上权是指在他人的土地上以用于建筑物或其他构筑物为目的，而使用其土地的权利。

（八）空间利用权
空间利用权是指房地产权利人在法律规定的范围内，利用地表上下一定范围内的空间，并排除他人干涉的权利。最典型的空间利用权是没有分摊的土地面积。

四、区位

（一）区位概念
区位主要指某事物占有的场所，但也含有位置、布局、分布、位置关系等方面的意思。房地产的区位可以分为位置、交通、环境和配套设施四个方面。

（二）区位的测度
以到重要场所（大型超市、市中心、学校等）的距离作为评判标准，是衡量房地产区位好坏最为简单的方法，即测度其到其他地点的可达性。通常使用空间直线距离、交通线路距离和交通时间距离，而如今人们越来越重视后两者，空间意义上的空间直线距离已经很少被真正使用。

（三）区位是房地产最重要的因素
西方的学者认为区位是房地产最重要的因素。由于房地产具有不可移动的特性，区位便成为房地产中唯一不可被人为外力因素更改的部分，正因为如此，房地产的区位对其价值有着极其重要的决定作用。即使是实物和权益状况完全相同的两宗房地产，由于其区位因素，即位置、交通、周围环境和配套设施四个方面有所不同，它们的价值也往往会出现巨大的差异。

第二节　房地产特性

一、不可移动性

（一）不可移动性概念
不可移动性也称为位置固定性，主要是由土地不可移动的自然特性决定的，它是房地产最重要的特性之一。在现实中，也存在着建筑物整体迁移的例子，如广州著名文物建筑锦纶会馆整体平移、上海音乐厅顶升和移位、慈源寺整体平移、都江堰奎光塔工程、广西北海市原英国领事馆斜向平移、福州市泛船浦教堂神父楼平移等,但往往只是对有继续使用价值或有文物价值的建筑物进行整体迁移,通常土地是不能移动、位置固定的。

(二)房地产的不可移动性决定了房地产市场只能是区域性的市场

房地产的不可移动性决定了房地产市场只能是区域性的市场,任意一宗房地产的开发、规划、利用、交易等环节只可能就地完成,这也使得房地产的区位显得至关重要,包括周围环境、交通条件、周边配套公共设施、与商业中心的接近程度等因素都直接影响了房地产的社会经济位置,这就是为什么"location, location and location"是西方公认的投资房地产的三大要点。

(三)房地产的不可移动性决定了房地产交易就是权利的转移

正是由于房地产的不可移动性,有一点是我们必须要明白的:在房地产市场上流通交易的所谓房地产并非其实体的范畴,而是其各种权益的转移。

二、独一无二性

(一)独一无二性概念

独一无二性又被称为房地产的个别性、独特性、异地性、异质性、非同质性。顾名思义,每一宗房地产都是不同的,都具有自己的独特之处。对于土地而言,面积大小、土地形状、土地平整程度、地势、临路状况、基础设施完备程度、水文地质情况、规划管制条件、土地使用权年限等;对于建筑物而言,坐落、新旧程度、装修、设施设备、平面布置、工程质量、建筑结构、楼层、朝向、交通的便捷性、周围环境和景观、外部公共配套设施等,只要其中某一因素不同,那么这两宗房地产就不可能相同。因此,世界上不可能存在两宗完全相同的房地产。

(二)房地产的独一无二性对房地产估价的启示

房地产的独一无二性使得房地产之间无法实现完全替代,任意两宗房地产之间的价格或多或少都存在着差异,在进行土地、建筑物交易或估价时,不能盲目相信房地产开发商、建筑商提供的样板房、沙盘、售楼书、效果图等,必须要对交易或估价对象进行实地考察。

尽管房地产具有独一无二性,但在房地产估价方法中,仍可以参照在估价时点近期有过交易的与估价对象类似房地产进行估价,这正是市场比较法的基本思想和原理。具体的细节将在之后的章节中介绍。

三、寿命长久性

（一）寿命长久性概念

房地产的寿命长久性也被称为不可毁灭性、耐久性、长期使用性，是指土地不因使用或放置而造成损耗或者毁灭。就土地而言，土壤会出现风化、流失，甚至荒漠化、盐渍化等情况，但其本身是永存的。如果人们能够减少对土地的过度损害，或者尽早对土地实施适当的保护措施，那么土地就能够反复利用，供人们长久的使用。

（二）房地产使用权的规定

在改革开放的过程中，我国的土地使用权由无偿、无限期、无流动向有偿、有期限、有流动转变，土地使用制度从"三无"转向"三有"，公司、企业、其他组织或者个人通过政府出让的方式获取土地使用权是具有一定期限的。根据《中华人民共和国城镇国有土地使用权出让和转让暂行条例》第十二条，对土地使用权出让最高年限按用途进行确定：居住用地 70 年；工业用地 50 年；教育、科技、文化、卫生、体育用地 50 年；商业、旅游、娱乐用地 40 年；综合或者其他用地 50 年。当土地使用期限届满时，国家将无偿收回出让的土地使用权。

四、供给有限性和滞后性

（一）供给有限性

土地是自然产物，总量是固定不变且有限的，是人类无法创造出来的，但多占少用、好地劣用、占而不用等情况对土地资源造成了极大的浪费。人类为了满足居住、办公、工业等方面的需求，正尽可能地增加房地产数量。从横向角度而言，将房地产的建造延伸到更远的平面，如将房地产从市区逐渐建造到郊区，甚至采用填海造地的手段（我国许多邻近海岸线的城市如大连等都先后推进大规模的填海造陆造房运动）；从纵向角度而言，提高建筑容积率、建筑高度，向地表上层、下层空间发展，如高楼大厦、地下车库等。但相对而言，如今可供使用的土地总数还是微乎其微，而房地产数量的有限也使得其供给缺乏弹性。

房地产的供给有限性，本质上并不是因为土地总量的有限和面积难以增加，主要是由于房地产不可移动的特性，房地产无法在供给过剩、价格较低的区域与供给紧缺、价格较高的区域之间进行余缺调剂，而房地产供给数量的有限使得其具有独占性，独占性又称为排他性和专有性，即一种物品具有可以阻止他人使用该物品的特性。对房地产而言，好区位的占有者能够获取该区位提供的资源，而其他人如果在未支付一定费用的前提下，则无法使用该区位提供的资源。例如，武汉房地产市场上的一些豪宅楼盘就存在着水景等资源独占的情况。

(二)供给滞后性

此外,房地产投标、规划、开发、施工等整个过程一般需要几年的时间,因此,房地产存在着供给滞后的现象。

五、价值量大

房地产无论从购置还是开发、投资的角度而言,都需要大量的资金投入,无论是单价还是总价都远远超过普通商品。对开发商而言,在房地产开发土地招标过程中需要巨额的资金才能竞拍到满意的地块,而如今的"地王"现象也比比皆是,如北京等城市不断涌现的"地王",不断刷新单价"地王"和总价"地王"的价格。对普通置业者而言,现时一套房产的价格往往在几十万至几百万元,可以说是一个家庭一生中购置的最为昂贵的物品,往往需要消耗上一辈子的积蓄,而如今上千万乃至上亿元的豪宅也不胜枚举,如位于上海市内每平方米单价在十几万元的汤臣一品。

六、流动性差

(一)流动性概念

流动性是指在没有太多损失的条件下,将非现金资产转换为现金的速度。凡是能够随时、迅速且没有损失或损失较小就能转换为现金的房地产,可称为流动性好;反之,则称为流动性差。

(二)流动性差对房地产估价的启示

由于房地产具有不可移动的特性,使得房地产的开发、利用、消费都只能就地进行,因此,房地产市场是一个地区性的市场。又由于房地产市场属于不完全竞争市场,其又具有独一无二的特性,市场上难以存在两宗完全相同的房地产,房地产市场上的交易价格信息不充分,再加上房地产价值量大,需求主体在决定购买之前,有必要对房地产市场进行了解,从而需要专业的房地产估价机构和估价师进行专业价值评估,以提供交易价格的参考依据,这也使得整个房地产交易的过程需要较长的时间,且伴随着较高的交易成本,因此,房地产的流动性较差。当急需资金时,往往是将房地产抵押或典当而不是直接变现来获取现金。

七、用途多样

需要注意的是,房地产的用途多样性主要是针对空地而言的。关于房地产按用途所作的分类,在第一章第三节中已有介绍。正因为房地产具有多种用途,同一宗房地产用于不同的用途往往会产生反差较大的获益,这也正是为什么在房地产估价原则中存在"最高最佳使用原则"这一条,即应以估价对象的最高最佳使用为估价前提。同时需要注意的是,房地产用途的多样性还受城市规划、土地用途管制等规定的制约,房地产的利用要符合这些规定。因此,房地产估价需要遵循合法原则,即应以估价对象的合法使用、合法处分为前提估价。从经济角度而言,土地不同利用用途的获益大小的排列顺序一般为:商业＞办公＞居住＞工业＞耕地＞牧场＞放牧地＞森林＞不毛荒地。

八、相互影响

(一)相互影响的表现

房地产的开发利用不同于普通物品,通常会受到周围房地产的影响,与此同时,其也会对周围的房地产产生影响,这就是所说的房地产的相互影响性。例如,在住宅区周围建造大型的购物超市,大型购物超市为住宅小区的居民提供便利,与此同时,住宅小区的人流量也为大型购物超市提供了营业额。

(二)相互影响与外部性的关系

房地产的这种相互影响性很容易令人联想到微观经济学中的"外部性"的概念。外部性是指经济主体的活动对他人造成影响,并且无法由市场对这种影响进行付费或补偿时,该活动就产生了外部性。如果一宗活动使得其他主体获益,而这种活动的实施者却没有得到相应的补偿,那么便产生了正外部性,也称为有利的外部性,企业的空间群体集聚正是因为这种正外部性而产生;反之,如果一宗活动使得其他主体受损,而这种活动的实施者却没有受到惩罚,那么便产生了负外部性,也称为有害的外部性,例如河流上游的企业将生产垃圾倾倒入河中对下游渔民所造成的损害。

九、易受限制

房地产交易往往伴随着巨额的资金流动,牵涉到很多方面的经济建设,不真实的房地产价格不仅会对生产领域产生巨大的影响,还会影响到政府对房地产行业的宏观调控,关系到民生、社会和谐以及社会主义市场经济的稳定,因此,房地产的权益更需要受到政府的限制。

政府对房地产的限制一般是通过管制权、征税权、征收权、充公权等特权来实现的。

(一)管制权

管制权是指政府为了增进公众安全、健康、道德和一般福利,可以直接对房地产的使用作出限制。

(二)征税权

征税权是指政府为了提高财政收入,可以对房地产征税或提高房地产税收,前提是这些税收是公平课征的。

（三）征收权

征收权是政府为了公共利益需要，无需取得被征收单位或个人的同意，可以强制征收私人的房地产，但需要对被征收单位或个人进行补偿，且征收权的行使必须依照法律程序。

（四）充公权

当房地产所有者死亡，在没有留下有效遗嘱或没有继承人，也不存在对其财产的合法原告和请求人的情况下，则其房地产将被无偿自动转为政府的财产。

除此以外，房地产权益的限制还表现在外部性的问题上。例如，《中华人民共和国民法典》第二百八十八条规定："不动产的相邻权利人应当按照有利生产、方便生活、团结互助、公平合理的原则，正确处理相邻关系。"

十、保值增值

（一）房地产可以长时间使用以保值增值

由于房地产具有寿命长久性的特性，只要对土地提供适当的保护，土地就可以长时间地供人类使用，而建筑物虽然并不像土地可以永久使用，但一般情况下，其自然损耗时间也是相当长的，少则十几年，多则上百年。因此，房地产可以长时间为权益人提供持久的利益。

（二）房地产价格持续上涨的原因

1. 房地产开发成本不断上涨

土地使用成本的增加，钢筋、水泥等建筑原材料价格的上涨，开发商融资成本的上升等因素都使得房地产业开发成本上升。

2. 房地产市场需求持续激增

一方面，城市人口的增加产生了住房需求的膨胀，改善住房水平的意愿也增加了人们对房地产的需求量；另一方面，随着人们投资意识的增强，房地产逐渐成为投资的对象，而全国性的投机炒房也使得房地产价格上涨。

3. 房地产供给缺乏弹性

由于房地产市场属于地区性的垄断竞争市场，尽管我国房地产行业中企业数量众多，但总体而言，房地产开发的权利相对集中在少数规模大、资质优、资金雄厚的房地产开发商手中，而开发商为了获取最大的利润，往往会减少房地产的供给以此抬高价格。

4. 政府住房保障工作欠缺

随着住房制度的改革，各地逐渐取消福利分房，采取购买商品房为主、其他保障性住房供应为辅的住房制度。然而现今,政府的经济适用房、廉租房等保障性住房所占比重过小,增加了房地产市场的压力,推动了房价的上涨。

5.外部性或相互影响

随着房地产对外交通、外部配套设施的建设和发展,房地产的社会经济地位发生变化,这同样会引起房地产价格的上涨。

此外,值得注意的是,我国的土地使用权年限受到法律限制,尽管一宗房地产在某一时间段内表现出了保值增值性,但是随着房地产使用年限逐渐减少,从长远的角度来看,其价格也在逐渐减少。

第三节 房地产价值和价格

价值是凝结在商品中的抽象的人类劳动,属于资产的范畴;价格是商品价值的货币表现,属于市场范畴。价值和价格两者的关系为:价值是价格的前身,价格最终是价值的货币表现形式。

值得注意的是,尽管价值和价格在估价理论上具有严格的区分定义,但在实际使用中,往往因为习惯、约定俗成等各方面原因,并不对房地产价格和房地产价值进行严格意义上的区分,甚至可以交换使用。

房地产价值和价格形式种类繁多,其所起的作用也各不相同,进行房地产价格评估时所采用的依据和考虑因素也不尽相同。因此,正确理解房地产价值和价格的确切含义,是进行房地产估价的前提条件。

一、房地产价值

广义的价值可以分为使用价值和交换价值两类。

使用价值是指该种商品能满足人们某种需要的效用,是实物的有用性、商品的自然属性,体现人与自然的关系,属于生产力范畴。交换价值则表现为一种使用价值同另一种使用价值交换的量的关系或比例,一般情况下,以货币的形式来衡量交换价值,也就是说,交换价值的表现形式为一定数量的货币、商品或其他有价物。

使用价值是交换价值的前提,商品如果没有使用价值,那么肯定就不存在交换价值。值得注意的是,一般在房地产估价中所说的价值指的是交换价值。

二、市场价值和非市场价值

根据房地产估价的市场条件、评估对象的使用状态、评估结论的适用范围,可将房地产价值划分为市场价值和非市场价值。

(一)市场价值

市场价值又称为实际价值,是指该房地产对于一个典型的投资者的价值。在《国际估价准则》中,市场价值"是自愿买方与自愿卖方在评估基准日进行正常的市场营销之后所达成的公平交易中,某项资产应当进行交易的价值估计数额,当事人双方应各自精明、谨慎行事,不受任何强迫压制"。

(二)非市场价值

非市场价值又称为市场价值以外的价值、其他价值,包括清算价值、快速变现价值、谨慎价值、在用价值、投资价值等。

清算价值是指卖者是被迫出售、买者是自愿而不是被迫购买下的价格。

快速变现价值是指不符合市场价值形成条件中的"交易双方有较充裕的时间进行交易"下最可能的价格。

谨慎价值是指在存在不确定性因素的情况下遵守谨慎原则评估出的价值。

在用价值是指在现状使用下的价值。

投资价值是指某个特定的投资者基于个人的需要或意愿,对该房地产所评估出的价值。它包含两层含义:一是值得投资;二是从某个特定的投资者角度所衡量的价值。对于同一宗房地产,从不同的投资者角度,所衡量的价值也不相同,主要原因在于不同投资者可能在房地产开发成本或经营费用方面具有的优势不同,纳税状况不同,对房地产市场未来的信心和预期不同。评估房地产投资行为的基本条件为:房地产的投资价值是否大于或等于其市场价值。当投资价值大于或等于市场价值时,说明该房地产值得投资;反之,当投资价值小于市场价值时,说明该房地产不值得投资。

三、市场价值、原始价值和账面价值

原始价值简称原值或原价,又称为历史成本、原始购置成本,是一项资产在当初取得时实际发生的成本,主要包括买价、运输费、安装费、缴纳的有关税费等。

账面价值又称为账面净值、折余价值,是一项资产的原始价值减去已计提折旧后的余额。

三者的区别在于市场价值是随着时间的推移而上下波动的,原始价值是随着时间的推移而始终不变的,账面价值是随着时间的推移而逐渐减少的。就市场价值、原始价值、账面价值三者而言,房地产价格评估往往指的是其市场价值。

四、评估价值

评估价值简称评估值、评估价,又称为评估价格、估计价值。进行房地产估价时,

采用不同的估价方法，评估价值具有不同的称谓。市场比较法求得的评估价值称为比准价值，其趋向于市场价格。值得注意的是，当房地产市场存在经济泡沫时，市场比较法求得的评估价格会高于收益法求得的评估价值。成本法求得的评估价值称为积算价格，其趋向于最低卖价。收益法求得的评估价值称为收益价格，其趋向于理论价格。从理论上而言，一宗良好的房地产评估价值应等于正常成交价格和市场价格。但对于同一宗房地产，由于房地产估价人员的专业知识、估价经验、职业道德等方面情况不同，不同房地产估价人员求得的评估价值很有可能不相同。

五、成交价格

成交价格简称成交价，是指在一笔房地产交易中，交易双方实际达成交易的价格。

按照土地使用权出让方式的不同，可将土地使用权出让的成交价格分为招标成交价、拍卖成交价、挂牌成交价、协议成交价。

招标成交价是指采取招标方式交易房地产的成交价格。

拍卖成交价是指采取拍卖方式交易房地产的成交价格。

挂牌成交价是指采取挂牌方式交易房地产的成交价格。

协议成交价是指采取协议方式交易房地产的成交价格。

一般情况下，协议成交价最低，其次是招标成交价，最高的是拍卖成交价，其最能抬高地价。

六、正常成交价格

（一）正常成交价格的定义

正常成交价格是指交易双方在公开市场、信息通畅、平等自愿、诚实无欺、没有利害关系的情况下进行交易形成的价格，其不受对房地产市场行情不了解、市场垄断、非自愿交易的影响。

（二）房地产正常成交价格形成的主要条件

(1) 公开市场。

(2) 交易对象本身具备市场性。

(3) 买者和卖者数量众多。

(4) 自愿买卖双方，即买方具有购买动机，且并未被强迫进行购买，卖方既不准备以任何价格急于出售或被强迫出售房地产，也不会因期望获得被现行市场视为不合理的价格而继续持有资产。

(5) 买卖双方的理性经济行为，当事人双方各自精明，谨慎行事，以争取在房地产交易中为自身获取最好的价格。

(6)买卖双方具备完全信息。
(7)具有适当的期间完成交易。

七、市场价格和理论价格

市场价格是指某宗房地产在市场上的一般、平均水平价格。

理论价格是指经济学假设的"经纪人"的行为和预期是理性的,或真实需求与真实供给相等的条件下形成的价格。

两者的区别在于市场价格是短期均衡价格,而理论价格是长期均衡价格。

八、市场调节价、政府指导价和政府定价

《中华人民共和国价格法》第三条规定:"国家实行并逐步完善宏观经济调控下主要由市场形成价格的机制。价格的制定应当符合价值规律,大多数商品和服务价格实行市场调节价,极少数商品和服务价格实行政府指导价或者政府定价。"

《城市房地产开发经营管理条例》第三十条规定:"房地产开发项目转让和商品房销售价格,由当事人协商议定;但是,享受国家优惠政策的居民住宅价格,应当实行政府指导价或者政府定价。"因此,对房地产价格而言,根据政府对价格管制或干预的程度可将房地产价格分为市场调节价、政府指导价和政府定价。

市场调节价是指由经营者自主制定,通过市场竞争形成的价格。

政府指导价是指由政府价格主管部门或其他有关部门,按照定价权限和范围规定基准价及浮动幅度,指导经营者制定的价格。

政府定价是指由政府价格主管部门或者其他有关部门,按照定价权限和范围规定的价格。

九、土地价格、建筑物价格和房地价格

根据实物形态的不同,可将房地产价格分为土地价格、建筑物价格、房地价格。

土地价格简称地价,是指一块无建筑物的空地的价格。如果一块土地已经建有建筑物,则土地价格是指该房地产中去除建筑物仅含土地部分的价格。土地的生熟程度主要分为五类:一是未完成征收补偿的集体土地;二是已完成征收补偿安置但未完成"三通一平"的土地;三是已完成征收补偿安置和"三通一平"的土地;四是未完成房屋拆迁补偿安置的国有土地;五是已完成房屋拆迁补偿安置的国有土地。根据土地的生熟程度,可将土地价格粗略划分为生地价格、毛地价格和熟地价格。

建筑物价格是指建筑物部分的价格,不含建筑物所占用的土地的价格。

房地价格又称为房地混合价,是指建筑物连同其占用的土地的价格。

对于同一宗房地产而言：

$$房地价格＝土地价格＋建筑物价格 \qquad (2—1)$$
$$土地价格＝房地价格－建筑物价格 \qquad (2—2)$$
$$建筑物价格＝房地价格－土地价格 \qquad (2—3)$$

十、租赁价格、买卖价格、抵押价格、课税价格、典当价格、保险价格和征用价格

根据房地产用途的不同，可将房地产价格分为租赁价格、买卖价格、抵押价格、课税价格、典当价格、保险价格和征用价格。

(一)租赁价格

租赁价格通常称为租金，用于土地租赁的称为地租，用于土地与建筑物租赁的则称为房租，是指房地产权利人作为出租人将其房地产出租给承租人使用，承租人支付给出租人的货币、商品或其他有价物。在过去实行的提高公有住房租金的城镇住房制度改革中，房租又可分为市场租金、商品租金、成本租金、准成本租金和福利租金。

市场租金又称为协议租金，是指根据市场供求情况决定的租金。

商品租金又称为全价租金，是指以房地产价值为基础所确定的租金，主要的构成因素有折旧费、维修费、管理费、贷款利息、房产税、保险费、地租和利润。

成本租金是指按照出租房屋的经营成本确定的租金，主要的构成因素有折旧费、维修费、管理费、贷款利息和房产税。

准成本租金是指接近但还达不到成本租金水平的租金。

福利租金是指象征性收取的很低水平的租金。

(二)买卖价格

买卖价格是房地产权利人通过买卖方式将房地产转移给他人，由房地产权利人收取或他人支付的货币、商品或其他有价物。买价是从买者角度而言的，是指买者购买房地产时所愿意支付的价格。卖价是从卖者角度而言的，是指卖者出售房地产时所愿意接受的价格。在实际房地产交易中，买者购买房地产时所愿意支付的价格存在一个最高限价，而卖者出售房地产时所愿意接受的价格同样存在一个最低限价，只有当最高买价大于或等于最低卖价时，房地产交易才能成功。

(三)抵押价格

抵押价格是指假设债务履行期届满时，债务人不履行债务，通过拍卖、变卖抵押房地产最可能获得的价款或者抵押房地产的价值扣除有限受偿的款额后的余额。

(四)课税价格

课税价格是出于课税的需要，由估价人员评估的作为计税依据的价值。

（五）典当价格

典当价格是在设定典权时，由出典人收取或典权人支付的货币、商品或其他有价物。在实际情况中，房地产的典当价格往往会低于房地产的实际价值。

（六）保险价格

保险价格是指将房地产投保时，为确定其保险金额提供参考依据而评估的价值。

（七）征用价格

征用价格是指政府强制取得房地产时应给予的补偿金额。

十一、所有权价格、使用权价格和其他权益的价格

根据房地产权益的不同，可将房地产划分为所有权价格、使用权价格、其他权益的价格。同一宗房地产，进行交易或评估的可能是其所有权，也有可能是其使用权，还有可能是其他权益，例如租赁权、抵押权、典当权、地役权等。

所有权价格是指房屋所有权价格、土地所有权价格，或者房屋所有权价格与土地使用权价格。在通常情况下，土地的所有权价格要高于土地的使用权价格。

使用权价格主要是指土地使用权价格。从国家获取土地使用权的价格称为土地出让金。

其他权益的价格是指除房地产所有权价格、使用权价格以外的所有房地产权利的价格，如租赁权价格、抵押权价格、典当权价格、地役权价格等。

十二、基准地价、标定地价和各类房屋的重置价格

基准地价、标定地价、各类房屋的重置价格是一组由《中华人民共和国城市房地产管理法》规定应当定期确定并公布的房地产价格，三者都属于评估价值。该法第三十四条规定："国家实行房地产价格评估制度。房地产价格评估，应当遵循公正、公平、公开的原则，按照国家规定的技术标准和评估程序，以基准地价、标定地价和各类房屋的重置价格为基础，参照当地的市场价格进行评估。"

基准地价是指在城镇规划区范围内，对现状利用条件下不同级别或不同均质地域的土地，按照商业、居住、工业等用途，分别评估确定的某一估价期日法定最高年限土地使用权区域的平均价格。

标定地价是政府根据管理需要评估的某一宗地在正常土地市场条件下于某一估价期日的土地使用权价格，是该类土地在该区域的标准指导价格。

各类房屋的重置价格是指不同区域、不同用途、不同建筑结构、不同等级的房屋在某一基准日期开发建设所发生的必要支出及应当获得的利润。

十三、实际价格和名义价格

实际价格是指在成交日期时一次付清的价格,或者将不是在成交日期时一次付清的价格折现到成交日期时的价格。

名义价格是指在成交日期时讲明,但不是在成交日期时一次付清的价格。

十四、现货价格和期货价格

现货价格是指在交易达成后立刻或在短期内进行商品交割的价格。

期货价格是指在交易达成后按约定在未来某个日期进行商品交割的价格。

对房地产而言,房地产的现货价格是指以现状房地产为交易标的的价格,房地产的期货价格是指以未来状况的房地产为交易标的的价格。

十五、总价格、单位价格和楼面价格

根据房地产的表示单位,可将房地产价格划分为总价格、单位价格、楼面价格。

总价格简称总价,是指某一宗或某一区域范围内房地产整体的价格。

单位价格分为土地单价、建筑物单价和房地单价。土地单价是指单位土地面积的土地价格,建筑物单价是指单位建筑物面积的建筑物价格,房地单价是指单位建筑物面积的房地价格。要对单位价格有充分的认识,必须先理解价格单位。价格单位包括货币和面积两个方面。货币包括币种和货币单位,币种有人民币、美元、港元等,货币单位有元、万元等。面积包括面积内涵和面积单位,对面积内涵而言,建筑物有使用面积、建筑面积和成套房屋的套内建筑面积等,居住用房有居住面积,商业用房有营业面积,出租房屋有可出租面积等;对面积单位而言,在不同国家和地区采用不同的法定面积计量单位,例如,在我国采用的面积单位为平方米,在美国、英国和我国香港地区采用的面积单位为平方英尺,在日本、韩国和我国台湾地区采用的面积单位为坪。

楼面价格是一种特殊的土地单价,是指土地上建筑物面积均摊的土地价格。

楼面地价的计算公式为:

$$楼面地价 = \frac{土地总价}{总建筑面积} \tag{2-4}$$

楼面地价、土地单价、容积率三者之间的关系为:

$$楼面地价 = \frac{土地总价}{总建筑面积} \times \frac{土地总面积}{土地总面积} = \frac{土地单价}{容积率} \tag{2-5}$$

十六、起价、标价、成交价和均价

起价、标价、成交价、均价是在商品房销售中出现的一组价格。

起价是指所销售的商品房的最低价格,不能反映所销售商品房的真实价格水平。

标价又可称为报价、表格价,是商品房出售者在其"价目表"上标注的不同楼层、朝向、户型的商品房出售价格。

成交价是商品房买卖双方的实际交易价格。

均价是指所销售商品房的平均价格,可以反映所销售商品房的总体价格水平。

十七、评估价、保留价、起拍价、应价和成交价

评估价、保留价、起拍价、应价、成交价是在房地产拍卖中出现的一组价格。

评估价是对拟拍卖的房地产的公开市场价值进行测算和判定的结果。

保留价又称为拍卖底价,是在拍卖前确定的拍卖标的可售的最低价格。

起拍价又称为开叫价格,是拍卖师在拍卖时首次报出的拍卖标的的价格。

应价是竞买人对拍卖师报出的价格的应允,或是竞买人自己报出的购买价格。

成交价是经拍卖师落锤或者以其他公开表示买定方式确认后的竞买人的最高应价。

十八、补地价

补地价是指国有土地使用者因改变土地用途等而向国家补交的地价或土地使用权出让金、土地收益。需要补地价的情形主要有以下三类:第一,土地使用者改变土地用途、容积率、建筑高度等城市规划限制条件;第二,土地使用者延长土地使用年限(包括出让土地使用权期满后续期);第三,土地使用者转让、出租、抵押划拨土地使用权的房地产(要求补办土地使用权出让手续、补交土地使用权出让金等)。

对于改变土地使用用途而言,补地价的具体计算公式为:

$$补地价 = 改变土地使用用途后的总地价 - 原用途的总地价 \quad (2-6)$$

对于提高土地容积率而言,补地价可以分为未改变土地使用用途仅增加容积率和改变土地使用用途并增加容积率两种情况。如果将提高前的容积率称为原容积率,提高后的容积率称为现容积率,则未改变土地使用用途仅增加容积率的补地价计算公式为:

$$补地价(单价) = 现容积率 \times 改变土地使用用途后的楼面地价 - 原容积率 \times 改变土地使用用途前的楼面地价 \quad (2-7)$$

$$补地价(总价) = 补地价(单价) \times 土地总面积 \quad (2-8)$$

改变土地使用用途并增加容积率的补地价计算公式为:

$$补地价(单价) = (现容积率 - 原容积率) \times 楼面地价 \quad (2-9)$$

或

$$补地价(单价) = \frac{(现容积率 - 原容积率) \times 原容积率下的土地单价}{现容积率下的容积率} \quad (2-10)$$

第四节 国内外房地产估价协会及估价师资格取得

一、美国房地产估价协会及估价师资格取得

美国的房地产估价体制是由联邦政府及相关机构、全国性的评估协会或学会共同承担房地产估价人员的认定与房地产估价行业的管理工作。在美国，大约有十几个协(学)会对其会员的评估业务给予指导，以提高估价人员的能力。为了保证协(学)会会员的专业服务水准，协(学)会通过大学内相关专业的课程设置及授课内容来为其会员提供在职培训、继续教育。

下面分别介绍美国的几大主要估价协会和学会。

(一)美国估价协会

美国估价协会(Appraisal Institute, AI)成立于1991年，是由美国两个非常有声誉的估价专业协会——不动产估价者协会和不动产估价师学会合并而成，在不动产行业中具有很高的权威性。

1. 美国估价协会的主要任务

(1)向合格的不动产估价人员颁发专业资格称号。

(2)保持高水平的估价服务。

(3)制定和实施一套严格的行业法典，包括职业道德规范和不动产估价的统一标准。

(4)发展和推行高质量的估价教育课程与培训计划。

(5)加强和促进有关的研究工作。

(6)提供有关不动产估价各方面的出版物、教材和资料等。

2. 美国估价协会授予的专业资格称号

(1)高级住宅估价师(SRA)，主要授予那些在居住用不动产估价中有经验的估价师。

(2)估价协会会员(MAI)，主要授予那些在商业、工业、住宅及其他类型的不动产估价中有经验的估价师和在不动产投资决策中提供咨询服务的估价师。

与高级住宅估价师相比，估价协会会员更为资深，也是美国不动产估价行业中最高的专业资格。

3. 高级住宅估价师(SRA)的资格要求

(1)提交标准要求(一年内完成,否则重新提交):提供最新的 USPAP 完成证书的证明。

(2)提交业务惯例和道德要求(一年内完成,否则重新提交)。

(3)提供经认证的教育机构授予的学士学位(或同等学力的国外学位)证明。注册普通房地产估价师不需要提供学士学位证明。

(4)通过房地产知识考试(考试科目可选)。

(5)参加高级房地产应用及个案研究课程,并通过考试。

(6)通过房地产综合考试[必须在上述(1)—(5)项要求完成后才能参加该考试]。

(7)具有 3 000 小时的房地产估价实践经验。

(8)房地产估价知识展示,如出具一份估价报告,或者拓展评估专业整体知识体系的原创研究,等等。

4. 估价协会会员(MAI)的资格要求

(1)提交标准要求(一年内完成,否则重新提交):提供最新的 USPAP 完成证书。

(2)提交业务惯例和道德要求(一年内完成,否则重新提交)。

(3)提供经认证的教育机构授予的学士学位(或同等学力的国外学位)证明。注册普通房地产估价师不需要提供学士学位证明。

(4)参加课程并通过"一般评估师报告写作和案例分析"考试。

(5)通过"高级收入资本化"考试。

(6)通过"高级市场分析及 HBU"考试。

(7)通过"高级概念和案例研究"考试。

(8)通过"定量分析"考试。

(9)通过一般综合考试[必须在上述(1)—(8)项要求完成后才能参加该考试]。

(10)具有 4 500 小时的专业实践经验。

(11)估价知识展示,如出具一份估价报告,或者拓展评估专业整体知识体系的原创研究,等等。

(二)美国评估师协会

美国评估师协会(American Society of Appraisers,ASA)成立于 1936 年,是目前美国最大规模的多领域评估专业协会。从 20 世纪 60 年代起,该组织一直致力于推动评估行业的综合领域发展,在企业价值评估、不动产评估、动产评估、珠宝艺术品评估和机器设备评估等专业领域都具有重要的影响和权威。

(三)美国评估促进会

美国评估促进会(Appraisal Foundation)成立于 1987 年,并又在内部成立了三个独立的委员会：评估准则委员会（Appraisal Standards Board，ASB）、评估师资格委员会（Appraiser Qualifications Board，AQB）和评估执业委员会（Appraisal Practice Board，APB）。美国评估促进会是目前美国评估行业中最重要的非营利性自律组织，多年来一直致力于促进评估业的发展。

1. 美国评估促进会的宗旨

美国评估促进会的宗旨是促进并提高评估业的专业水准。这一宗旨通过以下具体目标实现：

（1）制定、修订专业评估执业统一准则（USPAP）。

（2）制定专业评估师的资格标准。

（3）向评估行业、州和联邦政府有关部门、评估业务的客户、相关行业和团体以及社会公众宣传有关专业评估执业统一准则和评估师资格标准。

（4）开展有关与评估准则、评估师资格标准以及其他与评估行业及评估业务客户相关的重要活动。

2. 美国评估促进会的组织结构

美国评估促进会没有个人会员，而是由各种协会和团体组成。美国评估促进会发起人共分三大类。其中评估界发起人包括美国评估师协会、美国农场经营者与评估师协会、评估学会、估价官员国际联合会、地役权国际联合会、独立收费评估师全国联合会、高级评估师全国联合会；相关发起人包括美国银行家联合会（American Bankers Association）、农场信贷委员会（Farm Credit Council）、美国抵押保险公司（Mortgage Insurance Companies of America）、不动产经纪人全国联合会（National Association of Realtors）；国际发起人为加拿大评估学会。

美国评估促进会主要由三个独立的委员会即评估准则委员会、评估师资格委员会和评估执业委员会组成。评估促进会的管理工作由理事会负责，同时还设有行业咨询委员会（IAC）、国际评估委员会（IVC）和评估促进会咨询委员会（TAFAC），为评估促进会的工作提供咨询。评估促进会受美国国会下设的评估分会（Appraisal Subcommittee）监督和指导，并由评估分会拨付一定的资金。

3. 美国评估促进会的特点

（1）美国评估促进会是协会的协会，没有个人会员，这是它与其他美国评估专业协会的最大区别。正是由于评估促进会不直接面向评估师个人，而是以各大评估协会为其成员，因此，各大协会的广泛参与在一定程度上保证了评估促进会制定文件的效力性，使评估促进会的准则及评估师资格标准一经制定即得到各协会的认可，成为各自会员须一致遵守的文件，所以评估促进会的影响范围超越任何协会的范围，成为美国评估界最具影响力的组织。

(2)美国评估促进会属于民间自发形成的非政府组织(NGO),同时由于 FIRREA 法令的规定赋予了该组织超出一般民间专业协会的职能,因而它在一定意义上成为评估界(评估协会和评估师)与政府之间联系的桥梁,并进一步保障了其效力性。

(3)美国评估促进会已成为具有较大国际影响的专业评估团体,在国际评估界发挥着越来越重要的作用。美国评估促进会 1997 年增设国际加拿大评估学会为发起人,并应总部设在美国的东欧不动产基金会的要求,对中欧、东欧新建立的评估机构提供专业咨询,于 1997 年初与中欧、东欧评估师联合会网络签署了正式协议。伴随近年来专业评估执业统一准则在国际评估界的推广,美国评估促进会在各国评估界的影响进一步加强。

(4)美国评估促进会设立时依照美国评估界的传统,其职能仅限于制定不动产评估准则和不动产评估师资格标准,然而随着评估业综合发展的趋势,评估促进会近年来积极致力于改变原先局限于不动产领域的局面,在其他评估领域积极开展相关工作。专业评估执业统一准则已远远超出不动产评估的范围,涉及动产评估、企业价值评估、评估咨询、评估复核等领域。1997 年,评估准则委员会再次发起一场改革运动,试图对专业评估执业统一准则进行全面修改,彻底改变其偏重于不动产评估的特点,将该准则变为一部真正意义上的综合性评估准则,并为此成立了专门委员会。1996 年,评估促进会也开始尝试制定动产评估师的资格标准,希望将资格制定引入动产评估等领域。

由于评估界的传统观点,评估促进会的这种综合性发展并不顺利,在美国评估界引起了不同看法。相当一部分人认为评估促进会应当仅限于其设立时确定的工作领域,不应超出不动产领域,因此,评估准则委员会从 1997 年起致力于全面修改专业评估执业统一准则,将其变为一部综合性评估准则的计划受挫后,1998—1999 年版本的专业评估执业统一准则就并未按计划进行实质性修改。应当说,美国评估促进会在综合化的发展道路上还需要做大量工作。

(5)美国评估促进会在开展专业工作的同时,积极开展相关经营活动,拓宽评估促进会的资金来源,提高评估促进会的财务独立性。

二、英国房地产估价协会及估价师资格取得

英国的房地产估价体系由英国政府与全国性的特许测量师协会共同管理,但主要是由全国性的特许测量师协会负责大部分的估价指导工作。其中英国皇家特许测量师学会、估价师与拍卖师协会和税收评估协会是三家影响较大的评估协会,而英国皇家特许测量师学会更是极具权威地位的评估机构。

(一)英国皇家特许测量师学会

英国皇家特许测量师学会(Royal Institution of Chartered Surveyor,RICS)迄今

为止已经有 140 余年的历史,目前有 14 万多会员分布在全球 146 个国家,拥有 400 多个 RICS 认可的相关大学学位专业课程,向会员提供覆盖包括土地、物业、建造及环境等 17 个不同专业领域和相关行业的最新发展趋势,得到了全球 50 多个地方性协会及联合团体的大力支持,是为全球广泛、一致认可的专业性学会。

(二)英国土地估价师资格的取得

英国土地估价师资格的认定,由英国皇家特许测量师学会主持,由该学会举办考试吸收会员,通过严格的专业考试后,可取得估价师资格。成为土地估价师有如下三个渠道:

(1)取得 A Level 成绩及有 2 年以上的估价实务经验,以此资格报考需参加第一次到第三次考试,且通过第一次考试后才可参加第二次考试,通过第二次考试后才可参加第三次考试。英国的学制是高中毕业后再读一年,可取得 D Level 成绩,即可以其成绩申请就读于理工学院,再续读一年则可取得 A Level 成绩,即可以申请进入大学就读。

(2)取得英国各大学与估价有关的学系的学士学位及有 2 年以上的估价实务经验,以此资格报考只要参加第三次考试。

英国亚伯河、剑桥、瑞汀、优斯特 4 所大学及牛津等 14 所理工学院的下列学系毕业者有资格参加估价师考试:土地经济系、不动产管理系、城市不动产管理系、环境经济系、土地管理系、估价系、土地行政系、城市土地行政系、土地管理与开发系和城市土地经济系等。

(3)年满 35 岁及从事有关估价专业工作超过 15 年者,以此资格只要参加第三次考试。

(三)取得英国土地估价师资格所需的实务经验

以上三者,除了具备第三种资格者可直接参加估价师专业考试外,其他两种资格都必须在有关机关或公司经过下列专业训练两年以上,并提交训练日记,经审查通过,才准许参加估价师专业考试,取得估价师资格以执业:

(1)必须从事过土地与建筑物的资本价值及租赁价值的估价,特别是城市土地及建筑物的估价。

(2)以下项目中至少从事过其中三项的广泛训练:①不动产管理与租赁;②地方税,如不动产税的估价;③中央税,如开发土地税;④土地征收的补偿估价;⑤维护与修理估价;⑥土地与建筑物的买卖、出租及承租估价;⑦城乡规划,即针对规划法对土地发展权的限制所需给予的补偿估价;⑧不动产开发。

(四)英国取得估价师资格的考试科目

1. 第一次考试科目

(1)估价Ⅰ:投资市场、不动产投资市场的角色,价值观念,影响土地与建筑物供给与需求的因素,估价方法及有关分析,复利理论,偿债基金理论,购买年观念应用于永久或暂时所得,估价表的使用与建立,抵押的计算,等。

(2)法律Ⅰ:公司组织与合伙,契约的形成,代理及侵权行为的一般原则。

(3)土地使用与开发:土地使用开发的目的,人类居住的发展,都市结构与市镇,农村结构及形成,过去100年来土地使用与开发的管制,现代城乡的发展,交通运输发展对居住的影响,人口特性及层次所带来的土地使用问题,规划的角色。

(4)经济学Ⅰ:基本的经济问题与解决工具,经济活动的特性,价格的功能与性质,生产理论,影响一般经济活动的因素,英国的一般经济组织。

(5)建筑Ⅰ:住宅用建筑方法,采光及舒适标准,排水及废物处理,建筑工程的估价与计算原则。

(6)数量方法:统计学,查勘及衡量。

2. 第二次考试科目

(1)估价Ⅱ:市场分析应用于不动产的估价,税对偿债基金理论与购买年的影响,资本成本的观念,有关结合价值(Marriage Value)的估算,租赁契约的租金,额外费用,延期或更新等的决定,都市和农村经常交易及租赁不动产的评估。

(2)法律Ⅱ:物权与债权,土地登记,地主与佃农的关系,有关商业、住宅及农地的租赁,仲裁制度与法律。

(3)城乡规划:中央、区域及地方规划机关,规划准则,中心地区的再开发与都市更新,农村地区的开发、更新与维护,土地分类,土地开发的申请,规划过程的公共参与,证据的收集。

(4)经济学Ⅱ:①宏观经济方面:一般经济活动的决定,货币理论,利率理论,股票,不动产市场,利率与不动产市场,土地使用与投资理论,通货膨胀及其对不动产持有与买卖的影响。②微观经济方面:市地利用(住宅与商业用地的区位理论及本益分析,区位理论应用于区域经济,政府的区域政策),市地价值(决定市地价值的因素,地租、竞标地租及经济地租理论),都市结构及都市问题,土地市场的干涉(地税及管制法令,都市公共财政的理论与实务)。

(5)建筑Ⅱ:建筑施工原则与程序应用于住宅与商业建筑物,建筑的监工及报告,建筑契约的程序与估价。

(6)税:①中央税:税的原则,个人与公司对所得及财产纳税的性质与归宿,土地的资本利得与发展利得的性质。②地方税:有关地方税(General Rate)的估价及其税赋的计算。

3. 第三次考试科目

(1)估价Ⅲ:在考虑现有法律的规定下,对估价原则与方法应用于住宅、商业及工业用地与建筑物的买卖权益设定的估价,保险及抵押的估价,特殊不动产的估价(包括加油站、旅馆、大饭店等),估价师在投资决策中的角色,政府政策与财政措施对投资决策的影响。

(2)估价Ⅳ:补价与受益问题,土地征用补偿的估价(包括地价、损害、干扰等),计划决策的不利影响的补偿查估,发展价值的评估,等。

(3)法律Ⅲ:地方政府的组织,有关土地与建筑物的公共卫生及安全的法令,土地使用计划与管制,土地征用的程序,土地法庭的功能,欧洲共同市场的构架(特别是有关土地的部分)。

(4)市地开发:设计与布置,开发的评估、开发计划的财政分析与可行性决策及估价的剩余法与本益分析,政府政策与活动对投资的影响,投资与出租对开发的影响,长期与短期成本及收益的方法。

(5)不动产代理:①市场调查:英国不动产市场的特性,市场问题的性质,代理办公室的管理,单一与连锁代理店的管理,市场调查计划,推销决策,市场调查原则应用于住宅、商业、工业及特殊不动产,国外市场调查的技术。②管理:管理原则与技术运用于私有与公共部门的不动产,不动产管理的法律、社会、技术及财产因素,所有权与其他不动产权利的特性与选择,不动产的维护、整修、服务、保险、租赁及契约、管理记录与会计。

(五)英国土地估价师执业情况

英国的土地估价师可分为民间土地估价师与官方土地估价师。

1. 民间土地估价师

民间土地估价师主要从事契约估价和法定估价。

契约估价包括土地买卖、土地租赁、土地金融、土地开发等方面涉及的房地产估价。

法定估价包括土地买卖、土地规划影响的补偿、土地税课征的查估方面的房地产估价。

2. 官方土地估价师

(1)英格兰及威尔士土地估价师:主任估价师,副主任估价师,助理主任估价师,督察估价师,第一级估价师,资深估价师,高级估价师,估价师,初级估价师,估价助理员,矿务助理员。

(2)区域办公室。

(3)地方区估价室。

(4)土地法庭,例如土地征用有争议时的处理。

遇到土地征用的情形,土地所有人可以委托民间估价师来估价,而征用机关则雇用官方估价师或任命区估价师来估价。如果双方估价师的估价结果无差异,当然没有问题。如果有差异,则他们可依据专业知识来协调,即核对双方的估价书表,就差异部分进行协商。如果仍有争议,则上诉到土地法庭。土地法庭一般由7人组成,其中主席1人、估价师3人、律师3人。这7人的资格为:主席须曾任高等法院法官7年以上,估价师和律师必须是资深的。

三、德国房地产估价协会及估价师资格取得

德国的房地产估价及其他估价是由专门独立的估价委员会来负责的,这是德国建设法所规定的。从德国各级政府机构中房地产估价机构的设置来看,一般德国的市、县都设有估价委员会;地区设有高级估价委员会,行使政府权力,负责区内的估价工作。各估价委员会都设有办公室,一般都挂靠同级的地籍局,负责日常组织管理工作。

(一)估价委员会

尽管德国实行的是土地私有制度,每块土地用途都必须由各级政府实施严格的规划,但是政府并不会规定房地产价格,房地产价格取决于市场和独立的房地产估价机构。房地产估价主要分为两类:一类是独立的私人评估师,他们有的经由银行认定,有的经由当地的工商协会认定,有的经由国际性权威组织认定,例如英国皇家注册测量师协会;另一类则是公共评估机构,即估价委员会,其最重要的职责是使地方房地产市场对公民、房地产专家和评估师保持透明度和公开性。根据法律规定,估价委员会的工作主要包括:每年公布房地产市场报告;为个人、公司或者法院撰写已经完工或尚未完工的房地产估价报告;每年1月1日负责制定"地价图"的"标准价"或者"指导价"。

(二)房地产估价师资格

德国采用审查聘用制,选用具有一定条件的房地产估价人员。对房地产估价师的资格具体要求为:

(1)从业于建筑学、建筑工程学、测量学或其他有关专业并已从事实际工作5年以上。

(2)没有上述专业学历但在不动产经济领域从事实际工作已达10年以上。

(3)具备必要的经济知识、技术知识、法律知识、估价理论及方法运用知识。

四、日本房地产估价协会及估价师资格取得

(一)日本房地产估价协会

日本称房地产为不动产,将估价称为鉴定评价(简称鉴定),将房地产估价师称为不动产鉴定士。日本不动产鉴定评价最早属于银行业务范围,由银行代理进行,主要满足日本政府计算征地补偿价格评估的需要和社会上一部分私人房地产交易的需要。

在第二次世界大战后,不动产鉴定评价业务逐渐脱离银行业务的范畴,许多地方开始相继设立不动产鉴定协会、不动产研究所等机构,专门从事有关不动产的鉴定评价业务。

日本的房地产估价体系主要受美国房地产估价体系的影响,由日本政府与房地产评估协会共同管理,协会负责对房地产行业在职人员的教育与培训,不动产鉴定士和不动产鉴定士补的考试登记、注册等工作则由日本国土厅、土地鉴定委员会和都道府县负责管理。

日本的房地产评估协会于1965年成立,是日本的主要评估协会,也是唯一一个可以利用中央政府公布的房地产信息的全国性评估协会,但是该协会会员一般只能获取10%的由地方政府收集的房地产信息,而地方政府公布的有关房地产信息可由物业的出售方直接获取。

日本不动产鉴定评价制度的主要内容有以下两项:第一,从事不动产鉴定评价的人员需要取得一定的资格;第二,从事不动产鉴定评价业者需要向政府登记,而且其业务的行使必须受到某种限制。

(二)日本取得估价师资格的考试科目

1. 第一次考试

考日语、数学、论文,但有下列条件者可以免除第一次考试:

(1)大专毕业或具有同等学力者;

(2)旧制高等学校高等科、大学预科或专科学校毕业或修完学分者;

(3)高等考试检定考试、司法官考试第一次考试或公认会计士考试第一次考试及格者;

(4)具备与上列学历的同等学力者。

2. 第二次考试

考民法、不动产相关的行政法规、经济学、会计学及不动产估价理论。但第二次考试需第一次考试及格或前述免考第一次考试者才能参加。不过,具备下列条件之一者,可以免除第二次考试的特定科目考试:

(1)在大专等学校讲授法律的科目3年以上的教授或副教授,或从事有关法律研究得到博士学位者,可以免考民法;

(2)在大专等学校讲授经济学的科目3年以上的教授或副教授,或从事经济学研究得到经济学博士学位者,可以免考经济学;

(3)在大专等学校讲授商学的科目3年以上的教授或副教授,或从事商学研究得到博士学位者,可以免考会计学;

(4)参加民法、经济学或会计学等相关的高等考试、司法官考试第二次考试或公认会计士考试第二次考试及格者,其考试及格科目可以免予考试。

3. 第三次考试

考不动产评价实务,要具备不动产鉴定士补资格,并接受 1 年以上的实务补习者才能应考。

以上考试每年举行一次以上,由土地鉴定委员会办理。

(三)房地产估价师登记注册

有不动产鉴定士或不动产鉴定士补的资格者,应向国土厅登记,才能正式取得其资格,经过第一、第二次考试合格者登记注册为不动产鉴定士补,经过第三次考试合格者登记注册为不动产鉴定士。但有以下情形之一者不得登记:

(1)未成年人;

(2)禁治产人或准禁治产人;

(3)破产而未复权者;

(4)受禁锢以上的处分在执行终了后未满 2 年者;

(5)公务员受惩戒免职处分,从其处分之日起未经过 3 年者;

(6)受登记消除的处分,自该处分之日起而未经过 3 年者。

五、中国香港房地产估价协会及估价师资格取得

中国香港地区的房地产行业是非常发达的,在香港的整体经济领域中占有非常重要的地位,而与之相关的房地产估价产业也同样十分发达。香港的房地产估价制度基本上与英国的房地产估价制度相同,评估行业协会主要有英国皇家特许测量师学会(香港分会)和香港测量师学会。

(一)香港测量师学会

香港测量师学会正式成立于 1984 年 4 月,其后香港立法局分别于 1990 年、1991 年通过了《香港测量师学会条例》和《测量师注册条例》,并根据该法例成立测量师注册管理局。1997 年 8 月 31 日,英国皇家特许测量师学会(香港分会)解散后,香港测量师学会便成为唯一代表香港测量师专业的组织。

香港测量师学会包括按专业实务划分的 6 个专业组别和 1 个青年组,其中 6 个专业组别分别是产业测量组、工料测量组、建筑测量组、土地测量组、规划及发展组和物业设施管理组。

香港测量师学会会籍包括:由名誉会员组成的名誉会员级;由资深专业会员及专业会员组成的专业会员级;由副会员组成的技术会员级;由见习测量师及学生组成的培训会员级,其中正式会员只包括专业会员级会员。

要成为香港测量师学会的资深专业会员必须满足以下条件:

(1)联合发起学会、英国皇家特许测量师学会、香港土地测量师学会、澳大利亚估价师学会或新西兰估价师学会的资深专业会员,而且已经在该等机构的香港分支机构或主要在香港从事本专业至少 2 年的人士均为创会资深会员。

(2)属于学会的专业会员且自获得学会会籍以来已从事专业至少 7 年,其中 3 年担任高级职位,最后一年在香港任职,并且已经达到理事会规定的专业成就者可以成为资深专业会员。理事会可酌情决定要求申请人接受由会籍委员会举办的专业面试。

要成为香港测量师学会的专业会员必须满足以下条件:

(1)联合发起学会、英国皇家特许测量师学会、香港土地测量师学会、澳大利亚估价师学会或新西兰估价师学会的会员或协佐会员,而且已经在该等机构的香港分支机构或主要在香港从事本专业至少两年的人士均为创会专业会员。

(2)年龄至少为 21 岁、属于理事会认可具有等同地位的专业团体的专业会员,自获得前述认可专业团体的专业会籍以来,已在香港从事本专业至少 1 年的人士可以成为专业会员。理事会可酌情决定以本地知识要求取代前述的本地经验要求,并要求申请人接受由会籍委员会举办的专业面试。

(3)年龄至少为 21 岁,并且满足以下条件:

①已获得:

A. 符合理事会认可的足以进入专业的学术标准的同类学位或同等学历;或

B. 与理事会认可的足以进入专业的学术标准不同,但是属于有关学位或同等学力;或

C. 任何其他学位,且在获得该等学位后从事测量专业不少于 1 年;或

D. 学会的副会员。

②已在香港接受不少于两年属于获认可性质的专业培训;提呈前述 B、C、D 所要求资格的申请人,接受前述培训的期限为 3 年。

③已通过教育委员会规定的专业能力评核(该评核也将包括由教育委员会举办的专业面试)。

(二)香港测量师注册资格的取得

香港《测量师注册条例》第 12 条规定:

(1)除符合以下条件的人外,管理局不得接纳任何人注册为注册专业测量师:

①他须是——

A. 属于某组别的学会会员;或

B. 其他测量师团体的成员,而管理局接纳该团体的成员资格标准不低于学会的某一组别内的会员资格标准;或

C. 已在测量学及其他学科的考试中取得合格,并曾接受训练及取得经验,而该等

考试、训练及经验,是获得管理局在一般或个别情况下接纳为不低于某一组别内学会的会员标准的资格的。

②他令管理局信纳他在提出注册申请的日期之前,已在香港取得一年有关专业经验。

③他须是通常居于香港。

④他须不是研讯委员会的研讯对象,亦不受第Ⅳ部所指的纪律制裁命令限制而被禁止根据《测量师注册条例》注册。

⑤他须以书面声明令管理局信纳他有能力在有关组别内执业。

⑥他须是获得注册的适当人选。

(2)在不限制第(1)条第⑥款的效力的情况下,任何人如:

①曾在香港或香港以外地方被判刑事罪名成立,并被判处监禁,不论是否缓期执行,而该罪名可能损及测量师专业的声誉;或

②曾在专业方面有失当或疏忽行为,管理局可拒绝接纳他注册为注册专业测量师(由1999年第57号第3条修订)。

(3)凡申请人令管理局信纳他有能力以测量师身份在某组别内执业,而其后管理局信纳他没有上述能力,管理局可将此事根据《测量师注册条例》第21(1)条交由一个研讯委员会处理,而研讯委员会须对此事作出裁定,犹如此事是一宗与违纪行为有关的投诉。

本章小结

房地产是指土地、建筑物及其他地上定着物,是实物、权益、区位三者的综合体,包括物质实体和依托于物质实体上的权益。在经济学中,由于房地产不可移动的特性,房地产也被称作不动产。房地产具有三种存在形态,即土地、建筑物、房地合一。

房地产的实物是指房地产中看得见、摸得着的部分,具体包括有形的实体、该实体的质量以及结合完成的功能三部分。房地产的权益是房地产中无形的、不可触摸的一部分,包括权利、利益和收益。房地产权益是以房地产权利为基础的,主要包括房地产的各种权利(所有权、使用权、地役权、抵押权、租赁权等)、受到其他房地产权利限制的房地产权利(地役权、抵押权等)、受到其他各种限制的房地产权利(如城市规划等房地产利用的限制),以及房地产的其他额外利益和收益。

区位主要指某事物占有的场所,但也含有位置、布局、分布、位置关系等方面的意义。房地产的区位可以分为位置、交通、环境和配套设施四个方面。

房地产的特性主要有不可移动、独一无二、寿命长久、供给有限、价值量大、流动性差、用途多样、相互影响、易受限制、保值增值。

房地产的价值和价格形式种类繁多,其所起的作用也各不相同,进行房地产价格评估时所采用

的依据和考虑因素也不尽相同。因此，正确理解房地产的价值和价格的确切含义是进行房地产估价的前提条件。

习题

一、名词解释

1. 土地
2. 构筑物
3. 实际价格
4. 名义价格
5. 评估价
6. 保留价
7. 起拍价
8. 应价
9. 成交价

二、简答题

1. 试述房地产的概念。
2. 试述房地产的三种存在形态。
3. 试述房地产的实物、权益、区位的含义。
4. 试述房地产的特性。
5. 试述市场价值和非市场价值的含义以及非市场价值主要包含哪些。
6. 试述市场价格和理论价格的含义。
7. 试述市场调节价、政府指导价、政府定价的含义。
8. 试述土地价格、建筑物价格、房地价格的含义以及其相互之间的关系。
9. 试述租赁价格、买卖价格、抵押价格、课税价格、典当价格、保险价格和征用价格的含义。
10. 试述所有权价格、使用权价格、其他权益价格的含义。
11. 试述基准地价、标定地价、各类房屋重置价格的含义。
12. 试述现货价格、期货价格的含义。
13. 试述总价格、单位价格、楼面价格的含义以及其相互之间的关系。
14. 试述评估价、保留价、起拍价、应价、成交价的含义。
15. 试述补地价的含义以及不同情况下的计算方法。
16. 简述美国主要的估价协会和学会。
17. 英国对房地产估价师资格的要求有哪些？
18. 德国对房地产估价师资格的要求有哪些？
19. 日本对房地产估价师资格的要求有哪些？

三、论述题

依据我国有关法律的规定,试述房屋租赁中出租人和承租人的权利和义务。

课堂自测题	拓展资料
阅读书目	

第三章 影响房地产价格的因素

学习目的

知识目标：熟悉影响房地产价格因素的分类方法；重点掌握影响房地产价格的一般因素，即经济因素、社会因素、行政因素；掌握影响房地产价格的区域因素、个别因素以及供求因素；理解和把握各因素对房地产价格的影响方向、影响程度等；

能力目标：形成房地产价格影响因素综合分析思维，能够根据日常生活中房地产价格的不同，找到产生影响的具体因素；初步具备市场比较法中可比案例与被评估对象之间差异分析的能力。

思政目标：习近平总书记提出坚持和完善社会主义基本经济制度，充分发挥市场在资源配置中的决定性作用。通过本章学习，有助于更好地理解房地产在资本市场上的定价过程。

关键概念	思维导图
（二维码）	（二维码）

第一节 影响房地产价格因素的分类

由于影响房地产价格因素数量众多且十分复杂，对其往往需要分类研究。从不同的研究角度出发，学者们对房地产价格影响因素的分类方式也有所不同。

一、根据影响范围对房地产价格影响因素的分类

根据房地产价格影响因素的影响范围,可将其分为三大类:宏观因素、区域因素和微观因素,如表3—1所示。

表3—1　　　　　　根据影响范围对影响房地产价格影响因素的分类

类　别	内　容
宏观因素	1. 行政因素:(1)土地制度;(2)住房制度;(3)房地产价格政策;(4)税收政策;(5)城市规划;(6)土地利用规划;(7)行政隶属变更。 2. 经济因素:(1)经济发展状况;(2)财政支出和金融状况;(3)居民收入与消费水平;(4)物价与利率水平;(5)储蓄和投资水平。 3. 社会因素:(1)政治安定状况;(2)社会安定程度;(3)房地产投资与投机;(4)城市化水平。 4. 人口因素:(1)人口数量;(2)人口素质;(3)家庭人口规模。 5. 心理因素:(1)消费心理;(2)欣赏趣味;(3)价值观念。 6. 国际因素:(1)国际政治环境;(2)国际经济状况;(3)贸易与竞争状况。
区域因素	1. 商业服务业繁华程度。 2. 交通条件:(1)道路通达度;(2)交通便捷度;(3)对外交通便利度。 3. 基础设施:(1)基础设施;(2)公共设施。 4. 区域环境条件。
微观因素	1. 物理因素:(1)土地:位置、面积、形状、地貌、地质;(2)建筑物:外观、式样、朝向、结构、布局、楼高、楼层、配置、装潢、成新;(3)房地产:临街状况、建筑容积率、利用类型。 2. 微观环境条件:(1)空气质量;(2)水环境质量;(3)噪声状况;(4)视觉;(5)环境卫生;(6)日照、通风、温度、湿度。

资料来源:周演康.房地产估价[M].南京:东南大学出版社,2006.

二、根据内外因对房地产价格影响因素的分类

根据房地产价格影响因素的内外因,可将其分为两大类:自身因素和外部因素,而自身因素可以细分为区位因素、实物因素和权益因素,外部因素可分为人口因素、制度政策因素、经济因素、社会因素、国际因素、心理因素和其他因素,如表3—2所示。

表3—2　　　　　　根据内外因对房地产价格影响因素的分类

类　别	内　容
自身因素	1. 区位因素:(1)位置:方位、距离、朝向;(2)交通;(3)周围环境和景观:大气环境、水文环境、声觉环境、视觉环境、卫生环境、人文环境;(4)外部配套设施。 2. 实物因素:(1)土地实物因素:土地面积、土地性质、地形、地势、土壤、地基、土地开发程度;(2)建筑物实物因素:建筑规模、外观、建筑结构、设施设备、装饰装修、层高和室内净高、空间布局、防水、保温、隔热、隔声、通风、采光、日照、维修养护情况及完损程度。 3. 权益因素:(1)权利状况;(2)使用管制;(3)相邻关系。

续表

类别		内容
外部因素	人口因素	1. 人口数量。 2. 人口素质。 3. 人口结构。
	制度政策因素	1. 房地产制度政策。 2. 税收政策。 3. 金融政策。 4. 相关特殊政策。 5. 相关规划和计划：(1)国民经济和社会发展规划；(2)城乡规划；(3)土地相关规划和计划。
	经济因素	1. 经济发展状况。 2. 居民收入水平。 3. 物价水平。 4. 利率。 5. 汇率。
	社会因素	1. 政治安定状况。 2. 社会治安状况。 3. 城市化。 4. 房地产投机。
	国际因素	1. 世界经济状况。 2. 国际竞争状况。 3. 政治对立状况。 4. 军事冲突状况。
	心理因素	1. 购买或出售时的心态。 2. 个人的欣赏趣味(偏好)。 3. 时尚风气、跟风或从众心理。 4. 接近名家住宅的心理。 5. 讲究风水或吉祥号码。
	其他因素	1. 行政隶属变更。 2. 重要政治人物的健康状况等。

资料来源：柴强.房地产估价[M].北京：首都经济贸易大学出版社，2016.

三、根据层次对房地产价格影响因素的分类

根据房地产价格影响因素的层次，可将其分为一般因素、区域因素和个别因素，不同的学者对各类因素又进行了不同的细分，如表3－3和表3－4所示。

表 3—3　　　　　　　　根据层次对房地产价格影响因素的分类 I

类　别	内　容
一般因素	1. 供需因素。 2. 行政因素：(1)土地制度；(2)住房制度；(3)城市发展战略；(4)房地产价格政策；(5)税收政策；(6)行政隶属变更。 3. 经济因素：(1)经济发展；(2)居民收入；(3)物价；(4)利率。 4. 社会因素：(1)社会安定状况；(2)房地产投机；(3)城市化。 5. 人口因素：(1)人口数量；(2)人口素质；(3)家庭规模。 6. 国际因素。
区域因素	1. 区域位置。 2. 区域繁华程度。 3. 区域交通条件。 4. 区域基础设施条件。 5. 区域公共设施。 6. 区域环境质量。 7. 区域城市规划限制。
个别因素	1. 实物：(1)土地；(2)建筑物。 2. 权益：(1)房地产权利；(2)土地权利。

资料来源：杨鸿，郭贯成. 房地产估价[M]. 南京：东南大学出版社，2017.

表 3—4　　　　　　　　根据层次对房地产价格影响因素的分类 II

类　别	内　容
一般因素	1. 社会因素：(1)人口状况；(2)城市化及公共设施条件；(3)教育及福利状况；(4)不动产交易惯例；(5)生活方式等状况；(6)心理因素；(7)国内治安状况；(8)社会安定程度；(9)国际政治状况。 2. 经济因素：(1)经济发展状况；(2)储蓄、消费和投资水平；(3)财政与金融状况；(4)物价、居民收入及就业水平；(5)税收负担状况；(6)技术革新及产业结构；(7)城市交通体系状况；(8)国际化状况；(9)国际经济状况。 3. 行政因素：(1)土地制度；(2)住房制度；(3)土地利用规划及城市规划；(4)建筑规范；(5)不动产有关税制；(6)地价政策；(7)交通管制；(8)行政隶属关系变更。
区域因素	1. 住宅区域：(1)日照等自然环境条件；(2)街道幅宽、构造的状态；(3)离市中心距离及交通设施状况；(4)附近商店配置状况；(5)上下水道、煤气供给、污水处理、环卫设施状况；(6)公共设施的配置及状况；(7)洪水、地震等自然灾害发生的可能性；(8)噪声、污染等公害的发生程度；(9)地块面积、方位、配置及利用情况；(10)瞭望、景观灯自然环境状况。 2. 商业区域：(1)商业及业务种类、规模、商业集聚状况；(2)商业近邻地域状况，顾客群体数量及状况；(3)顾客及工作人员的交通工具及状况；(4)商业繁华程度及兴衰动向；(5)商品进出运输的便利程度；(6)临街道路(往复)可及性及通行能力；(7)营业类别及竞争状况；(8)地域内经营者的创造性及资本实力条件；(9)停车设施状况。 3. 工业区域：(1)干线道路、铁路、港湾、机场等对外交通设施的便利程度；(2)商品销售市场及原料采购市场与厂区的位置关系；(3)动力资源及排放设施有关费用；(4)关联产业的位置；(5)水质污染、大气污染等公害发生的可能性及危害程度；(6)劳动力资源状况及生活条件；(7)有关法律、法规对产业发展的有关规定。
个别因素	1. 土地条件：(1)自然条件；(2)局部条件；(3)环境状况。 2. 建筑物条件：(1)建筑物用途类别；(2)建筑结构；(3)层数及质量等。

资料来源：卢新海. 房地产估价理论与实务[M]. 上海：复旦大学出版社，2010.

第二节 影响房地产价格的一般因素

影响房地产价格的一般因素是指影响所有房地产价格的一般性、普遍性、共同性的影响因素,其对整个地区具有全方位的影响,包括经济因素、社会因素、行政因素。

一、经济因素

影响房地产价格的经济因素主要包括经济发展状况,储蓄、消费及投资水平,财政与金融状况,物价、居民收入及就业水平,税收状况,等。这些因素对房地产价格具有直接的影响。

(一)经济发展状况

经济发展状况将影响国民生产总值和国民收入。当经济增长时,国民生产总值和国民收入将增加,而投资、生产活动会变得更为活跃,对厂房、写字楼、商店等需求增加,由此引发房地产价格的上涨;反之,则会导致房地产价格的下降。所以房地产价格变动基本上与经济发展趋势相一致。

(二)储蓄、消费及投资水平

储蓄水平的高低间接决定了投资能力的高低。当国民储蓄率较高时,代表国民具有较强的购买能力,此时,消费者往往会使用闲置的资金购置具有保值增值性物品以抵抗通货膨胀等情况。当居民具有购买房地产进行投资的意愿时,往往容易造成房地产价格上涨的情况。

(三)财政与金融状况

财政与金融状况反映了国家的综合经济实力,衡量财政与金融状况的主要方面包括:经济发展状况、货币供应量、金融市场的流动性等。当经济稳定时,金融市场秩序也较为稳定,银根较为宽松,银行的存、贷款利率都会下降。当存、贷款利率下降时,一方面减少了房地产开发商的建设成本,促使房地产价格下降;另一方面也减轻了消费者购买房地产时所担负的贷款压力,增加了房地产的需求。在两方面综合作用下,房地产价格总体与存、贷款利率呈负相关,即存、贷款利率上升时,房地产价格下降。当金融市场秩序混乱、金融市场流动性过剩时,往往会出现大规模的房地产投机现象,推动房地产价格的不正常上涨,产生房地产泡沫,不利于房地产市场的健康成长。

(四)物价、居民收入及就业水平

衡量一般物价的主要指标包括居民消费价格指数和生产资料价格指数,而房地产被列为固定资产的范畴，居民消费价格指数和生产资料价格指数的变动并不反映房地产价格的变动。房地产价格与一般物价的关系非常复杂，一方面，物价的普遍波动表明货币购买力的变动，此时物价变动，房地产价格也随之变动，两者的动向也应一致。另一方面，不论一般物价总水平是否发生变动，其中个别物价的变动也有可能引起房地产价格的变动，例如建筑材料等影响房地产开发建设成本的物价上涨，增加了房地产开发成本，也有可能会带动房地产价格的上升。

居民收入水平反映了居民可用于实际生活消费支出的收入水平，直接决定消费者购买力水平，居民收入水平高，则购买力强；而就业水平反映了社会劳动力的利用状况，间接反映了居民的收入水平。居民收入水平的提高，随之而来的是生活水平的提高，对于居住条件的改善需求也应运而生，引起居民对房地产需求的增加，从而导致房地产价格的上涨。

（五）税收负担状况

税收对房地产价格的影响是多方面的。一方面，高税收可以增加国家的财政收入，国家可将这部分资金用于基础设施的建设，包括医院、学校、交通道路等，改善房地产的区位经济条件，从而使得房地产价格相应升高。另一方面，高税收使得企业利润、国民实际收入下降，经济组织和个人的投资意愿也随之减少，导致房地产需求下降，房地产价格自然也随之下降。

（六）技术革新及产业结构

科学技术是第一生产力，而房地产领域技术的革新进步极大地促进了房地产质量的提高、功能的增加，同时也降低了房地产开发成本。除此以外，技术革新不断在改变人们对房地产需求类型的变化，例如，电子商务技术的出现，使人们将视线从城市商业中心转移到近郊的仓库及配送设施上，而这些都有可能会导致房地产价格发生变化。

产业结构是指各产业的构成及各产业之间的联系和比例关系，各产业部门的构成及相互之间的联系、比例关系不尽相同，对经济增长的贡献大小也不同。随着我国经济建设的发展，我国的产业结构从以第一、第二产业为主转换为逐渐加大建设第三产业的力度，各种用途的房地产需求也随之明显上升，导致房地产价格相应上涨。

（七）国际经济状况

随着我国与世界各国之间的经济联系逐渐增加，各国的经济状况往往会彼此之间相互影响。当国际经济发展良好时，各国之间进出口交易活跃，而出口量的增加往往会使企业家扩大自身生产规模，各类厂房、仓库的建设导致房地产需求量的增加，提高了房地产价格。

二、社会因素

影响房地产价格的社会因素主要包括人口状况、城市化进程、教育与福利状况、心理因素、社会安定程度和房地产投机等。

(一)人口状况

房地产需求的主体是人,人口因素对房地产价格有直接的影响,主要表现在人口数量、人口素质和人口结构三个方面。

1. 人口数量

当某个地区的人口数量增加时,相应地对房地产的需求自然也会增加,由此带动了房地产的价格上升,反之房地产的价格就会下降。衡量人口增长的主要指标是人口增长率,某地区的人口年龄结构、生活水平高低、医疗卫生保健条件、文化程度、传统观念、育龄妇女的生育率、独生子女政策等都会影响人口数量的增长。

2. 人口素质

人口素质又称为人口质量。它包含思想素质、文化素质、身体素质等。当人口素质较高时,自然会对居住的房地产的环境,例如小区其他居民的素质、周围公共服务设施的完善程度、社会治安等有所要求,这些需求都会影响对房地产的选择,从而使房地产价格发生变化。

3. 人口结构

人口结构是指将人口以不同的标准划分而得到的一种结果。构成这些标准的因素主要包括年龄、性别、人种、民族、宗教、教育程度、职业、收入、家庭人数等,其中人口家庭结构反映了家庭结构和家庭人口数量等情况。随着如今人们生活方式的改变和城市化进程的影响,我国家庭传统的三、四代同堂的复合大家庭逐渐向以夫妻为中心的简单小家庭转换,小型化的家庭结构导致了对房地产需求量的增加,引起房地产价格的上涨。

(二)城市化进程

城市化进程直接推动了房地产规模的扩大,原因主要有两个方面。一方面,随着经济发展和城市化的推进,城市为农村剩余劳动力提供了大量的就业岗位,使得大量外来务工人员向城市转移成为可能,创造了对房地产的潜在的租赁和购买需求。另一方面,城市化中的农村劳动力向城市转移以后,与农业劳动相比,劳动力的货币支付能力提高,使得潜在住房需求有条件转化为有效需求。大量的农村人口进入城市,不仅带动了住宅的需求,也同时带动了工业和商业房地产的需求,造成了一些城市的用地紧张,导致房地产价格的上涨。

(三)教育与福利状况

教育与福利状况主要指公共设施、治疗设施、教育设施等,这些都会影响居住者的居住环境和生活水平。随着社会文明程度的上升,居民在选择住宅时都会将教育与福利状况考虑进去,从而影响不同区域的房地产价格。

(四)心理因素

经济学上有"理性人"的概念,但在实际房地产市场中,心理因素对房地产价格的影响作用往往也不容小觑。影响房地产价格的心理因素主要包括购买或出售的心态、价格预期、欣赏趣味、时尚风气、接近名家住宅心理、讲究门牌号码心理、讲究风水心理、价值观的变化等。

(五)社会安定程度

社会安定程度对房地产价格的影响相对比较明显。房地产所处的地区如果经常发生各类社会犯罪案件,人们对生命财产保障缺乏安全感,会造成该地区的房地产价格低落;反之,在社会秩序良好的地区,人们更愿意购置或租赁此处的房地产,从而可能造成该地区房地产价格的上涨。

(六)房地产投机

1. 房地产投机需求

房地产的需求可以分为三类:自主性需求、投资性需求和投机需求。投机往往以获取高额利润为目的,根据对市场的判断,利用市场出现的价差进行买卖,从中获得利润,是一种缺乏理性的行为。

2. 房地产投机的影响

房地产投机对房地产价格的影响可能会出现三种情况:

(1)当房地产价格不断上涨时,如投机者预期房价会继续上涨,则会纷纷购进,造成的虚假需求促使房地产价格的进一步攀升。

(2)当房地产价格不断下跌时,如投机者预期房价会继续下降,则会纷纷抛售手中原有的投机房子,造成房地产价格的进一步跌落。

(3)当房地产市场处于供过于求时,如投机者预期房价可能会上涨,投资需求增加,则有利于房地产价格的稳定;反之,当房地产市场处于供不应求时,如投机者预期房价可能会下降,投资需求减少同样有利于房地产价格的稳定。

由于房地产投机的目的并不是为了使用,而是利用房地产价格的涨落变化频繁购进卖出,从中获取差额暴利,因而往往会造成房地产价格的剧烈波动,影响房地产市场的正常秩序。为了保证宏观经济的稳定增长,这就需要政府实施宏观政策的调控,抑制房地产市场的过度投机。

(七)国内、国际政治状况

国内、国际政治状况对房地产价格具有直接的影响。首先,当国内政治局势安稳时,经济贸易市场都比较稳定,微观经济组织和个人的投资意愿较高,从而增加了对房地产投资和置业的需求,引起房地产价格的上升。反之,当国内政局不稳时,微观经济组织和个人则会抛售房地产以抽回资金,因而会造成房地产价格的下跌。国际政治状况同样也会影响到房地产价格。由于各国的经济状况彼此之间会相互影响,当国际政治状况稳定时,各国之间进出口交易活跃,贸易出口量增加往往会使企业家扩大自身生产规模,从而增加各类厂房、仓库的建设。此外,国际政治状况的稳定也会吸引外资,无论是职业还是投资都将影响到房地产的需求量,从而带动房地产价格。

三、行政因素

影响房地产价格的行政因素主要有土地制度、住房制度、土地利用规划及城市规范、建筑规范、交通管制、税收、行政隶属变更、房地产价格政策、特殊政策等。

(一)土地制度

土地制度有广义和狭义的概念之分。广义的土地制度包括土地所有制度、土地使用制度、土地规划制度、土地保护制度、土地征用制度、土地税收制度和土地管理制度等。狭义的土地制度仅仅指土地所有制度、土地使用制度和土地管理制度。

土地制度对房地产价格的影响较大。如今,我国实行的土地制度是土地有偿使用制度,国有土地使用权与所有权分离,国有土地所有权归国家所有,集体建设用地所有权归农民集体所有,但可以通过征收方式变为国家所有。因此,土地价格一般都是指土地的使用权价格,通过出让方式获取的土地使用权是具有使用期限的,目前,建设用地、居住用地的使用权出让最高年限为 70 年,工业用地为 50 年,教育、科技、文化、卫生、体育用地为 50 年,商业、旅游、娱乐用地为 40 年,综合或者其他用地为 50 年,而土地即房地产价格的高低与土地使用权使用期限的时间长短有关。

(二)住房制度

同土地制度一样,住房制度对房地产价格同样具有较大的影响。我国原先实施的是福利分房的住房制度,但住房制度改革之后,各地纷纷取消福利分房,改为实行货币分房制度,居民住房由房地产开发商建设供给,以居民购买商品房为主、政府提供其他供应为辅。因此,现行的住房制度刺激了居民购房的欲望,增加了居住住房的需求,促使了房地产价格的上涨。

(三)土地利用规划及城市规划

土地利用规划是指对一特定地域内各类土地的供应与需求、开发、利用、保护、整治等进行统筹安排,确定各类土地的用途及其合理利用的目标、规模、结构与利用方式,整治和保护的重点及步骤。城市规划是指城市人民政府为了实现一定时期内城市经济社会发展目标,确定城市性质、规模和发展方向,合理利用城市土地,协调城市空间布局和各项建设所作的综合部署和具体安排。

无论是土地利用规划还是城市规划都会对房地产价格产生较大的影响。对土地用途规定后,土地价格往往会受到影响,科学规定的土地用途可能会暂时降低土地价格,但从长远来讲,有利于土地的可持续性发展,因而总体将会提高土地价格;反之,如果对土地用途的规定缺乏科学性,则会导致土地价格的下跌。城市规划对土地用途、建筑密度、容积率、建筑高度等进行规定,而这些都是土地使用权出让合同中的重要内容,对土地和房地产价格有直接影响。

(四)建筑规范

建筑规范是指由政府授权机构所提出的建筑物安全、质量、功能等方面的最低要求,为保证建筑物质量提供了国家强制标准。建筑规范对住宅建设的建筑结构、户型、施工、外部环境、公共服务设施、道路交通等都进行了规定,这些将直接影响房地产开发商的建设成本,从而影响房地产价格。

(五)交通管制

交通管制是公安机关交通管理部门根据法律、法规,出于某种安全方面的原因对于部分或者全部交通路段的车辆和行人在道路上通行以及其他与交通有关的活动所制定的带有疏导、禁止、限制或指示性质的具体规定。交通管制对房地产价格的影响主要看管制的内容和实行交通管制后的综合整体效果。例如,一宗房地产的位置看似交通便捷,但受到严禁某类车辆通行、单行道等交通管制的限制后,往往会造成该处出行不便,致使房地产价格下降,而与此同时,该宗房地产由于受到交通管制,整体周遭噪声下降,增加了居民步行的安全性,这又会引起房地产价格上涨。

(六)税收

房地产税收制度是指在房地产开发、转让、持有环节中的各种税种设置。房地产税收实际上减少了房地产的获益,但是不同种类的房地产税收和不同的纳税对象、纳税人、税率对房地产价格造成的影响程度也不尽相同。

房地产税收对房地产价格的影响主要是因为税收会对房地产的供求关系产生影响,例如以获取房地产者为赋税对象的契税会影响房地产的需求量,以转让房地产者为赋税对象的增值税会影响房地产的供给量,而以房地产所有人为赋税对象的房屋税则会对房地产的供求量产生影响。

(七)行政隶属变更

行政隶属关系的变更无疑会对房地产价格造成影响。行政隶属变更一般有两种类型。第一种是级别不变,但辖区权从原地区划归到另一地区。将原本属于经济发展较落后地区规划到另一较为发达地区管辖时,有利于带动较落后区域的经济发展,同样也会使该地区的房地产价格上升。第二种是级别上升,将非建制镇升级为建制镇,将建制镇升级为市,将县级市升级为地级市,将省辖市升级为直辖市,等。级别的上升将加快该区域的城市化进程,扩大城市规模,并且吸引大量人口迁入,造成房地产需求的增加,促进该地区的房地产价格上升。

(八)房地产价格政策

房地产价格政策对房地产价格的影响作用也比较大。房地产价格政策是指政府对房地产价格高低的态度及其采取的相应管制或干预方式和措施等。房地产价格政策可抽象分为两类:一类是高价格政策,一般是指政府对房地产价格放任不管,或者有意通过某些措施来抬高房地产价格;另一类是低价格政策,一般是指政府采取种种措施来制止房地产价格上涨。因此,房地产高价格政策往往会促进房地产价格的上涨,反之,房地产低价格政策往往会导致房地产价格的下跌。

政府对房地产价格采用相应管制或干预方式和措施,主要包括对房地产市场实行市场调节价还是政府指导价、政府定价。但值得注意的是,所谓的高价格政策并不意味着房地产价格的绝对水平较高,低价格政策亦然。

(九)其他因素

还有许多其他因素也会影响到房地产价格,例如某些地区实行开放优惠政策等。我国深圳、珠海、海南、厦门、汕头经济特区、上海浦东等实行的开放优惠政策吸引了大量资金投入,这些地区的大力建设往往会抬高该地区房地产价格。

此外,重要政治人物的健康状况在某些程度上也会影响房地产价格。当某些重要领导人出现健康问题或者逝世时,容易影响政局和未来的局势,从而引起房地产价格的波动。

第三节 影响房地产价格的区域因素

区域因素是指房地产所在区域内对房地产价格产生影响的外部因素,一般包括区域特性、周围环境质量、道路通达度、交通设施便捷度、基础设施完善程度等。对于不同用途的房地产,影响房地产价格的区域因素也可能不尽相同。

一、住宅区域的影响因素

(1)日照、温度、湿度、风向等自然地理状况;
(2)街道幅宽、构造的状态;
(3)离市中心距离及交通设施状况;
(4)附近商店配置状况;
(5)上下水道、煤气供给、污水处理、环卫设施状况;
(6)学校、医院、公园等公共设施的配置及状况;
(7)噪声、污染等公害的发生程度;

(8)地块面积、方位、配置及利用情况;
(9)周围景观、绿地等自然环境状况;
(10)洪水、地震等自然灾害发生的可能性、频率;
(11)土地利用的管理制度;
(12)区域周围的治安环境。

二、商业区域的影响因素

(1)商业及业务种类、规模、商业集聚状况;
(2)商业近邻地域状况,顾客群体数量及状况;
(3)顾客及工作人员的交通工具及状况;
(4)商业繁华程度及兴衰动向;
(5)商品进出运输的便利程度;
(6)临街道路(往复)可及性及通行能力;
(7)营业类别及竞争状况;
(8)地域内经营者的创造性及资本实力条件;
(9)停车设施状况;
(10)土地利用的管理制度。

三、工业区域的影响因素

(1)干线道路、铁路、港湾、机场等对外交通设施的便利程度;
(2)商品销售市场及原料采购市场与厂区的位置关系;
(3)动力资源及排放设施有关费用;
(4)关联产业的位置关系;
(5)水质污浊、大气污染等公害发生的可能性及危害程度;
(6)劳动力资源状况及生活条件;
(7)有关法律、法规对产业发展的有关规定;
(8)行政上的辅导与管理制度。

第四节 影响房地产价格的个别因素

影响房地产价格的个别因素是指由于房地产个体之间的微观差异而对房地产价格产生影响的因素,这主要是由房地产的独一无二性所决定的。

一、与土地有关的个别因素

影响土地价格的个别因素主要包括位置、交通、周围环境、土地面积、土地形状、土壤、地基、土地开发程度、自然灾害发生的频率和严重程度等。

(一)位置

一宗房地产的位置包括坐落、方位、距离等几个方面。坐落是指该宗房地产的具体所在位置地点,如街道号、门牌号等。方位是指在所在区域(城市、小区等)中的方向和位置。距离是指与市中心、火车站、飞机场、政府机关、医院、学校等重要场所的远近。房地产坐落的位置不同,价格往往会有极大的差异,当处于位置有优势的地区时,房地产价格自然会上升。

(二)交通

交通主要是指进出该地的便捷性,具体可分为从其他地区到达该地的可及性和从该地去往其他地区的便捷性。不同土地的交通便捷程度,往往会受到单行道、立交桥、交通出入口方位、道路隔离带等因素的影响而造成不同,从而影响房地产价格。

(三)周围环境

周围环境主要是指该地周围的自然环境、人文环境等。自然环境主要包括大气环境、水文环境等方面,而人文环境则包括所在地区的治安状况、居民素质、相邻土地用途等方面。周围环境的差异往往也会影响土地价格。

(四)土地面积

同样的两块土地,当其面积大小不同时,土地价格往往也是有所差异的,但这种差异并不是说面积小的土地价格就低,面积大的土地价格就高,而是从土地面积是否适合利用来衡量的。当土地面积大小正好适合利用时,它的价格就会比较高;反之,土地价格就比较低。一般来说,在用地关系紧张的地区,例如城市繁华地段,对土地面积大小的敏感度更高,而在市郊、农村等用地关系相对不紧张的地区,对土地面积大小的敏感度则相对较低。

(五)土地形状

土地形状主要有长方形、正方形、三角形、菱形、梯形等,土地形状是否规则对土地价格具有较大的影响。一般来说,当土地形状比较规则时,有利于土地的规划布局,此时土地的价格就会比较高;反之,不规则的土地不利于其利用开发,导致土地的价格下降。

(六)土壤

土壤的污染情况、肥力等因素都会对土地价格产生影响。当土地受到污染时,在对土地进行开发利用之前,必须对土地进行一定的处理方可投入使用,而污染处理费用增加了房地产开发成本,因而土地的价格自然会下跌。

土壤肥力是指土壤肥沃的程度。肥力高的土壤能充分供给作物所需要的养分、水分、空气,使作物生长发育良好。因此,肥力对农业生产至关重要,肥力因素主要影响的也是农地的价格,土地肥力高,则土地价格高。

(七)地基

地基是指建筑物下面支承基础的土体或岩体。地基有天然地基和人工地基两类。当土层的地质状况好、土地承载力强时,就不需要人工加固的天然土层,可以采用天然地基。当土层的质地状况不佳或者地面荷载过大时,就需要采用人工地基加固处理以增加土地的承载力,常见的有石屑垫层、砂垫层、混合灰土回填再夯实等,就会增加房地产开发建设的成本。因此,土地的地基坚实,地价就高。

(八)土地开发程度

土地开发程度对土地价格也有影响作用,根据开发程度可将土地分为"三通一平""五通一平"和"七通一平"。"三通一平"一般是指路通、水通、电通和场地平整。"五通一平"一般是指具备了道路、供水、排水、供电、通信基础设施或条件和场地平整。"七通一平"一般是指具备了道路、供水、排水、供电、通信、燃气、热力基础设施或条件和场地平整。土地开发程度越高,则土地价格也越高,即"七通一平"土地价格高于"五通一平","五通一平"土地价格高于"三通一平"。

(九)自然灾害发生的频率和严重程度

凡是自然灾害频发且严重的地区,其土地价格往往都非常低,因为该地区的土地利用价值极低,即使强行开发利用,遭遇自然灾害的高可能性也会使得生命、财产、安全都无法得到保障。

二、与建筑物有关的个别因素

影响建筑物价格的个别因素主要包括建筑规模,建筑物外观,设施设备、材料和施工质量,装修,完损程度和维修养护情况,层高和朝向,等。

(一)建筑规模

建筑规模对房地产价格的影响主要从建筑物的面积等因素来认识,如当建筑物的面积过小时,往往会影响到建筑物的使用性,由一定面积构成的房型平面布局是否合理,这些会对房地产价格产生影响。建筑规模过大或过小,都会使房地产价格下降,值得注意的是,不同地区、不同用途对建筑规模的要求不尽相同。

(二)建筑物外观

建筑物外观主要包括建筑物式样、风格、色调等。建筑物外观被人们接受认可的程度越高,则其价格就越高。当建筑物的外观设计时尚、新颖且与周围环境相得益彰时,往往容易吸引购房者的注意力。反之,当建筑物的外观无法满足购房者的审美观时,价格就会下降。

(三)设施设备、材料和施工质量

随着生活水平的提高,人们对于建筑物的设施设备、材料等要求都在不断增加。建筑物是否具有防盗门、电梯、中央空调等设施,以及建筑材料、施工质量的好坏对建筑物价值自然都有影响。一般情况下,设施设备齐全、建筑材料品质优良、房屋施工质量好的房地产,其价格就高。

(四)装修

建筑物的装修程度对房地产价格具有影响作用,根据房屋的装修程度可将房屋分为毛坯房、粗装房和精装房。一般情况下,一宗房地产,精装房的价格要高于粗装房,粗装房的价格要高于毛坯房。当然,这是在建筑物的装修质量、情况都满足购买者意愿的前提下。

(五)完损程度和维修养护情况

建筑物的完损程度是用于综合衡量建筑物可供使用状况的指标,根据建筑物结构、装修、设备共三个部分的实际完损程度来确定,可分为五类:第一类是完好房屋,指主体结构完好,不倒、不塌、不漏,庭院不积水、门窗设备完整,上下水道通畅,室内地面平整,能保证居住安全和正常使用的房屋,或者虽有一些漏雨和轻微破损,缺乏油漆保养,但经过小修能及时修复的房屋。第二类是基本完好房屋,指主体结构完好,少数部件虽有损坏,但不严重,经过维修就能修复的房屋。第三类是一般损坏房屋,指主体结构基本完好,屋面不平整,经常漏雨,门窗有的腐朽变形,下水道经常阻塞,内粉刷部分脱落,地板松动,墙体轻度倾斜、开裂,需要进行正常修理的房屋。第四类是严重损坏房屋,指年久失修,破坏严重,但无倒塌危险,需进行大修或有计划翻修、改建的房屋。第五类是危险房屋,指结构已严重损坏或承重构件已属危险构件,随时有可能丧失结构稳定和承载能力,不能保证居住和使用安全的房屋。一般来说,建筑物越完好,或者对建筑物维修养护越到位,价格就越高。

(六)层高和朝向

建筑物的层高和朝向会影响居住的舒适感。合适的层高可以给人明亮、宽敞的感觉,反之则会造成居住者压抑、沉闷的感觉。建筑物的朝向会影响到房屋的通风和采光,对房屋的通风,要求能够保持室内空气清新,室内外之间空气流动畅通;对房屋的采光要求能够保持白天的室内明亮,有一定空间能获得一定时间的太阳光照射。当这些条件状况良好时,房地产价格就比较高;反之,价格则下降。

第五节 影响房地产价格的供求因素

前面分别从一般因素、区域因素和个别因素分析对房地产价格的影响,但从经济学上来讲,房地产价格的波动本质上是房地产的供给和需求这两种相反力量共同作用的结果。

在理论上,房地产供求状况可分为全国房地产的供求状况、本地区房地产的供求状况、全国本类房地产的供求状况、本地区本类房地产的供求状况。

一、房地产的需求与供给

(一)房地产需求与需求曲线

1. 房地产需求

房地产需求是指当其他因素保持不变时,消费者在某一特定时间内,在每一价格水平下,对房地产所愿意且能够购买的数量。

2. 影响房地产需求的非价格因素

影响房地产需求的非价格因素主要有消费者的收入水平、消费者的偏好、消费者对未来的预期、相关商品(替代品和互补品)的价格。

3. 房地产需求曲线

房地产需求曲线表示房地产的需求量与价格之间的关系,如图3—1所示。

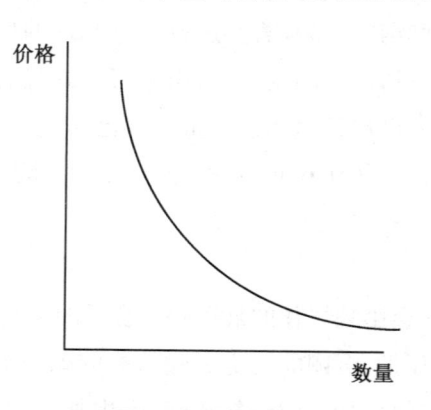

图3—1 需求曲线

如图3—1所示,房地产需求曲线向下倾斜,因为如果房地产价格越低,消费者通常购买的房地产数量就会增加。

（二）房地产供给和供给曲线

1. 房地产供给

房地产供给是指当其他因素保持不变时，房地产开发商和拥有者在某一特定时间内，在每一价格水平下，对房地产所意愿且能够出售的数量。

2. 影响房地产供给的非价格因素

影响房地产供给的非价格因素主要有房地产开发商和拥有者对未来的预期、生产成本（劳动、资本、原材料、技术等）。

3. 房地产的供给曲线

房地产的供给曲线表示房地产的供给量与价格之间的关系，如图3—2所示。

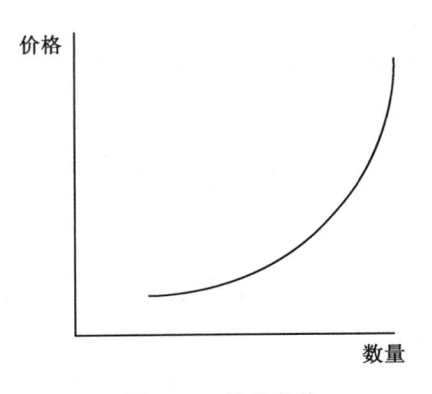

图3—2　供给曲线

如图3—2所示，房地产供给曲线向上倾斜，因为如果房地产价格越高，房地产开发商、拥有者通常愿意开发、出售房地产的数量就会增加。

（三）房地产均衡价格

房地产均衡价格是房地产的市场需求曲线与市场供给曲线相交的价格，当房地产价格处于均衡价格时，房地产的市场需求量与市场供给量相等，如图3—3所示。

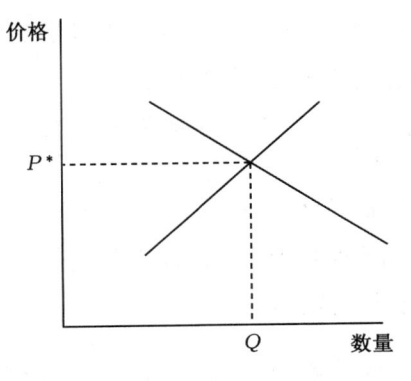

图3—3　均衡价格

二、房地产需求与供给弹性

(一)弹性

弹性是指函数的因变量变动幅度与自变量变动幅度之比,计算公式为:

$$弹性 = \frac{作为因变量的经济变量的相对变化}{作为自变量的经济变量的相对变化} \qquad (3-1)$$

(二)房地产需求弹性

房地产需求弹性主要包括需求的价格弹性、需求的收入弹性、需求的人口弹性、需求的交叉价格弹性和需求的价格预期弹性。

1. 房地产需求的价格弹性

房地产需求的价格弹性是指房地产需求量变化的百分比与房地产自身价格变化的百分比的比值,计算公式为:

$$房地产需求的价格弹性 = \frac{房地产需求量变化的百分比}{房地产价格变化的百分比} \qquad (3-2)$$

2. 房地产需求的收入弹性

房地产需求的收入弹性是指房地产需求量变化的百分比与消费者收入量变化的百分比的比值,计算公式为:

$$房地产需求的收入弹性 = \frac{房地产需求量变化的百分比}{消费者收入量变化的百分比} \qquad (3-3)$$

3. 房地产需求的人口弹性

房地产需求的人口弹性是指房地产需求量变化的百分比与人口数量变化的百分比的比值,计算公式为:

$$房地产需求的人口弹性 = \frac{房地产需求量变化的百分比}{人口数量变化的百分比} \qquad (3-4)$$

4. 房地产需求的交叉价格弹性

房地产需求的交叉价格弹性是指一种房地产需求量变化的百分比与另一种房地产或商品价格变化的百分比的比值,计算公式为:

$$房地产需求的交叉价格弹性 = \frac{一种房地产需求量变化的百分比}{另一种房地产或商品价格变化的百分比} \qquad (3-5)$$

5. 房地产需求的价格预期弹性

房地产需求的价格预期弹性是指房地产需求量变化的百分比与预期的房地产价格变化的百分比的比值,计算公式为:

$$房地产需求的价格预期弹性 = \frac{房地产需求量变化的百分比}{预期的房地产价格变化的百分比} \qquad (3-6)$$

(三)房地产供给弹性

房地产供给弹性主要包括供给的价格弹性和供给的要素成本弹性。

1.房地产供给的价格弹性

房地产供给的价格弹性是指房地产供给量变化的百分比与房地产自身价格变化的百分比的比值,计算公式为:

$$房地产供给的价格弹性 = \frac{房地产供给量变化的百分比}{房地产价格变化的百分比} \tag{3-7}$$

2.房地产供给的要素成本弹性

房地产供给的要素成本弹性是指房地产供给量变化的百分比与要素价格变化的百分比的比值,计算公式为:

$$房地产供给的要素成本弹性 = \frac{房地产供给量变化的百分比}{要素价格变化的百分比} \tag{3-8}$$

三、弹性类型

在经济学上可将弹性分为富有弹性、缺乏弹性、单一弹性、完全弹性、完全无弹性五类。

$$弹性 E = \frac{作为因变量的经济变量的相对变化}{作为自变量的经济变量的相对变化} \tag{3-9}$$

当弹性$|E|>1$时,称为富有弹性,见图3-4中直线a。

当弹性$|E|<1$时,称为缺乏弹性,见图3-4中直线b。

当弹性$|E|=1$时,称为单一弹性,见图3-4中曲线c。

当弹性$|E|=\infty$时,称为完全弹性,见图3-4中直线d。

当弹性$|E|=0$时,称为完全无弹性,见图3-4中直线e。

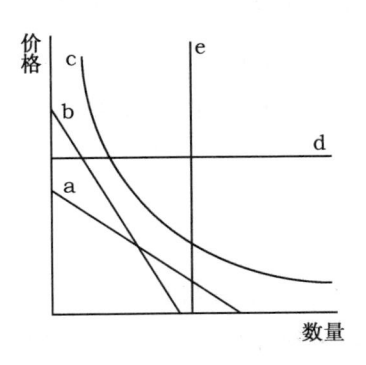

图3-4 弹性类型

第六节　对影响房地产价格因素的认识

为了更好地理解和把握各种因素对房地产价格的影响，应该在总体上认识到下列几点。

一、影响方向不同

影响因素不同，对房地产价格的影响方向也不一定相同，有的影响因素导致房地产价格上涨，有的影响因素则会导致房地产价格下降。例如，人口数量的增加、居民收入水平的提高、房地产周围交通体系的便捷等都会带动房地产价格的上涨，而房地产周围的噪声、污染公害、房地产税的提高等则会造成房地产价格的下落。

相同的影响因素对房地产价格的影响方向也不一定相同，一方面可能造成房地产价格的上涨，而另一方面也可能造成房地产价格的下跌。例如，利率的上涨一方面增加了房地产开发商的贷款成本，使得房地产的开发成本上升，导致房地产价格的上涨；另一方面则增加了购房者的贷款负担，降低了购买者的购买意愿，从而减少了房地产需求量，导致房地产价格的下降。再如，房地产周围单行道的交通管制一方面增加了居民行车困难，从而降低了房地产的价格；另一方面则因周围车辆的减少为居民营造了安静的环境条件，又带动了房地产价格的上涨。

二、影响程度不同

影响因素不同，对房地产价格的影响程度也不一定相同，有的影响因素导致房地产价格变动程度大，有的影响因素导致房地产价格变动程度小。例如，房地产距离城市中心的远近和房地产的建筑结构都会对房地产价格产生影响，但是很明显房地产距离城市中心的远近对房地产价格的影响程度要远大于建筑结构对房地产价格所产生的影响。

三、影响变化不同

有些影响因素对房地产价格的影响与时间、地区、房地产类型等有关，随着时间、地区、房地产类型的变化，这些影响因素对房地产价格的影响程度会发生变化。例如，当汽车普及程度不高时，购置房地产时并不会考虑停车位、车库等因素，但随着时间的推移，汽车越来越普及，房地产是否具备停车位或车库就会影响房地产价格。房地产面积对于城市等用地紧张的地区而言会对房地产价格产生影响，而对于市郊或者农村则影响不大。土地肥力对于农业用地价格的影响非常大,但是对商业用地而言则影响程度并不大。

四、影响表达不同

房地产价格的影响因素既有定性的又有定量的。大多数影响因素对房地产价格的影响都是定性的,难以用公式表达出来,只有少数可以完全定量表示,而且各个因素之间往往相互影响。因此,尽管房地产估价方法在理论上提出了操作方法并建立了相应的计算公式,但在实际估价操作中,公式里许多参数的取值都依赖于估价人员,需要靠估价师的专业知识、技术的掌握程度、长期积累的工作经验和自身的职业道德水平作出判定,而不是简单地套用计算公式。

本章小结

影响房地产价格的因素数量众多且十分复杂,对其的研究往往需要分类,而由于研究角度的不同,学者们对影响房地产价格的因素分类方式也有所不同。根据房地产价格影响因素的影响范围,可将其分为宏观因素、区域因素和微观因素;根据房地产价格的影响因素的内外因,可将其分为自身因素和外部因素,而自身因素又可以细分为区位因素、实物因素和权益因素,外部因素可分为人口因素、制度政策因素、经济因素、社会因素、国际因素、心理因素和其他因素;根据房地产价格影响因素的层次,可将其分为一般因素、区域因素和个别因素三个层次。

影响房地产价格的一般因素是指影响所有房地产价格的一般性、普遍性、共同性的影响因素,其对整个地区具有全方位的影响,包括经济因素、社会因素、行政因素。经济因素主要包括经济发展状况,储蓄、消费及投资水平,财政与金融状况,物价、居民收入及就业水平,税收状况,等;社会因素主要包括人口状况、城市化进程、教育及福利状况、社会安定程度和心理因素等;行政因素主要有土地制度、住房制度、城市规划和土地利用规划、交通管制、行政隶属变更等。

区域因素是指房地产所在区域内对房地产价格产生影响的外部因素,一般包括区域特性、周围环境质量、道路通达度、交通设施便捷度、基础设施完善程度等。对于不同用途的房地产,影响房地产价格的区域因素也有可能不尽相同。

影响房地产价格的个别因素是指由于房地产个体之间的微观差异而对房地产价格产生影响的因素。这主要是由房地产的独一无二性所决定的。个别因素主要包括位置、交通、周围环境、土地面积、土地形状、土壤、地基、土地开发程度、自然灾害发生的频率和严重程度等。

从经济学上来讲,房地产价格的波动本质上是房地产的供给和需求这两种相反的力量共同作用的结果。房地产需求是指当其他因素保持不变时,消费者在某一特定时间内,在每一价格水平下,对房地产所愿意且能够购买的数量。房地产供给是指当其他因素保持不变时,房地产开发商和拥有者在某一特定时间内,在每一价格水平下,对房地产所愿意且能够出售的数量。

习题

一、选择题

1. 产业结构
2. 土地制度
3. 城市规划
4. 建筑规范
5. 交通管制
6. 区域因素

二、简答题

1. 影响房地产价格的因素分类主要有哪几种?
2. 影响房地产价格的经济因素主要包括哪些?
3. 影响房地产价格的社会因素主要包括哪些?
4. 影响房地产价格的行政因素主要包括哪些?
5. 影响住宅房地产价格的区域因素主要包括哪些?
6. 影响商业房地产价格的区域因素主要包括哪些?
7. 影响工业房地产价格的区域因素主要包括哪些?
8. 与土地有关的个别因素主要包括哪些?
9. 与建筑物有关的个别因素主要包括哪些?
10. 影响房地产需求的非价格因素主要包括哪些?
11. 影响房地产供给的非价格因素主要包括哪些?
12. 试述弹性的概念以及弹性的类型。
13. 房地产需求弹性主要包括哪些?并试述各自含义。
14. 房地产供给弹性主要包括哪些?并试述各自含义。

课堂自测题	拓展资料
阅读书目	

第四章 房地产估价概述

学习目的

知识目标：掌握房地产估价的概念、本质、估价内容、估价程序；熟悉房地产估价人员的认定标准和应具备的条件；把握估价目的、估价原则和房地产估价报告的基本格式；了解其他国家与地区的房地产估价体系。

能力目标：理解不同估价原则的深层内涵并能够根据不同估价对象的具体情况正确选择适用的估价原则，培养严格遵守法律法规和行业规范的执业意识；初步具备搭建房地产估价报告框架的能力。

思政目标：通过本章学习，旨在帮助学生理解房地产估价的本质、原则和程序，培养学生规范执业、严守原则的工作态度，成为能够适应我国新时期经济发展需求的房地产估价行业后备人才。

关键概念	思维导图

第一节 房地产估价简介

一、房地产估价的概念和本质

（一）房地产估价的概念

房地产估价是指专业估价人员根据估价目的、遵循估价原则、按照估价程序，采用科学且适宜的估价方法,充分掌握房地产的资料,综合分析影响房地产价格的因素,并在借鉴估价实例的基础上,对特定时点上房地产的客观合理价格或价值进行估算和判定的活动。

(二)房地产估价的本质

有关房地产估价的本质,应当注意以下几方面。

1. 房地产市场不能自主决定价格

通常相对完全的市场可以任由市场自主决定价格,这是当前绝大多数经济学家的共识。在经济学中,完全市场的特征如下:

(1)同质商品,买者不在乎从谁手里购买;

(2)买者和卖者的人数众多;

(3)买者和卖者都有进出市场的自由;

(4)买者和卖者都掌握当前价格的完全信息,并能预测未来的价格;

(5)就成交价格而言,每个买者和卖者的购销额是无关紧要的;

(6)买者和卖者无串通共谋行为;

(7)消费者要求总效用最大化,销售者要求总利润最大化;

(8)商品可转让且可发生空间位置的移动。

在现实生活中,纯粹的完全市场是不存在的。但世界上倡导市场经济的国家,都尽可能地让市场机制在商品交易中发挥最大的作用,即由市场自主决定的价格起引导和调节作用。由市场自主决定的价格是供求双方讨价还价的结果,即供求双方在各种影响因素下博弈均衡的结果。这一结果实现了交易双方自主自愿的共同意愿。

然而,基于上面的论述,房地产商品及市场特性决定它不能做到任由市场自主决定价格。所以,需要房地产估价师去测算能达到交易或预期交易双方自主、共同的意愿表示的价格,即挖掘出房地产评估价格的本质。

2. 评估房地产的价值而不是价格

房地产估价的本质是评估房地产的价值而不是价格,即评估估价对象的真实价值,也就是价格波动的中心。房地产的价值是客观的、相对稳定的,价格是价值的外在表现,是实际发生并且会围绕价值上下波动的。价值和价格的内涵在理论上有着严密的区分,但是在实际操作中由于习惯等原因,有时并不作严格的区分,是交换使用的。

3. 模拟市场定价而不是替代市场定价

房地产估价是模拟市场定价而不是替代市场定价。房地产估价表面上看是估价机构在给房地产定价,但是房地产价值实质上是客观存在的,不以他人意志为转移的。因此房地产估价是估价师模拟大多数市场参与者的思维和行为,在充分认识房地产市场形成房地产价格的机制和过程,以及深入调查了解房地产市场行情的基础上,通过科学的分析、测算和判断活动,把客观存在的房地产价值揭示出来。

4. 提供价值意见而不是作价值保证

房地产估价是提供价值意见而不是作价值保证。估价结果只是一种专业意见,并不意味着就是估价对象的真正价格,不应该被视为估价对象在市场上可实现价格的保证。估价的专业意见作用分为两类:一类是咨询性、参考性的;另一类是鉴证性、证据性的。在这两类不同作用的估价中,估价师和估价机构都要承担一定的法律责任。

5. 在合理范围内允许存在误差

房地产估价在合理的范围内允许存在误差。在实际估价过程中,不同的估价师在同一估价目的、同一估价时点的情况下得出的结果往往不同,相对于实际成交价格也有差异。房地产估价仅仅是对客观合理价值的一种估算,是估计就会有误差,但是这种误差又不是无限的,往往在一定的范围之内。

6. 既是一门科学也是一门艺术

房地产估价既是一门科学也是一门艺术。房地产估价虽然有许多科学方法,有固定的公式,但是实际市场中的房地产交易千变万化,受到许许多多意料之外的因素影响。此外,采用单一的估价方法,其切入角度也有一定的局限性。因此,为了使估价结果客观合理,也要估价师根据实践经验,综合判断,准确把握和取舍,估价不仅仅是其业务水平能力的体现,还依赖于其判断艺术水平的高低。

二、房地产估价的内容

(一)估价对象

估价对象,即估价客体,是指一个具体估价项目中需要估价的房地产。现实中的估价对象丰富多彩、复杂多样,可以从以下角度进行划分:

1. 以存在形态划分房地产估价对象

从存在形态来看,估价对象有土地、建筑物和房地合一三种。明确待估对象是土地还是建筑物,或者是土地与建筑物合一的情况,是估价活动的基本事项。

(1)土地。以土地作为估价对象时,有生地、毛地和熟地三种。生地是指尚未开发利用的土地,毛地是指有待拆迁房屋存在的土地,熟地指可以直接开发利用的土地。对于土地上有建筑物的情况进行估价,可能是为了征收土地税费或者确定划拨土地使用权进入市场需要补缴的土地使用权出让金的数额等目的。

(2)建筑物。建筑物总是和土地同时存在,但是有时应该对建筑物予以单独看待,不考虑土地价格。例如投保火灾险、计算折旧服务的估价等。

(3)房地。房地是土地与建筑物合一看待的情况,包括已建成并投入使用的新旧房地、在建工程、构筑物、附属设施设备等,估价对象必须包括依托于该实物的具体权益。

2. 从实物角度划分房地产估价对象

(1)无建筑物的空地。

(2)有建筑物的土地,包括建筑物尚未建成的土地。

(3)建筑物,包括尚未建成的建筑物。

(4)土地与建成的建筑物的合成体。

(5)土地与尚未建成的建筑物的合成体——在建工程。

(6)未来状况下的房地产。

(7)已经灭失的房地产。

(8)现在状况下的房地产与过去状况下的房地产的差异部分。

(9)房地产的局部。

(10)包含其他资产的房地产或者以房地产价值为主的一个企业整体。

(11)作为企业整体中的一部分的房地产。

需要特别注意的是,上述估价对象虽然是从实物角度来划分的,但评估其价值仍然包括实物、权益和区位三个方面。

3. 从权益角度划分房地产估价对象

(1)"干净"的房屋所有权加上出让土地使用权的房地产。这里"干净"是借用词,意思是指该房地产的手续完备、产权明确且未租赁或者未设立抵押权、典权、地役权或其他任何形式的他项权利,类似国际贸易中的"清洁提单"。

(2)"干净"的房屋所有权加上划拨土地使用权的房地产。

(3)"干净"的房屋所有权加上集体土地使用权的房地产。

(4)产权转让受限的房地产。例如,按房改标准价购买的公有住房属于这种产权。

(5)共有的房地产。

(6)有租约限制的房地产。

(7)为抵押权或典权实现的房地产,如抵押房地产的折价、拍卖、变卖。

(8)临时用地和临时建筑的房地产,包括未超过批准年限的和已超过批准年限的。

(9)政府或司法机关指定的已依法公告列入拆迁或征收、征用范围的房地产;被依法查封、监管或者以其他形式限制的房地产;违法占地或违章建筑的房地产;产权不明或产权有争议的房地产。

(二)估价人员

专业房地产估价人员是指经房地产估价资格考试合格,或者资格认定、资格互认,由注册管理部门审定注册取得资格证书后,专门从事房地产价格评估的专业技术人员。目前,我国已经建立房地产估价制度和规范,制定了房地产估价师注册管理办法,估价师必须经过注册才能从事房地产相关业务,关于估价人员的详细介绍见第四章第二节。

(三)估价目的

估价目的是指一个估价项目是为何种需要而进行的。不同的估价目的,来源于对估价不同的需要,而不同的估价目的,会导致采用不同的估价方法,会考虑不同的影响因素等,从而使得估价结果产生差异。一般情况下,估价目的主要有房地产转让、租赁、抵押、典当、课税、保险、纠纷赔偿、争议调处、经济行为需要或者司法鉴定等。关于估价目的的详细介绍见第四章第三节。

(四)估价原则

房地产价格虽然易受外界因素影响而变动,但是在实践过程中,房地产估价活动仍遵循一定的客观规律,这些可以指导房地产估价的法则或标准称为估价原则。

《中华人民共和国城市房地产管理法》第三十四条规定:"房地产价格评估应当遵循公正、公平、公开的原则。"《房地产估价规范》2.0.1规定:"房地产估价应遵循独立、客观、公正原则、合法原则、最高最佳使用原则、替代原则、估价时点原则。"关于估价原则的详细介绍见第四章第四节。

(五)估价程序

房地产估价是一项复杂的经济活动,要想使评估活动高效、准确、公正,必须使活动过程遵循一套严谨、科学的工作程序。估价程序是指在房地产估价活动中,按照客观规律和内在联系而依次进行的各项具体工作。房地产估价的一般程序为:

1.估价申请和业务受理

(1)估价申请。进行房地产价格评估时,当事人应向有关的专业评估机构提出书面申请,并填写评估委托书。评估申请书或评估委托书应写明的事项包括:①当事人的姓名、住址、职业等(法人或其他组织名称、隶属关系、所在地址、法定代表人姓名、职务等);②评估标的物的名称、类型、面积、地理位置和环境条件等;③申请评估的原因和用途;④房屋产权人、土地所有者;⑤委托评估的要求。除了评估申请书(委托书)以外,申请人还要向房地产价格评估机构提供各种有关证明资料,如房屋所有权证,土地使用证,买方单独委托评估时房地产权人出具的同意评估的证明,设计和施工图纸,使用期维修、保险及其他费用资料,等。

(2)业务受理。房地产价格评估机构在收到评估委托人的申请书和有关证明及资料后,要在一个有限的时间内(如3日)作出是否受理此项业务的决策并通知申请人。估价者在作出接受委托的决策前要对委托人和评估标的物的基本情况进行初步了解,来界定有关估价的一些重要问题,包括估价目的、估价对象、估价的作业日期等,以建立估价项目。

2. 制定估价作业计划

制定房地产价格评估作业计划是为了使估价工作有条不紊、按时、高效地完成，计划一经确定，一般要按计划逐步进行估价工作。在规模较大的评估项目中，制定计划对估价作业的成败与质量有着极为重要的作用。估价作业计划大致包括以下几项内容：

(1)确定估价作业的具体因素。对于估价作业来说，仅仅指明某块土地或某幢房屋是无法开展估价工作的。为了更好地完成委托的业务，必须对各种影响价格的具体因素进行进一步确认。其因素主要为：确定估价对象的品质特征及产权状态，确定估价范围，确定估价时点，等。

(2)初选估价方法和人员。明确了估价作业的具体因素后，应初步选出拟采用适合于该估价对象房地产的估价方法。初选估价方法的目的，是为了使后面的资料收集与整理和实地查勘有的放矢，避免不必要的重复劳动。根据估价对象的目的、时点、日期及初选的估价方法可判断委托任务的轻重、难易和缓急程度，从而确定投入多少人力参加此项评估任务。评估人员的选定和工作安排以及评估人员各自分工负责的工作范围明确以后，有利于参与人员协同动作，相互配合，提高工作效率。

(3)安排估价作业的工作进度。估价作业的时间性和实务性都很强，必须注意时效。整个估价工作的时间可以从接受委托之日起到交付估价报告止。一般委托人对估价完成的日期都有较高的要求，并在签订委托合同时作为重要条款写进合同，能否在约定时间内圆满地完成估价任务，不仅关系到估价方的经济利益，而且对估价方的信誉有着举足轻重的影响。因此，要通过估价作业计划，把估价作业的流程按顺序规定好相应的时间进度和时限，使操作的每个步骤既科学有序，又省时省力。

(4)安排估价计划中的一些费用。估价作业计划还可对费用安排、估价作业备忘录的编制等有关事项作出明确规定。制定估价作业计划可以采用网络计划技术方法，以便选择最优方案，并在计划执行过程中有效地控制与监督。

3. 收集与整理资料

资料的收集与整理是估价者在计划指导下充分占有和利用信息资源的阶段，也是为准确估价寻找依据、为现场查勘进行准备的阶段。资料收集的深度和广度很大程度上取决于在计划阶段初选的估价方法，一般应围绕着估价方法所赖以计算的资料数据进行收集。若对供出租用的写字楼拟选用收益还原法来评估其价格，则需收集可供出租的面积、出租率或空置率、租金水平、分摊折旧、负担利息、运营管理费、税收等方面的资料。若某块土地拟选用假设开发法来评估其价格，则需收集规定用途、容积率、覆盖率、建筑高度等方面的资料。

资料收集除了来源于评估委托人提供的必要资料和实地查勘所得资料外，估价人员还可以从估价机构建立的资料存储系统中提取有关资料,或到政府有关主管部门去查询,或向其他当事者、咨询公司询问。

房地产估价所需收集的资料主要包括:

(1)产权资料。它是反映房地产所有权归属及其变化情况的综合资料,包括房屋产权所有证,土地所有证,地形图,平面位置图,房地产登记的原始记录,接代管产权资料,落实政策资料,房屋买卖、租赁、抵押资料,征地拆迁资料,私房改造资料,等。

(2)房地产建筑开发资料,包括建造开发的年代、主要结构材料、内部设计布局、设备装修、建筑造价等。在估价中,有些必需的资料无法从现场查勘中获得,可借助建筑开发的原始资料来确定。

(3)房地产使用资料,包括房地产使用年限、程序、方式,房地产出租性质、期限、价格,房地产维修保护及现存的借用、占用情况,等。

(4)市场资料,包括房地产所处的地区环境、地理位置、繁荣程度、交通状况、客观环境的优劣,政府的城市规划、政策对房地产征用、改扩建的限制及市场交易的限制,以及相似房地产的市场行情,包括成交价格、租赁条件、维修费用、使用收益及当前市场供需状况等。

4. 现场查勘

现场查勘是指房地产估价人员亲临现场对估价对象的有关内容进行实地考察,以便对待估房地产的实体构造、权利状态、环境条件等具体内容进行充分了解和客观确认。在现场查勘阶段,评估委托人应负领勘之责,派员领勘。

现场查勘的主要内容有以下几个方面:

(1)对土地的查勘。评估人员对土地的查勘主要是了解地块的坐落位置、土地使用类别、面积、地形、地貌以及地上和地下建筑物的情况,地块与周边地块的搭界情况,等。

(2)对房屋的查勘。

①鉴定待估房屋的地址、坐落和房屋评估范围。房屋位置的正确性是房屋估价的前提,必须认真核对清楚。对同幢异产的房屋及同一地点内有多幢房屋的情况,要认真核实房屋的评估范围,正确区分产权的独有部分、共有部分或他人所有部分,以免出现误估,发生产权纠纷。

②确认房屋的结构、装修、设备和面积。房屋契证上一般都有关于房屋的结构、面积的记载,但在实际中由于种种情况,如产权登记时的疏忽或房屋所有者自行改建装修等,都会使房屋的结构、面积与契证记载的情况有差异。因此,现场查勘时,应对房屋的结构和面积等情况进一步核查,防止因契证与实地不符而出现估价失误。房屋的装修、设备、层高和朝向是房屋估价的基本内容,它的主要项目是墙体、屋顶、天花板、

地面、门窗、隔间、层高、卫生设备和暖气设备等。了解房屋装修情况是一件细致烦琐的工作。

③确定房屋的建造年份。确定房屋的建造年份是房屋评估不可缺少的组成部分,是评定房屋折旧情况的主要依据,必须予以查明。

④评定房屋成新。房屋成新是影响房屋价格的重要因素。评估人员根据房屋的新旧程度评定标准,采取一听、二看、三查、四问、五测的工作方法鉴定房屋的成新。一听,是听取住房拥有者或使用者对房屋使用状况和破损情况的反映;二看,是根据听到的反映,结合所要评定的结构、装修、设备部分,查看房屋的下部、墙体、屋面的变形和不均匀沉降,以及梁、柱变形等情况,作出直观上的判断;三查,是对房屋承重结构部位、构件本身的刚度、强度进行测量检查,看其是否有潜在的危险;四问,是就查出的问题询问使用者,了解其有关的情况;五测,是在条件具备时,用仪器测量房屋的结构变化情况,主要有地基沉降、墙体倾斜、屋架变形、裂缝等。从实际出发测定房屋成新程度,对解决建造年代不明或年代久远但仍有很大使用价值房屋的估价问题,具有重要意义。

(3)勘丈绘图。勘丈绘图是指在对评估对象全面查勘丈量的基础上,将房屋的形状、位置、层次、结构、内部设施、墙体归属以及附属搭建等,按照一定比例如实反映到房屋平面图上,同时估价人员应认真逐项填写"房地产查勘评定表",作为估价的依据。

(4)拍照、录像。现场查勘中对重要的评估项目要进行拍照或录像。拍照或录像能直观地反映评估对象的特征,尤其是文字叙述未能达到对标的物理想的描述目的时,通过拍照或录像可以弥补其不足。拍照、录像对那些即将拆迁、有可能发生纠纷房屋的评估很有必要。

(5)对环境条件的确认。环境条件也是影响房地产价格的重要因素,而环境条件往往不是契书等文字材料所能标明的,而且环境条件的变动性很大,所以估价人员要亲临现场,逐项确认对待估房地产价格有影响的各因素的状态,通过实地调查,取得对待估房地产周边环境的客观认识。环境条件包括商业服务、市政设施、文化教育、交通通信、卫生状况、生态环境、娱乐设施、人文自然景观等。

5. 综合分析和估算

综合分析和估算是房地产估价的实质性阶段。根据较完备的资料,估价人员可选择估价方法,最终估算出房地产价格。这一阶段的作业主要包括以下三项:

(1)资料综合分析。资料综合分析的目的是确定房地产估算的基本数据。基本数据准确与否对估算的最终结果有直接影响。如果资料综合分析不能如实反映房屋建筑的各类技术数据,甚至发生失误,则会影响到价格评估的正确性,致使当事人蒙受不应有的损失,也会影响到估价者的声誉。资料综合分析的重点如下:第一,检查资料是否为估价所必需的资料,即注意该资料是否与待估房地产的种类、委托估价的目的与条件相符;第二,房屋产权的归属是决定评估房屋的价格的重要因素,一定要准确。

(2)价格形成分析。房地产价格的形成,一方面是基于它的实体因素,另一方面是基于它的影响因素。房地产价格的实体因素可以通过确认来把握,而影响因素则要通过有经验的评估人员加以分析,以便把握各因素对价格的影响程度。房地产价格的诸多影响因素可以划分为区域因素和个别因素两大方面。相应地,房地产价格形成分析包括区域分析和个别分析。

所谓区域分析,就是分析待估房地产位于何种地区,该地区有何种特征,该特征对房地产价格形成有何影响等。房地产价格随其所处的地区特性的不同而有很大差别,如不把握地区特征就无法获得房地产的适当价格。进行区域分析时,主要应从房地产的用途分类着手,如住宅区、商业区、工业区等。这种分类并非城市规划上的使用分区,而是实际上的使用分区。同时,房地产的价格除受所属地区特性的影响外,类似地区及更广泛的同一供需圈的特性也会对其有重大影响。因此,区域分析可分为邻近地区和类似地区两部分。邻近地区就是同类地区,即待估房地产所属的地区类别,如住宅区、商业区、工业区、文化娱乐区等。估价时,首先要判定类别;其次,区域划分的范围不宜过大;最后,类别判定要考虑未来发展。类似地区是指与待估房地产所属地区相类似的其他地区。类似地区也可以用"同一供需圈"的概念解释。在"同一供需圈"内,同类房地产可形成替代关系,因而对价格形成有重大影响。

个别分析是对待估房地产的个别因素进行的分析,是判定房地产最有效使用方向的工作过程,房地产价格就是以该房地产的最有效使用方向为前提而形成的。个别分析应当先正确掌握待估房地产的地块条件、街道条件、临近条件、环境条件、行政条件等方面的因素,再依据邻近地区的特征,判断出最有效使用方向。

(3)估价方法的选择和价格估算。

①选择估价方法。在计划中初选的估价方法在这个阶段可以得到最后的确认并用于计算。尽管房地产估价方法比较多,但最基本的方法还是成本估价法、市场比较法和收益还原法三种。在进行房地产估价时,原则上应并用三种方法。因为三种方法各有利弊,仅靠一种方法不易得到正常价格。有些房地产不适用上述三种方法,可根据具体情况加以选择。

②价格估算。选定估价方法后,可开始对房地产进行测算,其具体测算方法在本书其他章节有专门论述。应该注意的是,在进行房地产评估测算时,如有当地政府规定的测算标准,应认真采用,如"土地分等定级标准""房屋新旧程度评定标准""房屋耐用年限""房屋代议书标准"等。

③价格调整。由于资料有限,且房地产价格复杂,用三种方法估出的价格难以一

致,因而需要进行价格调整。

在进行价格调整之前,首先,要对资料的运用等加以检验复核。其主要内容包括:资料的选择及运用是否得当,各项房地产估价原则的应用是否得当,一般性因素分析及区域分析、个别分析是否适当,单位与总价的关联是否适当。

其次,要对三种估价方法估算出的价格进行综合。综合的方法有三种:一是简单算术平均。二是加权算术平均。赋予每个价格不同的权重,然后再综合出一个价格。通常对于评估该房地产最适用可靠的估价方法所算出的结果,赋予较大的权重;反之,则赋予较小的权重。三是以一种估价方法计算出的结果为主,其他估价方法计算出的结果只供参考。

最后,估价人员要根据自己的经验,对影响价格的诸因素以及市场行情进行分析,再对综合测算出的结果作出调整,以最后综合评估决定出估价额。在实际工作中,最后决定的估价额,可能以计算出的价格为主,也可能以估价人员的其他判断为主,而计算结果只作为参考。

6. 撰写估价报告书

经评估测算出对象房地产的估价额后,估价人员应将估价成果写成估价报告书。估价报告书是记述估价成果的文件,它把估价过程中有关的数据、办法、要点及最后的结果以正式的书面形式反映出来。估价报告书的形式有自由式和定型式两种。定型式估价报告书是固定格式、固定内容,估价人员必须按照规定的形式填写,不得改动或添减。自由式估价报告书是根据估价报告人的要求自由设定内容、长短篇幅不限的报告书形式。不论估价报告书的形式如何,均至少要记载下列事项:①此项评估项目的委托者、联系人、领勘人、负责承接评估人员的姓名;②估价对象的详细地址、评估日期、报告编号等;③估价对象的土地面积、建筑面积和建筑物类型等;④估价对象具备的条件分析;⑤评估依据;⑥评估结果;⑦附有关文件及资料。

一份规范的房地产估价报告书应包含下列具体内容:

(1)估价委托人名称:应有委托人的全称,有时还应有地址,以确认服务对象。

(2)评估对象及目的:①待估房地产的名称、类型,明确估价对象;②估价目的;③估价时点。

(3)评估日期:反映估价工作期限的起止日期。

(4)评估对象的综合说明:①坐落位置,包括地点、区域、门牌等;②用途;③面积、层次、朝向;④建筑结构与功能,还要描述建筑内部空间结构以及各层各部分功能;⑤装修情况、设备情况、附属设施情况;⑥建筑使用情况,反映建筑的新旧、完好程度及对使用功能的影响;⑦房地产周围环境;⑧评估对象房地产的权利状况。

(5)评估原则:反映在评估活动中的主要适用原则,以及评估人的立场。

(6)评估依据:①权属资料;②工程预、决算资料;③测绘图纸;④各类定额和单价资料;⑤各类折旧、税收、物价、城建收费管理规定;⑥与评估对象类似的房地产实例价格资料;⑦规划资料;⑧周围环境资料。

(7)评估方法选择。

(8)评估计算分析:应介绍按选定方法所进行的数据确定、参数测算、公式选用等理由和计算过程,对计算分析过程作概括陈述,关键要阐明作出最后估价结论的理由。

(9)房地产价格评估结论:说明每种方法的计算结果,以及经最终调整修正后的正式估价结论。

(10)评估小组成员和评估单位资格证书。

7. 交付估价报告书及收取估价服务费

完成估价报告书后,估价人员要将估价报告书交付给委托估价者,并就某些问题作口头说明。至此,估价人员就完成了对委托估价者的估价服务,然后是按照有关规定和收费标准向委托估价者收取估价服务费。

(六)估价方法

房地产估价应采用科学的方法,不能单凭估价师的主观判断来决定。一般情况下,一种房地产的价值可以按照以下三种途径来求取:第一,近期市场上类似房地产是以什么价格进行交易的。所谓类似房地产,是指与估价对象处在同一供求范围内,并且在用途、规模、建筑结构、档次、权利性质等方面与估价对象相同或者相似的房地产。第二,如果重新开发建设一宗类似房地产,需要多少费用。第三,如果将该宗房地产出租或营业则预计可以获得多少收益。房地产估价的三大方法——市场比较法、成本法、收益还原法,就是来自以上三种途径。除此之外,还有假设开发法、基准地价修正法、长期趋势法、路线价法等其他方法。关于估价方法,将在第五章至第十一章中详细介绍。

在美国房地产估价体系中,基本方法为成本法(cost approach)、市场比较法(market comparison approach 或 sales comparison approach)、收益法(income approach)三种;英国房地产估价体系为比较法(comparison method 或 comparative method)、投资法(investment method)、剩余法(residual method)、利润法(profits method)、承包商法(contractors method)五种。英国的比较法与美国的市场比较法相同,投资法、利润法可以归为收益法。两者的主要区别是估价对象不同,投资法用于出租的房地产估价,利润法用于营业的房地产估价。剩余法和承包商法可以归为成本法。因此,英美两种估价体系本质上是相同的。

(七)影响房地产价格的因素

影响房地产价格的因素众多,包括社会、自然、经济等多方面的因素,本书第三章已有介绍。估价人员在进行估价活动时,要充分掌握各个因素对于房地产价格的影响程度,依据理论知识和实践经验进行综合的权衡,准确把握影响房地产价格的多种因素的规律。

(八)估价时点

估价时点是评估房地产价格的时间界限,是指具体估价项目中估价结果对应的日期。估价时点是由估价项目的目的决定的,是房地产估价活动中很重要的概念。由于房地产市场是不断变化的,同一宗房地产往往会有不同的价格,因而估价通常只是评估估价对象在某个特定时间的价值,这个特定时间就是估价时点,一般用公历年、月、日来表示。

特别需要强调的是,估价时点不是可以随意确定的,应根据估价目的来确定,并且估价时点确定应当在先,价值估算应当在后,而不是先有了评估价值之后,再将它说成是某个时间上的价值。

(九)客观合理的价值或价格

房地产的价值或价格是客观存在的事实,是估价人员基于估价时点,在正常交易的情况下,运用专业知识和科学的估价方法,结合实践经验得出的,并不是富有经验的人员主观推断的,也不是脱离于一般正常交易情况的。通常认为在以下条件下的交易最可能实现客观合理的价格:①交易双方是自愿地进行交易;②交易双方的交易目的是实现利益最大化,不存在关联交易;③交易双方具有一定的专业知识,并掌握充分的市场交易信息;④交易双方有比较充分的时间进行交易,不存在急于出售或急于购买的特殊情况;⑤去除买方因为其他原因,对所购买的房地产具有特殊的偏好而存在加价的行为。

第二节 房地产估价人员

房地产估价人员简称估价人员,是指通过房地产估价人员职业资格考试或者资格认定、资格互认,取得相应资格并注册,从事房地产估价活动的专业人员。目前,评估专业人员包括评估师和其他具有评估专业知识及实践经验的评估从业人员。其中,房地产估价师(real estate appraiser 或 real estate valuator)简称估价师,是指通过全国房地产估价师执业资格考试或者资格认定、资格互认,取得中华人民共和国房地产估价师执业资格,并按照《注册房地产估价师管理办法》(2016年修订版,中华人民共和国建设部令第151号)注册,取得中华人民共和国房地产估价师注册证书,从事房地产估价活动的专业人员。

取得房地产估价师执业资格的人员应向聘用单位或者其分支机构工商注册所在地的省、自治区、直辖市人民政府建设（房地产）主管部门提出注册申请。房地产估价师注册有效期为 3 年。

注册有效期满需继续执业的，应当在注册有效期满 30 日前，提交延续注册申请表、与聘用单位签订的劳动合同复印件和申请人注册有效期内达到继续教育合格标准的证明材料等，申请延续注册，注册有效期延续 3 年。

总体而言，房地产估价人员应当具备以下条件：

一、扎实的房地产专业知识

房地产估价人员需要有扎实的专业知识。为保证房地产估价能够顺利而准确地进行，估价人员应当对房地产价格的要素以及影响价格的因素和变化规律有充分的认识，对房地产相关的法律法规熟记于心。因此，房地产估价人员需要掌握房地产估价理论和方法、相关的政策法规等方面的知识，涉及土地经济学、房地产管理学、房地产开发与经营、房地产市场、土地资源管理、统计、金融等诸多学科知识。

二、丰富的实践经验

房地产估价人员的经验来源于亲身实际的调查、海量资料的阅读学习、反复的推理判断、房地产估价的实践等。估价人员的经验丰富与否，影响着资料调查收集的完备程度、估价方法的抉择、影响因素的衡量和取舍等，从而直接决定着估价结果的准确程度。因此，完善的房地产估价项目不仅要有科学严谨的计算，还需要经验丰富的专家进行指导推断。

三、市场信息分析能力

市场调查人员的工作绝不是简单地提供调查资料，因为把大量的市场信息直接推送给决策者，并不会减少决策的难度。市场调查人员所作的适当评议，透过现象探讨本质的综合分析，以及就有关现象分析利弊和长远趋势，将会帮助决策者对市场需求和市场动态作出正确判断。这些工作的水平高低是与调查者的分析能力、语言表达能力分不开的。

四、良好的职业道德

具有良好的职业道德，是对估价诚实度的要求。如果估价人员职业道德缺失，就会造成估价结果不够客观公正。

对于专业估价人员而言，职业道德是非常重要的。如果没有良好的职业道德，即使估价人员理论与实践兼备,评估的价值也不会客观公正,从而损害有关当事人的合法权益,破坏正常的房地产市场秩序,这样就违背了国家实行房地产估价制度的初衷。房地产估价人员应遵守以下行为准则或规范:第一,估价人员和估价机构不得做任何虚伪的估价,应做到公正、客观、诚实;第二,估价人员和估价机构应保证估价的独立性,必须回避与自己、亲朋以及其他有利害关系的估价业务;第三,估价人员和估价机构如果感到自己的专业能力有限而难以承担委托项目,则不应该接受该估价委托;第四,估价人员和估价机构应当妥善保管委托人的文件资料,未经委托人的书面许可,不得将委托人的文件资料擅自公开或泄露给他人;第五,估价人员和估价机构应执行政府规定的估价收费标准,不得以不正当的理由或名目收取额外的费用,也不得降低收费标准,进行不正当竞争;第六,估价人员和估价机构不得将资格证书转借给他人使用,或允许他人使用自己的名义,不得以估价者身份在非己估价报告上签名、盖章。

五、较强的社交能力

调查者在个人形象上要显得干练、稳重,给人以可信赖感;要善于同那些与房地产市场相关的人士交往,打通社会各方面的信息渠道,在社交中了解市场动态信息。这样做不仅有利于完成信息的搜集和反馈工作,而且有利于在实践中增长才干,更深刻地认识社会与市场。

第三节　房地产估价目的和原则

一、房地产估价目的

房地产估价目的是指一个房地产估价项目的估价结果的期望用途。对于同一个估价对象,如果房地产估价目的不同,则估价依据以及所采用的价值标准会有所不同,从而对房地产估价结果产生一定的影响,因为不同的估价目的决定不同的价格类型。例如,为买卖而进行的估价,就得到买卖价格;为抵押而进行的估价,就得到抵押价格;为土地征用而进行的估价,就得到征用价格等。

不同的估价目的来源于对估价的不同需要。估价目的可以划分为:土地使用权出让(又可分为招标出让、拍卖出让、挂牌出让、协议出让)、房地产转让(又可分为买卖、交换、赠与、以房地产作价入股、以房地产抵债等)、租赁、抵押、典当、征收征用补偿(又可分为土地征收补偿、土地征用补偿、城市房屋拆迁补偿)、课税、保险、损害赔偿、纠纷调处、司法鉴定、企业对外投资、合资、合作、合并、分立、改制、资产重组、资产置换、买卖、租赁、托管经营、清算、设立公司时以房地产作价出资,房地产估价纠纷调处中进行房地产估价复核或鉴定,等等。在实际估价中,还可以根据具体情况对上述某些估价目的进行细分或者作进一步说明。

二、房地产估价原则

尽管房地产价格受诸多因素影响,但是当我们观察其形成和运动过程时,就会发现房地产估价仍然有着自身的某种规律,也是不以个人的主观意志为转移的。例如,一定时期、某一地区、某一地段、一定结构、一定层数的新建住宅的价格是相当的。再如,在一定时期,尽管某个地区的个别商品住宅的价格有所不同,但都在平均价格上下波动。因此,估价人员在估价时一定要遵守估价的规律和原则。

估价原则(appraisal principle)是指在房地产估价的反复实践和理论探索中,在认识房地产价格形成和变动客观规律的基础上,总结、提炼出的一些简明扼要的法则或标准。估价原则可以使不同的房地产估价师对于房地产估价的基本前提达成认识上的一致,使估价对象在同一估价目的、同一估价时点上的评估价值趋于相同或近似。

房地产估价基本原则是对房地产估价业务在操作上的基本要求,也是估价师应该遵循的行为准则,它包括估价人员的行为规范以及有关法律法规或政府对估价活动的总体要求,这些估价原则使不同的估价人员对估价的基本前提具有认识上的一致性、行为上的规范性,进而对同一估价对象在同一估价目的、同一估价时点下所使用的估价方法具有相近性。估价人员应熟知并正确理解房地产估价原则,并以此作为估价时的行动指南。

基于我国的现状,在目前房地产估价活动中,房地产估价的总体原则为独立、客观、公正原则,《房地产估价规范》要求房地产估价活动应遵循合法原则、最高最佳使用原则、时点原则、替代原则。本节将对估价原则进行详细介绍,对于房地产估价法则和估价原则统称为房地产估价原则,不加以区分。具体的估价原则为:独立、客观、公正原则,合法原则,最高最佳使用原则,时点原则,替代原则,谨慎原则,收益与分配原则,需求与供给原则,贡献原则,竞争原则,变动原则,预测原则。

(一)独立、客观、公正原则

独立、客观、公正原则是房地产估价的一项重要行为准则,要求房地产估价师站在中立的立场上,了解房地产供求情况和影响房地产价格的各种因素,遵循科学严谨的估价程序,不断丰富自己的估价经验,提高自己的估价水平,评估出对各方当事人来说比较公平合理的价值。独立是指房地产估价师不应受任何组织或者个人的非法干预,完全凭借自己的专业知识、经验和应有的职业道德进行估价;客观是指房地产估价师不应带着自己的好恶、情感和偏见,而应完全从客观实际出发,反映事物的本来价值;公正是指房地产估价师在估价过程中应当公平正直,不偏袒相关当事人中的任何一方。值得注意的是,独立、客观、公正原则的核心是估价机构和估价人员的中立立场。例如,以房地产抵押为目的的估价对象,如果评估的价格高于客观合理价值,则借款人从中获利,而贷款人肯定受损,甚至影响金融安全;以房地产课税为目的的估价对象,如果评估的价格低于客观合理价值,则纳税人得利,国家受损,对于其他纳税人来说也有失公平。因此,在房地产的估价过程中,在遵循独立、客观、公正原则的基础上,要求房地产估价机构不依附于他人、不受他人束缚、不受外界干扰、不屈从他人压力,且估价师与估价对象没有任何利益关系,具有良好的职业道德。

(二)合法原则

合法原则是指房地产估价应以估价对象的合法产权、合法使用、合法处分为前提。对不属于合法使用的用途,必须予以排除,如住宅房屋虽经改造但也不能当作非住宅房屋评估。因为房地产交易实质上是房地产权益价值的交易。房地产估价人员必须遵照相关法律法规进行估价,这些基本法律法规有《中华人民共和国土地管理法》《中华人民共和国城市规划法》《中华人民共和国城镇国有土地有偿出让、转让暂行条例》等。在估价的具体操作方面,合法原则涵盖估价主体合法、估价作业过程合法、估价依据合法等诸多方面。其中合法权益包括合法产权、合法使用、合法处分等方面。

1. 合法产权

合法产权是指房地产估价应以房地产产权证书、权属档案(如不动产登记簿)和其他相关合法合同(如租赁合同)或证明为依据进行。

目前的房地产权属证书包括:土地权属证书,如国有土地使用证、集体土地所有证、集体土地使用证、土地他项权利证明书;房屋权属证书,如房屋所有权证、房屋共有权证、房屋他项权证。房屋所有权证是房屋产权登记机关颁发给权利人的法定凭证,权利人依据法定凭证行使房屋的所有权。房屋共有权证是房屋产权登记机关颁发给两个或两个以上权利人的法定凭证。共有的房屋由权利人推举持证人收执房屋所有权证,其余共有人各执房屋共有权证一份。房屋共有权证和房屋所有权证具有同等法律效力。房屋他项权证是房屋产权登记机关颁发给抵押权人或典权人等他项权利人的法定凭证。房屋他项权证由他项权利人收执,他项权利人依据法定凭证行使他项权利,受国家法律保护。当县级以上地方人民政府由一个部门统一负责房产管理和土地管理工作的,可以制作、颁发统一的房地产权证书,有房地产权证、房地产共有权证和房地产他项权证三种。

事实上,任何产权的房屋都可成为评估对象,关键是评估的结果要对应法律规定的合法产权,要根据权属证书和其他有关证件,判明待估房地产的产权所属状况,按其合法产权进行评估。对于不合法产权的房地产,一定要作为不合法产权的房地产,按照相应的原则和方法来评估。

2. 合法使用

房地产估价应以符合城市规划、土地用途管制等的合法使用为依据进行。例如，如果城市规划规定了某宗土地的用途、建筑高度、建筑密度、容积率等指标，则对该宗土地进行估价就必须以其使用符合这些规定为前提。

【例 4-1】 选择题：某宗房地产容积率为 5，建筑物总高为 30 米。城市规划规定，该地段的容积率为 4，建筑物限高为 20 米。如果未缴纳补地价，则评估该房地产价格时，容积率和建筑高度取值应该是（　　）。

A. 5,30 米　　　B. 4,20 米　　　C. 5,20 米　　　D. 4,30 米

答案：B。同样的问题，如果缴纳了补地价，则改变条件是合法的，选项 A 正确。

只有在估价过程中符合这些管制的要求，评估结果才能得到社会承认。

3. 合法处分

合法处分是指房地产估价应以法律、法规、政策或者合同等允许的处分方式为依据进行。

【例 4-2】 选择题：在设置抵押时，下列可以作为估价对象，且有抵押建筑的是（　　）。

A. 土地所有权　　　　　　　　B. 集体土地使用权
C. 公益设施　　　　　　　　　D. 具有产权证的住宅

答案：D。对于选项 A、B、C 项，法律规定不得作为抵押财产，故只有选项 D 正确。

【例 4-3】 判断题：违章建筑物有使用价值，因而也有估价价格。（　　）

答案：×。违章建筑物不具有合法产权，尽管可以作为估价对象，但由于产权不合法，因此其估价价格为零。

房地产的处分方式包括买卖、租赁、抵押、典当、赠与等。房地产的处分方式受法律、行政法规和合同的限制。

以转让为例，《中华人民共和国城市房地产管理法》第三十九条规定，以出让方式取得土地使用权的，转让房地产时，应已经支付全部土地使用权出让金，并取得土地使用权证书；按照出让合同约定进行投资开发，属于房屋建设工程的，应完成开发投资总额的 25% 以上，属于成片开发土地的，形成工业用地或其他建设用地条件；转让房地产时房屋已经建成的，还应当持有房屋所有权证书。

以抵押为例，《城市房地产抵押管理办法》第八条规定，权属有争议的房地产，用于教育、医疗、市政等公共福利事业的房地产，列入文物保护的建筑物和有重要纪念意义的其他建筑物，已依法公告列入拆迁范围的房地产，被依法查封、扣押、监管或者以其他形式限制的房地产等，均不得设定抵押。此外，《中华人民共和国民法典》和《中华人民共和国城市房地产管理法》等法律中对房地产的抵押也有具体规定。在以抵押为

目的的房地产估价中,上述法律规定不得抵押的房地产,就不能作为以抵押为目的的估价对象。

4. 评估出的价格必须符合国家的价格政策

评估政府定价或政府指导价的房地产,应遵循政府定价或政府指导价。例如:房改售房的价格,要符合政府有关该价格测算的要求;新建的经济适用住房的价格,要符合国家规定的价格构成和对利润率的限定;农地征用和城市房屋拆迁补偿估价,要符合政府有关农地征用和城市房屋拆迁补偿的法律、法规。

【例4—4】 选择题:关于经济适用房估价,下列正确的说法是( )。

A. 可以按普通商品房来评价

B. 按市场法评价

C. 按估价目的的要求评价

D. 必须按国家规定的价格构成和利率限制条件来估价

答案:D。

(三)最高最佳使用原则

最高最佳使用原则要求在合法的前提下,房地产估价结果应符合估价对象最高最佳使用下的价值。最高最佳使用是指法律上许可、技术上可能、经济上可行、经过充分合理的论证,能够使估价对象的价值最大化的一种使用方式。最高最佳使用原则,是基于经济学中的利润最大化法则,是指房地产的使用给所有人带来长期经济效益。

最高最佳使用是估价的基础,反映了人们对房地产市场行为的基本假设条件:购买者为购买房地产愿意支付和出售者愿意出售的价格,是依据他们对房地产利润最大化的使用情况而定的。最高最佳使用包括三个方面:最佳用途、最佳规模、最佳集约度。

1. 最高最佳使用原则的筛选顺序

最高最佳使用原则必须满足四个条件:法律上许可、技术上可能、经济上可行、价值最大化。这些条件有遵守的优先顺序,其中,法律上许可是一切的前提,这也是合法原则的要求。最高最佳使用原则遵循的筛选顺序如下:

(1)法律上的许可性。对于每一种潜在的房地产使用方式,都要首先检查其是否在法律允许的范围之内,如果不合法,则应被淘汰。

(2)技术上的可能性。对于法律上允许的使用方式,要检查计划的使用方式是否具有技术可行性,如结构的设计、材料的选择、建造的手段等。如果不具备技术可行性,则应该被淘汰。

(3)经济上的可行性。在法律允许、技术条件允许的情况下,还要进行经济可行性的检验。经济可行性检验的一般方式为:针对每一种使用方式,首先预测它未来的收入和支出流量,然后将未来的收入和支出流量用现值表示,再将收入和支出的现值进行比较。只有收入现值大于支出现值的使用方式才最具有经济可行性,否则应被淘汰。评判的指标有财务净现值、投资回收期等。

(4)价值是否达到最大化。在具有法律许可性、技术可行性、经济可行性的基础之上,选择使估价对象的价值达到最大化的使用方式,才是最高最佳的使用方式。

2.最高最佳使用原则的经济原理

(1)收益递增递减原理。收益递增递减原理可以帮助确定估价对象的最佳集约度和最佳规模。它揭示了两种投入—产出关系:一种是在一种投入量变动而其他投入量固定的情况下的投入—产出关系;另一种是在所有的投入量都变动的情况下的投入—产出关系。

第一种投入—产出关系又称为收益递减规律(也称报酬递减规律、边际收益递减原理),可以表述为:假定仅有一种投入量是可变的,其他的投入量保持不变,则随着该种可变投入量的增加,在开始时产出量的增加有可能是递增的,但当这种可变投入量继续增加达到某一点后,产出量的增加会越来越小,即会出现递减现象。

对于房地产利用来说,收益递减规律表现在对该宗房地产的使用强度上,如建筑规模、建筑高度、容积率等。超过一定的限度后,收益开始下降。"超出某一点以外就要引起报酬递减的趋势,已经见之于办公大楼的建筑。在美国中西部某城市所做的这样一种研究,证明在一块(160×172英尺)价值150万元的地面上,一座5层大楼的投资利润是4.36%,一座10层大楼的投资利润是6%,15层的是6.82%,20层的是7.05%,25层的是6.72%,30层的是5.65%。这种办公大楼的报酬递减点就是在刚超过20层的那一点。换言之,20层楼是这座大厦的经济高度,因为进一步增加支出劳动力和资本所带来的报酬将会相对减少。"[①]

第二种投入—产出关系又称为规模收益规律(也称为规模报酬规律),假设以相同的比例来增加所有的投入量,即投入量呈规模化,则产出量的变化有以下三种可能:一是规模收益递增,即产出量的增加比例大于投入量的增加比例;二是规模收益不变,即产出量的增加比例等于投入量的增加比例;三是规模收益递减,即产出量的增加比例小于投入量的增加比例。

对于房地产开发利用来说,在扩大规模时,一般是先经过一个规模收益递增的阶段,然后经过一个规模收益不变阶段,最后进入规模收益递减阶段。

(2)均衡原理。均衡原理是通过衡量估价对象内部各个组成要素的组合是否均

---

① [美]理查德·T.伊利,爱德华·W.莫尔豪斯.土地经济学原理[M].腾维藻,译.北京:商务印书馆,1982:24—25.

衡,来判定估价对象是否为最高最佳使用。它也可以帮助估价对象达到最佳集约度和最佳规模。以建筑物和土地的组合为例,建筑物与土地的组合不是均衡状态,该房地产的效用便不能得到有效发挥,从而会降低该房地产的价值。

一种情形为,土地上有建筑物存在,但是建筑物已经破旧,现状建筑容积率又较低,该建筑物的存在影响了对该宗土地的有效利用,在对该宗土地进行估价时,该建筑物非但不会成为加价因素,反而成为减价因素;另外一种情形是,土地上有建筑物存在,且建筑物的设计、施工、设备等都非常先进、良好,但坐落的土地位置较差,不能使建筑物的效用得到充分发挥,虽然该类建筑物的建造成本较高,但其价值却较低。如下两例,例4—5反映的是因建筑物破旧而导致土地价格降低,例4—6反映的是因土地状况导致建筑物实际价格降低。

【例4—5】 计算题:某宗房地产的土地面积为500平方米,其上有建筑面积为300平方米的建筑物。建筑物已经破旧,估计拆除旧建筑物的费用为每平方米450元,建筑物残值为每平方米100元。试计算该宗房地产相对于空地的减价额。

解:该宗房地产相对于空地的减价额=(450-100)×300=105 000(元)

【例4—6】 计算题:某宗房地产,土地面积为800平方米,其上的建筑物建筑面积为1 500平方米。市场上同类房地产正常价格为2 000元/平方米,土地价格为1 500元/平方米。用成本法测算出的建筑物的重置价格为1 800元/平方米。试计算该建筑物的现值。

解:该建筑物的现值 $= \dfrac{2\,000 \times 1\,500 - 1\,500 \times 800}{1\,500} = 1\,200$(元/平方米)

由此可见,建筑物的实际价格为1 200元/平方米,而市场上正常价格为2 000元/平方米,土地状况造成了建筑物价格降低。

(3)适合原理。适合原理是指房地产必须与外在环境相配合。若房地产能适应其周围环境,该房地产的收益性或舒适性就能最大限度地发挥,所以分析房地产是否与环境相适合,就可以判断房地产是否为最有效使用,可以帮助确定估价对象的最佳用途。例如,在公园、绿地附近的住宅价格相对较高,在市郊、工厂附近的住宅价格就比较低。这就是因为外界环境对房地产的影响。房地产具有不可移动性,因而易受外在环境影响。

3.最高最佳使用原则使用规律

最高最佳使用原则要求评估对象在各种可能的合法使用方式中,按照能够获得最大收益的使用方式得出估价结果。例如,如果一宗房地产的土地规划用途中提到,该房地产既可用于写字楼又可用于住宅,此时应当衡量哪种使用方式能够获得较大收益,根据较大的那一个得出估价结果;如果土地规划只规定了住宅一种用途,则估价结果应该按照价格较大的那一种户型设计为准。当估价结果已作了某种使用,估价师应根据最高最佳使用原则对估价前提作出下列之一的判断和选择:

(1)保持现状为前提。认为对现有房地产保持现状、继续使用最为有利时,应以保持现状、继续使用为前提进行估价。其判断条件为:(新建房地产价值－拆除现有建筑物费用－建造新建筑物费用)＜现状房地产价值。

(2)装修改造为前提。认为对现有房地产进行装饰装修改造但不改变用途再予以使用最为有利时,应以装饰装修改造但不改变用途再予以使用为前提进行估价。其判断条件为:(装修改造后的房地产价值－装修改造前房地产价值)＞装修改造费用。

(3)改变用途为前提。估价中认为转换用途再予以使用最为有利时,应以转换用途后再予以使用为前提进行估价。其判断条件为:(改变用途后房地产价值－改变用途前房地产价值)＞改变用途费用。

(4)重新开发为前提。认为对现有房地产进行重新开发再予以使用最为有利时,应以重新开发再予以使用为前提进行估价。其判断条件为:(新建房地产价值－拆除现有建筑物费用－建造新建筑物费用)＞现状房地产价值。

(5)上述情形的某种组合。常见的组合情形包括:装修改造与改变用途相结合;改变用途与重新开发利用相结合。其中,装修改造与改变用途相结合的判断条件为:(装修改造与改变用途后的房地产价值－原房地产价值)＞装修改造与改变用途所需费用。

4.应用最高最佳使用原则的注意事项

(1)最高最佳使用原则与合法原则有机协调。最高最佳使用原则有时候与合法原则看似冲突。例如,在估价的过程中,首先考虑的是估价对象使用方式是否合乎法律、法规和区域城市规划,在这种情况下,只考虑了现时土地规划利用条件下的市场价值,忽略了未来规划调整后的预期价值提升因素。也就是说,现在不合乎规划的使用方式在将来变成合法的了,并且估价对象在达到最佳使用方式时,价值有所提升。

如何正确把握最高最佳使用原则和合法原则二者之间的关系,对于房地产估价来说是至关重要的。因此,需要解除合法原则对于最高最佳使用原则的某些不恰当的约束。估价对象的现状规划限制条件不应该包含在合法原则的内涵中,合法原则的应用重点应该体现在估价对象的产权合法和估价过程的合法上。

(2)某些情况并不能体现最高最佳使用原则。最高最佳使用原则理论上成立,但是在实际应用中,并不是所有的房地产估价案例都能体现最高最佳使用原则。正如上文所述,在遵循合法原则的情况下,为了避免冲突,估价对象未必达到最高最佳使用方式。又如,在房地产抵押价格评估时,为了规避信贷风险,遵照《房地产抵押估价指导意见》中的谨慎原则,以保持现状为前提进行评估。即使估价对象在将来的使用方式中处于最高最佳使用状态,价格有所提升,但是由于其产权的合法性以及变现时可能受到的影响,我们也不能随意假设。所以,在估价时,应当仔细考虑待估对象的自身以及外部结构与环境,具体情况具体分析,避免过度依赖估价原则所造成的与客观价格的偏离。

(四)时点原则

1. 时点原则要求

估价时点原则要求估价结果是在由估价目的决定的某个特定时间的价值。房地产估价之所以要遵守估价时点原则,是因为影响房地产价格的因素是不断变化的,房地产市场是不断变化的,从而房地产价格和价值也是不断变化的。事实上,随着时间的流逝,房地产本身也可能发生变化。例如,建筑物会变得陈旧过时,周围环境也有可能发生改变。因此,同一宗房地产在不同的时期往往会有不同的价值。价值与时间密不可分,每一个价值都对应着一个时间,不存在"没有时间的价值",如果没有了对应的时间,价值就失去了意义。反过来,也不可能离开时间来评估房地产的价值。如果没有了时间这个前提,价值评估将无从下手。

2. 时点原则意义

确立估价时点原则的意义在于估价时点除了说明评估价值对应的时间,还有评估估价对象价值的时间界限。例如,政府有关房地产的法律、法规、税收政策、估价标准等的发布、变更、实施日期等,均可能影响估价对象的价值,因此,在估价时究竟是采用发布、变更、实施日期之前的还是之后的,就应根据估价时点来确定。

3. 估价时点与估价对象状况

(1)估价时点为过去,估价对象状况为过去。这种情形常见于房地产纠纷案件中。例如,某市甲企业于2015年5月15日以持有的房地产入股,与另一出资方乙企业合资成立丙股份制公司。到了2019年2月,甲企业提出股权异议。在处理这一纠纷的过程中,需要对甲企业原先拥有的房地产进行估价。这一估价面对的具体情形为:接受估价委托和估价作业的日期是2019年2月,此时的房地产为了配合现在的生产也于2015年5月有了较大的变化。对这一估价时点、市场状况和房地产状况的正确处理如下:估价时点为过去即2015年5月15日;估价所依据的市场状况应是估价时点近期的;房地产的状况也应是估价时点近期的而非现在的。

(2)估价时点为现在,估价对象状况为过去。这种情形多出现于房地产损害赔偿案件中。例如,建筑物被烧毁后,已经不存在了,其损失程度和损失价值要根据其过去的状况和损毁后的状况的对比来评估。又如,建筑物阳光被遮挡、景观被遮挡等的损害赔偿估价现在越来越多,此类估价一般评估的是建筑物被遮挡前后的差异所造成的价值损失,而估价时须考虑估价对象的历史状况。

(3)估价时点和估价对象状况均为现在。这种情形是估价中最常见的。这种情形的估价目的包括：土地使用权出让，房地产转让、租赁、抵押、典当、保险、课税，城市房屋拆迁补偿，企业合资、合作、合并、兼并、买卖、租赁经营、承包经营、改制、上市、破产清算，等等。这种情形的估价对象状况包括：生地、毛地、熟地，尚未竣工的在建工程，新建房地产、旧有房地产，等等。

(4)估价时点为现在，估价对象状况为将来。这种情形多出现于评估房地产的预售或者预购价格。在评估房地产的预售或者预购价格时，房地产的具体状况多半是在建工程，但估价所依据的房地产状况应当是已经建设完成时的情形。

(5)估价时点为未来。这种情形多出现于预测性评估。例如，需要为房地产投资分析提供价值依据时，必须预估房地产在未来建成后的价值。再如，在估价的假设开发法中，需要预计估价对象开发完成后的价值。估价时点原则要求房地产估价结果应是估价对象开发完成后的价值，也属于这种情形。

(五)替代原则

替代原则要求估价结果不得不合理地偏离类似房地产在同等条件下的正常价格。类似房地产是指其实物、权益、区位状况均与估价对象的实物、权益、区位状况相同或相当的房地产。

经济学原理中，同一种商品在同一个市场上具有相同的价格。因此，在房地产市场中，谨慎精明的购买者不会接受比市场上类似房地产的正常价格过高或者过低的价格，理性的买者或者卖者都会将其拟买或者拟卖的房地产与类似的房地产进行比较，在同一个市场上的类似房地产价格互相牵制。

进行房地产估价时，要遵循替代原则。首先，如果估价对象附近存在着若干相近效用的房地产并已知它们的价格时，则可以依据替代原理，由这些相近效用的房地产的已知价格推算出估价对象的未知价格。其次，不能孤立地思考估价对象的价值，要考虑到相近效用的房地产价格的牵掣。因此，要把估价结果放到市场中去衡量，只有估价结果没有不合理地偏离类似房地产在同等条件下的正常价格时，估价结果才可以说是客观合理的。替代原则是房地产估价的三个主要估价方法(市场比较法、成本法和收益法)的基础。

实际应用中，例如在拆迁补偿估价的情况中，依据《城市房屋拆迁估价指导意见》，拆迁补偿估价的价值标准为公开市场价值，意味着由拆迁当事人形成的拆迁市场成交价格不具有参照性和替代性。估价师不能以拆迁市场中的补偿价格作为可比实例使用，而应该在公开市场中选择案例，这是由拆迁市场的特殊性决定的。但是替代原则中的"同等条件下"也要求拆迁补偿的估价结果对于正常价格的偏离度受到拆迁补偿这一估价目的的约束。例如估价时点，需要按照房地产估价关于时点的规定，调整到拆迁项目具体实施当日等。

(六)谨慎原则

谨慎原则是评估房地产抵押价值时应当遵守的一项原则,它要求在存在不确定性因素的情况下作出估价相关判断时,应当保持必要的谨慎,充分估计抵押房地产在抵押权实现时可能受到的限制、未来可能发生的风险和损失,不高估假定未设立法定优先受偿权利下的价值,不低估房地产估价师知悉的法定优先受偿款。

《房地产抵押估价指导意见》针对不同的估价方法,提出了遵守谨慎原则的要求:第一,在运用市场法估价时,不应选取成交价格明显高于市场价格的交易实例作为可比实例,并应对可比实例进行必要的实地查看;第二,在运用成本法估价时,不应高估土地取得成本、开发成本、有关税费和利润,不应低估折旧;第三,在运用收益法估价时,不应高估收入或者低估运营费用,选取的报酬或者资本化率不应偏低;第四,在运用假设开发法估价时,不应高估未来开发完成后的价值,不应低估开发成本、有关税费和利润。

(七)收益与分配原则

由劳动、资本、经营和土地四种生产要素组合而产生的效益,应该由各要素分配。例如,利用土地产生的收益扣除工资、资本利息、经营报酬,所剩下的收益就应当归属土地,这实际上就是土地的地租。

依此原则,分配土地的收益是总收益的最后部分,如果这是最大的,即可以认为该土地是处于最有效使用状态。房地产价格可依适当利率以地租还原而求得,所以地租在房地产估价中具有重要意义。但现实中的总收益不一定依各个要素的贡献程度分配,土地所得的效益可能高于土地本身所持有的价值,也可能低于其价值。因此,当判定生产用土地的适当地租时,就要充分检查该土地是否处于有效使用状态,土地以外的生产要素是否适当,生产要素的组合是否均衡,等等。

显然,收益与分配原则是普遍的经济原理,而且与收益还原法、土地残余法有密切关系,所以也可以说它是与估价本身有直接关系的原则。

(八)需求与供给原则

房地产价格由需求与供给的相互关系而定,与需求呈正向变动,与供给呈反向变动。由于房地产具有一些自然与人文特征,因而它又不完全遵循上述供求均衡原理,而是形成它固有的供求关系。首先,由于房地产具有地理位置的固定性、有限性、个别性等自然特性,使其需求与供给都限于局部地区,供给量有限,竞争主要存在于需求方面,即房地产不能实行完全竞争;其次,由于成为交易对象的房地产具有个别性,因而其替代性也有限;最后,需求与供给方都不容易彼此了解。正因为如此,房地产不能完全根据供求均衡原理来决定其价格,在进行房地产估价时,应充分了解房地产的这一特性。此外,在进行供求分析时,应当加入时间因素做动态分析,因为现在的供求状况常常是在考虑将来的发展情况下形成的,即现在是将来的反映。所以,供求原则是以变动原则及预测原则为基础的,同时又以竞争原则为前提。

(九)贡献原则

贡献原则是指房地产的某部分对该房地产全体的收益的贡献,这是部分与整体之间的关系。一般而言,某一项目增加的成本未必与其价值的增加相等,它对价值的贡献可能比成本低,也可能比成本高。例如,在某住宅内兴建游泳池,成本需要100万元,但它未必使该居住房地产的价值增加100万元。再如,某建筑添建电梯使收益增加,如增加的收益超过增加的管理费用与投入电梯设备的资本利息及折旧部分的合计,则添建该电梯对总收益有贡献,该房地产整体的价格上升将超过投入电梯的资本额,这是均衡原则中的接近均衡状态,又是递增递减原则中的接近收益边际点的状态。

贡献原则可用于土地或建筑的追加投资和房地产的一部分改良改造等,根据房地产整体价格的贡献程度,判定房地产追加投资是否适当,也可据以判断最有效使用的上升程度,即将现在的最有效使用与投资的最有效使用两者互相比较,以确定其上升程度。

(十)竞争原则

一般商品的价格正是在供求均衡点上形成的结果。房地产因为具有不可移动性、数量有限性、个别性等特点,竞争不容易在供给方面引起,主要是在需求者之间进行。需求者之间的竞争,又是在该房地产估价明显低于收益的情形下发生的。也就是说,当利用房地产能获得超过平均利润的超额利润时,该房地产的需求将会提高,竞争将激烈化。但超额利润会因土地需求的增加,继而随着土地价格的上涨而抵消。对替代性稀少的房地产来说,这种竞争使得价格有进一步提高的倾向,譬如商业用地;而对于替代性比较大的房地产,如住宅用地,竞争如果激烈化,则需求转向其他地方,价格上涨就不如商业用地那样快,可见竞争原则与替代原则紧密相关。

(十一)变动原则

房地产估价是伴随着构成价格的各项因素的变化而变化的。房地产估价的形成因素经常处于变动之中,而房地产的价格又是在这些因素的相互作用过程中形成的。

社会、经济、行政和环境的动态变化足以影响房地产的价格变动,其变动无法避免且持续不断,变动过程可能是渐进且不易辨认的。进行房地产估价时,必须分析房地产的效用、稀缺性和有效需求,以及使这些条件发生变化的一般因素、区域因素和个别因素。由于这些因素都在变化过程中,所以应该注意对各项目因素之间的因果关系作动态把握。变动原则与预测原则是分析这些因素的基础。

(十二) 预测原则

价值是由未来可获得利益的预期产生的。对于价值的评价,重要的并非过去,而是未来,过去经验的重要意义在于为推知未来的动向提供依据。

商品价格是由反映该商品将来的收益所决定的,房地产也相同,它的价格也受预测价格形成因素的变动所左右。自用型房地产的价值主要取决于未来预期收益、舒适性及拥有的乐趣;收益型房地产的价值取决于该房地产将来所能获得的收益。因此,进行房地产估价必须了解能影响买卖双方观念及未来期望的房地产市场趋势。房地产估价人员应就价格形成因素作客观合理的预测,应严格排除投机及其他违法使用的预测。

总之,预测原理对于地区分析、买卖实例价格的检查、纯收益或还原利率的求取等估价程序都是非常重要的。

房地产估价原则是房地产估价概念的补充和延伸,它使房地产估价的方式与方法具体化,在房地产估价相关法律约束的基础上,进一步降低了估价人员的主观性因素,降低了房地产估价的风险,使房地产估价更具客观性。因此,房地产估价原则是房地产估价的重要组成部分。

第四节 其他国家与地区的房地产估价体系

随着经济全球化脚步的加快,中国经济在整个全球化进程中扮演的角色也越来越重要,并且成为世界上经济急剧增长的国家之一。进入 2006 年以后,国际资本更加频繁地进入中国市场,特别是房地产市场,这不仅在一定程度上带动了中国房地产市场的发展,还为房地产相关产业带来了巨大的机遇和挑战,包括房地产估价行业。外资进入中国,不仅带来了资金,还带来了它们的价值观、评价标准及体系等。就房地产估价行业而言,由于外资在进入一个陌生市场的时候,更倾向于它们所熟悉的、能给它们带来"安全感"的东西,我们惯用的估价体系不一定能被外资接受,可能在短期内不具备很强的竞争力;但是,我们也应该认识到,国外先进估价体系的引入带给我们一次完善自身估价体系、学习国际通用估价语言的机会。当我们和世界用同一种语言沟通的时候,我们对价值的把握才能更有效地表达出来。本节将对其他国家与地区的房地产估价体系进行简要的介绍。

一、美国的房地产估价体系

美国的房地产估价体系比较强调最高最佳使用时点的问题,即某种用途在现在时点上经济上是不可行的,但通过对未来市场发展和供求变化的预测,该种用途可能在未来某个时点上可行。例如,一块待开发的空地由于位置比较偏远,如果现在开发成住宅的话并不可行,然而通过分析市场以及推测未来的趋势,可以得知由于相邻城镇发展迅速,该地区将在未来3年内成为新兴住宅区,到那时如果开发成住宅在经济上会变得可行,且收益丰厚,那么,该物业的最高最佳用途为保留空地状态,待3年后开发成住宅。当然,在预测市场时必须考虑风险,否则会影响对未来市场的判断,在分析经济可行性、选取收益率时也应该充分考虑风险因素。

(一)最高最佳使用分析的定义

最高最佳使用分析是要寻找到一种最合理、最可能的用途,并使得标的物业价值达到最大。物业是否达到最高最佳使用应从以下四个角度去衡量:

1. 技术上可能(physically possible)

这方面主要分析土地上可以建造怎样的建筑物,以及在已有建筑物的情况下,在技术上是否可能对现有建筑物用途进行改建。这部分包括分析物业建筑物、地块、位置、建造规范的限制、通达性和可及性等方面。

2. 法律上允许(legally permissible)

这方面主要在法律层面上分析法律法规以及城市规划对物业的土地用途或建筑物用途的特别限制,分析这些限制对物业的影响究竟是正面的还是负面的,分析将来是否有可能取消或更改这些限制,以及分析这些可能的调整是否会对物业价值有所影响。

3. 经济上可行(economic feasibility)

这方面主要分析物业在财务上是否可行,测算物业是空地或假设为空地时,土地回报减去费用的值是否为正,如果土地上有建筑物,那么在考虑了各种费用和风险的情况下,物业的净现值是否为正。另外,在物业用途转变、翻新、改造(conversion, renovation, alternation, CRA)的情况下,这些 CRA 是否可行。只有当进行 CRA 后物业的价值减去 CRA 的成本费用超过物业现状价值时,进行 CRA 才在经济上可行。

4. 最大产出性(maximally productive)

这方面评判的目的是发掘物业本身的潜能,要求判断物业在满足以上三点的同时,在何种状态下,其价值能够达到最大。对于空地和假设空地的情况而言,需要考虑最大利用开发密度、开发最合适的产品等方面的要求;对于已开发的物业,应判定其现时情况与在假设空地时确定的最理想的情况是否匹配。如不匹配,应在继续开发、翻修、转换用途以及拆除重建等多重操作渠道中进行论证和选择。

美国房地产估价中的最高最佳分析是与其市场基础扎实的特点相适应的,美国的房地产市场比较成熟,各种房地产交易频繁、交易量大,参与者众多,而且房地产各项不同权利都可以成为转让交易的内容,比如抵押贷款中的抵押权可以转让(贷款人可以将还款人的分期付款权益转让给第三方,这也是住房贷款证券化的基础)。房地产作为一种商品或投资的渠道,其任何可能创造价值的环节都可能被发掘出来,并被实现。这也就是最高最佳使用的意义所在。

（二）中美房地产体系比较

我国与美国在此项分析的实际内涵上有很大不同,其主要原因有以下几点:

1. 土地制度不同

在我国,由于土地所有者是国家,所有房地产的土地都是以划拨、出让或转让其使用权(即长期租赁)的方式被使用。这样一来,相比美国的土地制度,我国的土地使用更会受到出让合同中出让条件的限制。由于土地为国家所有,因而对土地的各种使用必然需要得到所有人的同意,土地建设开发时是如此,在开发建成房地产后的使用也是如此。如果房地产要改变用途,在规划许可的情况下,则会涉及政府土地管理部门对出让金的征收。土地出让金有关政策的规定在增加土地用途变更程序的复杂性之外,还会带来业主成本的增加。而且由于土地出让政策比较有地域性的特点,操作的口径不够清晰,标准不够透明,使得这部分成本的预测存在不确定性,导致变更土地用途工作风险加大。因此,在我国,最高最佳使用分析工作既困难,所涉及增加成本的测算又不确定,相对缺少实际意义。

在美国土地私有制度下,土地仅受到规划的限制,相对而言,土地用途的变更就简单明晰了,最高最佳使用分析的意义也就比较重要。

2. 土地规划水平不同

我国的土地规划水平较低,比较粗放,缺少完整的、针对性的规划设定。由于对土地利用的详细规划设定得不够细致,而且一旦设定后往往更新的周期又比较长,这样一来,政府规划部门对土地的使用规定就比较严格,不会轻易改变土地用途,不会轻易调整规划。因为一旦调整,所涉及的程序和审批就会特别复杂、困难,使得有改建、改造(改变土地用途)需求的业主很难得到规划的批准。

3. 房地产市场基础不同

我国只有土地的一级市场,二级市场尚未形成。我国房地产转让受到的限制远远超过美国。例如,划拨土地上的房地产转让先需要经过土地出让程序,纯土地还不能直接转让,一般只能以在建工程的形式(在满足已投资25%的条件下)转让,而且转让对象也有限制(只能是相应的房地产开发商)。因此,在我国,首先,不存在纯粹的土地交易市场;其次,在建工程的交易受到一定限制;最后,作为完整的房地产,在转让中不同类型房地产的转让对象也有限制,比如工业房地产的受让人只能是企业,私人不能受让。不同类型的房地产市场有各自不同的参与者,使得市场的参与程度相对较低,市场不够发达,基本上属于垄断市场,竞争不够充分,对土地资源的利用效率比较低下,所谓"最高最佳使用"的需求也不明显。

在美国,投资者能自由参与到各种类型的房地产市场中,形成成熟、广泛的市场基础。这样也使得房地产市场中对土地资源的利用得到充分竞争,达到最高最佳状态。

(三)美国房地产的估价体系

美国没有政府设立的房地产估价的管理部门,对房地产估价的管理主要是政府授权,由行业协会和民间组织来完成,这种模式也是市场经济背景下房地产估价行业的发展趋势。目前,美国的房地产估价协会和组织有美国不动产估价者协会、不动产估价者学会、美国估价者学会、美国估价协会、估价基金会等。这些协会和组织的目的是提高估价人员的地位,为达到这种目的,主要有以下三种途径:一是发展有能力的估价人员作为会员,并授予各种资格;二是制定章程以规范估价人员的行为;三是制定有关估价业务基准及发展估价方法与技术,研究有关估价问题。

美国估价协会授予估价人员的专业资格有两种,分别是高级住宅估价师(Senior Residential Appraisal,SRA)和估价协会会员(Member of Appraisal Institute,MAI)。后者较前者资深,估价协会会员所能承接的估价业务范围更广。此外,估价人员的酬劳多为固定金额,这样就强化了估价人员的独立性,从委托方来看,可以证实估价人员的估价是公正的。

二、英国的房地产估价体系

英国是世界资本主义市场经济的主要发源地,它的房地产市场发达、相对完善、运作良好。在房地产评估方面,其理论在欧美国家中自成一体、实践历史长,并对我国香港的房地产影响很大。英国房地产评估机构有总揽全局的皇家测量协会(RICS)、大学有关系科的专业(如格林尼治大学土地及建筑管理学院)以及大量分布于全国各地的实力雄厚的房地产评估中介事务所。

(一)英国房地产评估对象

英国房地产评估对象为市场交易中的"完全持有房地产"和"租赁持有房地产"的各种权益。理论上,英国土地均为王室所有,但实际上英国房地产所有制形式主要表现为以下两种类型。

1. 完全持有房地产

一个合法的完全房地产持有者本质上是房地产的绝对所有者,只要不违反一般的土地法,他可以在土地上做他喜欢的一切事,即不必经任何机构批准即可对土地进行开发、转让或制造出次级权益;甚至在他之后,仍有永恒的房地产所有权,亦即不管土地上的建筑物如何老化,房地产的用途和特征如何改变,土地永远是他及他的继承者的永恒财产。

2. 租赁持有房地产

该类房地产通常需要承租人支付年租金,并接受租赁条款的检查。租赁的主要类型如下:

(1)建筑租赁,即租借适于建筑物开发的土地。承租人往往承诺支付一年一度的基准地租,建设合适的建筑物并负责维修,支付与建筑物有关的一切支出。建筑租赁期一般为99年,近年常有120年、125年、150年期的,尤其是在大规模的商业开发中更是如此;也有低于99年期的,但年限过短对承租人常不合算;偶尔也有长达999年期的租赁实例。

(2)占有租赁,即由承租人租借土地及其上面的建筑物。该类租赁的租赁期随房地产类型而变化:住房及旧商业房产通常为3年或5年;其他商业房产的租赁在固定时间里常作"租金修正",这已是标准惯例,一般修正的标准年限为5年,因而租赁期按倍数不断递增,有10年、15年、20年等。这里"修正"或审批的租金为"基准租金",一般5年修正评议一次,也有10年修正一次的。

(二)主要传统的评估方法

英国房地产评估中主要采用五种传统的房地产评估方法,即比较法(comparative method)、投资法(investment method)、剩余法(risidual method)、利润法(profits method)、成本替换法(contractor's method)。

1. 比较法

比较法的基本原理为:许多类型的房地产之间存在相同或相似之处,在市场交易中它们的价格存在可比性。因此,只要采用更多的可比因子,评估人员可以从已知的房地产市场中估算出未知的相似类型的市场价格。

2. 投资法

投资法或称收益还原法。房地产市场中有各种类型的房地产,某些类型的房地产希望通过出租或出售权益获取利益,另一些则希望通过购买或租赁获得房地产权益而从中获利。

因此,投资法的基本原理为:投资方(买方)希望投入资本获取一定回报率的年净收入,故估价人员常被要求估计投资方为获取房地产权益应支付的资本总值。很明显,这种资本总值决定于买方准备支付的租金和卖方所要求的回报水平。

3. 剩余法

剩余法主要用于开发房地产的估价。房地产可能是即将开发的空地,或是土地连同需改进或改变的建筑物。

剩余法的基本原理为:一个买主对房地产能支付的价格是在开发完成后的销售收

入扣除建筑成本、销售成本、信贷成本以及工程建设者的利润等项目后剩下的余额。应用该方法时有许多变量需要考虑,估算很复杂。

4. 利润法

利润法主要用于一些专门化、特有的房地产估价中,如饭店、度假娱乐、加油站等。这些房地产常无可比性,过去又无市场交易先例,也无租金或基本价值记录。因此,假定它们的价格与使用它们获得的利润有关,它们的利润由价格水平决定。

5. 成本替换法

成本替换法主要用于无销售记录、无比较证据的房地产评估中,如教堂、图书馆、警察局、学校等。这些房地产无利润可言,对它们估价可用成本替换法,即以替换原有建筑物的成本为依据进行评估。一般场地成本加上建筑物成本为总成本,再考虑旧建筑贬值、过时等因素进行减价修正,可得所估房地产的价格。

(三) 英国房地产的估价体系

英国房地产的估价也是由政府授权,由行业协会统一管理。该协会称为英国皇家特许测量师协会(Royal Institution of Chartered Surveyors)。该协会负责全国性的估价体系的建立及管理。英国房地产估价实行的是会员制度,估价师分为官方和民间两种。获取估价师的资格有三种渠道:一是具有 A Level 成绩,有两年以上的估价实践,再通过资格考试,便可以成为估价师;二是具有英国大学相关专业的学士学位者,加上两年以上的工作实践以及通过资格考试,就可以成为估价师;三是年满 35 岁、从事估价专业工作超过 15 年,并通过资格考试,也可以成为估价师。

三、中国香港特别行政区的房地产估价制度

香港地区现行的香港测量师学会(The Hong Kong Institute of Surveyors)由原英国皇家特许测量师协会香港分会发展而来,但在制度和方式上又有所创新。在取得相关专业的学士学位或同等学力,从事估价工作超过两年,并通过香港测量师学会进行的专业能力测试后,便可以成为香港测量师学会会员,获得香港房地产测量师资格。香港测量师学会分别于 1990 年和 1991 年通过了《香港测量师协会条例》和《香港测量师注册登记条例》,所有会员受条例的严格约束。

香港房地产估价的收费标准是由香港测量师学会制定的,主要是按委托估价对象的价格定额收取。这种收费方式与估价标的额有关,缺乏独立性,但是由于香港测量师学会严格的约束与管理,香港各测量师都能以公正、中立的身份从事估价工作,凭借其实力、专业知识、服务质量争取客户,赢得声誉。

第五节　房地产估价报告

一、房地产估价报告的格式

（一）封面格式及写法

(1)报告名称：封面正中央写"房地产估价报告"。
(2)估价项目名称：说明本估价项目的全称。
(3)委托方：说明本估价项目的委托单位的全称。
(4)估价方：说明本估价项目估价方的全称。
(5)估价人员：说明参加本估价项目的人员的姓名。
(6)估价作业日期：说明本次估价的起止年月日，即正式接受估价委托的年月日至完成估价报告的年月日。
(7)估价报告编号：说明本估价报告在该本估价机构内的编号。

房地产估价报告封面样式如图4—1所示。

房地产估价报告

估价项目名称：

委　托　方：

估　价　方：

估　价　人　员：

估价作业日期：

估价报告编号：

图4—1　房地产估价报告封面

(二)目录的生成

根据估价报告的正文,生成估价报告的目录。具体内容与正文相一致。

(三)估价报告内容及要求

1. 致委托方函

第一行中间写"致委托方函"。第二行顶格写"致:×××(委托方的全称)"。正文说明估价目的、估价对象、估价时点以及估价结果。结尾写"法人代表(签章):××""××估价公司(估价机构的全称,并加盖估价机构的公章)""××××年××月××日(致函的年月日)"。具体格式如图4—2所示。

致委托方函

致:×××(委托方的全称)

  (正文说明估价目的、估价对象、估价时点以及估价结果。)

法人代表(签章):××

××估价公司(估价机构的全称,并加盖估价机构的公章)

××××年××月××日

(致函的年月日)

图4—2 致委托方函

2. 估价师声明

估价师声明如图 4—3 所示。

估价师声明

我们郑重声明：

1. 我们在本估价报告中陈述的事实是真实和准确的。

2. 本估价报告中的分析、意见和结论是我们自己公正的专业分析、意见和结论，但是受本估价报告中已经说明的假设和限制条件的限制。

3. 我们与本估价报告中的估价对象没有任何利害关系，也与有关当事人没有个人利害关系或偏见。

4. 我们依照中华人民共和国国家标准《房地产估价规范》(GB/T50291—1999)进行分析，形成意见和结论，撰写本估价报告。

5. 我公司估价人员于估价时点已经对本估价报告中的估价对象进行了实地查堪，但仅限于评估标的外观和使用状况。估价人员不承担对评估标的物建筑结构、质量进行调查的责任和其他被遮盖、未暴露及难以接触到部分进行检视的责任。(在本声明中清楚地说明哪些估价人员对估价对象进行了实地查勘，哪些估价人员没有对估价对象进行了实地查勘。)

6. ××××年××月××日，我公司估价师已经对本估价报告中的估价对象进行了实地查堪，取得了估价所需要的基本资料。

7. 没有人对本估价报告提供专业帮助。

房地产估价师签字：

评估人员：　　　　　　　估价师注册号：　　　　　　　签　章：

图 4—3　估价师声明

(四)估价的假设和限制条件

该项说明本次估价的假设前提、未经调查确认或无法调查确认的资料数据、估价中未考虑的因素和一些特殊处理及其可能的影响、本估价报告使用的限制条件。

1. 估价的假设前提

(1)估价时点的房地产市场是公开、平等、自愿的交易市场。

(2)估价对象的运作方式、程序符合国家、地方的法律法规。

(3)估价对象可在市场上进行自由的交易。

2. 估价的限制条件

(1)本报告评估价格是在满足上述假设前提下的估价对象用于××目的的市场价格,没有考虑国家宏观经济政策发生重大变化以及遇有自然力和其他不可抗力对房地产价格的影响。

(2)本报告评估价格是估价人员在专业知识和能力范围内,对估价对象在估价时点的市场公允价格作出的判定,并非实际成交价格。

(3)本报告仅供委托方用于报告所列明的目的使用,用于其他与本评估目的无关的经济行为无效。未经本公司同意,不得向委托方和评估报告审查及使用部门以外的单位或个人提供,报告的全部或部分内容不得发表于任何公开媒体上。

(4)委托方提供评估所需的证件、文件及原始资料的真实性、合法性,由委托方负责。

(5)本次估价未考虑可能存在的他项权利对估价对象价值的影响。

(6)本估价结论为估价人员所作出的估价对象市场价格判定,对转让中所涉及的税费由法定纳税人承担考虑。

(五)房地产估价结果报告

1. 委托方

该项说明本估价项目的委托单位的全称、法定代表人和住所,如个人委托的,则为个人的姓名和住所,主要包括以下内容:委托单位、单位地址、联系人、联系电话、邮政编码。

2. 估价方

该项说明本估价项目的估价机构的全称、法定代表人和住所、估价资格等,主要包括以下内容:机构名称、机构地址、机构资质等级、资格证书号、法定代表人、联系人、联系电话、邮政编码。

3. 估价对象简介

该项概要说明估价对象的状况,包括物质实质状况和权益状况。其中,对土地的说明应包括:名称、坐落、面积、形状、四至、周围环境、景观、基础设施完备程度、土地平整程度、地势、地质、水文状况、规划限制条件、利用现状、权属状况;对建筑物的说明应包括:名称、坐落、面积、层数、建筑结构、装修、设施设备、平面布置、工程质量、建成年月、维护、保养、使用情况、公共配套设施完备状况、利用现状、权属状况。

(1)估价对象范围。

(2)估价对象状况,如区域位置及周边环境、建筑物状况、估价对象现状。

(3)权利状况。

4.估价目的

该项说明本次估价的目的和应用方向。

5.估价时点

该项说明所评估的客观合理价格或价值对应的年月日。

估价时点为××××年××月××日,为现场查勘日期。一切取价均以估价时点有效的价格为标准或加以修正。

6.价值定义

该项说明本次估价采用的价值标准或价值内涵。

本次评估价值为估价对象截止估价时点××××年××月××日外部经济环境条件以及假设、限制条件下的公开市场价值,未考虑短期强制变化及他项权利存在对评估结论的影响。

7.估价依据

该项说明本次估价依据的房地产估价规范,国家和地方的法律、法规,委托方提供的有关资料,估价机构和估价人员掌握和搜集的有关资料。

8.估价原则

该项说明本次估价遵循的房地产估价原则。

(1)独立、客观、公正原则:房地产估价师站在中立的立场上,评估出对各方当事人来说均是公平合理的价值。

(2)合法原则:应以估价对象的合法取得、合法使用、合法处分为前提估价。

(3)最高最佳使用原则:当估价对象已作某种使用,估价时应根据最高最佳使用原则重新作出判断和选择。

(4)供求原则:估价应考虑当地同类房地产市场的供求状况及变化因素。

(5)替代原则:估价结果不得明显偏离类似房地产在同等条件下的正常价格。

(6)估价时点原则:估价结果应是估价对象在估价时点的客观合理价格或价值。

(7)公平原则:对房地产估价时必须站在公正的立场上,估价标的应客观合理。

9.估价方法

该项说明本次估价的思路和采用的方法以及这些估价方法的定义。

10.估价结果

该项说明本次估价的最终结果,应分别说明总价和单价,并附大写金额。若用外币表示,应说明估价时点中国人民银行公布的人民币市场汇率中间价,并注明所折合的人民币价格。

11.估价人员

该项应写明估价人员名字、估价师注册号,并由估价人员签章。

12.估价作业日期

该项说明本次估价的起止年月日,可表述为:本次估价作业时间为××××年××月××日—××××年××月××日。

13.评估报告应用的有效期

该项说明本估价报告应用的有效期,可表达为到某个年月日止,也可表达为多长年限,如一年。

例如,本评估报告应用的有效期为一年,即从××××年××月××日至××××年××月××日止。

(六)房地产估价技术报告

1.个别因素分析

(1)估价对象范围。

(2)估价对象状况,如区域位置、建筑物状况、估价对象现状。

(3)权利状况。

2.区域因素分析

3.市场背景分析

该项详细说明、分析类似房地产的市场状况,包括过去、现在和可预见的未来,主要包括:社会经济发展概况、城市经济增长、居民收入和物价水平、房地产政策、房地产市场状况、城市发展规划。

4.最高最佳使用分析

5.估价方法选用

该项详细说明估价的思路和采用的方法及其理由。

6.估价测算过程

该项详细说明测算过程、参数确定等。

(1)估价程序。

(2)估价分析计算,如基本原理、测算过程。

7.评估结论

该项详细说明估价结果及其确定的理由。

（七）附件

附件包括估价对象的位置图、四至和周围环境图、土地形状图、建筑平面图、外观和内部照片、项目有关批准文件、产权证明、估价中引用的其他专用文件资料、估价人员和估价机构的资格证明等。

二、注意事项

（一）制作要求

估价报告应做到图文并茂，所用纸张、封面、装订应有较好的质量。纸张应采用A4纸规格。

（二）规范用词用语说明

为便于在执行本规范条文时区别对待，对严格程度要求不同的用词说明如下：

（1）表示很严格，非这样做不可的用词：正面词采用"必须"，反面词采用"严禁"。

（2）表示严格，在正常情况下均应这样做的用词：正面词采用"应"，反面词采用"不应"或"不得"。

（3）表示允许稍有选择，在条件许可时首先应这样做的用词：正面词采用"宜"，反面词采用"不宜"。

（4）表示有选择，在一定条件下可以这样做的，采用"可"。

规范中指定应按其他有关标准、规范执行时，写法为："应符合……的规定"或"应按……执行"。

本章小结

房地产估价是指专业估价人员根据估价目的、遵循估价原则、按照估价程序，采用科学且适宜的估价方法，充分掌握房地产的资料，综合分析影响房地产价格的因素，并在借鉴估价实例的基础上，对特定时点上房地产的客观合理价格或价值进行估算和判定的活动。

房地产估价的本质是评估房地产的价值而不是价格，即评估估价对象的真实所值，也就是价格波动的中心。房地产的价值是客观的、相对稳定的，价格是价值的外在表现，是实际发生并且会围绕价值上下波动的。价值和价格的内涵在理论上有着严密的区分，但是在实际操作中由于习惯等原因，有时并不作严格的区分，是交换使用的。

房地产估价的内容主要包括估价对象、估价目的、估价人员、估价程序、估价方法、影响房地产的价格因素、估价时点、客观合理的价值或价格。房地产估价人员简称估价人员，是指通过房地产估价人员职业资格考试或者资格认定、资格互认，取得相应资格并注册，从事房地产估价活动的专业人员。其要求具有扎实的房地产专业知识、丰富的实践经验、市场信息分析能力、良好的职业道德、较强的社交能力。估价目的是指一个房地产估价项目的估价结果的期望用途。

房地产的估价原则为：独立、客观、公正原则，合法原则，最高最佳使用原则，时点原则，替代原则，谨慎原则，收益与分配原则，需求与供给原则，贡献原则，竞争原则，变动原则，预测原则。

习题

一、选择题
1. 房地产估价的本质是评估房地产的价格而不是价值。　　　　　　　　　　（　）
2. 完全市场自主决定价格，房地产市场不能自主决定价格，因而它是不完全市场。（　）
3. 在房地产估价程序中的综合分析和估算的第一阶段的作业包括区域分析和个体分析。（　）
4. 房地产估价的三大方法是成本法、市场比较法、路线价法。　　　　　　　（　）
5. 估价时点一般用阴历年、月、日来表示。　　　　　　　　　　　　　　　（　）
6. 最高最佳使用原则中的最高最佳使用包括最佳用途、最佳效益、最佳规模。（　）

二、名词解释
1. 房地产估价
2. 估价对象
3. 估价人员
4. 估价目的
5. 现场查勘
6. 估价时点

三、简答题
1. 从不同的角度分析，房地产的估价对象有哪些？
2. 简述房地产的估价程序。
3. 试论述房地产估价人员所应有的基本素质。
4. 简述房地产估价目的的概念及其分类。
5. 简述房地产的估价原则。

四、论述题
试述房地产估价报告需要记载的事项和具体内容。

课堂自测题	拓展资料
阅读书目	

第五章　成本法

学习目的

知识目标：了解成本法的概念和理论基础，适用范围和条件；理解成本法中成本、重置价格与重建价格的含义；熟悉建筑物折旧中物质折旧、功能折旧和经济折旧的概念；了解成本法估价经常遇到的问题。

能力目标：掌握房地产价格的构成、成本法的基本公式和评估步骤、建筑物折旧的求取方法；能够完成成本法评估房地产价值的相关计算，初步具备使用成本法评估房地产价格的能力。

思政目标：认识成本是房地产价格的形成基础，树立成本意识，正确理解和坚持"房子是用来住的，不是用来炒的"的定位。

关键概念	思维导图
[QR code]	[QR code]

第一节　成本法概述

一、成本法的含义

所谓成本法，又称为承包商法、加合法等，是根据估价对象在估价时点的重新构建或重新购置价格，扣除折旧以计算估价对象价格的方法。具体来说，就是先计算估价对象在估价时点的重新购建价格或重新购置价格,然后再将此重购或重置价格减去该对象的折旧来得到被估价对象的价格。

成本法的本质是以房地产的重新开发建设成本为导向计算估价对象的价值或价格。成本法评估出来的不动产价格也称为积算价格,具体是先把房地产价格分解为各个构成部分,然后将求出的各个构成部分的价格累加,以此为基础计算房地产价格。在成本法下,房地产的价格是由建造该房地产所花费的各项成本费用所决定的。

二、成本法的理论基础

成本法的理论基础是生产费用价值理论和替代理论,可以从卖方和买方两个角度来分析和考虑。

首先,从卖方的角度来看,其理论基础是生产费用价值理论。房地产的价格是基于其过去的"生产费用",重在过去的投入,具体来讲,是卖方愿意接受的最低价格,不能低于卖方开发建设该房地产已花费的代价,如果低于该代价,他就要亏本。然后,从买方的角度看,成本法的理论基础是替代原理,即买方愿意支付的最高价格必然低于或等于他估计的重新建造该房地产所需要花费的最高代价,如果高于这个价格,则买方不会从市场上直接购买这一房地产。他还不如自己去开发建设或者委托其他人开发建设。[①]

由上可见,一个是不低于开发建设已经花费的代价,一个是不高于预计重新开发建设所需花费的代价,买卖双方可以接受的共同点必然是正常的代价(包含正常的费用、税金和利润)。因此,估价人员便可以根据开发建设估价对象所需的正常费用、税金和利润之和来测算其价格。

三、成本法估价的适用范围和适用条件

(一)成本法估价的适用范围

成本法的适用范围比较广泛。首先,新近开发建设完成的房地产(简称新开发的房地产),可以假设重新开发建设的现有房地产(简称旧的房地产),正在开发建设的房地产(即在建房地产),甚至是计划开发建设的房地产,都可以采用成本法估价。其次,成本法也适用于评估那些既无收益又很少发生交易的房地产的估价,比如学校、图书馆、体育场馆、医院、政府办公楼、军队营房、公园等公用、公益房地产,以及化工厂、钢铁厂、发电厂、油田、码头、机场等有独特设计或只针对个别用户的特殊需要而开发建设的房地产。再次,单纯建筑物的估价通常也是采用成本法。另外,成本法也适用于

---

① 左静. 房地产估价[M]. 北京:机械工业出版社,2022:122.

估价市场不完善或狭小市场上无法运用市场法估价的房地产。最后，在房地产保险（包括投保和理赔）及其他损害赔偿中，通常也是采用成本法估价，因为在保险事故发生后或其他损害中，房地产的损毁往往是局部的，需要将其恢复到原貌，对于发生全部损毁的，有时也需要用重置或重建的办法来解决。[①]

运用成本法估价时有一点需要注意，现实中房地产的价格直接取决于其效用而不是其花费的成本，成本的增加或减少一定要对效用有所影响才能构成价格的一部分。

（二）成本法估价的适用条件[②]

运用成本法估价需注意的是，现实中的房地产尤其是具体一宗房地产的价格，直接取决于其效用而非成本，增加的建设成本只有在提高了房地产效用的情况下才会提升房地产价格。因此，在成本法中，房地产价格等于"开发成本＋平均利润"，房地产价格等于开发建设的必要支出加应得利润，是对同一种而非具体一宗房地产且在较长时期平均来看的。

为了使房地产价格正好等于"开发成本＋平均利润"，还需要具备两个理论条件：自由竞争（即可以自由进出市场）和该种房地产可以大量重复建设开发。这两个理论条件在现实中通常难以实现，因此，使用成本法估价时，需要特别注意以下三个问题，以使成本法估价时"逼近"理论条件。

（1）"成本"应是客观成本而非实际成本。实际成本也称个别成本，是某个具体房地产开发的实际支出；客观成本也称为社会平均成本、正常成本，是指假设开发建设时大多数房地产开发商的一般花费，是行业平均成本的概念。

（2）应在客观成本的基础上根据房地产自身因素特别是自身缺陷进行恰当调整。房地产的选址、规划设计等异质性可能对具体房地产的价格影响较大，因此，需要在客观成本的基础上结合房地产的特征属性进行调整。

（3）应在客观成本的基础上根据房地产外部因素特别是不利因素进行恰当调整。外部因素具体如房地产市场供需情况、房地产所处周边环境等。

四、成本法的基本公式[③]

（一）最基本的公式

用成本法进行房地产估价的最基本的公式为：

$$积算价格 = 重新购建价格 - 建筑物折旧 \tag{5—1}$$

[①] 吴清，严小丽，王宇静，等.房地产估价[M].北京：清华大学出版社，2014：145—146.
[②] 中国房地产估价师与房地产经纪人学会.房地产估价原理与方法[M]北京：中国城市出版社，2022：348—349.
[③] 吴清，严小丽，王宇静，等.房地产估价[M].北京：清华大学出版社，2014：157.

上述公式在房地产估价中的具体应用,可以就以下两类估价对象而具体化:一是新开发的房地产;二是旧的房地产。

(二)适用于新开发的房地产和旧的房地产的基本公式

新开发的房地产可以分为新开发的房地、新建成的建筑物和新开发的土地三种情况;旧的房地产可以分为旧的房地和旧的建筑物。其基本公式将在本章第二节、第三节详细阐述。

五、成本法估价步骤[①]

运用成本法评估房地产价格一般包括以下步骤:

(1)选择具体估价路径;

(2)测算待估房地产重新购建成本(重置成本或重建成本);

(3)测算折旧(折旧额或成新率);

(4)计算成本价值。

第二节　新开发的房地产成本法估价

一、新开发土地的成本法估价

此处新开发的土地包括填海造地、开山造地、征用农业用地后进行"三通一平"等新城区开发的土地和在城市旧区中拆除旧建筑物等开发的土地。

新开发土地价格＝土地成本价格＋土地增值

　　　　　　＝取得待开发土地的成本＋土地开发成本＋管理费用

　　　　　　＋投资利息＋开发利润＋土地增值[②]　　　　　　(5—2)

(一)待开发土地取得成本

待开发土地取得成本是指取得房地产开发用地所需的费用、税金等必要支出。在完善的市场经济体制下,土地取得成本一般由购置土地的价款和在购置时应由开发商缴纳的税费(如契税、交易手续费)构成。在目前情况下,房地产开发用地取得的途径主要有以下三种:一是征用农地;二是城市中进行房屋拆迁;三是在市场上"购买"取得。

1. 征用农地的土地取得成本

征用农地取得,即通过征收集体土地来取得房地产开发用地。在这种情况下,土

[①] 中国房地产估价师与房地产经纪人学会.房地产估价原理与方法[M].北京:中国建筑工业出版社,2022:350.

[②] 马光红.房地产估价理论与方法[M].上海:上海大学出版社,2016:198.

地取得成本包括农地征用中发生的征地补偿安置费用、相关税费和土地使用权出让金等。对于征地补偿安置费用、相关税费和土地使用权出让金等,根据《中华人民共和国土地管理法》等法律、法规的规定,包括以下几个方面:

(1)征地补偿安置费用大致包括土地补偿费、安置补助费、地上附着物和青苗补偿费。

(2)相关税费一般包括新菜地开发建设基金、耕地开垦费、耕地占用税、征地管理费。

(3)土地使用权出让金是国家以土地所有者身份,将一定年限内的土地使用权有偿出让给土地使用者而收取的费用。土地使用者支付土地出让金的估算可参照政府前期出让的类似地块的出让金数额,进行时间、地段、用途、临街状况、建筑容积率、土地出让年限、周围环境状况及土地现状等因素的修正得到;也可依据所在城市人民政府颁布的城市基准地价或平均标定地价,根据项目所在地段等级、用途、容积率、使用年限等因素修正得到。

2. 城市房屋拆迁方式下的土地取得成本

城市房屋拆迁中发生的费用,根据《城市房屋拆迁管理条例》等的规定,主要包括以下几个方面:被拆除房屋及附属物的补偿费;搬迁补助费;临时安置补助费或周转房费;拆迁非住宅房屋造成停产、停业的补偿费;拆迁服务费;拆迁管理费;政府规定的其他有关费用。土地使用权出让金的确定与农地征用途径的计算方式相同。

3. 市场购买的土地取得成本

通过在市场上购买政府出让或其他开发商转让的已完成征用或拆迁补偿安置的熟地等途径所取得的土地,其取得成本包括购买土地的价款和在购买时应由买方缴纳的税费(如契税、印花税、交易手续费)等。

【例 5—1】 计算题:某总面积为 10 000 平方米的房地产开发用地,市场上的楼面价格为 1 000 元/平方米,容积率为 2,受让人需按照受让价格的 3% 缴纳契税等税费,求受让人取得该块土地的总成本。

解:受让人取得土地的总成本为土地费用与税费之和,即:

$C = 10\,000 \times 1\,000 \times 2 \times (1 + 3\%) = 2\,060$(万元)

(二)土地开发成本

这里我们需要了解三个概念:生地、毛地、熟地。所谓生地,是指已经完成土地使用的相关批准手续,但是没有必要的基础设施,或者只有极少量的基础设施但不具备完全的"三通"条件,地上或者地下有需要拆除或搬迁的房屋、构筑物的土地;所谓毛地,是指除了完成相关土地使用批准手续外,还具有一定的基础设施但未完成拆迁的可建设土地;所谓熟地,则是由生地或毛地经过建设、建筑而来的土地。

土地开发成本就是将生地或者毛地开发为熟地的过程中所需要的成本,主要包括房屋拆迁费、基础设施建设费(给排水、电力、热力、燃气、排污、排洪、通信、照明、绿化、环卫设施以及道路等基础设施费用)、公共配套设施建设费(城市规划要求配套的教育、医疗卫生、文化体育、社区服务、市政公用等非营业型设施)等。

(三)管理费用①②

管理费用是指为管理和组织土地开发与经营活动所发生的各种费用,包括土地开发的人员工资及福利费、办公费、差旅费等,可总结为土地取得成本与开发成本之和的一定比率,比如3%或5%。所以,在估价时管理费用通常可按土地取得成本与开发成本之和乘以这一比率来测算。

(四)投资利息

在评估土地或不动产时,要考虑资金的时间价值,即投资利息。投资利息主要包括土地取得成本、开发成本、管理费用和销售费用等的利息,无论它们的来源是借贷资金还是自有资金,都应计算利息。③需要明确的是,应该计息的项目包括土地取得成本、开发成本、管理费用和销售费用,购买土地的契税一般不计息。

由于各部分资金的投入时间不同,因而在实际中,土地取得成本的利息计算期为整个开发期,即从支付时到开发完成时。土地开发成本及其税费的利息一般可采用两种方法计算:一是以整个开发费为基数,计息期为开发期的一半;二是以开发费的一半为基数,计息期为整个开发期。因此,计算投资利息的一项基础工作是要估算开发期。在成本法中,开发期的起点一般是取得土地的日期,终点是估价对象开发完成的日期,由于一般假设估价对象在估价时点完成开发,所以开发期的终点一般是估价时点。当估价对象为现房时,一般是假设估价对象在估价时点时竣工验收完成。土地取得费用的利息加上开发费用的利息即为总的投资利息。

(五)开发利润

运用成本法估价需要先测算出开发利润。测算开发利润应掌握下列几点:

第一,开发利润是所得税前的,即:

$$开发利润=开发完成后的土地价值-土地取得成本-开发成本\\-管理费用-投资利息-销售费用-销售税费 \quad (5-3)$$

第二,开发利润是在正常条件下开发商所能获得的平均利润,而不是个别开发商最终获得的实际利润,也不是个别开发商所期望获得的利润。

第三,开发利润是按一定基数乘以同一市场上类似房地产开发项目所要求的相应

---

① 赵小虹,赵财福.房地产估价[M].3版.上海:同济大学出版社,2014:127.
② 马光红.房地产估价理论与方法[M].上海:上海大学出版社,2016:199.
③ 赵小虹,赵财福.房地产估价[M].3版.上海:同济大学出版社,2014:128.

平均利润率来计算。开发利润的计算基数和相应的利润率有下列几种[①]：

(1)计算基数＝土地取得成本＋开发成本，相应的利润率可称为直接成本利润率，即：

$$直接成本利润率＝开发利润/(土地取得成本＋开发成本) \quad (5-4)$$

(2)计算基数＝土地取得成本＋开发成本＋管理费用＋销售费用，相应的利润率可称为投资利润率，即：

$$投资利润率＝开发利润/(土地取得成本＋开发成本＋管理费用＋销售费用) \quad (5-5)$$

(3)计算基数＝土地取得成本＋开发成本＋管理费用＋销售费用＋投资利息，相应的利润率可称为成本利润率，即：

$$成本利润率＝开发利润/(土地取得成本＋开发成本＋管理费用＋销售费用＋投资利息) \quad (5-6)$$

(4)计算基数＝开发完成后的房地产价值，相应的利润率可称为销售利润率，即：

$$销售利润率＝开发利润/开发完成后的房地产价值 \quad (5-7)$$

在测算开发利润时要注意计算基数与利润率的匹配，即采用不同的计算基数，应选用与之相对应的利润率；同样，选用不同的利润率，应采用与之相对应的计算基数，不能混淆使用。从理论上讲，同一个房地产开发项目的开发利润，与其所采用的计算基数及其相对应的利润率相关，但所得的结果应该是相同的。

(六)土地增值收益

土地增值收益是指农业用地转为建设用地并进行相应开发后，达到建设用地的某些利用条件而发生的增值。土地投资改变了土地原来的性能，增加了土地的收益，开发后出售的是改良后的能产生更大收益的土地，其价格必定高于土地取得费用与投资及利息、利润之和，因此，在土地价格中应计入土地增值部分。[②]

$$土地增值收益＝(征地补偿费＋土地开发费＋城市建设大配套费＋税费＋投资利息＋投资利润)×土地增值率 \quad (5-8)$$

土地增值率的大小一般遵循以下规则：用途不同，土地增值率不同，从高到低依次为商业、住宅、工业；级别不同，土地增值率不同，从高到低为一级至四级。

土地增值率的大小可以根据样点地价的测算结果，参考前几年的出让、转让和估价资料，并结合专家的意见来确定，一般先确定一种用途级别的土地增值率，然后根据

[①] 中国房地产估价师与房地产经纪人学会.房地产估价原理与方法[M].北京：中国建筑工业出版社，2022：359.

[②] 赵小虹，赵财福.房地产估价[M].3版.上海：同济大学出版社，2014：129.

一定的递减(递增)幅度来确定其他用途级别的土地增值率。

二、新建房地产的成本法估价

这里的新建房地产包括两种情况：一是新开发的房地；二是新建成的建筑物。

$$新开发的房地价值＝土地取得成本＋开发成本＋管理费用＋销售费用$$
$$＋投资利息＋销售税费＋开发利润 \quad (5-9)$$

$$新建成的建筑物价值＝建筑物建设成本＋管理费用＋销售费用＋投资利息$$
$$＋销售税费＋开发利润 \quad (5-10)$$

(一)土地取得成本

与本节所介绍的新开发土地的土地取得成本计算方法基本一致，此处不再赘述。

(二)开发成本[①]

开发成本是指在取得房地产开发用地后进行土地开发和房屋建设所需的直接费用、税金等，在理论上可以将其划分为土地开发成本和建筑物建设成本。开发成本减去土地开发成本后的余额，即为建筑物建设成本。在实际中主要包括下列几项：

1. 勘察设计前期工程费

勘察设计前期工程费主要包括：

(1)项目的规划、设计、市场调查、可行性研究、环境影响评价等所需费用。这项费用一般可以按项目总投资额的一定比例估算。通常规划及设计费为建筑安装工程费的3%左右，水文地质勘探费可根据实际所需工作量结合我国有关收费标准进行估算。

(2)"七通一平"等土地开发费用。这项费用主要包括地上原有建筑物、构筑物拆除费用，场地平整费和通水、通电、通路的费用等。这些费用一般根据实际工作量，参照有关计费标准估算。

2. 基础设施建设费

基础设施建设费是指土地、房屋开发过程中发生的给排水、电力、热力、燃气、排污、排洪、通信、照明、绿化、环卫设施以及道路等基础设施费用。这项费用通常采用单位指标估算法来计算。

3. 房屋建筑安装工程费

房屋建筑安装工程费是指直接用于建筑安装工程建设的总成本费用。这项费用主要包括建筑工程费(建筑、特殊装修工程费)，设备及安装工程费(给排水、电气照明、电梯、空调、燃气管道、消防、防雷、弱电等设备及安装)，室内装修工程费，等。

---

① 赵小虹，赵财福. 房地产估价[M]. 3版. 上海：同济大学出版社，2014：132.

4. 公共配套设施建设费

公共配套设施建设费是指在开发小区内发生的可计入房地产开发成本的不能有偿转让的公共配套设施费用，包括城市规划要求配套的教育（如幼托所）、医疗卫生（如医院）、文化体育（如文化活动中心）、社区服务（如居委会）、市政公用（如公共厕所）等非营业型设施。

公共配套设施费用应视土地市场成熟度、房地产开发用地大小等情况，归入土地开发成本或建筑物建设成本中，或者在两者之间进行适当的分摊。

5. 开发期间税费

开发期间税费包括有关税收和地方政府或有关部门收取的费用，如绿化费、民防工程费等。在一些大中城市，这部分费用在开发建设项目投资构成中占较大比重。

6. 其他工程费

其他工程费包括工程监理费、竣工验收费等。

7. 不可预见费

不可预见费包括基本预备费和涨价预备费。该项费用依据项目的复杂程度和各项费用估算的准确程度，以前述费用之和为基数，按 3%～5% 计算。

（三）管理费用

管理费用是指房地产开发商为组织和管理房地产开发经营活动的必要支出，包括房地产开发商的人员工资及福利费、办公费、差旅费等。[①] 通常以直接成本的一定比例来测算，这里的管理费用分为两种情况：如果是新开发的房地产，则管理费用是以土地取得成本、房地产开发成本相加之和为计算基础；如果是新建成的建筑物，则管理费用是以建筑物建设成本为计算基础。

（四）投资利息

这里的投资利息也分为两种情况：如果是新开发的房地产，则投资利息以土地取得成本、房地产开发成本和管理费用为计算基础；如果是新建成的建筑物，则投资利息以建筑物建设成本和管理费用为基础，即不包括土地取得成本、开发成本所涉及的利息。购买土地的契税和房地产销售税费一般不计息。

其他涉及投资利息的处理与前面所介绍的新开发土地的投资利息处理方式相同，此处不再赘述。

（五）销售税费

销售税费主要包括销售费用、销售税金和交易手续费等。

销售费用即销售成本，是指预售未来开发完成的房地产或销售开发完成后的房地

---

① 孙峤,刘洪玉.房地产估价与资产定价[M].北京:中国建筑工业出版社,2021:97.

产所需的费用,包括广告宣传费、样板房建设费、售楼处建设费、销售人员费用或销售代理费等。销售费用通常是按售价乘以一定比率来测算,一般取售价的2%或3%。

销售税费是指预售未来开发完成的房地产或销售开发完成后的房地产应由开发商(作为卖方)缴纳的税费,可分为两类:一是销售税金及附加,包括增值税、城市维护建设税和教育费附加,约为售价的5.5%;二是其他销售税费,包括应由卖方负担的交易手续费、印花税等。销售税费通常是售价的一定比率,如按售价的7.5%来计算。

自2016年5月1日起,全国范围内推开营业税改征增值税(以下称"营改增")试点,建筑业、房地产业等纳入试点范围,由缴纳营业税改为缴纳增值税。营业税改征增值税后,销售税费发生了变化。在《营业税改征增值税试点实施办法》中,有如下相关规定:

(1)增值税的税率方面,提供交通运输、邮政、基础电信、建筑、不动产租赁服务,销售不动产,转让土地使用权,税率为11%(2019年39号文将此税率调整为9%)。

(2)增值税的计税方法,包括一般计税方法和简易计税方法。

(3)纳税人分为一般纳税人和小规模纳税人,一般纳税人发生应税行为适用一般计税方法计税,一般纳税人发生财政部和国家税务总局规定的特定应税行为,可以选择适用简易计税方法计税,但一经选择,36个月内不得变更,小规模纳税人发生应税行为适用简易计税方法计税。

(4)一般计税方法的应纳税额,是指当期销项税额抵扣当期进项税额后的余额。应纳税额计算公式为:

$$应纳税额 = 当期销项税额 - 当期进项税额 \qquad (5-11)$$

当期销项税额小于当期进项税额不足抵扣时,其不足部分可以结转下期继续抵扣。

简易计税方法的应纳税额,是指按照销售额和增值税征收率计算的增值税额,不得抵扣进项税额。应纳税额计算公式为:

$$应纳税额 = 销售额 \times 征收率 \qquad (5-12)$$

对于房地产开发企业开发销售房地产的增值税缴纳,《营业税改征增值税试点有关事项的规定》中作出如下规定:

(1)房地产开发企业中的一般纳税人销售其开发的房地产项目(选择简易计税方法的房地产老项目除外),以取得的全部价款和价外费用,扣除受让土地时向政府部门支付的土地价款后的余额为销售额。

(2)房地产开发企业中的一般纳税人,销售自行开发的房地产老项目(《建筑工程施工许可证》注明的合同开工日期在2016年4月30日前的房地产项目),可以选择适用简易计税方法按照5%的征收率计税。

(3)房地产开发企业中的小规模纳税人,销售自行开发的房地产项目,按照5%的征收率计税。

(4)房地产开发企业采取预收款方式销售所开发的房地产项目,在收到预收款时按照3%的预征率预缴增值税。

(六)开发利润

这里也分为两种情况。

如果是新开发的房地,则:

$$开发利润=(土地取得成本+开发成本+建造成本+管理费用)\times投资利润率 \qquad (5-13)$$

如果是新建成的建筑物,则:

$$开发利润=(建筑物建造成本+管理费用)\times投资利润率 \qquad (5-14)$$

第三节　旧房地产的成本法估价

一、旧房地产的成本法基本公式

旧的房地产可以分为旧的房地和旧的建筑物,其用成本法估价所应依据的基本公式有以下两个:

1. 旧的房地价值[1]

$$\begin{aligned}旧的房地价值&=房地重新购建价格-建筑物折旧\\&=土地重新购建价格+建筑物重新购建价格-建筑物折旧\end{aligned} \qquad (5-15)$$

以上公式中各项的具体计算方法及具体操作,后续会详细阐述。

2. 旧的建筑物价值

$$旧的建筑物价值=建筑物的重新购建价格-建筑物的折旧 \qquad (5-16)$$

二、重新购建价格的含义[2]

(一)土地重新购建价格的计算

计算土地的重新购建价格,通常是假设土地上的建筑物不存在,再采用市场法、基

---

[1] 吴清,严小丽,王宇静,等.房地产估价[M].北京:清华大学出版社,2014:159.
[2] 马光红.房地产估价理论与方法[M].上海:上海大学出版社,2016:209—210.

准地价修正法等计算其重新取得价格,这种计算方法特别适用于城市建成区内的土地难以计算其重新开发成本时。

计算土地的重新购建价格,也可采用成本法计算其重新开发成本,再减去建筑物成本。

(二)建筑物重新购建价格的计算

建筑物的重新购建价格又称重新构建成本,是指在估价时点重新取得全新状况的估价对象所必需的支出,或者重新开发建设全新状况的估价对象所必需的支出和应获得的利润。此处有以下几点要注意[①]:

首先,重新购建价格是估价时点的重新构建价格。比如在重新开发建设的情况下,重新购建价格是在估价时点的国家财税制度和市场价格体系下,按照估价时点的房地产价格构成来测算的价格。但估价时点并非总是现在,也可能为过去或未来。

其次,重新购建价格是客观的重新构建价格。也就是说,重新取得或重新开发建设的支出,不是个别单位或个人的实际耗费,而是必需的耗费,应能体现社会或行业的平均水平,是客观成本而不是实际成本。如果实际支出超出了社会或行业的平均水平,则超出的部分仅仅是一种浪费而不能构成价格;而实际支出低于社会或行业平均水平的部分,只会形成个别单位或个人的超额利润,却不会降低价格。

最后,建筑物的重新购建价格是全新状况下的建筑物的重新构建价格,未扣除折旧;土地的重新购建价格(即重新取得价格或重新开发成本)是在估价时点状况下的价格。因此,建筑物的重新购建价格中未扣除建筑物的折旧,而土地的增减价因素一般已考虑在其重新购建价格中。例如,作为估价对象的土地是 10 年前取得的住宅用途法定最高年限 70 年的土地使用权,计算其估价时点重新购建价格时不是计算其 70 年土地使用权的价格,而是计算其 60 年土地使用权的价格。如果该土地目前的环境、基础设施条件比 10 年前有了很大改善,则计算其重新购建价格时不是计算其 10 年前环境、基础设施状况下的价格,而是计算其目前环境、基础设施状况下的价格。

1. 建筑物重新购建价格的分类

按照建筑物重新购建方式的不同,重新购建价格分为重置价格(成本)和重建价格(成本)。

建筑物重置价格是指采用估价时点的建筑材料和建筑技术,按估价时点的价格水平,重新建造与估价对象具有同等功能的全新状态的建筑物的正常价格。建筑物重建价格是指在原址上,按原规格和原建筑形式,采用与估价对象相同的建筑材料、建筑设

---

① 中国房地产估价师与房地产经纪人学会.房地产估价原理与方法[M].北京:中国建筑工业出版社,2022:365—366.

备和建筑技术及工艺,在估价时点的国家财税制度和市场价格体系下,按估价时点的价格水平,重新建造与估价对象相同的全新状态的建筑物所要的支出和应获得的利润(正常价格)。我们可将这种重新建造方式形象地理解为"复制"。

上述两种重新建造方式得出的重新购建价格往往不同。一般建筑物适用重置价格,有历史、艺术、科学价值或代表性的特殊建筑物适用重建价格;因年代久远、已缺乏与旧建筑物相同的建筑材料、建筑构配件和建筑设备,或因建筑技术和建筑标准改变等,使"复制"有困难的建筑物,一般只有使用重置价格,或者尽量做到"形似"。由于建造技术的不断进步,原有的许多设计、工艺、原材料、结构等都已过时或成本过高,而采用新材料、新技术、新工艺等,不仅功能更加完善,成本还会降低,因此,重置价格通常低于重建价格。[1]

2. 建筑物重新购建价格的计算方法

建筑物的重新购建价格相当于在估价时点新建成的建筑物价值。重新购建价格的计算方法,根据计算其中的建筑安装工程费的方法来划分,主要有下列四种:一是单位比较法;二是分部分项法;三是工料测量法;四是指数调整法。

(1)单位比较法[2]。单位比较法以建筑物为整体,首先选取与建筑物价格或成本密切相关的某种单位为比较单位(如单位建筑面积、单位体积等),然后通过调查,了解近期建成的类似建筑物的这种单位价格或成本,最后对其作适当的调整修正,再加上相应的专业费用、管理费用、销售费用和税费、投资利息以及开发利润,来估算建筑物重新购建的价格。单位比较法实质上是一种市场法,方法简单、实用,但比较粗略。[3] 单位比较法包括单位面积法和单位体积法。

单位面积法是根据当地近期新建成的类似建筑物的单位面积造价,对其作适当的调整修正,然后乘以估价对象建筑物的面积来估算建筑物的重新购建价格。例如,某建筑物的建筑面积为 1 000 平方米,该类建筑结构和用途的建筑物的单位建筑面积造价为 2 500 元/平方米,则该建筑物的重新购建价格可估计为 1 000×2 500＝2 500 000(元)＝250(万元)。

在现实房地产估价中,往往将建筑物划分为不同的建筑结构(钢结构、钢筋混凝土结构、砖木结构、砖混结构、简易结构等)、用途或等级(如普通住宅、高档公寓、别墅、大型商场、中小型商店、办公楼、星级宾馆、招待所、标准厂房、仓库、影剧院、体育馆、加油站等),制作不同时期的基准重置价格表,以供计算某个具体建筑物的重置价格时

---

[1] 中国房地产估价师与房地产经纪人学会. 房地产估价原理与方法[M]. 北京:中国建筑工业出版社,2022:304—368.
[2] 汤鸿,郭贯成. 房地产估价[M]. 2 版. 南京:东南大学出版社,2017:121.
[3] 孙峤,刘洪玉. 房地产估价与资产定价[M]. 北京:中国建筑工业出版社,2021:102.

使用。

单位体积法是根据当地近期建成的类似建筑物的单位体积造价,对其作适当的调整修正,然后乘以估价对象建筑物的体积来估算建筑物的重新购建价格。这种方法适用于成本与体积关系较大的建筑物。例如,某建筑物的体积为 1 000 立方米,该类建筑结构和用途的建筑物的单位体积造价为 1 500 元/立方米,则该建筑物的重新购建价格可估计为 1 000×1 500＝1 500 000(元)＝150(万元)。

(2)分部分项法。分部分项法是以建筑物的各个独立构件或工程的单位价格或成本为基础来估算建筑物重新购建价格的方法,即先估算各个独立构件或工程的数量,然后乘以相应的单位价格或成本,再相加得到总计。这种方法在实际估价中应用得较多,适用于新建筑物和旧建筑物重新购建价格的计算。

在运用分部分项法估算建筑物的重新购建价格时,需要注意如下两点:一是应结合所估对象的各构件或工程的特点使用计量单位;二是不要漏项或重复计算,以免造成估算不准。采用分部分项法估算建筑物的重新购建价格的一个简单例子见表 5—1。

表 5—1　　　　　　　　分部分项法计算建筑物重新购建价格

项目	数量(平方米)	单位成本(元/平方米)	金额(元)
基础工程	150	200	30 000
墙体工程	150	300	45 000
楼地面工程	150	200	30 000
屋面工程	150	300	45 000
给排水工程			25 000
供暖工程			15 000
电气工程			20 000
直接费用合计			229 000
承包商间接费、利润和税金		8%	18 320
工程承发包价格			247 320
开发商管理费、利息和税费		20%	49 464
建筑物重新购建价格			296 784

资料来源:闫捷.不动产估价[M].北京:化学工业出版社,2018:74.

(3)工料测量法。工料测量法是先估算建筑物所需各种材料、设备的数量和人工时数,然后分别乘以估价时点时相应的单价和人工费标准,再将其相加来估算建筑物重新购建价格的方法。该方法主要用于具有历史价值的建筑物估价。采用工料测量法估算建筑物重新购建价格的一个简单的例子见表 5—2。

表 5—2　　　　　　　　　工料测量法计算建筑物重新购建价格

项目	数量	单价	金额(元)
现场准备			3 000
水泥			6 500
沙石			5 000
砖块			12 000
木材			7 000
瓦面			3 000
铁钉			200
管线			3 000
厨卫设备			7 000
人工			15 000
税费			1 000
其他			1 500
利润			3 500
重新购建价格			67 700

资料来源：柴强.房地产估价[M].10版.北京：首都经济贸易大学出版社，2022：246—247.

(4)指数调整法[①]。指数调整法是利用建筑安装工程费的有关指数或变动率，将估价对象建筑物的历史建筑安装费调整到估价时点的建筑安装工程费来求取估价对象建筑物建筑安装工程费的方法。这种方法主要用于检验其他估价方法的估算结果。

三、建筑物折旧的计算

(一)建筑物折旧的概念和分类[②]

这里所讲的建筑物折旧是指估价上的折旧，而不是常见的会计上的折旧。这两种折旧虽然有一定的相似之处，但也有本质上的区别。估价上的折旧是指由各种原因所造成的价值损失，其数额为建筑物在估价时点时的市场价值与其重新购建价格之间的差额。

建筑物折旧＝建筑物重新购建价格－建筑物估价时点的市场价值　(5—17)

在实务中，建筑物折旧分为物质折旧、功能折旧和经济折旧三类。[③]

---

① 柴强.房地产估价[M].10版.北京：首都经济贸易大学出版社，2022：347.
② 左静.房地产估价[M].北京：机械工业出版社，2022：135—136.
③ 王喜，陈常优.不动产估价[M].北京：科学出版社，2015：103.

1. 物质折旧[①]

物质折旧,又称物质磨损、有形损耗,是指建筑物在实体方面的损耗所造成的价值损失。物质折旧可进一步归纳为四个方面:一是自然老化;二是正常使用过程中的磨损;三是意外的破坏损毁;四是延迟维护所造成的损坏。

自然老化是由于自然力的作用如风吹、日晒、雨淋等引起的建筑物腐朽、生锈、风化、基础沉降等,这与建筑物的实际使用年数呈正相关。例如,酸雨多的地区,建筑物的损耗就大;靠近煤矿区的地方,基础往往会有一定程度的下沉。以人作比喻,自然老化类似于人随着年龄增长的衰老。

正常使用过程中的磨损主要是由于人为使用引起的,这与建筑物的使用性质、使用强度和使用年数呈正相关。例如,居住用途建筑物的磨损要小于工业用途建筑物的磨损。工业用途建筑物又可分为受腐蚀的和不受腐蚀的。受腐蚀的建筑物由于会受到使用过程中产生的有腐蚀作用的废气、废液等的不良影响,其损毁程度要大于不受腐蚀的建筑物。以人作比喻,正常使用过程中的磨损类似于脑力劳动或体力劳动、体力劳动中的轻体力劳动或是重体力劳动等不同的工作性质对人的损害。

意外的破坏损毁主要因突发性的灾害所引起。这里所讲的灾害包括自然的和人为的两方面,如地震、水灾、风灾、火灾、人为碰撞等。对于这些损毁,即使进行了一定程度的外在修复,但仍然可能有"内伤"。比如火灾可能导致房屋的内部钢筋变形等。以人作比喻,意外的破坏损毁类似于一场大病对人的伤害。

延迟维护所造成的损坏主要是由于没有适时地采取预防、保养措施或修理不及时,造成不应有的损坏或提前损坏。比如房屋在使用一定年限后需要维护,此时如果不加以维护保养的话,可能导致房屋自然损耗加快。以人作比喻,延迟维护所造成的损坏类似于人不注重休养生息、有病不医带来的伤害。

2. 功能折旧[②]

功能折旧,又称无形损耗,是指建筑物成本效用的相对损失所引起的价值损失,它不仅包括由于消费观念变更、设计更新、技术进步等原因导致建筑物在功能方面的缺乏、落后或不适用所造成的价值损失,还包括建筑物功能过度充足所造成的失效成本。导致建筑物功能相对缺乏、落后或过剩的原因,可能是建筑设计存在缺陷,过去的建筑标准过低,人们的消费观念改变,建筑技术进步,出现了更好的建筑物,等。

功能缺乏是指建筑物没有其应具备的某些部件、设备、设施或系统等。例如:20世纪60年代的老房子里可能没有电梯、卫生间,或者客厅太小等;老式办公楼里没有

[①] 吴清,严小丽,王宇静,等.房地产估价[M].北京:清华大学出版社,2014:167.
[②] 吴清,严小丽,王宇静,等.房地产估价[M].北京:清华大学出版社,2014:168.

电梯、中央集中空调、宽带等。

功能落后是指建筑物已有部件、设备、设施或系统等的标准低于正常标准或有缺陷而阻碍其他部件、设备、设施或系统等的正常运营。比如说住宅，现在讲究的是"三大、一小、一多"式住宅，即客厅、厨房、卫生间大，卧室小，壁橱多，而过去建造的住宅常常是卧室大、客厅小、厨房小、卫生间小，对于现代人们的需求而言就过时了。再如高档办公楼，现在要求有现代化的智能系统，如果某个所谓高档办公楼的智能化程度不够，相对而言其功能就落后了。

功能过剩是指建筑物已有部件、设备、设施或系统等的标准超过市场要求的标准而对房地产价值的贡献小于其成本。例如，某地厂房的标准层高为 6 米，某幢厂房的层高为 8 米，则该厂房超高的 2 米因不能被市场接受而使其所多花的成本成为无效成本，这就是过剩的功能。

3. 经济折旧(外部折旧)[1]

经济折旧，又称外部折旧，是指建筑物自身以外的其他各种不利因素所造成的价值损失，主要包括供求不平衡、周围自然环境恶化、环境污染、交通拥挤、城市规划改变、政府政策变化等。例如，一个居民小区附近建设了一座化工厂，则该居民小区的房地产价值可能会下降，这就是一种经济折旧。这种经济折旧一般是不可恢复、永久性的。再如，在经济萧条时期或者楼市不景气时，房地产的价值降低，这也是一种经济折旧。但这种现象是暂时性的，当经济复苏或楼市回暖后，这方面的折旧也就消失了。

(二)计算建筑物折旧的方法

计算建筑物折旧的方法主要有三种：年限法、市场提取法、分解法。

1. 年限法[2]

年限法分为直线法和成新折扣法。

年限法亦称年龄-寿命法，是把建筑物的折旧建立在建筑物的寿命或年龄、经过年数或剩余寿命之间关系基础上的一种方法。

建筑物的寿命分为自然寿命和经济寿命。建筑物的自然寿命是指建筑物从竣工验收合格之日起到不堪使用时的年数。建筑物的经济寿命是指建筑物从竣工验收合格之日起预期产生的收入大于运营费用的持续年数。计算建筑物折旧时，应当使用经济寿命。

建筑物的经济寿命一般短于其自然寿命，具体是由建筑物的结构、用途和维修养护情况、市场状况、周围环境因素、经营收益状况等决定的。如果建筑物在其寿命期间

---

[1] 吴清,严小丽,王宇静,等.房地产估价[M].北京:清华大学出版社,2014:168.
[2] 左静.房地产估价[M].北京:机械工业出版社,2022:136—138.

经过了翻修、改造等，则自然寿命和经济寿命都有可能得到延长。

建筑物的经过年数分为实际经过年数和有效经过年数。实际经过年数是建筑物从竣工验收合格之日起到估价时点时的日历年数。有效经过年数是建筑物在估价时点按其状况与效用所显示的年数。有效经过年数与实际经过年数的关系包括以下几种情况：当建筑物的维修养护正常时，有效经过年数与实际经过年数相当；当建筑物的维修养护比正常维修养护好或经过更新改造时，有效经过年数短于实际经过年数，剩余经济寿命相应较长；当建筑物的维修养护比正常维修养护差时，有效经过年数长于实际经过年数，剩余经济寿命相应较短。有效经过年数可以在实际经过年数的基础上作适当的调整后得到。

在用成本法计算折旧时，建筑物的寿命应为经济寿命，经过年数应为有效经过年数，剩余寿命应为剩余经济寿命，即：

$$有效经过年数 = 经济寿命 - 剩余经济寿命 \quad (5-18)$$

年限法中最主要的是直线法。直线法是最简单的也是迄今为止应用最普遍的一种折旧方法。它的折旧额在建筑物的经济寿命期间每年都相等。年折旧额 D_i 的计算公式为：

$$D_i = D = \frac{C-S}{N} = \frac{C(1-R)}{N} \quad (5-19)$$

$$R = \frac{S}{C} \quad (5-20)$$

式中，D_i 为第 i 年的折旧额，在直线法下 D_i 为常数；C 为建筑物的重新建造成本；S 为预计的建筑物的净残值；R 为建筑物的残值率；N 为建筑物的经济寿命。

每年的折旧额与重新购建价格的比率称为折旧率(d)，其计算公式为：

$$d = \frac{D}{C} = \frac{C-S}{N \cdot C} = \frac{1-R}{N} \quad (5-21)$$

有效经过年数为 t 年的建筑物折旧总额(E_t)的计算公式为：

$$E_t = D \cdot t = (C-S)\frac{t}{N} = C(1-R)\frac{t}{N} = C \cdot d \cdot t \quad (5-22)$$

采用直线法计算的估价时点建筑物现值(V)的计算公式为：

$$V = C - E_t = C - (C-S)\frac{t}{N} = C\left[1-(1-R)\frac{t}{N}\right] \quad (5-23)$$

$$V = C(1-d \cdot t) \quad (5-24)$$

【例 5—2】 计算题：某建筑的建筑面积为 300 平方米，经过年数为 15 年，单位建筑面积的重置价格为 1 000 元/平方米，经济寿命为 40 年，残值率为 5%。试用直线法计算该建筑物的年折旧额、折旧总额，并估算其现值。

解：已知 $C=300\times1\,000=300\,000(元), R=5\%, N=40$ 年, $t=15$ 年，则：

年折旧额 $D=\dfrac{C(1-R)}{N}=\dfrac{300\,000\times(1-5\%)}{40}=7\,125(元)$

建筑物折旧总额 $E_t=C(1-R)\dfrac{t}{N}=\dfrac{300\,000\times(1-5\%)\times15}{40}=106\,875(元)$

建筑物现值 $V=C\left[1-(1-R)\dfrac{t}{N}\right]$

$\quad\quad\quad\quad\quad\quad=300\,000\times\left[1-(1-5\%)\times\dfrac{15}{40}\right]$

$\quad\quad\quad\quad\quad\quad=193\,125(元)$

房屋结构等级、耐用年限、残值率参考值可参照表5—3。

表 5—3　　　　　　　　房屋结构等级、耐用年限、残值率参考值

房屋结构等级	耐用年限	残值率参考值
钢结构	生产用房70年，受腐蚀的生产用房50年，非生产用房80年	
钢筋混凝土结构（包括框架结构、剪力墙结构、简体结构、框架-剪力墙结构等）	生产用房50年，受腐蚀的生产用房35年，非生产用房60年	0
砖混结构一等	生产用房40年，受腐蚀的生产用房30年，非生产用房50年	2%
砖混结构二等	生产用房40年，受腐蚀的生产用房30年，非生产用房50年	2%
砖木结构一等	生产用房30年，受腐蚀的生产用房20年，非生产用房40年	6%
砖木结构二等	生产用房30年，受腐蚀的生产用房20年，非生产用房40年	4%
砖木结构三等	生产用房30年，受腐蚀的生产用房20年，非生产用房40年	3%
简易结构	10年	0

成新率是反映评估对象的现行价值与其全新状态重置价值的比率。成新折扣法即是根据建筑物的建成年代、新旧程度或完损状况等，判定建筑物的成新率，或者用建筑物的寿命、经过年数等来计算出建筑物的成新率，然后将建筑物的重新购建价格乘以该成新率来直接计算建筑物的现值。成新折扣法主要用于初步估价，或者需要同时对大量建筑物进行估价的情况，但比较粗略。[①]

假设建筑物在经济寿命期间每年的折旧额相等，其成新率计算公式为：

$$q=1-(1-R)\times t/N \quad\quad\quad (5-25)$$

$$V=C\times q \quad\quad\quad (5-26)$$

---

① 柴强.房地产估价[M].10版.北京：首都经济贸易大学出版社，2022：354.

式中，R 为残值率，t 为使用年限，N 为经济寿命，q 为建筑物的成新率，C 为建筑物的重新购建价格，V 为建筑物的现值。

在实际估价中，成新率的确定需要按照以下三个步骤进行：首先，用年限法计算成新率；然后，根据建筑物的建成年代对上述计算结果作初步判断，看是否与实际吻合；最后，通过实地观察对上述结果作进一步的调整。当建筑物的维修养护正常时，实际成新率与直线法计算出的成新率相当；当建筑物的维修养护比正常维修养护好或经过更新改造时，实际成新率应大于直线法计算出的成新率；当建筑物的维修养护比正常维修养护差时，实际成新率应小于直线法计算出的成新率。在实际中，往往会根据具体情况确定成新率。

【例 5—3】 计算题：某 20 年前建成交付使用的建筑物，估价人员实地观察判定其剩余经济寿命为 30 年，残值率为零。用直线法计算该建筑物的成新率。

解：该建筑物的成新率 $q=1-(1-R)\times t/N=1-(1-0)\times 20/(20+30)=60\%$

2. 市场提取法

房地产价值的累计折旧是由市场上的买卖双方来确定的，如果一宗旧的房地产在价值上比一宗新的房地产低的话，那么它的售价就会比后者低。市场提取法就是利用与估价对象建筑物具有类似折旧程度的可比建筑物来计算估价对象建筑物折旧的一种方法。

在假设建筑物残值率为零的情况下，市场提取法计算折旧的步骤为：

(1) 从估价对象所在地的房地产市场中搜集大量的最近交易实例。

(2) 从搜集的交易实例中选取 3 个以上与估价对象建筑物具有相同或类似折旧程度的可比实例。

(3) 对可比实例成交价格根据付款方式、交易情况、房地产状况等进行修正调整（注意不对其中折旧状况进行调整）。

(4) 采用比较法或基准地价修正法求取每个可比实例在其成交日期的土地重新构建价格，然后将前面换算、修正和调整后的可比实例成交价格减去土地重新构建价格，得到建筑物折旧后的价值。

(5) 采用成本法或比较法计算每个可比实例在其成交日期的建筑物重新购建价格，然后将每个可比实例的建筑物重新购建价格减去前面求出的建筑物折旧后的价值，得出建筑物折旧。

(6) 将可比实例的建筑物折旧除以建筑物重新购建价格转换为折旧率，把各可比实例折旧率调整为适合估价对象的折旧率；或先将各可比实例的折旧率除以其经过年数转换为年折旧率，再将各可比实例年折旧率调整为适合估价对象的年折旧率。

(7) 将估价对象建筑物的重新购建价格乘以折旧率，或者先乘以年折旧率再乘以其经过年数,便可求出估价对象建筑物的折旧。[①]

3. 分解法[②]

分解法是先把建筑物折旧分成各个组成部分,然后分别测算出各个组成部分的折旧,再把测算出的各个组成部分相加得到建筑物折旧的方法。分解法是计算建筑物折旧的最详细也是最复杂的一种方法。分解法认为,建筑物折旧首先可分成物质折旧、功能折旧和外部折旧三大组成部分,而物质折旧、功能折旧和外部折旧又可分成若干个组成部分,并应根据其各自的特点分别采用适当的方法来计算。

分解法计算建筑物折旧的步骤如下:

第一,计算物质折旧,即先把物质折旧分解为各个项目,然后分别采用适当的方法计算其折旧后相加。

第二,计算功能折旧,即先把功能折旧分解为各个项目,然后分别采用适当的方法计算其折旧后相加。

第三,计算外部折旧,即先把外部折旧分为不同情况,然后分别采用适当的方法计算其折旧后相加。

第四,计算建筑物的折旧总额,即将上述计算的物质折旧、功能折旧和外部折旧相加得到建筑物的折旧总额。

下面介绍物质折旧、功能折旧的计算。

(1) 物质折旧的计算方法。物质折旧项目分为可修复项目和不可修复项目两类。修复是指通过修理或者更换恢复到新的或者相当于新的状况。如果预计采用最合理的修复方案予以修复的必要费用(包括正常的成本、费用、税金和利润等,以下简称修复费用)小于或者等于修复所能带来的房地产价值增值额的,即修复的必要费用≤(修复后的房地产价值－修复前的房地产价值),则是可修复的;反之,是不可修复的。

对于可修复项目,通过估算其在估价时点的修复费用,将其作为折旧额。

对于不可修复项目,根据其在估价时点的剩余使用寿命与整体建筑物的剩余经济寿命长短的比较,将其分为短寿命项目和长寿命项目两类。短寿命项目是剩余使用寿命短于整体建筑物剩余经济寿命的部件、设备、设施等,它们在建筑物剩余经济寿命期间迟早需要更换,甚至需要更换多次。长寿命项目是剩余使用寿命等于或者长于整体建筑物剩余经济寿命的部件、设备、设施等,它们在建筑物剩余经济寿命期间是不需要更换的。在实际中,短寿命项目与长寿命项目的划分,一般是在其寿命是否短于建筑物经济寿命的基础上作出的,例如,基础、墙体、屋顶、门窗、管网、电梯、空调、卫生设

[①] 柴强. 房地产估价[M]. 10 版. 北京:首都经济贸易大学出版社,2022:355—356.
[②] 张红日. 房地产估价[M]. 2 版. 北京:清华大学出版社,2016:150.

备、装饰装修等的寿命是不同的。①

　　短寿命项目分别根据各自的重新购建价格(通常为市场价格、运输费用、安装费用等之和)、年龄、寿命或剩余使用寿命,利用年限法计算其折旧额。长寿命项目是合在一起,根据建筑物重新购建价格减去可修复项目的修复费用和各短寿命项目的重新购建价格后的余额、建筑物的经济寿命、有效年龄或剩余经济寿命,利用年限法计算其折旧额。

　　把可修复项目的修复费用、短寿命项目的折旧额、长寿命项目的折旧额相加,即为物质折旧。

　　(2)功能折旧的计算方法。功能折旧分为功能缺乏、功能落后和功能过剩引起的折旧三类,可分别简称为功能缺乏折旧、功能落后折旧和功能过剩折旧。

　　①功能缺乏折旧的计算。功能缺乏折旧可分成可修复的功能缺乏引起的折旧和不可修复的功能缺乏引起的折旧。对于可修复的功能缺乏引起的折旧,在采用缺乏该功能的"建筑物重建价格"下的计算方法为:首先,估算在估价时点在估价对象建筑物上单独增加该功能的必要费用(以下简称单独增加功能费用);其次,估算在估价时点重置建筑物时随同增加该功能的必要费用(以下简称随同增加功能费用);最后,将单独增加功能费用减去随同增加功能费用,即单独增加功能的超额费用为可修复的功能缺乏引起的折旧额。

　　【例5—4】　计算题:某幢应有电梯而没有电梯的办公楼,重建价格为2 000万元,现增设电梯需要120万元,假设现在建造办公楼时一同安装电梯只需要80万元。试计算该办公楼因没有电梯引起的折旧及扣除没有电梯引起的折旧后的价值。

　　解:该办公楼因没有电梯引起的折旧计算如下:

没有电梯引起的折旧额＝单独增加功能费用－随同增加功能费用

$$=120-80$$

$$=40(万元)$$

扣除没有电梯引起的折旧后的价值计算如下:

扣除没有电梯引起的折旧后的价值＝重建价格－没有电梯引起的折旧额

$$=2\ 000-40$$

$$=1\ 960(万元)$$

　　如果是采用具有该功能的"建筑物重置价格",则将建筑物重置价格减去单独增加功能费用,便直接得到了扣除可修复的功能缺乏引起的折旧后的价值。

　　对于不可修复的功能缺乏引起的折旧,可以采用下列方法来计算:第一,利用"收

---

　　① 中国房地产估价师与房地产经纪人学会.房地产估价原理与方法[M].北京:中国建筑工业出版社,2022:385.

益损失资本化法"计算缺乏该功能导致的未来每年损失租金的现值之和;第二,估算随同增加功能费用;第三,将未来每年损失租金的现值之和,减去随同增加功能费用,即得到不可修复的功能缺乏引起的折旧额。

②功能落后折旧的计算。功能落后折旧可分成可修复的功能落后引起的折旧和不可修复的功能落后引起的折旧。对于可修复的功能落后引起的折旧,在采用该落后功能的"建筑物重建价格"下,折旧额为在估价时点该落后功能重置价格减去该落后功能已提折旧,加上拆除该落后功能的必要费用(以下简称拆除落后功能费用),减去该落后功能拆除后的残余价值(以下简称落后功能残余价值),加上单独增加先进功能的必要费用(以下简称单独增加先进功能费用),减去重置建筑物时随同增加先进功能的必要费用(以下简称随同增加先进功能费用)。上述情况下扣除可修复的功能落后引起的折旧后的价值可表述为:

建筑物重建价格－落后功能重置价格＋落后功能已提折旧－拆除落后功能费用
＋落后功能残余价值－单独增加先进功能费用＋随同增加先进功能费用
＝扣除功能落后折旧后的价值 (5—27)

如果是采用具有先进功能的"建筑物重置价格",则将建筑物重置价格减去落后功能重置价格,加上落后功能已提折旧,减去拆除落后功能费用,加上落后功能残余价值,减去单独增加先进功能费用,便直接得到了扣除可修复的功能落后引起的折旧后的价值。

与可修复的功能缺乏引起的折旧额相比,可修复的功能落后引起的折旧额多了落后功能尚未折旧的价值(即落后功能的重置价格减去已提折旧,因为该尚未折旧的部分未发挥作用就报废了),少了落后功能的净残值(即可挽回的损失,等于落后功能的残余价值减去拆除费用),即多了落后功能的服务期未满而提前报废的损失。

对于不可修复的功能落后引起的折旧,其折旧额是在上述可修复的功能落后引起的折旧额计算中,将单独增加先进功能费用替换为利用"收益损失资本化法"计算的功能落后导致的未来每年损失租金的现值之和。

③功能过剩折旧的计算。功能过剩折旧是指建筑物已有的部件、设备、设施或系统等的标准超过市场要求的标准而对房地产价值的贡献小于其成本。例如,某幢厂房的层高为 6 米,但如果当地厂房的标准层高为 5 米,则该厂房超高的 1 米因不能被市场接受而使其所多花的成本成为无效成本。

估价人员有时会同时采用上述几种折旧方法计算建筑物的折旧,但不同的折旧方法求得的结果不尽相同,为此,可以采用简单算术平均或加权算术平均等方法将求得的结果综合成一个统筹兼顾的结果,这是一种综合运用。

第四节　成本法中经常遇到的问题及解决的对策建议

从前面的介绍可知,成本法是求取估价对象在估价时点的重置价格或重建价格,再扣除折旧,以此估算估价对象的客观合理价格或价值的一种房地产估价方法,但是在房地产估价实务中,成本法的估价结果往往比其他方法如市场比较法等偏低,这造成了估价结果的不准确,不能完全反映估价对象的实际价值。下面从以下几个方面介绍运用成本法估价中经常遇到的问题及解决的对策建议。

一、所估价格不能反映市场供求状况、无形价值及解决建议

实际上,成本法隐含了长期市场均衡的假设,即没有考虑估价时点的市场供求关系;房地产的价值包括实体价值和无形价值两部分,大量由非建造成本因素形成的无形价值如历史价值(文物建筑等)、文化价值、品牌价值等不能得到体现。因此,这类房地产的价值不仅限于最初的生产成本。成本法只考虑由建造成本构成的实体价值,无法完全反映房地产的真实价值。[①]

在市场经济条件下,市场供求状况对价格的影响极大,当房地产市场供求严重失衡时,成本法的估价结果往往明显偏离市场价格。[②] 针对这个问题,建议采用与市场法中价格修正相类似的方法,在得到的积算价格基础上引入相应的价格调整系数。具体调整可分为市场供求、无形资产价值、功能效用和正的外部经济性的价格修正。调整系数的确定可借鉴市场比较法中的价格修正系数。

二、成本法不能准确表达折旧金额及解决建议

直线法计算折旧以假定房地产的经济寿命期间每年的折旧额相等为前提提出折旧额,而在实际的房地产使用过程中,折旧通常呈逐年增加趋势。运用年限法计算折旧,期初房屋是新的,实际折旧额低于理论折旧额,实际折旧被高估,后期房屋老化,折旧额被低估,未能有效体现折旧逐年增加的实际状况。运用成新折扣法计算房地产折旧,是由估价人员依据房屋的建筑年代、损坏状况等进行估测,受到估价人员理论和实践经验的影响,对估价师理论知识的掌握、评估经验有着较高要求,若估价师经验不足,则评估结果可能会有较大偏差。[③]

---

① 曹晓鸥.房地产估价方法的探索研究[J].经济师,2017(4):266—267.
② 王晓巍.房地产估价方法存在的问题及改进措施[J].住宅与房地产,2017(17):20,22.
③ 郁锐,杨景海.成本法在房地产评估中的应用[J].合作经济与科技,2017(16):113—115.

此外，物质折旧、功能折旧和外部折旧三者共同引起房地产价值减损，影响房地产的价格。外部折旧与物质折旧和功能折旧相比，具有完全不同的性质。首先，由于外部折旧源于建筑物外部，主要影响土地的价值，在日常生活中这类折旧往往被人们忽视；其次，由于物质折旧和功能折旧都源于建筑物本身，并且仅影响建筑物的价值，所以，在日常生活中人们往往只看见这类折旧对房地产价值的影响。因此，没有准确区分两类不同性质的折旧，是造成折旧扣减矛盾的根本原因。

针对这些问题，应增加和强化实地折旧鉴定环节。评估人员凭借经验，对房屋的结构、设备维护程度等更加详细的房地产状态资料进行收集分析，鉴定房地产损毁程度，将理论的折旧和实际的折旧根据实际的侧重情况，估算出所占比例，得出综合的成新率。通过此方法，降低理论上的折旧额低于或高于的偏差，更加真实地反映房屋的损坏程度，使得评估值更加准确地反映房屋的价值。[①]

对不同性质的折旧，在折旧扣减时应予以区分。在求取土地的重新购置价格时，通常采用市场比较法、基准地价修正法等，这些方法已经考虑了区位因素对土地价格的影响，而区位因素还是引起建筑物外部折旧的主要原因。因此，如果在建筑物折旧的求取过程中再次考虑关于外部折旧的相关计算，就会出现重复计算的问题，此时只需考虑物质折旧和功能折旧对建筑物价格的影响。

三、未考虑功能因素的影响

成本法的理论基础之一是生产费用价值理论，该理论认为房地产的价值是由建造该房地产的历史成本所决定的，但未考虑功能因素的影响。该方法中"成本"的本义是估价对象最大限度地发挥最佳用途，而在实际使用成本估价法时，如果房屋的使用功能优于一般建筑物时（如户型很好），则该房地产的市场价值高于估价结果。从这个意义上说，成本仅是房地产价值的下限。[②]

第五节 成本法运用举例（一）

一、估价对象概况

某房地产项目地处城市远郊，且周边没有类似的房地产交易案例。土地总面积为500平方米，建筑容积率为2，土地重新购置费为500万元，土地用途是住宅，预计取得

[①] 郁锐，杨景海. 成本法在房地产评估中的应用[J]. 合作经济与科技，2017(16)：113—115.
[②] 王晓巍. 房地产估价方法存在的问题及改进措施[J]. 住宅与房地产，2017(17)：20，22.

该土地后建造该类商品住宅的建设期为 2 年,建筑费为 800 元/平方米,专业费用为建筑费的 8%,利润为 20%,第一年投入 60% 的建筑费及专业费用,第二年投入 40% 的建筑费及专业费用,贷款年利率为 10%,销售税费为未来楼价的 6%,购买土地需要缴纳交易价格 3% 的契税,该商品住宅在建成后一次全部售出。要求评估该宗房地产售出时的市场价格。

二、估价过程

(一)选择估价方法

该房地产项目地处城市远郊,且周边没有类似的房地产交易案例,因此,选取成本法作为本次估价的基本方法。成本法是计算估价对象在估价时点的重新购建价格和折旧,然后将重新购建价格减去折旧来计算估价对象价值的方法。

(二)选择计算公式

待估对象属于新建房地产,故采用成本法中的新建房地产计算公式:

成本法新开发的房地产价值=土地取得成本+开发成本+管理费用+销售费用
$$+销售税费+投资利息+开发利润 \qquad (5-28)$$

(三)计算过程

假设估价对象的市场价值为 V。

土地取得费=土地购置费+土地税=$(1+3\%) \times 500 = 515$(万元)

开发费=建筑费+专业费=$800 \times 500 \times 2 + 800 \times 500 \times 2 \times 8\% = 86.4$(万元)

投资利息=$500 \times [(1+10\%)^2 - 1] + 86.4 \times 60\% \times [(1+10\%)^{1.5} - 1] + 86.4$
$\qquad \times 40\% \times [(1+10\%)^{0.5} - 1]$
$\qquad = 114.65$(万元)

销售税费=房地产市场价值$\times 6\% = 6\% V$

利润=(土地取得费+开发费)$\times 20\%$
$\qquad = [500 \times (1+3\%) + 86.4] \times 20\%$
$\qquad = 120.28$(万元)

市场价格=土地取得费+开发费+资本利息+销售税费+利润

$V = 515 + 86.4 + 114.65 + 6\% V + 120.28$

$\quad = (515 + 86.4 + 114.65 + 120.28)/0.94$

$\quad = 889.71$(万元)

三、估价结果

根据上述计算结果,本估价对象的新建房地产售出时的市场价值总额为 889.71

万元,折合单位建筑面积造价为 8 897.10 元/平方米。

第六节　成本法运用举例(二)

一、估价对象概况

估价对象为某高校科技楼,土地总面积为 1 200 平方米,建筑总面积为 5 500 平方米,建于 2008 年 1 月,建筑结构为钢筋混凝土结构。要求评估该科技楼 2024 年 1 月的价值。

二、估价过程

(一)选择估价方法

该房地产为高校内建科技楼,无直接效益,也很少出现交易情况,故选用成本法进行估价。

(二)选择计算公式

该房地产属于旧有房地产,故采用成本法中的旧有房地产计算公式:

$$房地产现时价格 = 土地的重新取得价格或重新开发成本 + 建筑物的重新购建价格 - 建筑物的折旧 \quad (5-29)$$

(三)求取土地的重新取得价格

由于该土地坐落在城市建成区内,直接求取土地的重新取得价格很困难,故拟采用间接法求取该土地的重新取得价格。具体可采用两种方法:一是市场比较法,利用政府有偿出让土地的价格作比较求取;二是利用征用农地的费用再加上土地级差收益的办法来求取。

1. 市场比较法求土地价格

交易实例一:土地面积 1 000 平方米,出让日期 2023 年 8 月。出让价格 2 000 元/平方米。

交易实例二:土地面积 1 100 平方米,出让日期 2023 年 10 月。出让价格 2 100 元/平方米。

交易实例三:土地面积 1 050 平方米,出让日期 2023 年 11 月。出让价格 2 150 元/平方米。

市场比较法求土地价格见表 5—4。

表 5—4　　　　　　　　　　　地价计算

项目	实例一	实例二	实例三
交易价格(元/平方米)	2 000	2 100	2 150
交易情况修正	100/100	100/100	100/100
交易日期修正	105/100	103/100	102/100
区域因素修正	100/102	101/100	102/100
个别因素修正	101/100	99/100	101/100
修正后价格(元/平方米)	2 079	2 163	2 259
平均价格(元/平方米)	2 167		

由表 5—4 可得待估房地产土地价格为 2 167 元/平方米。

2. 利用征用农地费用再加上土地级差收益的办法求取土地价格

目前征用农村土地平均每亩需要 30 万元征地补偿费,约合 450 元/平方米。土地的"三通一平"费用约 90 元/平方米。以上两项合计 540 元/平方米,可以看作城市边缘土地的价格。该城市土地分为 10 个级别,该房地产位于第五等级土地上。根据当地的规定,本级别的地价是次一级别土地的 1.25 倍。因此,估价对象的土地价格为:

估价对象土地价格＝540×1.25^5＝1 648(元/平方米)

3. 确定土地重新取得价格

上述两种方法取得的土地价格分别为 2 167 元/平方米与 1 648 元/平方米。适当考虑两种方法,在征求当地相关专家意见的基础上,并从便于取整的角度,最终确定土地价格为 2 000 元/平方米。

土地总价＝2 000×1 200＝2 400 000(元)＝240(万元)

(四)计算建筑物的重新购建价格

目前类似房地产的建筑造价(不含土地价格)为每平方米建筑面积 2 500 元(含合理利润、税费等),以此作为建筑物的价格。

建筑物总价＝2 500×5 500＝13 750 000(元)＝1 375(万元)

(五)计算建筑物的折旧

采用直线法求取折旧额。根据前面的介绍得知,钢筋混凝土结构的耐用年限为 60 年,残值率为 0,因而建筑物的折旧为:

$$E_t = C(1-R)\frac{t}{N} = \frac{1\ 375 \times (1-0\%) \times 16}{60} = 367(万元)$$

通过现场观察,该建筑物的成新度在七成新左右,与上述计算结果一致。

(六)求取积算价格

估价对象的积算价格为:

240+1 375-367=1 248(万元)

三、估价结果

根据上述计算结果,本估价对象某高校科技楼于 2024 年 1 月的市场价值总额为 1 248 万元,折合单位建筑面积造价为 2 270 元/平方米。

本章小结

成本法就是根据估价对象在估价时点的重新构建或重新购置价格扣除掉折旧来计算估价对象价格的方法。具体来说,就是先计算估价对象在被估价时点的重新购建价格或重新购置价格,然后再将此重购或重置价格减去该对象的折旧来得到被估价对象的价格。成本法的本质是以房地产的重新开发建设成本为导向计算估价对象的价值,因而成本法也可以说是以房地产价格各构成部分的累加为基础来计算房地产价值的方法。采用成本法评估出来的不动产价格又称为积算价格。

成本法的适用范围是比较广泛的。首先,新开发建设完成的房地产(新开发的房地产)、可以假设重新开发建设的现有房地产(旧的房地产)、正在开发建设的房地产(在建房产),甚至是计划将要开发的房地产,都可以采用成本法。其次,成本法也适用于评估那些既无收益又很少发生交易的房地产,比如学校、图书馆、体育场馆、医院等有独特设计或只针对个别用户的特殊需要而开发建设的房地产。再次,单纯建筑物的估价通常也是采用成本法。另外,成本法也适用于估价市场不完善或狭小市场上无法运用市场法估价的房地产。最后,在房地产保险(包括投保和理赔)及其他损害赔偿中,通常也是采用成本法估价。

成本法进行房地产估价的最基本的公式为:积算价格=重新购建价格-建筑物折旧。

新开发的土地包括填海造地、开山造地、征用农业用地后进行"三通一平"等新城区开发的土地和在城市旧区中拆除旧建筑物等开发的土地。新开发土地价格=取得待开发土地的成本+土地开发成本+管理费用+销售税费+投资利息+开发利润+土地增值收益。

旧的房地产可以分为旧的房地和旧的建筑物,其用成本法估价所应依据的基本公式有以下两个:旧的房地价值=房地重新购建价格-建筑物折旧=土地重新购置价格+建筑物重新购建价格-建筑物折旧;旧的建筑物价值=建筑物的重新购建价格-建筑物的折旧。

建筑物折旧的计算方法主要有三种:年限法、市场提取法、分解法。

习题

一、选择题

1. 对于收益性房地产来说,建筑物的经济寿命是( )。
   A. 建筑物竣工之日起到不能保证其安全使用之日的时间
   B. 在正常市场和运营状态下净收益大于零的持续时间
   C. 由建筑结构、工程质量、用途与维护状况等决定的时间
   D. 剩余经济寿命与实际年龄之和的时间

2. 某房地产开发商开发一幢建筑面积10 000平方米的写字楼,开发完成后销售均价为3 000元/平方米,已知取得土地时楼面地价为1 000元/平方米,开发成本和管理费用为1 200元/平方米,开发成本和管理费用在开发期内均匀投入,开发完成后即开始销售,销售费用为销售价格的2%,销售税费为销售价格的5.5%,开发期为1.5年,年利率为10%。该幢写字楼的销售利润率为( )。
   A. 7.90%   B. 11.08%   C. 11.83%   D. 13.73%

3. 某成片荒地面积为1平方千米,进行"七通一平"的开发后分块有偿转让,开发成本及管理费用、销售费用等为3亿元,年贷款利率为7.2%,开发经营期为1年。上述费用均匀投入,可转让土地面积比率为65%,该地块可转让土地的应计成本是( )元/平方米。
   A. 310.61   B. 321.60   C. 477.87   D. 494.77

4. 某待开发土地,其土地取得费为每亩36万元,土地开发费为1.5亿元/平方千米。假设开发周期为2年,其中第一年和第二年投资分别占土地开发费的60%和40%。银行贷款年利息为8%。该土地的投资利息为( )元/平方米。
   A. 50.02   B. 103.22   C. 109.63   D. 114.82

5. 某8年前建成交付使用的建筑物,建筑面积为120平方米,单位建筑面积的重置价格为600元/平方米,建筑物残值率为5%,年折旧额为1 440元,用直线法计算该建筑物的成新率是( )。
   A. 81.00%   B. 84.00%   C. 84.17%   D. 84.80%

6. 为估算某建筑物的重新购建价格,经测算其土建工程直接费为780元/平方米,安装工程直接费为450元/平方米(其中人工费为50元/平方米),装饰装修工程直接费为900元/平方米(其中人工费为45元/平方米);又知该地区土建工程综合费率为土建工程直接费的15%,安装工程综合费率为安装工程人工费的75%,装饰装修工程综合费率为装饰装修工程人工费的72%。税金为3.5%。该建筑物的建筑安装装饰工程费为( )元/平方米。
   A. 2 204.55   B. 2 397.99   C. 3 237.60   D. 3 345.64

7. 某房地产的重建价格为2 000万元,已知在建造期间中央空调系统因功率大较正常情况多投入150万元,投入使用后每年多耗电费0.8万元。假定该空调系统使用寿命为15年,估价对象房地产的报酬率为12%,则该房地产扣除该项功能折旧后的价值为( )万元。
   A. 1 838.00   B. 1 844.55   C. 1 845.87   D. 1 850.00

8. 某估价对象为一旧厂房改造的超级市场,建设期为2年,该厂房建成5年后补办了土地使用权出让手续,土地使用期限为40年,土地使用权出让合同约定土地使用期间届满不可续期。建筑物经济寿命为50年。假设残值率为零,采用直线法计算建筑物折旧时年折旧率为( )。

A. 2.00%　　　　B. 2.13%　　　　C. 2.22%　　　　D. 2.50%

9. 下列关于农地征收费用的表述中,不正确的是(　　)。
A. 青苗补偿费的标准由省、自治区、直辖市规定
B. 征地管理费的标准由省、自治区、直辖市规定
C. 新菜地开发建设基金的缴纳标准由省、自治区、直辖市规定
D. 地上附着物补偿费的标准由省、自治区、直辖市规定

10. 某建筑物的建筑面积为 2 000 平方米,占地面积为 3 000 平方米,现在重新获得该土地的价格为 800 元/平方米,建筑物重置价格为 900 元/平方米,而市场上该类房地产正常交易价格为 1 800 元/平方米,则该建筑物的成新率为(　　)。
A. 44%　　　　B. 50%　　　　C. 67%　　　　D. 86%

二、判断题

1. 成本法的理论基础是价值理论和替代理论。（　）
2. 征用农地取得,即通过征收农用地来取得房地产开发用地。（　）
3. 土地增值收益是指农业用地转为建设用地并进行相应开发后达到的建设用地的某些利用条件而发生的增值。（　）
4. 重新购建价格是估价时点时的价格,因而是直接的,是全新状况下的价格。（　）

三、名词解释

1. 成本法
2. 重置价格
3. 建筑物折旧
4. 成新率

四、简答题

1. 成本估价法的理论基础和适用范围是什么？
2. 成本估价法的三个基本公式如何运用？
3. 什么是建筑物的重新购建价格？按照重新建造方式不同,不同类别重新购建价格有何不同？

五、计算题

某宗房地产的土地总面积为 1 000 平方米,是 10 年前通过征用农地取得的,当时的花费为 18 万元/亩,现时重新取得该类土地需要花费 620 元/平方米;地上建筑物总建筑面积 2 000 平方米,是 8 年前建成交付使用的,当时的建筑造价为每平方米建筑面积 600 元,现时建造类似建筑物的建筑造价为每平方米建筑面积 1 200 元,估计该建筑物有 8 成新。试选用所给资料测算该宗房地产的现时总价和单价。

课堂自测题	拓展资料
案例 5—1	案例 5—2
案例 5—3	阅读书目

第六章 收益还原法

学习目的

知识目标：了解房地产估价中收益还原法的概念、理论依据和估价步骤；结合现实房地产类型，理解收益还原法适用的对象和条件；认识到待估房地产估价类型的复杂多样性；了解收益还原法中经常遇到的问题及解决对策。

能力目标：掌握收益还原法的基本公式、参数取值方法以及具体估值条件下基本公式的变化和应用；通过案例和习题更好地掌握收益还原法在房地产评估中的应用；初步具备使用收益还原法评估房地产价格的能力。

思政目标：房地产市场具有地域性，房地产调控不宜"一刀切"。深刻领会全面落实因城施策，稳地价、稳房价、稳预期的长效管理调控机制，促进房地产市场平稳健康发展。

关键概念	思维导图

第一节 收益还原法的原理及概述

一、收益还原法的含义

收益还原法（Income Approach 或 Income Capitalization Approach）是房地产估

价业广泛采用的三大基本方法之一,适合于收益性房地产项目,也常被称为收益法或收益资本化法。运用收益还原法进行估价的一般方法为预计估价对象未来的正常净收益,利用适当的资本化率或收益乘数,采用合适的运算公式,结合收益年限来得出估价对象的客观合理价值。[1]

根据转换的方式不同,收益还原法可被分为直接资本化法(Direct Capitalization)和报酬资本化法(Yield Capitalization),并应优先选用报酬资本化法。[2] 直接资本化法是预测估价对象未来第一年的收益,将其除以合理的资本化率或者乘以合理的收益乘数,来求取估价对象在估价时点的合理价值或价格。[3] 报酬资本化法也称现金流折现法(Discounted Cash Flow,DCF),具体是预期未来各期的合理净收益,然后选用适当的报酬率将各期净收益折算到估价时点,加总折算后的各期值来求得估价对象的合理价值或价格。[4]

二、收益还原法的理论依据

收益还原法以预期收益原理为基础,即某宗房地产的客观合理价格或价值为该房地产的产权人在拥有该房地产期间从中所能获得的各年净收益的现值之和。根据这一原理,对房地产当前价值起决定作用的是估价对象未来经营过程中的相关因素,而非历史因素。

收益还原法的另一个理论基础为资金的时间价值,即资金随着时间的变化产生增值,更通俗的理解即现在的资金比将来某个时点的同样数目的资金更有价值。

根据上述理论基础,估价对象价值的高低一般取决于以下三个因素:

(1)未来净收益:一般认为未来净收益与估价对象价值呈正相关关系。

(2)获得未来净收益的风险:风险包括系统性风险和非系统性风险,风险越小,即取得预期未来净收益的可靠程度越大,则估价对象的价值也就越高,一般认为风险与估价对象价值呈反比关系。

(3)收益年限:一般认为,收益年限与估价对象的价值呈正相关关系,即年限越长,价值越高,年限越短,价值越低。

---

[1] 孙峤,刘洪玉.房地产估价与资产定价[M].北京:中国建筑工业出版社,2021:111—112.
[2] 中华人民共和国住房和城乡建设部.房地产估价规范(GB/T 50291—2015)[S].北京:中国建筑工业出版社,2015:13.
[3] 柴强.房地产估价[M].10版.北京:首都经济贸易大学出版社,2022:268.
[4] 孙峤,刘洪玉.房地产估价与资产定价[M].北京:中国建筑工业出版社,2021:116.

三、收益还原法适用的对象和条件

(一)适用对象

收益还原法适用的估价对象是有经济收益或有潜在经济收益的房地产,例如住宅(特别是公寓)、写字楼、旅馆、商店、餐馆、游乐场、影剧院、停车场、汽车加油站、用于出租的厂房、仓库、农地等。它不限于估价对象本身现在是否有收益,只要估价对象所属类型有获取收益的能力即可。

(二)适用条件

由于收益还原法基于预期收益原理,所以采用收益还原法估价的一个很重要的先决条件即用于收益法公式的各个参数可以合理量化得到,否则也就无从得出最后的估价价值。因此,所需的条件可概括如下:

(1)评估对象使用时间较长且具有连续性。
(2)评估对象能在未来若干年内取得一定收益,且该收益可以用货币来度量。
(3)评估对象的未来收益和评估对象的所有者所承担的风险可以量化,且纯收益为正。[1]
(4)存在一定规模的类似房产或土地市场以供开展广泛、深入的市场调查和市场分析。因为未来的预期通常是基于过去的经验和对现实的认识作出的。[2]

四、收益还原法的估价步骤[3]

运用收益还原法估价应按下列步骤进行:
(1)选择具体估价方法。
(2)测算收益期或持有期。
(3)测算未来收益,包括测算潜在毛收入、有效毛收入、运营费用和净收益。
(4)确定报酬率或资本化率、收益乘数。
(5)计算收益价值。

第二节 收益还原法的计算方法

在计算收益价格时应根据未来净收益流量的类型,选用对应的收益法计算公式。

---

[1] 戴学珍.房地产估价教程[M].3版.北京:清华大学出版社,2017:108.
[2] 柴强.房地产估价[M].10版.北京:首都经济贸易大学出版社,2022:270.
[3] 中华人民共和国住房和城乡建设部.房地产估价规范(GB/T 50291—2015)[M].北京:中国建筑工业出版社,2015:13.

本节首先介绍的是报酬资本化法的计算公式,然后介绍直接资本化法的计算公式。

一、报酬资本化法的计算公式[①]

(一)基本公式

收益法的基本公式如下:

$$V = \sum_{i=1}^{n} \frac{A_i}{(1+\gamma)^i} \tag{6-1}$$

式中,V 为收益价格,A_i 为未来第 i 年的净收益,γ 为报酬率,n 为未来可获收益的年限。

(二)净收益每年不变的公式

净收益每年不变的公式有以下几种重要用途:第一,直接测算待估对象的收益价格;第二,不同年限(不同土地使用年限或不同收益期限)情况下价格之间进行换算;第三,比较不同年限(不同土地使用年限或不同收益期限)情况下价格的高低;第四,市场比较法中因年限不同进行的价格调整。[②][③][④] 下面逐个进行举例解释。

1. 直接测算待估对象的收益价格

下面分别介绍收益期限为无限年和有限年的情况。

(1)收益期限为有限年,待估对象的收益价格计算公式推导如下:

$$V = \sum_{i=1}^{n} \frac{A_i}{(1+\gamma)^i} = \frac{A}{1+\gamma} + \frac{A}{(1+\gamma)^2} + \frac{A}{(1+\gamma)^3} + \cdots + \frac{A}{(1+\gamma)^n}$$

$$= A \times \frac{\frac{1}{1+\gamma} \times \left[1 - \left(\frac{1}{1+\gamma}\right)^n\right]}{1 - \left(\frac{1}{1+\gamma}\right)}$$

$$V = \frac{A}{\gamma} \times \left[1 - \left(\frac{1}{1+\gamma}\right)^n\right] \tag{6-2}$$

式中,V 为收益价格,A 为年净收益,γ 为报酬率,n 为未来可获收益的年限。

【例 6—1】 计算题:假设一宗房地产 A 的使用年限为 50 年,现已使用了 20 年,年净收益为 20 万元,该类房地产的报酬率是 10%。试计算该房地产的价值。

解:根据已知条件,该房地产价格的计算过程如下:

$$V = \frac{A}{\gamma} \times \left[1 - \left(\frac{1}{1+\gamma}\right)^n\right]$$

---

① 以下公式中 γ 都大于 0。
② 赵小虹,赵财福. 房地产估价[M]. 3 版. 上海:同济大学出版社,2014:101.
③ 闵捷. 不动产估价[M]. 北京:化学工业出版社,2018:89.
④ 左静. 房地产估价[M]. 北京:机械工业出版社,2022:89.

$$=\frac{20}{10\%}\times\left[1-\left(\frac{1}{1+10\%}\right)^{50-20}\right]$$

$$=188.54(万元)$$

(2) 收益期限为无限年,即式(6-2)中 n 趋近无穷时,可由数学中极限定理得出 $\lim\limits_{n\to\infty}\left(\frac{1}{1+\gamma}\right)^n=0$。因此,当收益期限为无限年时,待估对象的收益价格计算公式可简化为:

$$V=\frac{A}{\gamma} \qquad (6-3)$$

【例6-2】 计算题:若上述例子中房地产A的收益年限改为无限年,则试计算此情况下该房地产A的价值。

解:若收益期限为无限年,则计算如下:

$$V=\frac{A}{\gamma}=\frac{20}{10\%}=200(万元)$$

上述两个例题中给出的房地产A的条件中仅收益年限不同,且收益年限越长,房地产的价值越大,反之越小。

根据《房地产估价规范》,在净收益每年不变,可获收益无限期,利用土地与地上建筑物共同产生收益时,

①若单独求取土地价值,则应采用下式:

$$V_L=\frac{A_0-V_B\times\gamma_B}{\gamma_L} \qquad (6-4)$$

②若单独求取建筑物价值,则应采用下式:

$$V_B=\frac{A_0-V_L\times\gamma_L}{\gamma_B} \qquad (6-5)$$

式中,A_0 为土地与地上建筑物共同产生的净收益,V_L 为土地价值,V_B 为建筑物价值,γ_L 为土地报酬率,γ_B 为建筑物报酬率。

2.不同年限情况下价格之间进行换算

已知净收益不变的收益价格计算公式为 $V=\frac{A}{\gamma}\times\left[1-\left(\frac{1}{1+\gamma}\right)^n\right]$,为了便于理解,我们令 V_n 为收益年限为 n 的待估对象的收益价格,V_∞ 为无限年的收益价格,$K_n=1-\frac{1}{(1+\gamma)^n}$,则可得:

$$V_n=V_\infty\times K_n \qquad (6-6)$$

若需要转换为收益年限为 n_1 的价格,则:

$$V_{n_1}=V_\infty\times K_{n_1} \qquad (6-7)$$

用式(6—7)比式(6—6)得到：

$$V_{n_1} = \frac{K_{n_1}}{K_n} \times V_n = \frac{(1+\gamma)^{n-n_1} \times [(1+\gamma)^{n_1}-1]}{(1+\gamma)^n - 1} \times V_n \qquad (6-8)$$

【例6—3】 计算题：假设一宗收益性房地产收益年限为30年，价格是3 000元/平方米，同类房地产的报酬率是10%。试计算当收益年限为50年时该房地产的收益价格。

解：根据已知条件，该房地产收益年限从30年到50年的收益价格换算过程如下：

$$V_{50} = \frac{(1+\gamma)^{n-n_1} \times [(1+\gamma)^{n_1}-1]}{(1+\gamma)^n - 1} V_n$$

$$= \frac{(1+10\%)^{30-50} \times [(1+10\%)^{50}-1]}{(1+10\%)^{30} - 1} \times V_{30}$$

$$= 1.051\ 756 \times 3\ 000$$

$$= 3\ 155.27(元/平方米)$$

由此可知，该房地产50年收益期限情况下的价格为3 155.27元/平方米，高于30年收益期限的价格。

3. 比较不同年限情况下价格的高低

要比较两宗年限不同房地产价格的高低，需要将它们先转换成相同年限下的价格之后再进行比较才是合理的。

【例6—4】 计算题：有A、B两宗房地产：A的单价是5 000元/平方米，收益年限是50年；B的单价是4 600元/平方米，收益年限为25年。假设报酬率均为10%。试比较这两宗房地产价格的高低。

解：要比较A、B价格的高低，需要将它们先转换为相同年限下的价格。比如简单的操作是将它们转换为无限年下的价格。

由 $V_n = V_\infty \times K_n$ 可知 $V_\infty = \frac{V_n}{K_n}$。

当A、B两宗房地产换算为无限年限时，

$$V_A = \frac{V_{50}}{K_{50}} = \frac{5\ 000}{\left[1 - \frac{1}{(1+10\%)^{50}}\right]} = 5\ 042.96(元/平方米)$$

$$V_B = \frac{V_{25}}{K_{25}} = \frac{4\ 600}{\left[1 - \frac{1}{(1+10\%)^{25}}\right]} = 5\ 067.73(元/平方米)$$

由上可知，虽然B房地产的名义价格是4 600元/平方米，低于A房地产的名义价格5 000元/平方米，但当两宗房地产的价格都换算成无限年的价格之后，B房地产的实际价格为 5 067.73 元/平方米,超过了 A 房地产的价格 5 042.96 元/平方米。

4.市场比较法中因年限不同进行的价格调整

市场法中可比实例的年限经常与待估对象的年限不同,这时需要先将可比实例的价格换算成与待估对象年限相同情况下的价格,调整后的可比实例的价格才是合理的,否则年限不同的因素会导致估价结果发生偏差。

【例 6—5】 计算题:某宗工业用地的出让土地使用年限为 50 年,所处地段的基准地价为 1 200 元/平方米,且在评估基准地价时设定的土地使用为无限年,现行土地报酬率为 10%。假设除了土地使用年限,该工业用地的其他状况与评估基准地价时设定的状况相同。试通过基准地价求取该宗工业用地的价格。

解:根据已知条件,通过基准地价求取该工业用地的价格实际上就是将土地使用无限年的基准地价转换成土地使用 50 年的地价。由 $V_n = V_\infty \times K_n$ 可知,

$$V_{50} = V_\infty \times K_{50}$$
$$= V_\infty \times \left[1 - \frac{1}{(1+\gamma)^{50}}\right]$$
$$= 1\,200 \times \left[1 - \frac{1}{(1+10\%)^{50}}\right]$$
$$= 1\,189.78(元/平方米)$$

因此,通过基准地价求得该工业用地的价格为 1 189.78 元/平方米。

(三)净收益在前若干年有变化的公式

这种情形是假设净收益在前 n_t 年有变化为 A_i,从第 n_{t+1} 年起年净收益保持稳定为 A。

1.收益期限为有限年

公式推导如下:

$$V = \sum_{i=1}^{n} \frac{A_i}{(1+\gamma)^i}$$
$$= \frac{A_1}{1+\gamma} + \frac{A_2}{(1+\gamma)^2} + \frac{A_3}{(1+\gamma)^3} + \cdots + \frac{A_t}{(1+\gamma)^t} + \frac{A}{(1+\gamma)^{t+1}} + \cdots + \frac{A}{(1+\gamma)^n}$$

$$V = \sum_{i=1}^{t} \frac{A_i}{(1+\gamma)^i} + \frac{A}{\gamma \times (1+\gamma)^t} \times \left[1 - \left(\frac{1}{1+\gamma}\right)^{n-t}\right] \qquad (6-9)$$

【例 6—6】 计算题:预计房地产 A 未来 4 年的净收益分别是 20 万元、25 万元、30 万元、35 万元,从第 5 年开始净收益稳定在 40 万元。A 的收益期限为 50 年。该类房地产的报酬率为 10%。试计算 A 的价格。

解:根据已知条件,A 的收益价格计算如下:

$$V = \sum_{i=1}^{t} \frac{A_i}{(1+\gamma)^i} + \frac{A}{\gamma \times (1+\gamma)^t} \times \left[1 - \left(\frac{1}{1+\gamma}\right)^{n-t}\right]$$

$$= \frac{20}{1+10\%} + \frac{25}{(1+10\%)^2} + \frac{30}{(1+10\%)^3} + \frac{35}{(1+10\%)^4} + \frac{40}{10\% \times (1+10\%)^4}$$

$$\times \left[1 - \left(\frac{1}{1+10\%}\right)^{50-4}\right]$$

$$= 355.09 (万元)$$

2. 收益期限为无限年

$n \to \infty$, 可得 $\lim_{n\to\infty}\left(\frac{1}{1+\gamma}\right)^{n-t} = 0$, 这种情形下的收益价格公式如下：

$$V = \sum_{i=1}^{t} \frac{A_i}{(1+\gamma)^i} + \frac{A}{\gamma \times (1+\gamma)^t} \tag{6-10}$$

【例 6—7】 计算题：若上述例题中受益年限为无限年，则计算 A 的价格。

解：根据已知条件，A 的收益价格计算如下：

$$V = \sum_{i=1}^{t} \frac{A_i}{(1+\gamma)^i} + \frac{A}{\gamma \times (1+\gamma)^t}$$

$$= \frac{20}{1+10\%} + \frac{25}{(1+10\%)^2} + \frac{30}{(1+10\%)^3} + \frac{35}{(1+10\%)^4} + \frac{40}{10\% \times (1+10\%)^4}$$

$$= 358.49 (万元)$$

（四）净收益按一定数额逐年递增（或递减）的公式

当净收益逐年按等差数列变化 a 时，计算公式可根据收益年限不同分有限年和无限年两种情况来分析。

有限年时，若净收益逐年按一定数额递增，则 a 为正，若是递减，则 a 为负，收益年限应不超过第一年净收益 A 除以 $|a|$ 加 1，即 $n \leqslant \frac{A}{|a|} + 1$。无限年时，只存在等差递增的情形。

1. 收益期限为有限年

如果净收益每年按一定数额 a 变化（a 正为递增，a 负为递减），则公式推导如下：

$$V = \sum_{i=1}^{n} \frac{A_i}{(1+\gamma)^i} = \frac{A}{1+\gamma} + \frac{A+a}{(1+\gamma)^2} + \frac{A+2a}{(1+\gamma)^3} + \cdots + \frac{A+(n-1)a}{(1+\gamma)^n}$$

$$= \frac{A}{1+\gamma} + \frac{A}{(1+\gamma)^2} + \frac{A}{(1+\gamma)^3} + \cdots + \frac{A}{(1+\gamma)^n} + \frac{0}{1+\gamma} + \frac{a}{(1+\gamma)^2} + \frac{2a}{(1+\gamma)^3}$$

$$+ \cdots + \frac{(n-1)a}{(1+\gamma)^n}$$

$$= \frac{A}{\gamma} \times \left[1 - \left(\frac{1}{1+\gamma}\right)^n\right] + a \times \sum_{t=2}^{n} \frac{t-1}{(1+\gamma)^t} \tag{6-11}$$

令

$$M = \sum_{t=2}^{n} \frac{t-1}{(1+\gamma)^t} = \frac{1}{(1+\gamma)^2} + \frac{2}{(1+\gamma)^3} + \cdots + \frac{n-1}{(1+\gamma)^n} \quad (6-12)$$

则

$$\frac{1}{(1+\gamma)} \times M = \sum_{t=2}^{n} \frac{t-1}{(1+\gamma)^{t+1}} = \frac{1}{(1+\gamma)^3} + \frac{2}{(1+\gamma)^4} + \cdots + \frac{n-1}{(1+\gamma)^{n+1}}$$
$$(6-13)$$

式(6-13)减去式(6-12)得：

$$\left[1 - \frac{1}{1+\gamma}\right] \times M = \frac{1}{(1+\gamma)^2} + \frac{1}{(1+\gamma)^3} + \cdots + \frac{1}{(1+\gamma)^n} - \frac{n-1}{(1+\gamma)^{n+1}}$$

$$= \frac{1}{\gamma \times (1+\gamma)} \times \left[1 - \frac{1}{(1+\gamma)^{n-1}}\right] - \frac{n-1}{(1+\gamma)^{n+1}}$$

$$= \frac{1}{\gamma \times (1+\gamma)} \times \left[1 - \frac{1+\gamma}{(1+\gamma)^n} - \frac{(n-1) \times \gamma}{(1+\gamma)^n}\right]$$

$$= \frac{1}{\gamma \times (1+\gamma)} \times \left[1 - \frac{n\gamma + 1}{(1+\gamma)^n}\right]$$

$$M = \frac{1}{\gamma^2} \times \left[1 - \frac{n\gamma + 1}{(1+\gamma)^n}\right] \quad (6-14)$$

将式(6-14)代入式(6-11)最终得：

$$V = \frac{A}{\gamma} \times \left[1 - \left(\frac{1}{1+\gamma}\right)^n\right] + \frac{a}{\gamma^2} \times \left[1 - \frac{n\gamma + 1}{(1+\gamma)^n}\right] \quad (6-15)$$

【例 6-8】 计算题：预计一宗房地产 A 未来第一年的净收益为 20 万元，之后每年的净收益逐年递增 2 万元，收益年限 20 年，该类房地产的报酬率为 10%。试计算房地产 A 的价格。

解：根据已知条件，房产 A 的价格计算如下：

$$V = \frac{A}{\gamma} \times \left[1 - \left(\frac{1}{1+\gamma}\right)^n\right] + \frac{a}{\gamma^2} \times \left[1 - \frac{n\gamma + 1}{(1+\gamma)^n}\right]$$

$$= \frac{20}{10\%} \times \left[1 - \left(\frac{1}{1+10\%}\right)^{20}\right] + \frac{2}{10\%^2} \times \left[1 - \frac{20 \times 10\% + 1}{(1+10\%)^{20}}\right]$$

$$= 281.09(万元)$$

2. 收益期限为无限年

$n \to \infty$，则：

$$V = \frac{A}{\gamma} + \frac{a}{\gamma^2} \quad (6-16)$$

【例 6-9】 计算题：预计一宗房地产 B 未来第一年的收益是 15 万元，以后每年等差递增 2 万元,收益年限为无限年,该类房地产的报酬率为 10%。试计算该房地产的价格。

解:根据已知条件,房产 B 的收益价格为:

$$V = \frac{A}{\gamma} + \frac{a}{\gamma^2}$$

$$= \frac{15}{10\%} + \frac{2}{10\%^2}$$

$$= 350(万元)$$

(五)净收益按一定比率逐年递增(或递减)的公式

净收益若逐年按一定比率 g 变化,则可根据收益年限不同分有限年和无限年两种情形分析。当净收益递增时,g 为正;当净收益递减时,g 为负。

1. 收益期限为有限年

$$V = \sum_{i=1}^{n} \frac{A_i}{(1+\gamma)^i}$$

$$= \frac{A}{1+\gamma} + \frac{A \times (1+g)}{(1+\gamma)^2} + \frac{A \times (1+g)^2}{(1+\gamma)^3} + \cdots + \frac{A \times (1+g)^{n-1}}{(1+\gamma)^n}$$

$$= \frac{A}{1+\gamma} \times \left[1 + \frac{1+g}{1+\gamma} + \left(\frac{1+g}{1+\gamma}\right)^2 + \cdots + \left(\frac{1+g}{1+\gamma}\right)^{n-1}\right]$$

当 $g = \gamma$ 时,

$$V = \frac{nA}{1+\gamma} \tag{6-17}$$

当 $g \neq \gamma$ 时,

$$V = \frac{A}{\gamma - g} \times \left[1 - \left(\frac{1+g}{1+\gamma}\right)^n\right] \tag{6-18}$$

【例 6-10】 计算题:预计房产 A 未来第一年的净收益为 10 万元,此后每年净收益按等比数列增加 2%,收益年限为 20 年,该类房地产的报酬率为 10%。试计算房产 A 的收益价格。

解:根据已知条件,房产 A 的收益价格计算如下:

$$V = \frac{A}{\gamma - g} \times \left[1 - \left(\frac{1+g}{1+\gamma}\right)^n\right]$$

$$= \frac{10}{10\% - 2\%} \times \left[1 - \left(\frac{1+2\%}{1+10\%}\right)^{20}\right]$$

$$= 97.39(万元)$$

2.收益期限为无限年

假设递增公式中报酬率 $\gamma > g$，即 $n \to \infty$，则[1][2]：

$$V = \frac{A}{\gamma - g} \qquad (6-19)$$

【例 6—11】 计算题：若上述例题待估房地产的收益年限为无限年，则收益价格计算如下：

解：$V = \dfrac{A}{\gamma - g} = \dfrac{10}{10\% - 2\%} = 125$（万元）

【例 6—12】 计算题：预计房产 B 未来第一年的有效毛收入为 50 万元，运营费用为 15 万元，之后每年的有效毛收入逐年递增 5%，运营费用则逐年递增 3%。该类房地产的报酬率取 10%。试计算房产 B 的价值。

解：根据已知条件，可计算房产 B 的价值如下：

$$\begin{aligned}V &= \left(\frac{A_1}{\gamma - g_1}\right) - \left(\frac{A_2}{\gamma - g_2}\right) \\ &= \frac{50}{10\% - 5\%} - \frac{15}{10\% - 3\%} \\ &= 785.71（万元）\end{aligned}$$

【例 6—13】 计算题：预计房产 C 未来第一年的收益为 20 万元，之后每年净收益逐年减少 2%，收益年限为无限年。该类房地产的报酬率为 10%。试计算房产 C 的价格。

解：根据已知条件，房产 C 的价格计算如下：

$$V = \frac{A}{\gamma - g} = \frac{20}{10\% + 2\%} = 166.67（万元）$$

（六）已知未来若干年后价格的公式

已知未来若干年后价格的估价也称作持有加转售模式。适用于已知未来若干年后价格公式的一般情形为：第一，当房地产目前的价格难以知道，但根据发展前景变化（例如周边交通条件将有较大改进或者房地产市场整体行情将有较大变动），可以预测其未来的价格或未来价格相对于当前价格的变化率时；第二，对于收益期限较长的房地产，当不是按照其收益期限来估价，而是先确定一个合理的持有期时。

预知未来若干年后价格的公式是对收益性房地产进行估价的最常用公式，原因在于购买收益性房地产实际上是一种投资，该投资品的典型收益包括两部分：一是在持有房地产期间每单位时间（如每月、每年）所获得的租赁收益或经营收益；二是在持有

---

[1] 吴清,严小丽,王宇静,等.房地产估价[M].北京:清华大学出版社,2014:112.
[2] 闵捷.不动产估价[M].北京:化学工业出版社,2018:91.

期末转售房地产时所获得的增值收益。① 因此，该公式的一般思路为：预测持有期间的净收益和持有期末的房地产价值，然后通过报酬率将它们折算为现值。

若预计估价对象未来 t 年内的单位净收益为 A_t，第 t 年末的价格为 V_t，则待估对象的收益价格计算公式为：

$$V=\sum_{i=1}^{t}\frac{A_i}{(1+\gamma)^i}+\frac{V_t}{(1+\gamma)^t} \qquad (6-20)$$

该房产在未来 t 年末的价格或市场价值或残值都可作为公式中 V_t。运用上式的一个关键在于 V_t 的合理取得。例如，如果购买房地产的目的是持有一段时间后转售，则第 t 年末该房地产准备转售时，V_t 等于转售时的交易价格减去销售税费后的净值，称为期末转售收益。

当每年净收益不变时，公式为：

$$V=\frac{A}{\gamma}\times\left[1-\frac{1}{(1+\gamma)^t}\right]+\frac{V_t}{(1+\gamma)^t} \qquad (6-21)$$

令 Δ 是估价对象未来 t 年末的价格相对于当前价格的变化率，即 $V_t=V\times(1+\Delta)$，代入式(6—21)，得 $V=\frac{A}{\gamma}\left[1-\frac{1}{(1+\gamma)^t}\right]+\frac{V\times(1+\Delta)}{(1+\gamma)^t}$，对其进行整理得：

$$V=\frac{A}{\gamma-\Delta\times\dfrac{\gamma}{(1+\gamma)^t-1}} \qquad (6-22)$$

令偿债基金系数 $a=\dfrac{\gamma}{(1+\gamma)^t-1}$，得②：

$$V=\frac{A}{\gamma-\Delta\times a} \qquad (6-23)$$

【例 6—14】 计算题：假设房产 A 现在的市场价格为 8 000 元/平方米，预计年净收益为 500 元/平方米，报酬率为 10%。现在得知房产 A 附近在两年后将新通一条地铁线，且入站口离房产 A 只需步行 10 分钟，这将给房产 A 增值不少。根据资料搜集得知，同类房产市场中可比房产的价格已达 10 000 元/平方米，据此预计新地铁线开通后房产 A 的价格也将升至 10 000 元/平方米。试计算房产 A 两年后的收益价格。

解：根据已知条件，新开通地铁线后房产 A 的价格计算如下：

$$V_A=\frac{A}{\gamma}\left[1-\frac{1}{(1+\gamma)^t}\right]+\frac{V_t}{(1+\gamma)^t}$$
$$=\frac{500}{10\%}\times\left[1-\frac{1}{(1+10\%)^2}\right]+\frac{10\ 000}{(1+10\%)^2}$$

---

① 柴强.房地产估价[M].10 版.北京：首都经济贸易大学出版社，2022：287.
② 柴强.房地产估价[M].10 版.北京：首都经济贸易大学出版社，2022：286.

$$=9\,132.23(元/平方米)$$

两年后将开通新地铁线这个消息使得房产 A 的市场价格从 8 000 元/平方米上涨到 9 132 元/平方米。

【例 6—15】 计算题：一幢旧办公楼 B 的租约还有 3 年到期，年净租金为 100 万元，租约到期后该办公楼将被拆除新建一个商场，预计旧办公楼的交易价格达 1 000 万元，拆除费用是 50 万元，报酬率为 10%。试计算该旧办公楼的价值。

解：根据已给条件，旧办公楼的价值计算过程如下：

$$V_B = \frac{A}{\gamma} \times \left[1 - \frac{1}{(1+\gamma)^t}\right] + \frac{V_t}{(1+\gamma)^t}$$

$$= \frac{100}{10\%} \times \left[1 - \frac{1}{(1+10\%)^3}\right] + \frac{1\,000-50}{(1+10\%)^3}$$

$$=962.43(万元)$$

二、直接资本化法的计算公式

直接资本化法计算公式较报酬资本化法计算公式更简单，其基本思想是将估价对象一年的收益除以一个适当的收益率或乘以一个适当的收益乘数得到估价对象价值，一步到位实现资本化。

直接资本化法适用的情况为待估对象处于稳定经营，且在最近交易房市中存在大量可比案例（"可比"是指近期交易的房地产市场中存在的例如新旧度、物理条件、地理区位、市场风险、收益、费用等特征都相似）。相反，直接资本化法不适合于收入和费用在一段时间内处于不规则变化的情况，因为若变化较大，则用某一年的某种收益来计算整体的价值就缺乏代表性和说服力了。

（一）直接资本化法的基本公式

资本化率（Capitalization Rate）是房地产市场中近期发生交易的可比案例的某种年收益与价格的比率，显示的是市场的平均水平。

$$资本化率 = \frac{年收益}{价格} \qquad (6-24)$$

得出这个基于可比市场平均水平的资本化率后，再利用该资本化率将待估对象的预计某种年收益转换为价值，常用计算公式如下：

$$待估对象价值 = \frac{未来某一年的某种收益}{资本化率} \qquad (6-25)$$

【例 6—16】 计算题：预估 A 房地产年净收益为 8 万元，资本化率定为 10%。求取 A 的收益价格。

解：根据已知条件，A 的收益价格求取过程为：

$$V_A = \frac{未来某一年的某种收益}{资本化率} = \frac{8}{10\%} = 80(万元)$$

(二)收益乘数法

1. 收益乘数法的基本公式

在成熟的房地产市场中,某类房地产的价格与该类房地产的某种收益之间存在着一定的联系及规律,例如,房地产价格是其某年租金的几倍。如果该类房地产市场中的可比实例较为丰富,且估价人员可以通过市场获知相关信息找到这一收益和这一倍数的规律,就可以简单地用该收益和倍数算出待估对象的价格。[①]

收益乘数(Income Multiplier)是房地产市场中近期发生交易的可比案例的价格除以某种收益所得的倍数,同样应反映市场的平均水平。采用的收益按种类不同可分为毛租金、潜在毛收入、有效毛收入和净收益。

$$收益乘数 = \frac{价格}{年收益} \qquad (6-26)$$

得出该收益乘数后,再预估待估对象的某年某种收益,代入下面的公式:

$$待估对象的价值 = 未来某一年的年收益 \times 收益乘数 \qquad (6-27)$$

2. 收益乘数法分类

根据上述不同的年收益类型,收益乘数可分为毛租金乘数(Gross Rent Multiplier,GRM)、潜在毛收入乘数(Potential Gross Income Multiplier,PGIM)、有效毛收入乘数(Effective Gross Income Multiplier,EGIM)和净收益乘数(Net Income Multiplier,NIM)。[②③] 相应的收益乘数对应相应的收益乘数法。运用这几种收益乘数法计算估价对象价值的公式如下:

(1)毛租金乘数法:

$$毛租金乘数(GRM) = \frac{价格}{毛租金} \qquad (6-28)$$

GRI 即毛租金收入,则:

$$V = GRI \times GRM \qquad (6-29)$$

毛租金乘数即租售比价,当采用月租金来求取估价对象的价值时,应采用通过价格除以月租金求得的毛租金乘数;当采用年租金来求取估价对象的价值时,应采用通过价格除以年租金求得的毛租金乘数。毛租金乘数法一般用于土地或出租型住宅的估价。

[①] 赵小虹,赵财福. 房地产估价[M]. 3 版. 上海:同济大学出版社,2014:120.
[②] 闵捷. 不动产估价[M]. 北京:化学工业出版社,2018:92.
[③] 孙峤,刘洪玉. 房地产估价与资产定价[M]. 北京:中国建筑工业出版社,2021:122.

(2) 潜在毛收入乘数法：

$$潜在毛收入乘数(PGIM) = \frac{价格}{潜在毛收入} \quad (6-30)$$

PGI 即潜在毛收入，则：

$$V = PGI \times PGIM \quad (6-31)$$

(3) 有效毛收入乘数法：

$$有效毛收入乘数(EGIM) = \frac{价格}{有效毛收入} \quad (6-32)$$

EGI 即有效毛收入，则：

$$V = EGI \times EGIM \quad (6-33)$$

当估价对象与可比实例房地产的空置率有较大差异，而且这种差异预计还将继续下去时，则使用有效毛收入乘数更为合适。

(4) 净收益乘数法：

$$净收益乘数(NIM) = \frac{价格}{年净收益} \quad (6-34)$$

NOI 即净收益，则：

$$V = NOI \times NIM \quad (6-35)$$

净收益乘数是资本化率的倒数，但一般很少直接采用净收益乘数的形式，而采用资本化率将净收益转换为价值的方法 $\left(V = \dfrac{NOI}{R}\right)$。[①]

【例 6—17】 计算题：预估房产 B 的年毛收益为 8 万元，收益乘数为 10。试求房产 B 的收益价格。

解：根据已知条件得房产 B 的收益价格为：

$V_b = $ 未来某一年的某种收益 $\times$ 收益乘数 $= 8 \times 10 = 80$（万元）

(三) 报酬资本化法和直接资本化法比较

1. 报酬资本化法

优点：第一，理论基础强，遵循预期收益原理和资金的时间价值理论，指明房地产的价值是未来各期净收益的现值之和，逻辑严密；第二，直观并容易理解，每期的净收益或现金流量都很明确，并通过合适的公式展示；第三，可通过其他风险相同的投资项目求取适合的报酬率，不必单纯依靠与估价对象净收益流模式相同的可比房地产，因为具有同等风险的投资的报酬率都应相近。

[①] 中国房地产估价师与房地产经纪人学会. 房地产估价原理与方法[M]. 北京：中国建筑工业出版社，2022：330-334.

缺点：报酬资本化法由于需要预测未来各期的净收益，且市场的实际情况不一定与各种简化的净收益流模式相符合，因而依赖估价人员的主观判断较多。[1]

2. 直接资本化法

优点：第一，不需要预测未来许多年的净收益，一般只需预估未来第一年的收益；第二，可直接从市场上所显示的收益与价值的关系中得到所要的资本化率或收益乘数，较好地反映市场的实际情况；第三，计算过程较简单，一步到位实现价值的计算。

缺点：直接资本化法用某一年的某种收益进行资本化，因而要求有较多与估价对象的净收益流模式相同的类似房地产来求取资本化率或收益乘数，对可比实例的依赖性很强。[2] 只有在类似市场十分发达的情况下，估价人员才可以得到充分的资料来求出合理的资本化率或乘数，但现实操作中很难找到高度相似的可比实例，因而在调整可比实例的某些属性的过程中，估价人员的主观性容易对估价结果产生影响。

第三节　净收益和收益年限的确定

在实务中，为了得到一个科学合理的估价结果，仅根据具体情况选取适合的公式还远远不够，估价人员必须先收集估价对象所处市场的相关信息，如涉及有效毛收入、合理运营费用和市场收益率水平的信息，综合考虑并合理确定公式中所用到的参数，如毛收入、净收益、资本化率（报酬率）。只有在相关可靠信息的基础上，才能运用收益还原法对估价对象的客观合理价格或价值作出正确的判断。

另外，关于收益年限的确定，由于我国相关法律及《房地产估价规范》对个别问题未作明晰的说明，例如，估价临近土地使用权到期时续期问题影响对估价对象收益年限的确定，这导致在实务操作中估价人员的主观意见对估价结果影响较大，所以，如何合理地确定估价对象的收益年限也是估价人员采用收益还原法对收益性房地产进行估价时一个值得重视的问题。

下面就先从如何合理确定净收益、收益年限这两个重要参数开始介绍。

一、净收益的确定

运用收益法估价，核心是预测净收益。收益性房地产可划分为出租型和营业型两类。净收益的测算途径主要有基于租赁收入测算净收益和基于营业收入测算净收益。

---

[1] 中国房地产估价师与房地产经纪人学会. 房地产估价原理与方法[M]. 北京：中国建筑工业出版社，2022：236－337.

[2] 闵捷. 不动产估价[M]. 北京：化学工业出版社，2018：93.

前者是收益法的典型形式,求取方式更加直接、简单且准确,因此,在实际估价中,只要是能够通过租赁收入求取净收益的,应优先通过租赁收入求取净收益。[①] 对于有收益的商业或生产经营型房地产,运用收益法的关键是正确地估算利用这类房地产作为必要生产条件所获得的销售收入和相应的生产经营成本,这要求估价人员有较高水平的会计知识。尚未使用或自用的房地产,可将其设想为出租的情况来运用收益法估价,即可根据机会成本的原理确定净收益。[②]

(一)不同收益类型估价对象净收益的求取

1. 出租型房地产

出租型房地产是收益法的典型估价对象。出租型房地产包括出租的住宅、公寓、写字楼、商铺、停车场、仓库、标准厂房和土地等,对其净收益的求取应根据租赁资料。基于租赁收入测算净收益的计算公式为:

$$净收益=租赁收入-维修费-管理费-保险费-税金 \quad (6-36)$$

实际操作时,净收益通常为租赁收入减去出租人负担的费用后的余额。租赁收入包括有效毛租金收入和租赁保证金或押金利息收入;对于出租人负担的费用,一般在分析租约的基础上决定扣除的费用项目,即根据租赁契约规定的租金含义决定取舍:若保证合法、安全、正常使用所需的费用都由出租方承担,则应将四项费用(维修费、管理费、保险费和税金)全部扣除;若维修、管理等费用全部或部分由承租方负担,则应对四项费用(维修费、管理费、保险费和税金)中的部分项目作相应调整。[③] 如果出租人负担的费用项目多,名义租金就会高一些。[④]

除了式(6—36)外,以下也是求取出租型房地产的净收益的常用公式:

净收益=潜在毛租金收入+其他收入-空置和收租损失-运营费用

　　　=潜在毛收入-空置和收租损失-运营费用

　　　=有效毛收入-运营费用[⑤]　　　　　　　　　　　　(6—37)

式(6—36)和式(6—37)只是形式不同、侧重点不同,但内涵是一样的。其中几个重要概念的解释如下:

(1)潜在毛租金收入=全部可出租面积×单位面积出租的租金。

[①] 中国房地产估价师与房地产经纪人学会.房地产估价原理与方法[M].北京:中国建筑工业出版社,2022:312.

[②] 中华人民共和国住房和城乡建设部.房地产估价规范(GB/T 50291—2015)[S].北京:中国建筑工业出版社,2015:77.

[③] 左静,刘昌斌.房地产估价[M].北京:北京理工大学出版社,2016:109.

[④] 中国房地产估价师与房地产经纪人学会.房地产估价原理与方法[M].北京:中国建筑工业出版社,2022:318.

[⑤] 左静.房地产估价[M].北京:机械工业出版社,2022:99.

(2)其他收入:租金保证金或押金的利息收入等。

(3)潜在毛收入:房地产在充分利用、无空置情况下所能获得的归属于房地产的总收入。写字楼等出租型房地产的潜在毛收入,一般是潜在毛租金收入加上其他收入,即:潜在毛收入＝潜在毛租金收入＋其他收入。

(4)空置损失:房地产未租出部分所造成的收入损失,通常按照潜在毛收入的一定比例来计算。

(5)收租损失:因承租人拖欠租金,如延迟支付租金、少付或不付租金所造成的收入损失。实务中估算通常取潜在毛收入的一定比例为收租损失。

(6)有效毛收入:从潜在毛收入中扣除空置和收租损失后归属于房地产的收入,即:有效毛收入＝潜在毛收入－空置损失－收租损失。

(7)运营费用:维持房地产正常使用或营业的必要支出费用,包括房地产税(如房产税、城镇土地使用税)、房屋保险费、房屋维修费、房屋管理费等,具体应根据合同租金的内涵决定取舍,其中由承租人负担的部分不应计入。建筑物的有些组成部分的寿命比整体建筑物的经济寿命短,它们在寿命结束后必须重置才能继续维持房地产的正常使用,由于购置成本是确实发生的,因而运营费中应包含它们的折旧费。①

运营费用是从估价角度出发的,不包括所得税(不包含所得税的原因在于所得税与特定业务的财务或税收状况相关)、房地产抵押贷款还本付息额、会计上的折旧额(建筑物折旧费、土地摊提费)、房地产改扩建费用等。②

(8)运营费用率:运营费用与有效毛收入之比,可通过市场提取法得到,即调查、了解同一市场上许多类似房地产的运营费用和有效毛收入,分别求其运营费用与有效毛收入的比率,然后综合得出一个运营费用率区间。③ 这个比率由于在类似房地产市场波动不大,常用来在已知有效毛收入的情况下计算运营费用或净收益。

(9)净收益:有效毛收入扣除运营费用后归属于房地产的收益。④⑤ 运营费用是从估价的角度出发的,通常不包括房地产抵押贷款还本付息、房地产折旧额、房地产改扩建费用和所得税⑥,因而净收益的计算也未扣除这些费用。

为方便计算,以上收益或费用均以年计,且假设发生在年末。

另外,租金中若包含了为承租人无偿提供使用水、电、燃气、空调、暖气等的费用,则计算毛收入时要扣除这些费用,因为这些费用并非实际出租房地产的价值体现;如

---

① 柴强.房地产估价[M].10 版.北京:首都经济贸易大学出版社,2022:298—299.
② 柴强.房地产估价[M].10 版.北京:首都经济贸易大学出版社,2022:298—299.
③ 执业资格考试命题分析小组.房地产估价理论与方法[M].北京:化学工业出版社,2017:253—254.
④ 柴强.房地产估价[M].10 版.北京:首都经济贸易大学出版社,2022:297—298.
⑤ 赵小虹,赵财福.房地产估价[M].3 版.上海:同济大学出版社,2014:109.
⑥ 执业资格考试命题分析小组.房地产估价理论与方法[M].北京:化学工业出版社,2017:253.

果是连同家具等房地产以外物品一起出租的,即租赁收入中包含了家具等的贡献,则需根据实际情况确定房地产的评估结果是否要包含这部分价值。[①]

2. 自营型房地产

自营型房地产的最大特点为房地产所有者同时又是经营者,房地产租金与经营者利润没有分开。[②] 该种类型房地产的净收益求取方式包括以下几种:

(1)商业经营型房地产的净收益:应根据经营资料测算净收益。

$$\text{净收益} = \text{商品销售收入} - \text{商品销售成本} - \text{经营费用} - \text{商品销售税金及附加} \\ - \text{管理费用} - \text{财务费用} - \text{商业利润} \quad (6-38)$$

(2)工业生产型房地产的净收益:应根据产品市场价格以及原材料、人工费用等资料计算净收益。

$$\text{净收益} = \text{产品销售收入} - \text{所售产品的制造成本} - \text{产品销售费用} - \text{产品销售税金} \\ \text{及附加} - \text{管理费用} - \text{财务费用} - \text{厂商利润} \quad (6-39)$$

(3)农地净收益[③]:应根据如下计算。

$$\text{农地净收益} = \text{农地平均年产值} - \text{种苗费} - \text{肥料费} - \text{人工费} - \text{畜工费} - \text{机工费} \\ - \text{农药费} - \text{材料费} - \text{水利费} - \text{农舍费} - \text{农具费} - \text{税费} \\ - \text{投资利息等}[④] \quad (6-40)$$

3. 尚未使用或自用的房地产

根据《房地产估价规范》规定,尚未使用或自用的房地产可比照同一市场上有收益的类似房地产的有关资料按上述相应的方式计算净收益,或比较类似房地产直接得出净收益。[⑤]

4. 混合型房地产

混合型房地产是包含上述多种收益类型的房地产,其净收益的求取方式一般有三种。

(1)把费用分为变动费用和固定费用,将测算出的各种类型的收入分别减去相应的变动费用,加总后再减去总的固定费用。其中,变动费用是指其总额随着业务量的变动而变动的费用;固定费用是指其总额不随业务量的变动而变动的费用,即无论业

---

① 赵小虹,赵财福.房地产估价[M].3版.上海:同济大学出版社,2014:109.
② 中国房地产估价师与房地产经纪人学会.房地产估价原理与方法[M].北京:中国建筑工业出版社,2022:318.
③ 中国房地产估价师与房地产经纪人学会.房地产估价原理与方法[M].北京:中国建筑工业出版社,2022:318.
④ 闵捷.不动产估价[M].北京:化学工业出版社,2018:95.
⑤ 中华人民共和国住房和城乡建设部.房地产估价规范(GB/T 50291—2015)[S].北京:中国建筑工业出版社,2015:13.

务量发生什么变化,都固定不变的费用。

(2)先测算各种类型的收入,再测算各种类型的费用,最后总收入减去总费用。

(3)把混合收益的房地产看成是各种单一收益类型房地产的简单组合,先根据各自的收入和费用求出各自的净收益,然后将所有的净收益相加。[①]

(二)求取净收益时应注意的相关事项

1.净收益流量预测

由于房地产的具体经营形式不同,其收益流量遵循不同的走势,如每年基本不变、每年按某特定数额或比率递增或递减以及按其他规则变动等,因而需要估价人员根据房地产具体经营资料进行合理判断,以选取合适的估算公式。

在每年不变的情况下,净收益 A 的求取方法有三种:

(1)过去数据简单算术平均法:通过调查,求取估价对象过去若干年的净收益,然后计算其简单算术平均值。

(2)未来数据简单算术平均法:通过调查,预测估价对象未来若干年的净收益,然后计算其简单算术平均值。

(3)未来数据资本化公式法(推荐):通过调查,预测估价对象未来若干年的净收益,然后利用报酬资本化公式演变出的式子求取。[②]

$$\frac{A}{\gamma} \times \left[1 - \frac{1}{(1+\gamma)^t}\right] = \sum_{i=1}^{t} \frac{A_i}{(1+\gamma)^i} \rightarrow A = \frac{\gamma \times (1+\gamma)^t}{(1+\gamma)^t - 1} \times \sum_{i=1}^{t} \frac{A_i}{(1+\gamma)^i}$$

(6—41)

2.无形收益和有形收益

房地产收益可分为无形收益和有形收益。无形收益是由房地产带来的间接收益,如房地产带来的安全感、声誉、信用、融资能力等,难以用货币形式体现。有形收益是由房地产带来的直接货币收益。在实际估价中,如果考虑无形收益带来房地产的增值,则通常选取较低的报酬率或资本化率来实现。但应注意的是,已通过有形收益得到体现的无形收益不应再考虑。例如,高档写字楼的承租人可以向客户和竞争对手显示其实力和声望,这些因素其实已体现在该写字楼的高租金中。[③]

3.实际收益和客观收益

实际收益是在现状下实际取得的收益;客观收益是排除了特殊的、偶然的因素之

[①] 中国房地产估价师与房地产经纪人学会.房地产估价理论与方法[M].北京:中国建筑工业出版社,2017:256—319.

[②] 中国房地产估价师与房地产经纪人学会.房地产估价原理与方法[M].北京:中国建筑工业出版社,2022:323.

[③] 柴强.房地产估价[M].10 版.北京:首都经济贸易大学出版社,2022:304.

后得到的一般正常收益。例如,某写字楼因一大型跨国公司入驻,使得其声誉提高,收益大幅增加,由此带来的新收益属于无形收益,也为实际收益。

在估价中,强调使用客观收益作为估价的依据。由于实际收益容易受外部环境因素或者内部管理人员能力因素的影响,使得估价对象的实际毛收入和运营费用往往具有特殊性,没有办法客观地反映一宗房地产的潜在创造价值的能力,一般不能直接用于估价。例如,某宗空置或自用房并无收益发生,但并不表示它无价值;再如,某宗处于经营使用状态的房地产由于经营者的经营能力有限,导致收益很小,这不能表示该宗房地产潜在的产生价值的能力就小。换言之,为了评估其客观合理价格,应该参照市场上类似房地产的一般收入和费用水平,对估价对象的实际收入和费用进行调整,估价中采用的潜在毛收入、有效毛收入、运营费用及净收益除有租约限制外,都应以客观收入和客观费用为依据。[1]

若房地产在买卖时仍有未到期的租约,首先应搞清楚是评估无租约限制价值还是出租人权益价值或承租人权益价值。评估出租人权益价值,租赁期间应采用合同租金;租赁期满后和未出租部分,应采用市场租金。[2] 因此,合同租金高于或低于市场租金,都会影响出租人权益价值,估价人员在对该类房地产进行估价时,应注意考虑这些因素的影响。一般认为租约期内的租金应以租约所确定的租金为依据,租约以外的租金则采用正常客观的租金。[3] 从投资者角度来看,当租约中租金高于市场租金时,则出租人权益价值就要高一些;租约中租金低于市场租金时,则出租人权益价值就要低一些。[4]

【例 6—18】 计算题:某商铺 A 的土地使用年限为 40 年,从 2019 年 1 月 1 日起计。该商铺共有两层,每层可出租面积为 600 平方米。一层于 2020 年 1 月 1 日起出租,租赁期限为 5 年,可出租面积的月租金额每年保持不变,为 300 元/平方米;二层暂处于空置状态。附近类似商铺一、二层可出租面积的月租金为 350 元/平方米和 250 元/平方米,运营费用率为 20%。该类房地产报酬率为 10%。试计算该商铺 A 于 2024 年 1 月 1 日带租约出售时的正常价格。

解:商铺 A 于 2024 年 1 月 1 日带租约出售时的正常价格计算如下:

(1)一层楼计算。

租赁期限内年净收益=租约中月租金×可出租面积×(1-运营费用率)×月份数

---

[1] 赵小虹,赵财福. 房地产估价[M]. 3 版. 上海:同济大学出版社,2014:110.
[2] 中国房地产估价师与房地产经纪人学会. 房地产估价原理与方法[M]. 北京:中国建筑工业出版社,2022:320.
[3] 赵小虹,赵财福. 房地产估价[M]. 3 版. 上海:同济大学出版社,2014:110.
[4] 中国房地产估价师与房地产经纪人学会. 房地产估价原理与方法[M]. 北京:中国建筑工业出版社,2022:320.

$$=300\times600\times(1-20\%)\times12$$
$$=1\,728\,000(元)$$

租赁期限外年净收益＝客观收益×可出租面积×(1－运营费用率)×月份数
$$=350\times600\times(1-20\%)\times12$$
$$=2\,016\,000(元)$$

一层楼的正常价格即为租赁期内余下一年的净收入折现值以及租赁期结束到该商铺土地使用权到期这段时间的正常客观净收入流的折现值之和。

$$V_{一层}=\frac{1\,728\,000}{1+10\%}+\frac{2\,016\,000}{(1+10\%)\times10\%}\times\left[1-\frac{1}{(1+10\%)^{40-5-1}}\right]$$
$$=19\,180\,806.31(元)$$

(2)二层楼计算。

年净收益＝正常客观收益×可出租面积×(1－运营费用率)×月份数
$$=250\times600\times(1-20\%)\times12$$
$$=1\,440\,000(元)$$

二层楼的正常价格为商铺年净收益在其剩余土地使用期限内的净收益流折现之和。

$$V_{二层}=\frac{1\,440\,000}{10\%}\times\left[1-\frac{1}{(1+10\%)^{40-5}}\right]=13\,887\,588.92(元)$$

(3)商铺A带租约出售时的正常价格。

$$V=V_{一层}+V_{二层}=33\,068\,395.23(元)$$

4. 成本节约资本化法

成本节约资本化法的实质为某种权益或资产的价值等于其未来有效期内可以节约的成本的现值之和，是收益法的一种变通形式。当一种权益或资产并不产生收入，却可以帮助所有者避免原本可能发生的资本时，就适合采用该法。

承租人权益价值评估是一种典型的成本节约资本化法，计算方法为剩余租赁期限内各期合同租金与同期市场租金差额的折现值之和。[1] 同一宗房地产，有租约限制下的价值、无租约限制下的价值、承租人权益的价值三者之间的关系为：

$$承租人权益的价值＝无租约限制下的价值－有租约限制下的价值 \quad (6-42)$$

【例6－19】 计算题：某公司10年前租用一写字楼500平方米，租赁期限为15年，月租金为200元/平方米，且每年固定不变。现市场上类似写字楼的月租金为250元/平方米，该类房地产的报酬率为20%。试计算现在承租人的权益价值。

---

[1] 中国房地产估价师与房地产经纪人学会.房地产估价理论与方法[M].北京：中国建筑工业出版社，2017：321.

解：根据已给条件，承租人的权益价值为：

$$V_{权益} = \frac{(同期市场租金-租期内租约租金) \times 出租面积 \times 月份数}{报酬率} \times \left[1 - \frac{1}{(1+报酬率)^{剩余租赁期限}}\right]$$

$$= \frac{(250-200) \times 12 \times 500}{10\%} \times \left[1 - \frac{1}{(1+10\%)^{15-10}}\right]$$

$$= 1\,137\,236.03(元)$$

二、收益年限的确定[①]

收益年限也称为收益期，是预期在正常市场和运营状况下估价对象未来可获取净收益的时间，具体是自价值时点起至估价对象未来不能获取净收益时止的时间，应在估价对象自然寿命、法律规定、合同约定等的基础上，结合剩余经济寿命来确定。一般情况下，估价对象的收益年限取其剩余经济寿命。

（一）单独土地和单独建筑物的估价

对于单独土地和单独建筑物的估价，应分别根据土地使用权剩余年限和建筑物剩余经济寿命来确定未来可获收益的年限。土地使用权剩余年限是自估价时点起至土地使用期限（或承包期、利用期限）结束时止的时间；建筑物剩余经济寿命是自估价时点起至建筑物经济寿命结束时止的时间。

（二）土地与建筑物合一的估价

对于土地与建筑物合一的估价对象，收益期应根据土地使用权剩余期限和建筑物剩余经济寿命进行测算，具体如下：

（1）土地使用权剩余期限和建筑物剩余经济寿命同时结束的，收益期应为土地使用权剩余期限或建筑物剩余经济寿命。

（2）土地使用权剩余期限和建筑物剩余经济寿命不同时结束的，应选取其中较短者为收益期。

（3）评估承租人权益价值的，收益期应为剩余租赁期限。

对土地使用权剩余期限和建筑物剩余经济寿命不同时结束的房地产估价，收益价值计算遵循以下规定：

（1）对土地使用权剩余期限超过建筑物剩余经济寿命的房地产，收益价值应为按收益期计算的价值，加自收益期结束时起计算的剩余期限土地使用权在估价时点的价值。

（2）对建筑物剩余经济寿命超过土地使用权剩余期限，且出让合同等约定土地使

[①] 中华人民共和国住房和城乡建设部.房地产估价规范(GB/T 50291—2015)[S].北京：中国建筑工业出版社，2015：13.

用权期间届满后无偿收回土地使用权及地上建筑物的非住宅房地产,收益价值应为按收益期计算的价值。

(3)对建筑物剩余经济寿命超过土地使用权剩余期限,且出让合同等未约定土地使用权期间届满后无偿收回土地使用权及地上建筑物的房地产,收益价值应为按收益期计算的价值,加建筑物在收益期结束时的价值折现到估价时点的价值。

第四节 报酬率、资本化率和收益乘数的确定

报酬率、资本化率、收益乘数分别用于报酬资本化法、直接资本化法、收益乘数法。下面分别进行介绍。

一、报酬率的确定

(一)报酬率的含义

报酬资本化中用到的报酬率与利息率、折现率、内部收益率性质相同,即典型投资者在房地产投资中所要求的报酬率。它的大小受房地产的类型、用途、所处的地区和时期影响。对同一类房地产,权益、收益类型和投资风险不同也会导致报酬率选取不同。从全社会来看,报酬率和风险(不确定性导致投资收益的实际结果偏离预期结果,造成损失的可能性)呈正相关,因此,房地产估价所选用的报酬率应等同于与估价对象具有同等风险的报酬率。[①]

(二)报酬率的计算公式

$$报酬率 = \frac{投资回报}{所投入资本} \quad (6-43)$$

式中,投资回报是指所投入的资本全部回收之后所获得的额外资金,即报酬。

(三)报酬率的求取方法

1. 累加法(安全利率加风险调整值法)

累加法是将报酬率视为由无风险报酬率和风险报酬率两大部分组成。无风险报酬率又称安全利率,是资金的机会成本;风险报酬率为承担额外风险所要求的补偿,即超过无风险报酬率以上部分的报酬率,应根据估价对象所在地区的经济现状及未来预测、估价对象的用途及新旧程度等确定。无风险部分利率加上风险调整值,即可得到报酬率。

[①] 中国房地产估价师与房地产经纪人学会.房地产估价原理与方法[M].北京:中国建筑工业出版社,2022:324—326.

具体计算公式如下①：

报酬率＝无风险报酬率＋投资风险补偿＋管理负担补偿＋缺乏流动性补偿
　　　－投资带来的优惠　　　　　　　　　　　　　　　　　　　（6－44）

结合公式来看累加法的操作步骤：

第一步：确定无风险报酬率。无风险利率是投入资本的最低报酬率。完全无风险的投资在现实中几乎没有，所以一般选用同一时期相对无风险的报酬率来代替，如同一时期的一年期国债利率或中国人民银行公布的一年期银行定期存款利率。

第二步：确定风险报酬率（即补偿）。根据计算公式可知，补偿包括：

（1）投资风险补偿：对于收益不确定、有风险性的房地产投资项目，投资者对所承担的额外风险要求的补偿。

（2）管理者负担补偿：投资者对于需承担的一些额外管理所要求的补偿。因为房地产投资相比其他类型投资如存款、基金、证券等需要更多管理工作，而一项投资要求的关心和监管越多，其吸引力就会越小，所以投资者必然要求对所承担的额外管理有补偿。

（3）缺乏流动性补偿：投资者对所投入的资金由于缺乏流动性所要求的补偿。房地产与股票、债券相比，缺乏流动性，交易成本较高。

第三步：扣减投资带来的优惠。投资带来的优惠即投资房地产可能获得的某些额外的好处，如便于融资等。②

在实际估价中，累加法对估价人员需要有较高的专业素质和实务经验。在不考虑时间和地域范围差异的情况下，风险调整值主要与房地产的类型相关，通常情况下，商业零售用房、写字楼、住宅、工业用房的投资风险依次降低，风险调整值也相应下降。

为了减少主观因素的影响，累加法也可以用投资风险调整值法的公式来表示：

报酬率＝无风险报酬率＋风险调整值　　　　　　　　　　　　（6－45）

式中，

风险调整值＝风险系数×（行业平均收益率－无风险报酬率）　（6－46）

所以，

报酬率＝无风险报酬率＋风险系数×（行业平均收益率－无风险报酬率）
　　　　　　　　　　　　　　　　　　　　　　　　　　　　　（6－47）

【例6－20】　计算题：已知某银行一年期存款利率为4.5%，同一时期，行业平均

---

① 中国房地产估价师与房地产经纪人学会.房地产估价原理与方法[M].北京：中国建筑工业出版社，2022：326.
② 中国房地产估价师与房地产经纪人学会.房地产估价原理与方法[M].北京：中国建筑工业出版社，2022：327.

收益率为10%,风险系数为1.0。试计算评估对象的投资报酬率。

解:根据已知条件,评估对象的投资报酬率为:

Y=无风险报酬率+风险系数×(行业平均收益率-无风险报酬率)
　=4.5%+1.0×(10%-4.5%)
　=10.0%

2.市场提取法

市场提取法在容易获得可靠的市场资料的情况下是一种有效而实用的方法。此法是收集与估价对象房地产具有类似收益特征的可比实例房地产(至少3宗)的价格、净收益等资料,选用相应的报酬资本化法公式,反求出报酬率的方法。[①]

(1)当 $V=\dfrac{A}{\gamma}$ 时,通过 $\gamma=\dfrac{A}{V}$ 来求取 γ,即可以通过市场上类似的房地产的净收益与其价格的比率作为报酬率。下面来看一个简单的例子。

【例6—21】 计算题:假设以下房地产都为收益无限年的情况。估价人员选取了5宗可比实例房地产A、B、C、D、E,并收集了它们各自的价格和净收益情况。A:价格100万元,年净收益10万元/年;B:价格150万元,年净收益12万元/年;C:价格200万元,年净收益15万元/年;D:价格80万元,年净收益8万元/年;E:价格300万元,年净收益25万元/年。试通过这5宗可比实例房地产求估价对象的报酬率。

解:根据 $\gamma=\dfrac{A}{V}$ 计算出5宗房地产的报酬率如下:

$\gamma_A=10/100=10\%$

$\gamma_B=12/150=8\%$

$\gamma_C=15/200=7.5\%$

$\gamma_D=8/80=10\%$

$\gamma_E=25/300=8.3\%$

对这些报酬率进行简单算术平均,即为所求估价对象的报酬率。

$$\gamma=\dfrac{\gamma_A+\gamma_B+\gamma_C+\gamma_D+\gamma_E}{5}$$

$$=\dfrac{10\%+8\%+7.5\%+10\%+8.3\%}{5}$$

$$=8.76\%$$

(2)当 $V=\dfrac{A}{\gamma}\times\left[1-\dfrac{1}{(1+\gamma)^n}\right]$ 时,通过 $\dfrac{A}{\gamma}\times\left[1-\dfrac{1}{(1+\gamma)^n}\right]-V=0$,采用试错法与

[①] 中国房地产估价师与房地产经纪人学会.房地产估价原理与方法[M].北京:中国建筑工业出版社,2022:327—330.

线性内插法相结合的方法来求取 γ。先采用试错法试算,计算到一定精度后再采用线性内插法求取。在利用计算机的情况下,只要输入 V、γ、n 让计算机来就可以了;在手工计算报酬率的情况下,需反复进行人工试算。[①]

试错法和线性内插法的具体操作方式如下:

设 $X = \dfrac{A}{\gamma} \times \left[1 - \dfrac{1}{(1+\gamma)^n}\right] - V$,试错法是先以任一方式挑选出一个认为最可能使 X 等于零的 γ,再通过计算这一选定 γ 下的 X 值来检验它。如果计算出的 X 正好等于零,则求出 γ;如果计算出的 X 为负,就必须再试一下较小的 γ。这个过程一直进行到找到一个使计算出的 X 值接近于零的 γ 时为止。在不利用计算机的情况下,求解 γ 必须进行反复的人工试算。

采用试错法计算到一定精度后,利用线性内插法求取 γ,公式如下:

$$\gamma = \gamma_1 + \dfrac{(\gamma_2 - \gamma_1) \times |X_1|}{|X_1| + |X_2|} \tag{6-48}$$

式中,γ_1 是当 X 为接近于零的正值时的 γ;γ_2 是当 X 为接近于零的负值时的 γ;X_1 为 γ_1 时的 X 值(正值);X_2 为 γ_2 时的 X 值(实际为负值,但在此取其绝对值)。[②]

3. 投资报酬率排序插入法

此法是通过找出相关投资类型及其收益率、风险程度,按风险大小排序,将估价对象与这些投资的风险程度进行比较,将与估价对象具有同等风险的投资的报酬率确定为估价对象的报酬率。

具体操作步骤如下:

(1)调查、收集估价对象所在地区的房地产投资以及相关投资和其报酬率、风险程度的资料,例如,政府债券利率、不同类型的银行存款利率、公司债券利率、股票报酬率、其他投资报酬率等。

(2)将所收集的不同类型投资的报酬率按从低到高的顺序排列,制成图表。风险和报酬率的关系如图 6-1 所示。

(3)将估价对象与这些类型投资的风险程度进行分析比较,考虑管理的难易、投资的流动性以及作为资产的安全性等,判断出同等风险的投资,确定估价对象风险程度应落的位置。

(4)根据估价对象风险程度所落的位置,在图表上找出估价对象对应的报酬率,也

---

① 中国房地产估价师与房地产经纪人学会. 房地产估价原理与方法[M]. 北京:中国建筑工业出版社,2022:329.

② 中国房地产估价师与房地产经纪人学会. 房地产估价原理与方法[M]. 北京:中国建筑工业出版社,2022:329-330.

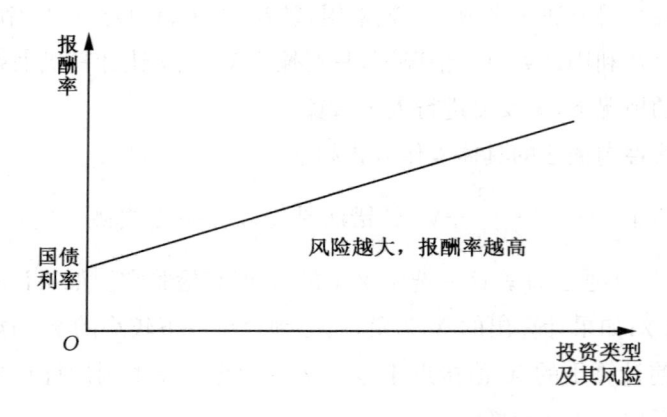

图 6—1 投资风险与报酬率的关系

即所要确定的报酬率。[①]

二、资本化率的确定

(一)资本化率的含义

直接资本化法中运用的资本化率,可一步将房地产的未来预期收益转换为价值,其本质是投资收益率。收益率的大小与投资项目的风险(包括系统风险和个别风险)大小直接相关。由于房地产具有位置固定等特点,其系统风险因不同地区而异,而个别风险则与房地产的类型或用途、投资者进入房地产市场的时机等因素相关。因此,不同地区、不同用途、不同时期的房地产,其资本化率不尽相同。在求取资本化率时,应注意估价对象在地区、用途、时间等方面的差异。估价人员应遵循该类房地产的社会平均利润率、收益率和投资风险呈正比的原则,资本化率应等同于具有相同风险的资本的收益率。

(二)资本化率的计算公式

基本计算公式已在前面介绍:

$$资本化率 = \frac{年净收益}{价格} \tag{6—49}$$

(三)资本化率的求取方法

常用的求取资本化率的方法为:市场提取法、净收益率与有效毛收入乘数比值法、报酬率转换法、投资组合法。

[①] 中国房地产估价师与房地产经纪人学会.房地产估价原理与方法[M].北京:中国建筑工业出版社,2022:327—328.

1. 市场提取法

此法适用于同类房地产市场繁荣、可比实例丰富、销售资料(如价格、费用、收益、市场投融资环境等)充足且能搜集到的情况。选择可比实例时要确保其与待估房地产的净收益计算方式相同,且收入、费用、风险等因素相类似,确保求取的资本化率最大可能地适用于待估对象;另外,用于计算的数据一般选用估价时点前一年的数据,将不少于3宗可比实例房地产的净收益除以售价得到各自的资本化率($R=\dfrac{NOI}{V}$,NOI即净运营收益),再进行简单算术平均就可求得综合资本化率。[①]

2. 净收益率与有效毛收入乘数比值法

此法适用于同类房地产市场资料不充足,无法用公式直接算出各宗可比实例(此处可比实例与估价对象的净收益模式需相同)资本化率,但能获得可比实例房地产净收益率和有效毛收入乘数的情况。利用这两个参数求取综合资本化率的推导如下:

$$R=\frac{NOI}{V}=\frac{NOI/EGI}{V/EGI}=\frac{NIR}{EGIM} \qquad (6-50)$$

式中,EGI为有效毛收入,NIR为净运营收益率,$EGIM$为有效毛收入乘数。

因为运营费用率+运营净收益率=1,运营费用率用OER表示,则上式也可表示为[②]:

$$R=\frac{1-OER}{EGIM} \qquad (6-51)$$

3. 报酬率转换法

资本化率和报酬率在一些常见情况下的转换公式如下:

(1)在净收益每年不变并且收益期限为无限年的情况下,资本化率等于报酬率,推导如下:

$$V=\frac{A}{\gamma}=\frac{A}{R}$$

所以,

$$R=\gamma \qquad (6-52)$$

(2)在净收益每年不变并且收益期限为有限年的情况下,资本化率与报酬率的关系推导如下:

$$V=\frac{A}{\gamma}\times\left[1-\left(\frac{1}{1+\gamma}\right)^n\right]=\frac{A}{R}$$

所以,

[①] 何秄傑,程英伟.房地产估价[M].北京:化学工业出版社,2014:154—155。
[②] 柴强.房地产估价[M].10版.北京:首都经济贸易大学出版社,2022:317.

$$R=\frac{\gamma\times(1+\gamma)^n}{(1+\gamma)^n-1} \qquad (6-53)$$

(3)在净收益按比率 g 递增并且收益期限为无限年的情况下,资本化率与报酬率的关系推导如下:

$$V=\frac{A}{\gamma-g}=\frac{A}{R}$$

所以,

$$R=\gamma-g \qquad (6-54)$$

(4)在预知未来若干年的价格相对变动的情况下,资本化率和报酬率的关系为:

$$V=\frac{A}{\gamma-\Delta\times\dfrac{\gamma}{(1+\gamma)^t-1}}=\frac{A}{R}$$

所以,

$$R=\gamma-\Delta\frac{\gamma}{(1+\gamma)^t-1} \qquad (6-55)$$

4. 投资组合法

投资组合技术(Band of Investment Technique)主要包括:土地与建筑物的组合,抵押贷款与自有资金的组合。

(1)从土地资本化率和建筑物资本化率中求取 R_O。针对不同的估价对象,资本化率的选取方式也不同。此法下,根据估价对象,将资本化率分为综合资本化率、土地资本化率、建筑物资本化率。

综合资本化率 R_O:评估房地产价值时所采用的资本化率。另外,对复合房地产进行估价时,选用的净收益也应是复合房地产的净收益,即土地和建筑物产生的年净收益之和。

土地资本化率 R_L:评估土地价值时采用的资本化率。土地资本化率对应的净收益应是土地产生的净收益(即仅归属于土地的净收益),不包含建筑物带来的净收益。

建筑物资本化率 R_B:评估建筑物价值时采用的资本化率。建筑物资本化率对应的净收益应是建筑物产生的净收益(即仅归属于建筑物的净收益),不包含土地带来的净收益。[1]

计算公式如下:

$$R_O=L\times R_L+B\times R_B \qquad (6-56)$$

式中,R_O 为综合资本化率,适用于土地与建筑物合一的估价;R_L 为土地资本化率,适

---

[1] 中国房地产估价师与房地产经纪人学会. 房地产估价原理与方法[M]. 北京:中国建筑工业出版社,2022:337-338.

用于土地估价；R_B 为建筑物资本化率，适用于建筑物估价；L 为土地价值占房地价值的比率；B 为建筑物价值占房地价值的比率，$L+B=100\%$。[①]

由 $L=\dfrac{V_L}{V_L+V_B}$，$B=\dfrac{V_B}{V_L+V_B}$，计算公式又可表示为：

$$R_O=\dfrac{V_L\times R_L+V_B\times R_B}{V_L+V_B} \tag{6—57}$$

【例 6—22】 计算题：某宗房地产的土地价值占总价值的 40%，建筑物价值占总价值的 60%，同类房地产的土地资本化率为 10%，建筑物的资本化率为 12%。试计算该房地产的综合资本化率。

解：根据已知条件，该房地产的综合资本化率计算过程如下：
$R_O=L\times R_L+B\times R_B=40\%\times10\%+60\%\times12\%=11.2\%$

综合资本化率、土地资本化率、建筑物资本化率三者，如果能从可比实例房地产中求出其中两种，便可通过下列任一公式求出另一种资本化率[②]：

$$R_O=\dfrac{V_L\times R_L+V_B\times R_B}{V_L+V_B} \tag{6—58}$$

$$R_L=\dfrac{(V_L+V_B)\times R_O-V_B\times R_B}{V_L} \tag{6—59}$$

$$R_B=\dfrac{(V_L+V_B)\times R_O-V_L\times R_L}{V_B} \tag{6—60}$$

式中，R_O 为综合资本化率，R_L 为土地资本化率，R_B 为建筑物资本化率，V_L 为土地价值，V_B 为建筑物价值。

然而，当无法知道土地和建筑物的确切价值，但知道土地价值或建筑物价值占房地产价值的比率时，也可以运用综合资本化率、土地资本化率和建筑物资本化率三者之间的关系，求出综合资本化率。公式如下：

$$R_O=L\times R_L+B\times R_B \tag{6—61}$$

$$R_O=L\times R_L+(1-L)\times R_B \tag{6—62}$$

$$R_O=(1-B)\times R_L+B\times R_B \tag{6—63}$$

式中，L 为土地价值与房地产价值的比率；B 为建筑物价值与房地产价值的比率，并且 $L+B=100\%$。

(2) 从抵押贷款和所有者权益中求取 R_O。此法也称复合投资收益率法，即以购买

[①] 中国房地产估价师与房地产经纪人学会.房地产估价原理与方法[M].北京：中国建筑工业出版社，2022：338.

[②] 中国房地产估价师与房地产经纪人学会.房地产估价原理与方法[M].北京：中国建筑工业出版社，2022：338.

房地产的抵押贷款收益率与自有资本收益率的加权平均数作为资本化率。为了便于理解这种组合技术,我们可以将购买房地产看作投资行为的一种,这时房地产价格即投资额,房地产净收益即投资收益。① 因此,此法下,购买房地产的资金包含自有资金和抵押贷款两部分,即房地产价格＝抵押贷款资金＋自有资金;房地产的收益也由这两部分来分享,即房地产净收益＝抵押贷款收益＋自有资金收益;资本化率分为综合资本化率、抵押贷款资本化率和自有资金资本化率,且综合资本化率必须同时满足贷款人对抵押贷款资本化率的要求和自有资金投资者对税前现金流量的要求,即有如下公式:

房地产价格×综合资本化率＝抵押贷款金额×抵押贷款常数＋自有资金额×自有资金资本化率

综合资本化率的公式推导如下:

$$综合资本化率(R_O)=\frac{抵押贷款金额}{房地产价格}×抵押贷款常数+\frac{自有资金金额}{房地产价格}×自有资金资本化率$$

$$=抵押贷款价值比率(M)×抵押贷款常数(R_M)+自有资金价值比率(E)×自有资金资本化率(R_E)$$

最后可得:

$$R_O = M × R_M + E × R_E \tag{6—64}$$

式中各参数解释如下:

综合资本化率 R_O:评估复合房地产价值时所采用的资本化率。

抵押贷款资本化率 R_M:通常称抵押贷款常数,即年贷款本息偿还额与抵押贷款本金的比值。一项新贷款的年抵押贷款常数是用每期的还款额乘以一年的还款次数,再除以贷款额得到。值得注意的是,抵押贷款资本化率与抵押贷款利息率是不一样的。抵押贷款利息率或抵押贷款报酬率(i),是使支付的本息现金流现值与贷款本金相等的利息率②;在等额本息偿还 n 期的情况下,抵押贷款常数的推导公式为(等额本息偿还额为 C,抵押贷款报酬率为 γ_M):

$$\frac{C}{R_M} = \frac{C}{1+\gamma_M} + \frac{C}{(1+\gamma_M)^2} + \cdots + \frac{C}{(1+\gamma_M)^n}$$

$$\frac{1}{R_M} = \frac{(1+\gamma_M)^n - 1}{\gamma_M × (1+\gamma_M)^n}$$

---

① 中国房地产估价师与房地产经纪人学会. 房地产估价原理与方法[M]. 北京:中国建筑工业出版社,2022:339—340.

② 中国房地产估价师与房地产经纪人学会. 房地产估价原理与方法[M]. 北京:中国建筑工业出版社,2022:339—340.

$$R_M = \frac{\gamma_M \times (1+\gamma_M)^n}{(1+\gamma_M)^n - 1}$$

$$R_M = \gamma_M + \frac{\gamma_M}{(1+\gamma_M)^n - 1} \tag{6-65}$$

自有资金资本化率 R_E：自有资金要求的正常收益，也即从净收益中扣除抵押贷款还本付息额后的数额（即税前现金流）与自有资金额的比率。通常为未来第一年的税前现金流量与自有资金额的比率，可以由可比实例房地产的税前现金流量除以自有资金额而得到。[①]

贷款价值比率 M：抵押贷款额占房地产价值的比率。

自有资金比率 E：自有资金占房地产价值的比率，$M+E=100\%$。

【例 6—23】 计算题：某宗房地产购买金额中抵押贷款占 70%，抵押贷款年利率为 6%，贷款期限为 10 年，每月等额偿还，同类房地产的自有资金资本化率为 12%。试计算该宗房地产的综合资本化率。

解：根据已知数据计算综合资本化率的过程如下：

$$R_M = \frac{\gamma_M \times (1+\gamma_M)^n}{(1+\gamma_M)^n - 1} = \frac{\frac{6\%}{12} \times \left(1+\frac{6\%}{12}\right)^{10\times 12}}{\left(1+\frac{6\%}{12}\right)^{10\times 12} - 1} \times 12 = 13.32\%$$

$$R_O = M \times R_M + E \times R_E = 70\% \times 13.32\% + 30\% \times 12\% = 12.92\%$$

再看一个已知自有资金资本化率和抵押贷款资本化率，推出待估房地产价格的例子。

【例 6—24】 计算题：某宗房地产年净收益为 2 万元，购买者的自有资金为 6 万元，自有资金资本化率为 10%，抵押贷款资本化率为 8%。试计算该宗房地产的价格。

解：根据已知数据，计算该宗房地产的价格的过程如下：

购房者要求的税前现金流量 $= 6 \times 10\% = 0.6$（万元）

该房产偿还抵押贷款的能力 $= 2 - 0.6 = 1.4$（万元）

抵押贷款金额 $= \dfrac{1.4}{8\%} = 17.5$（万元）

该房产价格 = 抵押贷款金额 + 自有资金金额 $= 17.5 + 6 = 23.5$（万元）

三、报酬率和资本化率的关系

资本化率和报酬率都是将房地产的预期收益转换为价值的比率，但两者又有很大

[①] 中国房地产估价师与房地产经纪人学会. 房地产估价原理与方法[M]. 北京：中国建筑工业出版社，2022：339—340.

的区别,主要体现在以下几个方面①:

(1)报酬率用于报酬资本化法,是通过折现的方式将房地产的未来预期收益转换为价值的比率,它仅表示从收益到价值的比率;资本化率用于直接资本化法,是一步将房地产的预期收益转换为价值的比率。

(2)报酬率明确地表示获利能力;资本化率不明确地表示获利能力。

(3)报酬率区分净收益流模式,如果净收益流模式不同,具体的计算公式也有所不同;资本化率不区分净收益流模式,在所有情况下都是未来第一年的净收益与价格的比率。

(4)报酬率与净收益本身的变化、收益期限的长短等无直接关系;资本化率与净收益本身的变化、收益期限的长短等有直接关系。

四、收益乘数

(一)确定方法

收益乘数一般采用市场提取法,通过收集市场上近期交易的与估价对象净收益模式(包括净收益、收益年限)等相同的可比房地产的有关资料(如价格、毛收益等),选至少3宗以上可比实例,分别用其价格除以某年某种类型收益,得到各自对应类型的收益乘数,将得到的收益乘数进行简单平均或加权平均后的值作为估价对象的收益乘数。②

(二)收益乘数法分类比较

收益乘数分毛租金乘数(Gross Rent Multiplier,GRM)、潜在毛收入乘数(Potential Gross Income Multiplier,PGIM)、有效毛收入乘数(Effective Gross Income Multiplier,EGIM)和净收益乘数(Net Income Multiplier,NIM)。③ 前文已对不同类型收益乘数法公式有过介绍,以下是它们具体的优缺点分析,在选取时可作为参照。

1. 毛租金乘数法

优点:第一,在市场上较容易获得房地产的价格和租金资料,方便易行;第二,GRM比较客观,因为在统一市场上,相似房地产的租金和价格受相同市场环境因素影响;第三,避免了因多层次测算可能产生的各种误差的累计。

缺点:第一,未考虑房地产租金以外的收入;第二,未考虑不同房地产的空置率和运营费用存在的不同。

---

① 柴强.房地产估价[M].10版.北京:首都经济贸易大学出版社,2022:318—319.
② 赵小虹,赵财福.房地产估价[M].3版.上海:同济大学出版社,2014:120.
③ 闵捷.不动产估价[M].北京:化学工业出版社,2018:92.

2.潜在毛收入乘数法

优点：考虑了房地产租金以外的收入，简单可行。

缺点：未考虑不同房地产的空置率和运营费用差别，方法比较粗糙。

3.有效毛收入乘数法

优点：考虑了不同房地产之间空置和收租损失的差异。

缺点：未考虑不同房地产之间运营费用的差异，方法比较粗糙。[1]

4.净收益乘数法

净收益乘数是资本化率的倒数，但一般很少直接采用净收益乘数的形式，而采用资本化率将净收益转换为价值的方法$\left(V=\dfrac{NOI}{R}\right)$。[2]

五、剩余技术

（一）剩余技术的含义

剩余技术（Residual Technique）是已知整体房地产的净收益、其中某个构成部分的价值和各个构成部分的资本化率或报酬率时，从整体房地产的净收益中扣除归属于已知构成部分的净收益，求出归属于另外构成部分的净收益，再将它除以相应的资本化率或选用相应的报酬率予以资本化，求得房地产中未知构成部分的价值，或再将未知构成部分的价值加上已知构成部分的价值得出房地产整体价值的方法。[3]

（二）剩余技术的分类和运用

剩余技术主要分为土地剩余技术和建筑物剩余技术，以及自有资金剩余技术和抵押贷款剩余技术。[4]

1.土地剩余技术

土地剩余技术是先利用收益法公式求得归属于建筑物的净收益，然后从土地与地上建筑物共同产生的净收益中扣除归属于建筑物的净收益，得到归属于土地的净收益，再除以土地资本化率或选用土地报酬率予以资本化，最后求得土地的价值的一种剩余技术。

土地剩余技术基础公式如下：

$$V_L=\dfrac{A_O-V_B\times R_B}{R_L} \tag{6-66}$$

---

[1] 中国房地产估价师与房地产经纪人学会.房地产估价原理与方法[M].北京：中国建筑工业出版社，2022：332.
[2] 中国房地产估价师与房地产经纪人学会.房地产估价原理与方法[M].北京：中国建筑工业出版社，2022：333.
[3] 柴强.房地产估价[M].10版.北京：首都经济贸易大学出版社，2022：325.
[4] 柴强.房地产估价[M].10版.北京：首都经济贸易大学出版社，2022：325.

在净收益每年不变，收益年限为有限年时，土地剩余技术公式如下：

$$V_L = \frac{A_O - \dfrac{V_B \times \gamma_B}{1 - \dfrac{1}{(1+\gamma_B)^n}}}{\gamma_L} \times \left[1 - \frac{1}{(1+\gamma_L)^n}\right] \quad (6-67)$$

式中，V_L 为土地价值；A_O 为土地与建筑物共同产生的净收益（该净收益通常基于房租）；V_B 为建筑物价值（通常通过成本法求取）；R_B 为建筑物的资本化率；R_L 为土地资本化率；γ_B 为建筑物报酬率；γ_L 为土地报酬率。[①]

2. 建筑物剩余技术

建筑物剩余技术是先利用收益法公式求得归属于土地的净收益，然后从土地与地上建筑物共同产生的净收益中扣除归属于土地的净收益，得到归属于建筑物的净收益，再除以建筑物的资本化率或选用建筑物报酬率予以资本化，最终求得建筑物的价值的一种剩余技术。建筑物剩余技术可用于测算建筑物的折旧[②]，以及检验建筑物相对于土地规模是否大小合适[③]。

建筑物剩余技术的基础公式为：

$$V_B = \frac{A_O - V_L \times R_L}{R_B} \quad (6-68)$$

净收益每年不变，收益年限为有限年时，建筑物剩余技术公式为：

$$V_B = \frac{A_O - \dfrac{V_L \times \gamma_L}{1 - \dfrac{1}{(1+\gamma_L)^n}}}{\gamma_B} \times \left[1 - \frac{1}{(1+\gamma_B)^n}\right] \quad (6-69)$$

式中，V_L 为土地价值；A_O 为土地与建筑物共同产生的净收益（该净收益通常基于房租）；V_B 为建筑物价值（通常通过成本法求取）；R_B 为建筑物的资本化率；R_L 为土地资本化率；γ_B 为建筑物报酬率；γ_L 为土地报酬率。[④][⑤]

【例 6—25】 计算题：假设某宗房地产的年纯收益为 600 万元，建筑物价值 3 000 万元，建筑物报酬率 10%，土地报酬率 8%，收益年限为 50 年。试求该宗房地产的价值。

[①] 中国房地产估价师与房地产经纪人学会. 房地产估价原理与方法[M]. 北京：中国建筑工业出版社，2022：341.

[②] 建筑物的折旧＝建筑物的重新购建价格－运用建筑物剩余技术求取的建筑物价值。

[③] 中国房地产估价师与房地产经纪人学会. 房地产估价原理与方法[M]. 北京：中国建筑工业出版社，2022：343.

[④] 中国房地产估价师与房地产经纪人学会. 房地产估价原理与方法[M]. 北京：中国建筑工业出版社，2022：342.

[⑤] 左静. 房地产估价[M]. 北京：机械工业出版社，2022：114.

解：根据已知数据，该宗房地产价值的求取过程如下：

$$V_L = \frac{A_O - \dfrac{V_B \times \gamma_B}{1 - \dfrac{1}{(1+\gamma_B)^n}}}{\gamma_L} \times \left[1 - \dfrac{1}{(1+\gamma_L)^n}\right]$$

$$= \frac{600 - \dfrac{3\,000 \times 10\%}{1 - \dfrac{1}{(1+10\%)^{50}}}}{8\%} \times \left[1 - \dfrac{1}{(1+8\%)^{50}}\right]$$

$$= 3\,638.51(万元)$$

房地产价格 $V_O = V_L + V_B = 3\,638.51 + 3\,000 = 6\,638.51$（万元）

3. 自有资金剩余技术

自有资金剩余技术是在已知抵押贷款金额的情况下，先根据从市场上得到的抵押贷款条件（包括贷款金额、贷款利率、贷款期限等）计算出年还本付息额，再把它从净收益中扣除，得到自有资金权益的剩余收益，然后除以自有资金资本化率得到自有资金权益价值的剩余技术。

自有资金剩余技术的基础计算公式为：

$$V_E = \frac{A_O - V_M \times R_M}{R_E} \quad (6-70)$$

式中，V_E 为自有资金权益价值，A_O 为房地产净收益，V_M 为抵押贷款金额，R_M 为抵押贷款常数，R_E 为自有资金资本化率。[①]

4. 抵押贷款剩余技术

抵押贷款剩余技术是在已知自有资金额的情况下，从净收益中减去在自有资金资本化率下能满足自有资金的收益，得到属于抵押贷款部分的收益，然后除以抵押贷款常数，最终得到抵押贷款金额或价值的剩余技术。

直接资本化法的抵押贷款剩余技术的计算公式为：

$$V_M = \frac{A_O - V_E \times R_E}{R_M} \quad (6-71)$$

抵押贷款剩余技术一般不适用于对已设立其他抵押的房地产进行估价，因为在这种情况下，剩余的现金流量必须先偿还原有抵押贷款的债务，而不完全归自有资金投资者所有。

另外，抵押贷款剩余技术是基于两个假设：一是投资者愿意投资在房地产上的自

---

① 中国房地产估价师与房地产经纪人学会. 房地产估价原理与方法[M]. 北京：中国建筑工业出版社，2022：343.

有资金额已确定;二是投资者需要从房地产中得到特定的自有资金资本化率已确定。在满足以上条件的情况下,贷款金额取决于可作为抵押贷款偿还额的剩余现金流量和抵押贷款常数。[1]

第五节　收益还原法中经常遇到的问题及解决的对策建议

一、参数的确定[2][3]

用收益还原法估算房地产价值时,最关键的就是公式中预期收益和还原率(报酬率、资本化率或收益乘数)的求取。这两个参数的误差可能直接导致估价结果的失败。然而,在实际运用中,预期收益和获得收益的风险因其涉及影响因素广泛,且受估价人员的经验和主观判断决定影响较大,因而很难预测出一个可靠的定量的值。下面从这两个参数的求取角度,列举了收益还原法使用过程中最常遇到的问题,并就存在的问题提出相应的解决对策。

(一)净收益的确定

净收益是估价对象未来各期的净营运收益,等于潜在毛收入减去由于空置等原因造成的收租损失和运营费用,即等于有效毛收入减去运营费用。净收益既包括有形收益又包括无形收益,一般以年为单位,假设在年末发生。净收益的计算一般有两种方法:一种是根据营业收入计算,如酒店、餐馆、游乐场等;另一种是通过租赁收入来计算,如商场、写字楼、住宅等。两种方法所取用的数据都是未来发生的,所以具有不确定性,有的甚至波动性很大。在房地产市场发展不稳定和估价人员技术不足的情况下,净收益的精准计算比较困难。因此,估价师应在保证租金收益数据客观性的前提下,重视未来收益预测的准确合理性。

(二)报酬率和资本化率的确定

由于没有把握概念的实质,在估价实际报告中经常出现计算公式选取与资本化率或报酬率选取不对应的问题。估价人员应准确理解参数的概念与计算方法,区别资本化率和报酬率各自适用的情形和计算公式(见表6-1),避免混用造成估价结果的错误。

报酬率是一种折现率,与投资风险成正相关,风险越大,报酬率越高。不同地区、

---

[1] 执业资格考试命题分析小组.房地产估价理论与方法[M].北京:化学工业出版社,2017:278—279.
[2] 刘丹丹.房地产估价方法在我国房地产估价中的应用——以收益还原法为例[J].中国市场,2017(22):83—84.
[3] 赵蕊.房地产基本估价方法的比较分析[J].山西建筑,2017(12):224—225.

不同时期、不同类型的房地产,或者同一类型的房地产的不同种类收益,由于风险的不同,其报酬率也不完全相同。报酬率的确定主要有三种方法:一是市场提取法;二是累加法;三是投资收益率排序插入法。虽然有三种方法,但均需要估价师运用自己的专业知识和实践经验进行判断,因而报酬率的确定具有很强的主观性,对估价师要求较高,而且由于房地产市场不稳定,估价人员难以根据风险确定具体数值。

资本化率是房地产未来第一年的净收益与其价值或价格的百分比,它直接根据市场上收益与价值的关系确定,虽然可以很好地反映市场的实际情况,但要求有较多的与估价对象的净收益流模式相同的房地产,否则估价对象结果有误。

表 6—1　　　　　　　　　　　资本化率和报酬率的运用小结

类型	定义	公式	计算方法		适用条件和注意事项
资本化率	用于直接资本化法,一步将房地产预期收益转为价值	某种收益/价格	市场提取法		市场成熟,能获得可比案例的交易价格与收益资料,注意所选案例的投资类型需相同
			净收益率与有效毛收入乘数比值法		市场成熟,能获得可比案例的有效毛收入和净收益流模式资料,注意所选案例与估价对象的净收益流模式需相同
			报酬率转换法		可得估价对象相应报酬率,注意应根据求得报酬率的前提条件,如期限和年净收益变化情况,来选取相应的转换公式
			投资组合技术	土地与建筑物组合	可得土地与建筑物的价值或其占房地产总价的比例,但在实践中不适合应用
				抵押贷款与自有资金组合	可得总投资额中自有资金和抵押贷款资金比例、贷款利率和还款付息方式等信息,运用时应注意同类房地产的贷款乘数、估价时点贷款利率、还款付息方式
报酬率	通过折现方式将房地产未来预期收益转为价值	投资回报/投入资本	累加法		无特别限制
			市场提取法		在收益无限期,年收益不变时,取可比实例的报酬率加权平均值;在收益有限期,年收益不变时,采用逐步测试法和内插法求取;适于市场成熟有丰富可比实例,且所选实例的投资类型需相同
			投资报酬率排序插入法		可比实例市场风险程度需相同,可比实例丰富

资料来源:闫晓慧."收益法"在房地产估价中的应用[J].中国物价,2010(1):41—44.

(三)收益期和持有期的确定

收益期是指在预计正常市场和运营状况下估价对象未来可获取净收益的时间,即从估价对象价值时点起至不能获得净收益的时间为止,一般根据土地使用权剩余年限和建筑物剩余经济寿命来估计。收益期的确定一般有三种情形:第一,建筑物的剩余经济寿命与土地使用权剩余年限相等,则收益期可任选其一;第二,建筑物的剩余经济寿命早于土地使用权剩余年限结束,估价对象的价值等于以建筑物剩余经济寿命为收益期计算的价值加自收益期结束时起计算的剩余土地使用权在该时点的价值;第三,建筑物的剩余经济寿命晚于土地使用权剩余年限结束,如果土地使用权不可续期,则估价对象价值等于以建筑物剩余经济寿命计算的价值,如果土地使用权可以续期,则估价对象的经济寿命等于以建筑物剩余经济寿命计算的价值加建筑物在收益期结束时点时的残值的折现值。土地权剩余年限、建筑物剩余经济寿命以及土地使用权是否可续期均须估价师根据相关资料进行准确判断,并在估价报告中给予明确说明。

在上述正常判断基础上,要注意在建筑物剩余经济寿命较土地剩余使用期限长时,涉及土地是否允许续期的问题。假设土地允许续期,则一般操作是以建筑物剩余经济寿命为收益期限,将土地续期的费用在收益中扣除。《中华人民共和国民法典》第三百五十九条规定:"住宅建设用地使用权期限届满的,自动续期。"然而,对于非住宅用地,尚无明确法律规定解决其续期问题,如果土地出让合同中也未写明,估价人员则不可直接以上述"可续期"方式处理。估价人员应严格遵循谨慎原则,结合相关法规和惯例处理经验,作出合理的判断。

二、房地产市场的不稳定性问题[①]

收益还原法的使用基于对估价对象未来收益状况的预期,因此,其应用的环境必须是一个稳定发展的房地产市场。然而我国房地产市场长期处于不稳定、不成熟状态,房地产市场信息不完善,因此,使用收益法对房地产进行估价时,尤其对于房地产市场不规范的地区,其评价结果往往会出现严重的不准确性。

为了规范和完善房地产市场健康发展,减少由于房地产市场不规范,房地产市场价格、收益不准确等问题导致的估价对象净收益、报酬率、资本化率等确定的不准确性,政府应当加强对房地产市场的宏观调控,尽快建立和完善房地产市场运行机制和信息披露,引导房地产开发企业理性投资,引导消费者理性消费,引导房地产市场健康稳定发展。

---

① 刘丹丹.房地产估价方法在我国房地产估价中的应用——以收益还原法为例[J].中国市场,2017(22):83—84.

三、市场数据和信息的获取问题

收益法中收益率、还原率等重要参数的确定均需要用到可比实例房地产的数据资料。可比实例市场数据资料的可靠性、完整性对参数的取值至关重要。然而目前房地产估价机构还未能形成良好的数据资料共享机制,对房地产市场数据和信息的收集、深度研究还不足,收益法评估房地产价值确定参数时没有大量的可比实例,影响了收益法估价的效率和估价结果的准确度。

建议估价协会组织或专门咨询机构定期组织对投资者和房地产市场的调研,公开发布调查数据和分析报告,对其数字化处理并合理分类归档,保证信息的完整性、及时性和透明性,在此基础上形成及时更新的大数据库。

四、估价人员和估价机构的执业能力和道德问题

收益法的特点是根据房地产未来的收益、折现率以及持有期等测算房地产的评估价值,其决定因素是对未来房地产经营状况的预测,这对估价师的主观判断依赖较大,非理性的预期会影响最终的评估价值。这就要求评估师具有长期经验和较高能力,并广泛深入地去调查研究房地产市场。[①] 因此,资产评估师职业规范提出独立性、客观公正性和专业性的原则,另外《中华人民共和国公司法》《中华人民共和国证券法》《中华人民共和国刑法》对资产评估师的职业道德也作出了法律约束。

为了更好地运用收益法进行估价,估价人员必须坚持公平、公正、科学合理、勤勉尽责的基本职业道德。估价部门应不断完善估价体系,加强审核力度以及对在职估价人员的专业能力和职业道德培训,提高估价人员专业技能水平,在房地产估价中贯彻和落实社会主义核心价值观。

第六节 收益还原法的运用举例

一、基本情况

待估对象为市中心某商铺,2019 年 2 月 1 日获得 40 年期的土地使用权,土地用途为综合。2021 年地上建筑建成并立即投入使用,建筑物耐用年限为 50 年,总建筑面积为 300 平方米,可出租面积占 80%,周围各项服务设施齐全,交通便利。

经过市场调查和资料收集,得到估价对象相关情况和正常客观数据如下:

[①] 曹晓鸥.房地产估价方法的探索研究[J].经济师,2017(4):266—267.

(1)租金为每年700元/平方米(基于可出租面积)。

(2)类似房地产空置率为10%。

(3)年经常性费用(包括人员工资、水、电、空调、维修以及管理费用等)为租金收入的6%。

(4)房产税按照《房地产管理法》为租金收入的12%。

(5)其他税费(如城镇土地使用税、增值税等)为租金收入的6%。

(6)保险费:房地产为避免意外损失而向保险公司支付的费用,一般可按房屋重置成本或现值乘以保费率来计算。此次估价中保费定为房屋重置成本的2‰,且重置价格为1 000元/平方米,估价对象九成新。

试估算该房地产2024年2月1日的市场价值。

二、估价过程

(一)选择估价方法

根据题目所给条件,该宗房地产是商铺,为收益性房地产,故适于采用收益还原法估价。具体采用报酬资本化法,基本公式为:

$$V = \sum_{i=1}^{n} \frac{A_i}{(1+\gamma)^i} \qquad (6-72)$$

(二)计算过程

1.计算年有效毛收入

年有效毛收入=租金×可出租面积×出租率
$$= 700 \times 300 \times 80\% \times (1-10\%)$$
$$= 151\ 200(元)$$

2.计算年运营费用

年运营费用=年经常性费用+各种税费+保险费
= 年有效毛收入×6%+年有效毛收入×(12%+6%)+重置价格×建筑面积×成新率×保费率
$$= 151\ 200 \times 6\% + 151\ 200 \times 18\% + 1\ 000 \times 300 \times 90\% \times 0.002$$
$$= 36\ 828(元)$$

3.计算年净收入

年净收入=年有效毛收入-年运营费用=151 200-36 828=114 372(元)

4.确定收益报酬率

采用累加法(安全利率加风险调整值法),无风险收益率取2019年2月银行一年期存款利率3.5%。经过调查得知,行业平均收益率为10%,考虑经济环境和政府政

策等因素后,风险系数确定为1.1,则房地产投资报酬率如下:

γ_1＝无风险收益率＋风险报酬率
　　＝无风险收益率＋风险系数×(行业平均收益率－无风险收益率)
　　＝3.5%＋1.1×(10%－3.5%)
　　＝10.65%

或者根据同类房地产收益情况,风险调整值取6%,则:

γ_2＝无风险收益率＋风险调整值＝3.5%＋6%＝9.5%

这里取均值作为估价报酬率:

$$\gamma = \frac{\gamma_1 + \gamma_2}{2} = 10.075\%$$

5. 确定收益年限

由于土地使用年限少于建筑物耐用年限,所以基于土地剩余使用年限得出估价时点收益年限为40－5＝35(年)。

6. 计算待估对象的价值

$$V = \frac{A}{\gamma} \times \left[1 - \frac{1}{(1+\gamma)^n}\right]$$

$$= \frac{114\ 372}{10.075\%} \times \left[1 - \frac{1}{(1+10.075\%)^{35}}\right]$$

$$= 1\ 095\ 762.92(元)$$

(三)确定估价结果

根据计算结果并结合估价人员的经验,确定该房地产在2019年2月1日的市场价值为109万元,约合3 633元/平方米(基于建筑面积)。

若上题中估价人员根据市场情况,确定估价对象的净收益每年以1%的幅度上涨,则房地产价格为:

$$V = \frac{A}{\gamma - g} \times \left[1 - \left(\frac{1+g}{1+\gamma}\right)^n\right]$$

$$= \frac{114\ 372}{10.075\% - 1\%} \times \left[1 - \left(\frac{1+1\%}{1+10.075\%}\right)^{35}\right]$$

$$= 1\ 198\ 265.37(元)$$

本章小结

收益还原法(Income Approach 或 Income Capitalization Approach)是房地产估价业广泛采用的三大基本方法之一,适用于收益性房地产项目,也常被称为收益法或收益资本化法。运用收益还原法进行估价的一般方法为预计估价对象未来的正常净收益,利用适当的资本化率或收益乘数,采用合适的运算公式,结合收益年限来得出估价对象的客观合理价值。根据转换的方式不同,收益还原法可被分为直接资本化法(Direct Capitalization)和报酬资本化法(Yield Capitalization)。

收益还原法适用的估价对象是有经济收益或有潜在经济收益的房地产,例如住宅(特别是公寓)、写字楼、旅馆、商店、餐馆、游乐场、影剧院、停车场、汽车加油站、用于出租的厂房、仓库、农地等。它不限于估价对象本身现在是否有收益,只要估价对象所属类型有获取收益的能力即可。

收益还原法的适用条件为:第一,评估对象使用时间较长且具有连续性。第二,能在未来若干年内取得一定收益,且该收益可以用货币来度量。第三,评估对象的未来收益和评估对象的所有者所承担的风险可以量化。风险的确定与资本化率以及收益乘数的合理选用直接相关。第四,存在一定规模的类似房产或土地市场以供开展广泛、深入的市场调查和市场分析。因为未来的预期通常是基于过去的经验和对现实的认识所作出的。

收益还原法的估价步骤为:第一,搜集有关收入和费用的资料;第二,估算潜在毛收入;第三,估算有效毛收入;第四,估算运营费用;第五,估算净收益;第六,选用适当的报酬率、资本化率或收益乘数;第七,选用适宜的计算公式求出收益价格。收益还原法的计算公式为:$V = \sum_{i=1}^{n} \frac{A_i}{(1+\gamma)^i}$(式中,$V$ 为收益价格,A_i 为未来第 i 年的净收益,γ 为报酬率,n 为未来可获收益的年限)。

运用收益法估价,核心是预测净收益。收益性房地产可划分为出租型和营业型两类。净收益的测算途径主要为:基于租赁收入测算净收益和基于营业收入测算净收益。收益期限应在估价对象自然寿命、法律规定、合同约定等的基础上,结合剩余经济寿命来确定。一般情况下,估价对象的收益期限取其剩余经济寿命,其中土地的收益期限为土地使用权剩余年限。

用收益还原法估算房地产价值时,最关键的就是公式中预期收益和还原率(报酬率、资本化率或收益乘数)的求取。这两个参数的误差可能直接导致估价结果的失败。

习题

一、选择题

1. 承租人甲和出租人乙 5 年前签订了一套住宅租赁合同,该住宅面积为 200 平方米,租赁期 8 年,年租金为 480 元/平方米。现市场上类似住宅的年租金是 600 元/平方米。折现率为 8%。承租人甲当前的权益价值为( )万元。

 A. 6.19　　　　　B. 6.42　　　　　C. 7.2　　　　　D. 9.58

2. 某房地产的报酬率是 8%,收益期限为 30 年的价格为 4 000 元/平方米。若报酬率为 6%,收益期限是 50 年,则该房地产价格为( )元/平方米。

 A. 3 000　　　　 B. 4 500　　　　 C. 5 200　　　　 D. 5 600

3. 某宗房地产的收益年限是 40 年,预测未来 3 年的年净收益分别是 15 万元、18 万元、23 万元,之后稳定在每年 25 万元直到收益期限结束。若该类房地产的报酬率为 8%,则该宗房地产的收益价值最接近于( )万元。

 A. 280　　　　　B. 285　　　　　C. 290　　　　　D. 295

4. 某写字楼年出租净收益为 300 万元,预计未来 3 年内仍维持此水平,3 年后该写字楼价格为现在写字楼价格的 1.2 倍。若该类房地产的报酬率为 10%,则该写字楼现在的价格为( )万元。
   A. 4 580　　　　　B. 5 580　　　　　C. 6 580　　　　　D. 7 580

5. 某在建工程土地使用年限 40 年,自取得土地使用权之日起开工,预计建成后的建筑面积为 15 000 平方米,年净收益为 480 万元,自开工到建成的开发期为 3 年,估计该项目至建成还需 1.5 年,报酬率为 12%,该项目开发完成后的房地产现值为( )万元。
   A. 4 023.04　　　B. 4 074.1　　　　C. 3 323.7　　　　D. 5 652.09

二、多选题

1. 收益性房地产的价值主要取决于( )。
   A. 已经获得净收益的大小　　　　　B. 未来获得净收益的风险
   C. 未来获得净收益的大小　　　　　D. 目前总收益的大小
   E. 未来获得净收益期限的长短

2. 收益还原法可分为( )。
   A. 直接资本化法　　B. 市场提取法　　C. 间接资本化法　　D. 报酬资本化法
   E. 分解法

3. 不适于采用收益还原法估价的有( )。
   A. 机关　　　　　　B. 学校　　　　　C. 影剧院　　　　　D. 公园

4. 下列公式中不属于收益还原法的是( )。
   A. $p=a/r-b/r^2$　　　　　　　　B. $p=a/(1+r^2)$
   C. $p=a/r[1-1/(1+r^n)]$　　　　D. $p=a/(r+s)$

三、判断题

1. 在求取整体房地产价值时,期末转售收益是指在房地产持有期末转售房地产并扣减抵押贷款余额之后的收益。( )

2. 资本化率和报酬率都是房地产的未来预期收益转换为价值的比率。前者是某种年收益与其价格的比率;后者是除一连串未来各期净收益,得出未来各期净收益现值的比率。( )

3. 在现金流折现法中,对开发完成后的房地产价值、开发成本、管理费用、销售费用、销售税费等的测算,主要是根据估价时的房地产市场状况来预测的。( )

4. 实际估价中设定在未来净收益每年都不变的情况,求取净收益时推荐使用未来数据资本化公式法。( )

四、名词解释

1. 收益还原法
2. 资本化率
3. 收益乘数
4. 剩余技术

五、简答题

1. 简述收益还原法的理论依据和适用对象。
2. 简述收益还原法的操作步骤。
3. 简述不同类型房地产净收益的求取方法。
4. 区分实际收益和客观收益，并简述实际收益选取方法。
5. 列举并简述报酬率的求取方式。
6. 简述资本化率和报酬率的区别。
7. 试列举报酬资本化法和直接资本化法的优点。
8. 简述土地资本化率、建筑物资本化率和综合资本化率的含义及三者之间的相互关系。

六、计算题

某写字楼由于市场不景气和周边新增居住房地产较多，而不适于上午办公，导致需求减少。6年前，甲、乙合作建设建筑面积 3 000 平方米的办公楼，建设期为 2 年。甲提供 1 000 平方米、使用年限 50 年的土地；乙提供 300 万元。建成后，1 000 平方米建筑面积归甲所有，另 2 000 平方米建筑面积由乙使用 20 年，期满后无偿归甲所有。现今，乙有意将使用期满后的剩余年限购买下来，同时甲也乐意出售，但双方对交易价格有争议，协商后请一家专业房地产估价机构进行估价。经过估价机构的调查得知，现时该类房地产的月租金为 80 元/平方米，空置率为 15%，年运营费用占年租赁有效毛收入的 35%，报酬率为 10%。求乙购买该办公楼剩余收益年限的价值。

课堂自测题	拓展资料
案例 6-1	案例 6-2
案例 6-3	阅读书目

第七章　市场比较法

学习目的

知识目标：了解市场比较法的基本概念、原理及估价步骤；结合现实房地产类型，理解市场比较法的适用对象与条件；了解造成成交价格偏离正常市场价格的因素，熟悉交易实例的搜集和可比实例的选择；了解市场比较法中常见问题及解决对策。

能力目标：掌握交易情况修正的计算方法，能够准确求取比准价格；通过案例和习题更好地掌握市场比较法在房地产评估中的应用；初步具备使用市场比较法评估房地产价格的能力。

思政目标：市场通过供求变化提升资源配置效率。通过本章学习，更好理解"充分发挥市场在资源配置中的决定性作用，更好发挥政府作用，推动各类市场主体创新发展"。

关键概念	思维导图
(二维码)	(二维码)

在房地产估价过程中形成了许多不同的估价方法，如成本法、收益还原法、市场法等。其中最常用、最重要的方法是市场比较法，而且现在已经发展得较为成熟。本章主要介绍市场比较法的基本原理和概念、可比实例的选取、比准价格的求取等。

第一节　市场比较法概述

一、市场比较法的基本概念

市场比较法（Market Comparison Approach 或 Sales Comparison Approach），又称市价比较法、交易实例比较法、买卖实例比较法、市场资料比较法、交易案例比较法、现行市价法、直接交易案例比较法等，简称比较法或者市场法。市场比较法是以估价时点近期类似房地产的实际成交价格为参照，评定待估房地产的价格的一种估价方法，其本质是以房地产的市场交易价格为导向求取估价对象的价值。

可比实例也称作可比房地产，是指交易实例中房地产状况相同或者相当、成交日期与估价时点接近、交易类型与估价目的一致、成交价格为正常市场价格或能够修正为正常市场价格的交易实例。

二、市场比较法原理

市场比较法原理是经济学中的替代原理。在市场经济中，经济主体普遍追求效用最大化。也就是说，当在同一时间同一地点出现两种或两种以上效用相同或可以相互替代的商品时，如果商品价格不同，那么消费者将会选择价格相对较低的商品，如果价格相同，那么消费者将会选择效用相对较高的商品。

房地产由于自身的地理位置不同、构造不同、土地性质不同等因素而具有独特性，不像其他产品具有完全可替代性，每一宗房地产都不尽相同，但是由多个因素决定的房地产价格在某些因素相同或相似的情况下，价格也会趋于相近，因此，消费者在选购房地产时必定会与其他房地产相比较，市场比较法正是通过比较进行定价，符合替代原理，契合了消费者行为规律。同时，房地产市场上相似的房地产价格趋于一致，互相牵制，能够防止房地产价格过分偏离市场可接受范围，更准确地为房地产进入市场提供有流通意义的价格，有利于房地产市场的发展。

根据替代原理，待估房地产的价格与可比实例的交易价格呈正相关，故可将可比实例的价格与待估房地产的各项比较后进行调整，得到由该可比实例修正后的价格，再将多个可比实例得到的修正价格进行平均，得到待估房地产的比准价格。

三、市场比较法适用对象与条件

(一)市场比较法的特点[①]

1. 市场比较法具有现实性,有很强的说服力

市场比较法主要是利用近期发生的与待估房地产具有替代性的交易实例作为比较标准,通过修正来推算待估房地产具有替代性的价格,能很清晰地反映近期房地产市场的行情,因而也使测算的房地产价格具有较强的现实性,容易被市场接受。

2. 市场比较法以替代关系为重要途径

市场比较法是利用已经发生的交易实例的价格与待估房地产之间的替代关系,通过比较来求取待估房地产的价格,因而也被称为比准价格。

3. 市场比较法以价格求价格

运用市场比较法评估房地产价格,是以市场交易实例为基础的。通过对交易实例价格的修正求取待估房地产价格,虽然反映市场规律,但如果在不正常市场条件下,如市场过度炒作、出现泡沫经济等,就容易使估价结果偏离房地产的本身特征,无法与收益价格相协调。

4. 市场比较法需要估价人员具有较高素质

应用市场比较法需要进行个别因素、区域因素、交易日期及市场情况等一系列项目的比较修正,这就要求房地产估价人员具备多方面的知识与丰富的经验,否则难以得到客观准确的结果。

5. 市场比较法需要正确的选择比较实例

市场比较法的基础是替代原理,保证评估结果准确性的关键在于正确选择比较实例和合理修正交易价格。因此,评估人员要全面准确地调查市场资料,合理选择比较实例,并将比较实例与评估对象进行全面细致的比较,确定适当的修正系数,以保证评估结果的准确性。

(二)市场比较法的适用对象

市场比较法适用的对象是具有交易性的房地产,如普通的商品住宅、别墅、房地产开发用地、写字楼、标准工业厂房、商场等。不适用的情况为:很少发生交易的房地产,如学校、古建筑、教堂、寺庙、特殊工厂、纪念馆等;房地产交易市场不活跃或者房地产交易很少发生的地区的房地产。

(三)市场比较法的适用条件

1. 有类似房地产的成交实例

市场比较法估价是在估价时点的近期有较多的类似房地产的交易,一些在市场上

[①] 汤鸿,郭贯成.房地产估价[M].2版.南京:东南大学出版社,2017:81—82.

没有类似可比房地产的或者房地产市场发育不完全导致资料不便收集的,则不适用此法,例如造型设计独特的房地产就很难找到可比实例。

2. 类似房地产成交实例数量多且交易正常

市场比较法的估价对象是同类型的数量较多且经常发生交易的房地产,例如住宅(包括普通住宅、高档公寓、别墅等)、写字楼、商铺、标准厂房、房地产开发用地等。一般认为,估价人员只要掌握 10 个以上作为比较实例的市场交易资料,其中 3 个是最基本的比较实例[1];那些不进行交易的房地产则不适用此法,如博物馆、图书馆、废弃厂房、寺庙等。

3. 类似房地产交易实例在同一地区或同一供求范围内的类似地区中

通常情况下,市区房地产价格相对较高,而离市区越远的地方,房地产价格就会相对偏低。因此,只有在同一地区或同一供求范围内的类似地区中与待估房地产相类似的房地产交易较多时,市场比较法才是有效的方法。

四、市场比较法的估价步骤

下列为市场比较法的估价步骤[2]:
(1)搜集交易实例;
(2)选取可比实例;
(3)建立比较基础;
(4)进行交易情况修正;
(5)进行市场状况调整;
(6)进行房地产状况调整;
(7)计算比较价值。

第二节 交易实例的搜集和可比实例的选择

一、搜索交易实例

搜集交易实例就是从现实房地产市场中搜集大量已经成交的实例及其相关交易信息,并对这些交易信息进行整理。

---

[1] 赵小虹,赵财福. 房地产估价[M]. 3 版. 上海:同济大学出版社,2014:71.
[2] 中国房地产估价师与房地产经纪人学会. 房地产估价原理与方法[M]. 北京:中国建筑工业出版社,2022:244.

（一）搜集交易实例的必要性

首先，大量的交易实例能够帮助估价者对待估房地产所在市场行情有正确的把握，对待估房地产的背景有个大致的了解，避免估价结果偏离合理范围太远而不被市场所接受。

其次，大量的交易实例为估价者挑选合适的可比实例提供了丰富的备选项，估价者可以从中找出与待估房地产各项比较因素最接近、差异最小或差异易于量化修正的比较实例，减少后续修正计算的不便与模糊，使估价结果更加精准。

最后，搜集交易实例并不仅仅是针对某个评估项目而单独进行的，更多的是要靠估价机构和估价师的长期积累，这样才能保证当要进行估价时有丰富的实例供参考，这也是估价经验积累的一部分。

（二）搜集交易实例的途径

房地产交易作为一个大笔资金的流动，往往许多单位或机构都会记录交易信息，估价人员可以通过以下几个途径搜集交易实例[1]。

1. 政府有关部门的房地产交易、价格等资料

房地产产权的取得、变更等都需要到相关部门登记。房地产权利人转让房地产时向有关部门申报的成交价格资料，政府出让建设用地使用权的价格资料，政府或其授权的部门确定、公布的基准地价、标定地价、房屋重置价格及房地产市场价格等资料，都是交易实例的来源。

2. 房地产经纪机构和房地产经纪人经手的房地产交易

目前房地产市场上专业的房地产经纪机构和房地产经纪人代理、居间的出现给房地产交易带来很大便利，这些机构和经纪人手头往往有大量、新鲜的交易实例，从他们手中得到的数据更加贴合市场实情。

3. 房地产交易当事人、邻居、相关律师、会计师等相关人员参与的房地产交易

这是一种比较直接的获取交易信息的方式。

4. 估价机构、估价师等同行之间的交流

同行业之间各自经手的实例资料可以通过某种协作关系进行交流，成为交易实例积累的来源。

5. 专业房地产信息提供机构的房地产价格等资料

目前已出现一些以营利为目标的专门从事房地产交易、价格等数据搜集、信息整理、分析和提供的机构。

---

[1] 柴强.房地产估价[M].10 版.北京:首都经济贸易大学出版社,2022:232—233.

6. 要求估价委托人提供估价对象的历史交易情况

如果估价委托人是估价对象的权利人，则可要求其提供估价对象的历史交易情况，尤其是最近一次的成交价格等交易信息。通过这种渠道搜集的交易实例，可作为其他估价对象的可比实例。

7. 其他途径

与房地产出售者或者代理人，如业主、房地产开发商、房地产经纪人等洽谈获得房地产的要价等资料；网络、报刊、广告等相关房地产交易的信息资料；房地产交易展示会上的价格行情。要价、标价、挂牌价、报价等虽非成交价，不反映真实的市场行情，但可作为参考来了解行情。

(三)搜集交易实例的内容

通过以上多种途径接触交易实例时，要有针对性地搜集数据，重点搜集影响价格的、易于量化可比的、能体现与待估房地产之间差异的项目，主要有以下几项。

1. 交易实例房地产基本状况

交易实例房地产基本状况包括：区位、用途、面积、四至、形状结构、土地权属及形状、土地使用期限、建筑物竣工日期(或者建成年份、建成年代)、周围环境景观等。

2. 交易情况

交易情况包括：交易双方、交易目的、交易方式(协议、招标、拍卖、挂牌等)、交易正常情况(是否急于出售、有无利害关系人等)、交易税费负担方式(双方是按照规定或者惯例各自缴纳税费还是全部费用由一方承担)等。

3. 成交日期

成交日期是指交易的具体日期。

4. 付款方式

付款方式包括：一次性付款还是分期付款(包括付款期限、每期付款额或付款比率)、贷款方式付款(包括首付比例、贷款期限、贷款手续费点数)。

5. 成交价格

成交价格包括：单价、总价以及计价方式(是按建筑面积计价还是按套内建筑面积计价、按使用面积计价、按套计价等)。

比较常用的方法是针对所需要记录的项目编制表格——房地产交易实例调查表(见表7-1)。搜集交易实例时应事先制作好"房地产交易实例调查表"，从而在搜集房地产交易实例时便于记录归类，有条不紊地积累交易实例。

表 7-1　　　　　　　　　　　房地产交易实例调查表

房地产基本状况	名称				
	坐落				
	四至				
	规模				
	用途				
	权属				
交易基本情况	买方				
	卖方				
	成交日期				
	成交价格	总价		单价	
	付款方式				
交易情况说明					
房地产状况说明	区位状况说明				
	实物状况说明				
	权益状况说明				
位置示意图		外观图片		其他	

调查人员：　　　　　　　　　　　　　　　　　　　调查时间：　　年　　月　　日

二、选取可比实例

（一）选取交易实例的必要性

在积累了大量的交易实例的基础上，选择出与待估房地产最具有可比性的交易实例就简便多了。现实操作中，不可能将搜集到的大量交易实例都用于计算比较价格，这个工作量繁复，而且大量的交易实例中有不可忽视的数量是和待估房地产比较相距甚远的实例，用它们的价格进行修正计算出的比准价格精确度很低，会影响整体的估价精准度。

因此，为了计算出的比准价格尽量准确，选作可比实例的交易实例必须经过筛选，从而更加具有针对性，更便于作为待估房地产的估价参照。

（二）选取可比实例的具体筛选条件

在选取可比实例的过程中，对可比实例的数量没有强制要求，一般选取 3～10 个最具有比较意义的可比实例,选取过程往往考虑以下几个条件。

1. 估价时间

所选可比实例的成交日期与估价时间越接近,所得估价就越接近市场水平。由于房地产市场价格随时间递推的变动过程并没有一个非常理论化的模型来模拟,因而只能尽量靠时间上的接近来保证所估价位与估价时点的市场价位相近。根据《房地产估价规范》[①],可比实例的成交日期应接近价值时点,与价值时点相差不宜超过1年,且不得超过2年。除此之外,估价人员需要有一定的估价经验来确定时间上的差距具体对应的参数调整比例。

2. 房地产的交易类型

应选取与估价对象相同的交易实例。房地产交易按类型不同分为买卖、租赁等,不同类型交易价格的形成不同,自然不具有可比性,不能"混搭",作为买卖的待估房地产应选取买卖交易的实例。但是要注意区分不可比的真假,即使都是买卖房地产,可是由于付款方式的不同(如一次付清与按揭)造成的价格不可比性是假性不可比性,可以通过价格折现等方式来调整,比如将其修正为具有可比性的同一时点的价格,这在后面的内容中将提及。

但是,从估价目的的角度来看,抵押、折价、变卖、房屋拆迁等一般不会有合适的过往的交易案例,因此,往往采用买卖实例作为可比实例,将买卖价格作为估价参考内容。

3. 房地产的交易正常情况

什么是交易正常情况?这是一种经济学上比较完美的市场情况,即在公开的房地产市场上,交易双方充分了解市场信息,以平等自愿的方式达成交易[②],这种情况下的市场价格机制作用得到最大限度发挥,其价格自然最能反映市场情况。这种交易实例是比较理想的可比实例。但有时候我们会因为种种因素进行不正常交易,比如为资金周转急于出售房产、买卖双方是利益关联而采取不正常的交易价格(偏高或偏低)等,针对此种情况,估价人员应对不正常交易价格进行调整,以得到正常交易情况下的价格,若不正常交易比较复杂不易转换为正常价格,则不适合做可比实例。

4. 房地产基本情况

房地产基本情况主要指房地产的几项能区别于其他房地产的基本特性。

(1)地域性。房地产市场具有很强的地域性。不同地域的受当地经济繁华程度、交通便利情况、各种配套设施、附近商圈等因素影响形成的房地产市场往往是不同的,

---

① 中华人民共和国住房和城乡建设部.房地产估价规范(GB/T 50291—2015)[S].北京:中国建筑工业出版社,2015:10.

② 吴清,严小丽,王宇静,等.房地产估价[M].北京:清华大学出版社,2014:69.

不同商圈的房地产是不具有可比性的,因而在选择房地产可比实例时要注意选择同一商圈的交易案例,考虑道路、临街等因素,相比较的两者越接近越好。

(2)建筑结构。建筑结构大类包括钢结构、钢筋混凝土结构、砖混结构、砖木结构和简易结构,不同结构的房地产在造价、功能、质量方面也不同,应尽量选择相同建筑结构大类的交易实例,若小类结构也相同则更好,建筑结构小类指的是某个大类下面的一等、二等、三等;此外,对居住型房地产来说,户型等房屋结构也是一个不可忽视的因素,它是影响居住质量的重要因素,通风、采光等根据所在地域的地理特点而对房产的结构要求会影响房地产的价格,因此,在不同户型的价格上要注意调整和选择。

(3)规模。一般选取的可比实例与待估对象的规模不能相差太大,须在一定范围内。可比实例规模一般应在估价对象规模的 0.5~2 倍范围内[①],即 0.5≤可比实例规模/估价对象规模≤2。

(4)权利性质。权利性质不同的房地产不具有可比性,比如经济适用房与商品住宅的权利性质不同,则不应将前者作为后者的可比实例,因为这种差异不能简单地靠修正调整得到合适的价格。

(5)利用方式。同一个房地产当利用方式不同时,会有不同的价值。显然,作为居住用途和作为商业用途的房地产所能带来的收益不同;同样是居住型的房地产,作为经济适用房与作为酒店式公寓等高档公寓的经济效益也不同;宾馆、写字楼按照级别不同也不具有可比性。

我们以下面这个简单的例子来说明可比实例的选取。

【例 7-1】 操作题:目前有待估房地产 E,搜集的相关交易实例有房地产 A、B、C、D,表 7-2 为交易实例的相关信息。试为待估房地产选取可比实例。

表 7-2　　　　　　　　　各房地产相关信息

房地产	估价时点	类型	地段	价格	房产用途
A	2022 年 12 月	销售	F 商圈	7 700 元/平方米	商业
B	2022 年 5 月	销售	F 商圈	8 200 元/平方米	居住
C	2023 年 4 月	销售	G 商圈	12 000 元/平方米	商业
D	2023 年 9 月	出租	F 商圈	900 元/平方米每年	商业
E(待估)	2024 年 3 月	销售	F 商圈	?	商业

解:要选取可作为 E 的可比实例的交易实例,我们按照各个所列项目进行一一筛选。

---

① 张红日.房地产估价[M].2 版.北京:清华大学出版社,2016:72.

首先,从用途角度看,房地产 B 由于用途不同被排除。

其次,在剩下的同是商业用途的房地产中,由于房地产 D 是用于出租的,其租金价格与待估房地产 E 不具有可比性,也被排除。

再次,房地产 C 的地段处于 G 商圈,与待估房产 E 不属于同一供需范围内,不具有可比性,因此也被排除。

最后,剩下的房地产 A 的多项条件与待估房地产 E 相同或相似,并且估价时点也较接近,故选取房地产 A 为待估房地产 E 的可比实例是比较合适的。

第三节 交易情况修正

一、交易情况修正的含义

可比实例的成交价格是实际发生的,它可能是正常的,也可能是不正常的。由于要求评估的估价对象的价值是客观的、合理的,所以,如果可比实例的成交价格是不正常的,则应把它修正为正常的。这种对可比实例成交价格进行的修正,称为交易情况修正。经过交易情况修正之后,可比实例价格就由可能是不正常的成交价格变成正常市场价格。

二、造成成交价格偏离正常市场价格的因素

在市场经济活动中,经常出现成交价格偏离正常市场价格的情况,要把可比实例不正常的成交价格修正为正常市场价格,首先要了解有哪些因素可能使可比实例的成交价格偏离正常市场价格以及是如何偏离的。由于房地产具有不可移动、独一无二、价值量大等特性,以及房地产市场是一个不完全市场,房地产成交价格往往容易受交易中一些特殊因素的影响,从而偏离正常市场价格。交易中的特殊因素较复杂,归纳起来主要有几个方面。

(一)强迫出售或强迫购买的交易

强迫出售的价格通常低于正常市场价格,强迫购买的价格通常高于正常市场价格。

(二)利害关系人之间的交易

亲朋好友之间、母子公司之间、公司与其员工之间等的房地产交易,多数情况下成交价格低于正常市场价格。但也有出于特殊动机,成交价格高于正常市场价格的,例如实际中容易发生的上市公司的大股东将其房地产高价卖给上市公司的关联交易。

（三）交易双方或某一方对交易对象或市场行情缺乏了解的交易

如果买方不了解交易对象或市场行情，盲目购买，成交价格往往偏高；相反，如果卖方不了解交易对象或市场行情，盲目出售，成交价格往往偏低。

（四）急于出售或急于购买的交易

例如，欠债到期，无奈只有出售房地产来偿还欠款，这种急于出售情况下的成交价格往往偏低；相反，急于购买情况下的成交价格往往偏高。

（五）交易双方或某一方对所交易的房地产有偏好的交易

例如，买方或卖方对所买卖的房地产有特别的爱好、感情，特别是对买方或卖方有特殊意义或价值，从而买方执意要购买或卖方惜售，这种情况下的成交价格往往偏高。

（六）相邻房地产的合并交易

房地产价格受土地形状是否规则、土地面积或建筑规模是否适当的影响。形状不规则或者面积、规模过小的房产，价值通常较低。但这类房地产如果与相邻房地产合并，则效用通常会增加，产生附加价值或"合并价值"。因此，当相邻房地产的拥有者购买该房地产时，往往愿意出较高的价格，出售者通常也会索要高价。

【例7—2】 计算题：甲、乙两宗相邻土地价格均为100万元，若将两者合并为一宗土地，则合并后的市场价格为250万元，若甲宗地拥有者想要购买乙宗地，则乙宗地合理的要价范围是多少？

解：根据已知条件，两者合并为一宗土地后，土地价格由200万元增长为250万元，合并带来的附加价值为50万元。

当甲宗地拥有者想要购买乙宗地，甲宗地拥有者愿意出较高的价格。因此，乙宗地合理的要价范围为100万~150万元。

（七）特殊交易方式的交易

特殊交易方式包括拍卖、招标、哄抬、抛售等。房地产正常成交价格的形成方式，应当是买卖双方根据市场供求关系，经过充分讨价还价的协议方式。拍卖、招标等方式容易受诸如现场气氛、情绪，竞买人争强好胜的心理，甚至购买房地产看中的不是房地产本身的价值而是购买房地产这一行为所带来的广告宣传效应等非理性因素的影响，从而使成交价格失常。但中国目前建设用地使用权出让是例外。

（八）交易税负非正常承担的交易

房地产交易过程中涉及一些税、费的征收，如增值税、城市维护建设税、教育费附加、土地增值税、契税、印花税、补交土地使用权出让金、交易手续费等。这些税费或是买方承担或是卖方承担，或是两者共同承担。例如，两者共同承担的有印花税、交易手续费；买方承担的有契税、补交土地使用权出让金等；卖方承担的有增值税、土地增值税、城市维护建设税与教育费附加。虽然法理上规定了这些税负承担者，但现实交易中存在税费有可能协议由一方缴纳或者代缴代扣税费的情况,因此成交价格就需要调整。正常的成交价格是交易双方各自缴纳自己应缴纳的那部分交易税费下的成交金额。

【例7—3】 计算题:某宗房地产正常成交价格为20 000元/平方米,该地区买方应纳交易税费为正常成交价格的4%,卖方应纳交易税费为正常成交价格的8%。试计算买卖双方各自实际的价格。

解:买方实际付出的价格=正常成交价格+买方应纳税费
$$=20\,000\times(1+4\%)$$
$$=20\,800(元/平方米)$$

卖方实际得到的价格=正常成交价格-卖方应纳税费
$$=20\,000\times(1-8\%)$$
$$=18\,400(元/平方米)$$

(九)受风水观念影响的交易

在实际生活中,许多人在购买房地产或进行住宅施工时会先看风水格局,所以在进行房地产交易时购买者可能会考虑风水问题。那些风水格局较好的房地产价格就会比一般的正常市场价格高一些,反之则低一些。

三、交易情况修正的方法

有上述特殊交易情况的交易实例一般不宜选为可比实例,但当可供选择的交易实例较少而不得不选用时,则应对其进行交易情况修正。交易情况修正的方法主要有百分率法和差额法。采用百分率法进行交易情况修正的一般公式为:

$$可比实例成交价格\times 交易情况修正系数 = 可比实例正常市场价格 \quad (7-1)$$

采用差额法进行交易情况修正的一般公式为:

$$可比实例成交价格 \pm 交易情况修正金额 = 可比实例正常市场价格 \quad (7-2)$$

在百分率法中,交易情况修正系数应以正常市场价格为基准来确定。假设可比实例成交价格比其正常市场价格高、低的百分率为$\pm S\%$(当可比实例成交价格比其正常市场价格高时,为$+S\%$;低时,为$-S\%$),则:

$$可比实例正常市场价格 \times (1 \pm S\%) = 可比实例成交价格 \quad (7-3)$$

因此,

$$可比实例成交价格 \times \frac{1}{1 \pm S\%} = 可比实例正常市场价格 \quad (7-4)$$

或者

$$可比实例成交价格 \times \frac{100}{100 \pm S} = 可比实例正常市场价格 \quad (7-5)$$

通过上式可知,交易情况修正系数是 $\frac{1}{1\pm S\%}$ 或 $\frac{100}{100\pm S}$,而不是 $\pm S\%$,也不是 $(1\pm S\%)$。

在交易情况修正中之所以要以正常市场价格为基准,是因为采用市场法估价要求选取多个可比实例,这样,如果以正常市场价格为基准,则只会有一个比较基准,而如果以每个可比实例的实际成交价格为基准,则会出现多个比较基准。例如,以正常市场价格为基准,可比实例成交价格比其正常市场价格高 10%,即:

可比实例成交价格＝可比实例正常市场价格×(1＋10%)

假设可比实例正常市场价格为 1 500 元/平方米,则:

可比实例成交价格＝1 500×(1＋10%)＝1 650(元/平方米)

如果以可比实例成交价格为基准,则可比实例正常市场价格比其成交价格低 10%,即:

可比实例正常市场价格＝可比实例成交价格×(1－10%)

假设可比实例成交价格＝1 650 元/平方米,则:

可比实例正常市场价格＝1 650×(1－10%)＝1 485(元/平方米)

可见,1 485 元/平方米≠1 500 元/平方米。

因此,"可比实例成交价格比其正常市场价格高 10%"与"可比实例正常市场价格比其成交价格低 10%"的含义是不等同的。为此,在交易情况修正中,应统一采用可比实例成交价格比其正常市场价格是高还是低多少的说法。

进行交易情况修正不仅需要了解交易中有哪些特殊因素影响了成交价格,还需要测定这些特殊因素使成交价格偏离正常市场价格的程度。但由于缺乏客观、统一的尺度,这种测定有时非常困难。因此,在哪种情况下应当修正多少,主要是由房地产估价师凭其扎实的估价理论知识、丰富的估价实践经验以及对当地房地产市场行情、交易习惯等的深入调查了解而作出判断。不过,房地产估价师平常就应当搜集整理交易实例,对其成交价格进行分析、比较,在积累了丰富经验的基础上,把握适当的修正系数或修正金额也是不难的。其中,对于交易税费非正常负担的修正,首先要了解清楚实际情况,然后按照有关公式进行计算,将成交价格修正为依照税法及中央和地方政府的有关规定(没有规定的,按照当地习惯),买卖双方各自缴纳自己应缴纳的交易税费下的价格。修正公式为:

$$\text{正常成交价格}-\text{应由卖方缴纳的税费}=\text{卖方实得金额} \quad (7-6)$$

$$\text{正常成交价格}+\text{应由买方缴纳的税费}=\text{买方实付金额} \quad (7-7)$$

$$\text{买方实付金额}-\text{卖方实得金额}=\text{应由买卖双方缴纳的税费} \quad (7-8)$$

如果卖方、买方应缴纳的税费是正常成交价格的一定比率,即:

应由卖方缴纳的税费＝正常成交价格×应由卖方缴纳的税费比率　　(7—9)

应由买方缴纳的税费＝正常成交价格×应由买方缴纳的税费比率　　(7—10)

则：

$$正常成交价格=\frac{卖方实得金额}{1-应由卖方缴纳的税费比率} \quad (7-11)$$

$$正常成交价格=\frac{买方实付金额}{1+应由买方缴纳的税费比率} \quad (7-12)$$

【例7—4】 计算题：某宗房地产的正常成交价格为2 500元/平方米，卖方应缴纳的税费为正常成交价格的7%，买方应缴纳的税费为正常成交价格的5%。试计算卖方实得金额和买方实付金额。

解：卖方实得金额计算如下：

卖方实得金额＝正常成交价格－应由卖方缴纳的税费

＝2 500－2 500×7%

＝2 325(元/平方米)

买方实付金额计算如下：

买方实付金额＝正常成交价格＋应由买方缴纳的税费

＝2 500＋2 500×5%

＝2 625(元/平方米)

【例7—5】 计算题：某宗房地产交易的买卖双方在买卖合同中约定买方付给卖方2 325元/平方米，买卖中涉及的税费均由买方负担。据悉，该地区房地产交易中应由卖方、买方缴纳的税费分别为正常成交价格的7%和5%。试求取该宗房地产的正常成交价格。

解：已知卖方实得金额为2 325元/平方米，则该宗房地产的正常成交价格求取如下：

$$正常成交价格=\frac{卖方实得金额}{1-应由卖方缴纳的税费比率}$$

$$=\frac{2\ 325}{1-7\%}$$

＝2 500(元/平方米)

【例7—6】 计算题：某宗房地产交易的买卖双方在买卖合同中约定买方付给卖方2 625元/平方米，买卖中涉及的税费均由卖方负担。据悉，该地区房地产交易中应由卖方、买方缴纳的税费分别为正常成交价格的7%和5%。试求取该宗房地产的正常成交价格。

解：已知买方实付金额为2 625元/平方米，则该宗房地产的正常成交价格求取如下：

$$正常成交价格 = \frac{买方实付金额}{1+应由买方缴纳的税费金额}$$

$$= \frac{2\ 625}{1+5\%}$$

$$= 2\ 500(元/平方米)$$

第四节　各项修正计算

一、建立价格比较基础

从搜集选取可比实例的过程中可以发现，不可能有完全相同的两个交易实例与待估房地产在一个或多个项目上接近或者具有调整的可能性。建立价格比较基础，就是将多个比较案例的数据放到与待估房地产同一起跑线上，为后续的各种修正做好准备，也是一个控制变量的过程。前一个步骤主要是房地产的硬件情况，而这一步骤主要针对由于交易过程中的不一致性带来的问题进行调整，主要调整项目将在下面详述。虽然实际估价过程不一定会用到如下所述的所有项目，但是在估价过程中最好能够将这些项目全部列出，以避免由于遗漏给后面的步骤带来不便。

(一)统一付款方式

不同付款方式的价格不具有可比性，简单地将所付资金在数值上进行比较是没有意义的，这里存在一个资金的时间价值问题。即使可比实例与估价对象的付款方式等都一样，也应将其换算为交易时点的价格，为后续步骤中将交易时点的价格修正为估价时点的价格减少麻烦。折现需要以下几个参数：首付款、分期付款期限、每期付款额、年利率。

【例7—7】　计算题：某宗房地产建筑面积为90平方米，成交单价为10 000元/平方米，则其成交价格为90万元。假设交易双方约定分期付款，首付30万元，剩下的60万元分两年付清，即以后每年再付30万元，资金贴现率为8%。试计算该宗房地产在交易时点的价格。

解：成交时一次付清的价款 $= 30 + \dfrac{30}{1+8\%} + \dfrac{30}{(1+8\%)^2} = 83.5(万元)$

该宗房地产在交易时点的价格为83.5万元。需要注意的是，贴现换算的利率要与对应的周期相一致。

(二)统一采用单价

特殊的房地产要根据各自的特点来统一单价。例如，停车场通常按照每个车位为比较单位,保龄球馆通常按照球道为比较单位,酒店通常按照单位客房或床位为比较单位,仓库通常按照立方米为比较单位,地价通常用楼面地价(单位建筑面积上的价格)为比较单位。以上所举是各种房地产品的单价形式。一般而言,较普遍的单价形式是房地及建筑物选用单位面积上的价格。

需要注意的是,当可比实例与待估对象存在差异需要修正时,应该先将可比实例的总价调整到和待估对象一致后再计算单价,以便估价结果更加准确。

【例 7—8】 计算题:某宗房地产建筑为待估对象,其可比实例是阳台有损坏的房产,成交总价为 80 万元,要将可比实例调整为与待估对象相同情况的价格,即加上修缮阳台的费用 3 万元(经调查将可比实例的阳台整修或更新的正常费用)。试计算将可比实例调整为与待估对象相一致时的价格。

解:调整为阳台完好的可比实例总价=80+3=83(万元)

再按此总价计算出的单价才是可比实例可用作估价的可比单价。

(三) 统一计价货币和单位

计价货币必须换算成相同单位才可比较,但是涉及后续步骤中交易日期的修正,先修正交易日期再换算货币与先换算货币再修正交易日期所得的结果有一定出入,因而必须有统一的规定。在统一币种方面,不同货币的价格之间的换算,应采用该价格所对应的日期时的汇率。在通常情况下,采用成交日期的汇率。但如果先按原货币的价格进行交易日期修正,则对进行了交易日期修正的价格,应采用估价时点的汇率进行换算。汇率的取值,一般采用国家外汇管理部门公布的外汇牌价的卖出、买入的中间价。在统一货币单位方面,按照常用的使用习惯。[①]

(四) 统一面积内涵和面积单位

在建筑业内,面积往往有不同的定义,比如建筑面积、套内建筑面积、使用面积所表示的意义不同,不能混淆。

按照估价要求在估价过程中对所得数据进行面积换算。换算关系如下:

$$\text{建筑面积下的价格} = \frac{\text{套内建筑面积下的价格} \times \text{套内建筑面积}}{\text{建筑面积}} \quad (7-13)$$

$$\text{建筑面积下的价格} = \frac{\text{使用面积下的价格} \times \text{使用面积}}{\text{建筑面积}} \quad (7-14)$$

$$\text{套内建筑面积下的价格} = \frac{\text{使用面积下的价格} \times \text{使用面积}}{\text{套内建筑面积}} \quad (7-15)$$

$$\text{容积率} = \frac{\text{全部建筑面积}}{\text{规划建设用地面积}} \quad (7-16)$$

---

① 汤鸿,郭贯成. 房地产估价[M]. 2 版. 南京:东南大学出版社,2017:8.

注意：有些题目会给出容积率来计算建筑面积。

容积率是指项目规划建设用地范围内全部建筑面积与规划建设用地面积之比。根据现行城市规划法规体系下编制的各类居住用地的控制性详细规划，一般而言，容积率分为：独立别墅为 0.2~0.5，联排别墅为 0.4~0.7，6 层以下多层住宅为 0.8~1.2，11 层小高层住宅为 1.5~2.0，18 层高层住宅为 1.8~2.5，19 层以上住宅为 2.4~4.5。住宅小区容积率小于 1.0 的，为非普通住宅。

面积单位与计价货币单位一样也需要统一。常用的面积单位之间的换算关系如下：

$$1 \text{ 亩} = 666.67 \text{ 平方米} \quad (7-17)$$
$$1 \text{ 坪} = 3.30579 \text{ 平方米} \quad (7-18)$$
$$1 \text{ 公顷} = 10\,000 \text{ 平方米} = 15 \text{ 亩} \quad (7-19)$$
$$1 \text{ 平方英尺} = 0.09290304 \text{ 平方米} \quad (7-20)$$

相应地，不同面积单位下价格的换算为：

$$\text{平方米单位的价格} = \text{亩单位的价格} \div 666.67 \quad (7-21)$$
$$\text{平方米单位的价格} = \text{公顷}(hm^2)\text{单位的价格} \div 10\,000 \quad (7-22)$$
$$\text{平方米单位的价格} = \text{平方英尺}(ft^2)\text{单位的价格} \times 10.764 \quad (7-23)$$
$$\text{平方米单位的价格} = \text{坪单位的价格} \times 0.303 \quad (7-24)$$

中国内地常用平方米，也有用亩、公顷的；中国台湾地区和日本、韩国一般用坪；中国香港地区和英国、美国一般用平方英尺。

二、交易日期修正

（一）调整意义

交易日期调整也称市场日期调整。由于不同时点的利率变化、通货膨胀或通货紧缩、政府政策变动、消费观念改变等原因，房地产市场状况也会不同，单看价格是不具有可比性的，所以要对可比实例在交易日期的价格进行调整，调整到与待估对象有可比性的同一时点价格。

（二）调整方法

交易日期调整主要通过可比实例的成交价格乘以调整系数得到估价时点的价格。交易日期调整系数是以可比实例成交日期的价格为基准，按照市场行情随时间推移变化而确定的系数，即：

$$\begin{aligned}\text{可比实例在估价时点的价格} &= \text{可比实例在成交日期的价格} \times \text{交易日期调整系数}\\ &= \text{可比实例在成交日期的价格} \times (1+t\%)\end{aligned} \quad (7-25)$$

式中，$t\%$ 为可比实例价格增加百分比，$1+t\%$ 是交易日期调整系数。

交易日期调整系数的确定有两种方法：价格指数法和价格变动率法。价格指数分为定基价格指数和环比价格指数；价格变动率分为逐期递增或递减价格变动率和期内平均上升或下降价格变动率。

1. 价格指数法

按照作为基准的价格不同，价格指数可分为定基价格指数和环比价格指数。定基价格指数取定一个时期的价格为基准，一般选取第一个时期的价格；环比价格指数选取上一个时期的价格为基准。价格指数法的原理如表7—3所示。

表7—3　　　　　　　　　　价格指数分类原理区别

时间	价格	定基价格指数 （以第一期价格为基准）	环比价格指数 （以上一期价格为基准）
1	P_1	$100 \times P_1/P_1$	$100 \times P_1/P_0$
2	P_2	$100 \times P_2/P_1$	$100 \times P_2/P_1$
⋮	⋮	⋮	⋮
$n-1$	P_{n-1}	$100 \times P_{n-1}/P_1$	$100 \times P_{n-1}/P_{n-2}$
n	P_n	$100 \times P_n/P_1$	$100 \times P_n/P_{n-1}$

（1）定基价格指数的调整系数计算方法。若估价时点为 n，可比实例的成交时点为 t，则：

$$可比实例估价时点的价格 = 可比实例的成交价格 \times \frac{估价时点的价格指数}{成交日期的价格指数}$$

$$= 可比实例的成交价格 \times \frac{P_n/P_1}{P_t/P_1}$$

$$= 可比实例的成交价格 \times \frac{P_n}{P_t} \tag{7-26}$$

【例7—9】　计算题：某地区房地产市场2024年1月1日至2024年7月1日的价格指数如表7—4所示。

表7—4　　某地区房地产市场2024年1月1日至2024年7月1日的价格指数

时间	2024年 1月1日	2024年 2月1日	2024年 3月1日	2024年 4月1日	2024年 5月1日	2024年 6月1日
价格指数	78.6	73.5	75.9	83.8	90.3	94.7

其中，以2023年1月1日价格为基准100，该地区某可比实例在2024年2月1日的成交价格为8 000元/平方米。试将此可比实例的成交价格调整为2024年6月1日的价格。

解：调整后的价格＝可比实例的成交价格×$\dfrac{P_n/P_1}{P_t/P_1}$

$=8\ 000\times\dfrac{94.7/100}{73.5/100}$

$=10\ 307$（元/平方米）

（2）环比价格指数的调整系数计算方法。若估价时点为 n，可比实例的成交时点为 t，则：

可比实例估价时点的价格＝可比实例的成交价格×成交时点至估价时点各价格指数的连乘

$=$可比实例的成交价格×$\dfrac{P_{t+1}}{100}\times\dfrac{P_{t+2}}{100}\times\cdots\times\dfrac{P_n}{100}$

(7—27)

【例 7—10】 计算题：某地区房地产市场 2024 年 1 月 1 日至 2024 年 7 月 1 日的价格指数如表 7—5 所示。

表 7—5　　某地区房地产市场 2024 年 1 月 1 日至 2024 年 7 月 1 日的价格指数

时间	2024年1月1日	2024年2月1日	2024年3月1日	2024年4月1日	2024年5月1日	2024年6月1日
定基指数	78.6	73.5	75.9	83.8	90.3	94.7
环比指数		93.5	103.3	110.4	107.8	104.9

环比指数均以上一期价格为基准 100，该地区某可比实例在 2024 年 2 月 1 日的成交价格为 8 000 元/平方米。试将此可比实例的成交价格调整为 2024 年 6 月 1 日的价格。

解：调整后的价格＝可比实例的成交价格×$\dfrac{P_{t+1}}{100}\times\dfrac{P_{t+2}}{100}\times\cdots\times\dfrac{P_n}{100}$

$=8\ 000\times\dfrac{103.3}{100}\times\dfrac{110.4}{100}\times\dfrac{107.8}{100}\times\dfrac{104.9}{100}$

$=10\ 307$（元/平方米）

上例表格里的指数只是假设的指数，为简化举例说明原理，实践过程中有可能出现多种不动产价格指数，如中房价格指数、国房景气指数、城市地价指数等，要注意的是这些不动产价格指数与物价指数变动不一定一致，所以在估价时对于用物价指数所估价格的可靠性要有所注意，在有前者数据的情况下尽量不要选择后者。

2. 价格变动率法

不动产交易日期修正的价格变动率包括两种：逐期递增或递减的价格变动率（每

期比上期增长率)和期内平均上升或下降的价格变动率(各期平均增长率)。价格指数法是将各个时期的价格定位告诉我们,然后根据每个阶段的价格变化来估价;而现在讨论的价格变动率法是已经将各时期价格数据处理后得出一定期间内的价格变动率,具有一定的总结性,可以简化为式(7—28)和式(7—29)。

(1)采用逐期递增或递减的价格变动率进行调整。公式如下:

可比实例的成交价格×(1±价格变动率)^{期数}=可比实例在估价时点的价格

(7—28)

下面结合例7—11进行解释。

【例7—11】 计算题:现要求对一宗待估房地产进行估价,估价时间为2024年8月1日,可比实例成交日期为2024年1月1日,成交价格为10 000元/平方米。已知该类地区该类房地产价格在2024年1月1日至2024年8月1日期间平均每月比上月增长2%。试计算该可比实例进行日期修正后在估价时点的价格。

解:根据已知条件,该可比实例进行日期修正后在估价时点的价格计算过程为:

可比实例在估价时点的价格=可比实例的成交价格×(1±价格变动率)^{期数}

$=10\ 000×(1+2\%)^{(8-1)}$

$=11\ 487(元/平方米)$

(2)采用期内平均上升或下降的价格变动率进行调整。公式如下:

可比实例的成交价格×(1±价格变动率×期数)=可比实例在估价时点的价格

(7—29)

下面结合例7—12进行解释。

【例7—12】 计算题:现要求对一宗待估房地产进行估价,估价时间为2024年8月1日,可比实例成交日期为2024年1月1日,成交价格为10 000元/平方米。已知该类地区该类房地产价格在2024年1月1日至2024年8月1日期间平均每月比上月上涨2%。试计算该可比实例进行日期修正后在估价时点的价格。

解:根据已知条件,该可比实例进行日期修正后在估价时点的价格计算过程为:

可比实例在估价时点的价格=可比实例的成交价格×(1±价格变动率×期数)

$=10\ 000×(1+2\%×7)$

$=11\ 400(元/平方米)$

另外,有些交易案例中的房地产价格变动的基准不同,在汇率换算时也要注意,一般以何种货币为基准的价格变动,就先将价格换算成以此货币计价,再进行价格变动的调整,如例7—13和例7—14。

【例7—13】 计算题:某可比实例房地产成交时间为2024年3月30日,成交价格为1 000美元/平方米,自2024年1月1日起该类房地产以人民币为基准的价格变动平均每月比上月增长1‰。假设人民币与美元的汇率在2024年3月30日为1美元＝人民币6.512 9元,在2024年10月30日的汇率为1美元＝人民币6.437 6元。试计算该可比实例调整到2024年10月30日的价格。

解:根据已知条件,应先将价格换算成人民币计价,然后进行价格调整。可比实例价格调整过程为:

可比实例在估价时点的价格＝可比实例的成交价格×(1±价格变动率)^期数
$$= 1\,000 \times 6.512\,9 \times (1+1\%)^7$$
$$= 6\,983(元/平方米)$$

【例7—14】 计算题:某可比实例房地产成交时间为2024年3月30日,成交价格为1 000美元/平方米,该类房地产以美元为基准的价格变动平均每月比上月增长1‰。假设人民币与美元的汇率在2024年3月30日为1美元＝人民币6.512 9元,在2024年10月30日的汇率为1美元＝人民币6.437 6元。试计算该可比实例调整到2024年10月30日的价格。

解:根据已知条件,应先进行价格调整,然后将价格换算成人民币计价。可比实例价格调整过程为:

可比实例在估价时点的价格＝可比实例的成交价格×(1±价格变动率)^期数
$$= 1\,000 \times (1+1\%)^7 \times 6.437\,6$$
$$= 6\,902(元/平方米)$$

房地产的地区、类型、用途不同,其价格变动的方向和程度也不同,因而对具体的可比实例进行日期调整时要注意选取相同地区、相同类型、相同用途的房地产价格指数或者价格变动率。

三、房地产状况调整

房地产是实物、区位和权益的综合体,实物、区位或权益不同均会造成可比实例与待估房地产的可比性降低,因而有必要进行一定的调整来降低房地产状况的差异对价格的影响,以达到与待估房地产的条件尽量一致。[①] 房地产状况调整就是将可比实例在自身房地产状况下的价格调整为待估房地产状况下的价格,主要包括区位状况、权益状况和实物状况三方面内容的调整。

(一)调整原理

由于对区位、权益、实物状况没有规范量化的数值来评价,因而不能像汇率换算一样进行换算比较,主要是通过估价人员对可比实例与待估房地产比较后打分,或者与

---

① 孙峤,刘洪玉.房地产估价与资产定价[M].北京:中国建筑工业出版社,2021:88.

某个标准进行比较后打分,将可比实例与待估对象的分数相比后得到调整依据。例如,若可比实例的状况优于待估对象,则对可比实例的价格作减价处理;反之,作加价处理。具体的处理步骤用前面打分得出的分数进行操作,下面的调整方法部分对此会作具体介绍。

(二)调整内容

1. 区位状况调整

区位状况调整是指将可比实例在其区位状况下的价格调整为在估价对象区位下的价格,即将可比实例相对于待估对象因区位条件不同造成的价格差异进行剔除。区位状况主要包括坐落(位置)、交通条件、环境、商业服务繁华程度、配套设施等。其中,环境包括人文环境、自然环境、景观等;配套设施包括基础设施和公共服务设施。一般对于住宅而言,公共设施指教育、医疗卫生、文体、商业、邮电等公共设施的完备程度。具体对某套住房而言,楼幢、楼层和户型朝向等也是重要的区位因素。[①]

2. 微观因素调整

微观因素修正时将可比实例相对于待估对象在本身的使用功能、质量优劣方面的差异所造成的交易价格差异进行剔除,使其成为待估房地产所具有的微观因素条件下的价格。微观因素指构成房地产本身使用功能质量优劣的因素,直接决定和影响着房地产价格水平。微观因素调整又细分为权益状况调整和实物状况调整两类。

权益状况调整的主要内容包括土地使用年限、城市规划限制条件(如容积率)等影响房地产价格的因素。

实物状况调整的内容主要有面积、位置、形状、临街状况、地形地质条件、开发程度、容积率等土地要素,以及建筑面积、建筑结构、建筑质量、楼层、楼高、朝向、室内平面布局、装修标准、附属设施、房屋完损程度等建筑物要素及房地产产权要素。

(三)调整方法

1. 房地产调整公式

房地产状况的调整常用百分率法,依据公式如下:

可比实例在待估对象房地产状况下的价格＝可比实例在自身状况下的价格×房地产状况调整系数 　　　(7-30)

其中,房地产状况调整系数指的是根据可比实例与待估对象的房地产状况比较得来的对比值,是以待估对象为基准的。假设估价对象为100%,可比实例在自身房地产状况下的价格比在待估对象房地产状况下的价格偏差为$R\%$(比待估对象高时,R为正值;低时,R为负值),则:

[①] 左静.房地产估价[M].北京:机械工业出版社,2022:70.

$$房地产状况调整系数 = \frac{100}{100+R} \tag{7-31}$$

故调整公式可写为:

$$可比实例在待估对象房地产状况下的价格 = 可比实例在自身状况下的价格 \times \frac{100}{100+R} \tag{7-32}$$

2.房地产调整的具体方法

(1)直接法。直接法是直接将可比实例与待估对象进行比较。采用直接法对可比实例在待估对象房地产状况下的情况进行打分,得出的分数直接是上述公式中的 $100+R$。这个分数($100+R$)的得出是通过将可比实例与待估对象的各项因素进行比较,并转化成以待估对象为 100 分标准的分数,进而得出调整系数。公式如下:

$$可比实例在自身状况下的价格 \times \frac{100}{100+R} = 可比实例在待估对象房地产状况下的价格 \tag{7-33}$$

(2)间接法。间接法是选择可比实例和待估对象以外的一宗房地产作为基准,定为 100 分,前两者与之比较,分别打出分数,进而得出调整系数。公式如下:

$$可比实例在自身状况下的价格 \times \frac{100+R_1}{100+R_2} = 可比实例在待估对象房地产状况下的价格 \tag{7-34}$$

式中,$100+R_1$ 为待估对象与基准比较得出的分数;$100+R_2$ 为可比实例与基准比较得出的分数。比基准高时,R 为正值;比基准低时,R 为负值。

第五节 求取比准价格

比准价格,是指以估价对象为基准,对可比实例进行修正后得到的估算结果。[①]

一、求取单个可比实例比准价格的方法

经过上述三大方面的修正和调整之后,可比实例的成交价格变成了估价对象在估价时点的价格。如果把这三大方面的修正和调整综合在一起,则有下列计算公式。

(一)百分率法下的修正、调整系数连乘公式

比准价格=可比实例成交价格×交易情况修正系数

---

① 中国土地估价师与土地登记代理人协会.土地估价原理与方法[M].北京:中国大地出版社,2022:163.

$$\times 交易日期调整系数 \times 房地产状况调整系数 \quad (7-35)$$

(二)百分率法下的修正、调整系数累加公式

$$比准价格 = 可比实例成交价格 \times (1 + 交易情况修正系数$$
$$+ 交易日期调整系数 + 房地产状况调整系数) \quad (7-36)$$

(三)差额法下的公式

$$比准价格 = 可比实例成交价格 \pm 交易情况修正金额 \pm 交易日期调整金额$$
$$\pm 房地产状况调整金额 \quad (7-37)$$

由于房地产状况调整有直接比较调整和间接比较调整两种,因此,较具体化的综合修正与调整计算公式也有直接比较修正与调整公式和间接比较修正与调整公式两种。下面以百分率法下的连乘公式为例,进一步说明市场法的综合修正与调整计算。

1. 直接比较修正与调整公式

$$比准价格 = 可比实例成交价格 \times 交易情况修正系数 \times 交易日期修正系数$$
$$\times 房地产状况调整系数$$
$$= 可比实例成交价格 \times \frac{正常市场价格}{实际成交价格} \times \frac{估价时点价格}{成交日期价格}$$
$$\times \frac{对象状况价格}{实例状况价格} \quad (7-38)$$

2. 间接比较修正与调整公式

$$比准价格 = 可比实例成交价格 \times \frac{100}{(\quad)} \times \frac{(\quad)}{100} \times \frac{100}{(\quad)} \times \frac{(\quad)}{100}$$

          ↓ ↓ ↓ ↓

         交易情 交易日 标准化 房地产状
         况修正 期调整 修正 况调整

$$比准价格 = 可比实例成交价格 \times \frac{正常市场价格}{实际市场价格} \times \frac{估价时点价格}{成交日期价格}$$
$$\times \frac{标准状况价格}{实例状况价格} \times \frac{对象状况价格}{标准状况价格} \quad (7-39)$$

二、求取最终比准价格的方法[①]

若干可比实例的成交价格经过上述各种修正和调整之后,会相应地得到若干个比准价格。这些比准价格往往是不同的,需要采用适当的方法把它们综合成一个比准价格,以作为市场法的测算结果。从理论上讲,综合的方法主要有三种。

---

① 张红日.房地产估价[M].2版.北京:清华大学出版社,2016:85—86.

(一)平均数

平均数又可分为简单算术平均数和加权算术平均数。其中,简单算术平均数是将修正、调整出的各个价格直接相加,再除以这些价格的个数,所得的数即为综合出的一个价格。加权算术平均数是在将修正、调整出的各个价格综合成一个价格时,考虑到每个价格的重要程度不同,先赋予每个价格不同的权数或权重,然后综合出一个价格。

(二)中位数

中位数是将修正、调整出的各个价格按由低到高的顺序排列:如果是奇数个价格,那么处在正中间位置的那个价格为综合得出的一个价格;如果是偶数个价格,那么处在正中间位置的那两个价格的简单算术平均数为综合出的一个价格。如某估价对象的可比实例有5个,修正价格分别为4 280元/平方米、4 360元/平方米、4 450元/平方米、4 520元/平方米、4 600元/平方米,则采用中位数综合得出的价格为4 450元/平方米;如可比实例有6个,修正价格分别为4 280元/平方米、4 360元/平方米、4 450元/平方米、4 520元/平方米、4 600元/平方米、4 650元/平方米,则采用中位数综合得出的价格为(4 450+4 520)÷2=4 485(元/平方米)。

(三)众数

众数是一组数值中出现频数最多的那个数值,即出现最频繁的那个数值就是众数。一组数值可能有不止一个众数,也可能没有众数。

此外,还有其他方法。比如以某个交易实例的价格为主,参考其他交易实例的价格,最后综合出一个合理价格作为结果;或者去掉最高值和最低值,然后求其平均数等。一般在估价实务中,为了确定最后的合理价格,需要进行多方面的经验分析和客观判断。

下面通过一个具体的例子来说明这几种方法的具体应用。

【例7-15】 计算题:有5个可比实例经过各项修正后得出的价格分别为5 200元/平方米、5 600元/平方米、5 300元/平方米、5 100元/平方米、5 600元/平方米。试分别采用简单算术平均、加权算术平均方法,以及取中位数和众数的方法来进行估价对象比准价格的计算。

解:分别采用不同的综合方法来计算。

(1)采用简单算术平均方法。假设$V_1, V_2, V_3, \cdots, V_n$为经过修正、调整后的各个价格,则:

$$V = \frac{V_1 + V_2 + V_3 + \cdots + V_n}{n}$$

因此,估价对象比准价格为:

$$V = \frac{5\ 200 + 5\ 600 + 5\ 300 + 5\ 100 + 5\ 600}{5} = 5\ 360(元/平方米)$$

(2) 采用加权算术平均方法。加权算术平均法通常对与估价对象房地产最类似的可比实例房地产修正出的价格赋予最大的权数；反之，赋予最小的权数。假设 $V_1, V_2, V_3, \cdots, V_n$ 为经过修正后的各个比准价格，而 $f_1, f_2, f_3, \cdots, f_n$ 依次为 $V_1, V_2, V_3, \cdots, V_n$ 的权重数，则其加权算术平均计算公式为：

$$V = \frac{V_1 f_1 + V_2 f_2 + V_3 f_3 + \cdots + V_n f_n}{f_1 + f_2 + f_3 + \cdots + f_n}$$

假设赋予上述5个价格的权数分别为0.3、0.3、0.2、0.1、0.1，则估价对象比准价格为：

$$V = 5\ 200 \times 0.3 + 5\ 600 \times 0.3 + 5\ 300 \times 0.2 + 5\ 100 \times 0.1 + 5\ 600 \times 0.1$$
$$= 5\ 370(元/平方米)$$

(3) 采用求取中位数的方法。将5个可比实例经过修正后得出的价格5 200元/平方米、5 600元/平方米、5 300元/平方米、5 100元/平方米、5 600元/平方米按照从低到高的顺序进行排列，得到5 100元/平方米、5 200元/平方米、5 300元/平方米、5 600元/平方米、5 600元/平方米的价格数值序列。根据数值序列，其中位数为5 300元/平方米，得出估价对象比准价格为5 300元/平方米。

(4) 采用求取众数的方法。5个可比实例经过修正后得出的比准价格为5 200元/平方米、5 600元/平方米、5 300元/平方米、5 100元/平方米、5 600元/平方米，该组数值的众数是5 600元/平方米，因而得出估价对象比准价格为5 600元/平方米。

在实际估价中，最常用的是采用简单算术平均和加权算术平均来求取估价对象的比准价格，其次是中位数，很少采取众数。当数值较多时，可以采用中位数或众数。当数据中含有异常的或极端的数值，采用平均数可能得到非典型甚至误导结果时，才比较适合采用中位数。[1]

第六节　市场比较法中常见问题及解决的对策建议

房地产估价的方法有很多种，其中市场比较法是最重要、最常用的方法，也是很成熟的一种估价方法。

近年来，随着我国房地产市场的发育和完善，房地产交易日渐活跃，交易实例不断增多，采用市场法对房地产评估的条件日趋成熟。长期以来，市场比较法由于比较容易被理解与接受，最受估价人员的青睐，在英国、美国、日本以及我国台湾、香港等地的

---

[1] 汤鸿，郭贯成.房地产估价[M]. 2版.南京：东南大学出版社，2017：98.

房地产估价中均被广泛采用。但市场比较法在现实的房地产市场估价中也存在一些问题。

一、市场比较法的不足

尽管市场比较法的应用已经十分成熟，但在应用时仍然会遇到两个难题：一是搜集选择什么样的交易实例作为可比交易实例。市场比较法利用市场价格进行比较评估，方法简单易懂，关键点是选择市场上具有类似价值的有参考意义的可比实例。[①]二是如何对待估对象与可比交易实例的因素差异进行量化修正。修正和调整一般难以采用数学公式或数学模型来量化，而主要依靠估价人员根据其掌握的扎实的估价理论知识、积累的丰富估价经验和对可比实例、估价对象所在地房地产市场行情、交易习惯等的深入调查、了解作出判断。如果估价人员不具有扎实的估价理论知识，没有丰富的估价实践经验，对可比实例、估价对象所在地的房地产市场行情和交易习惯等不够熟悉，则很难运用市场法得出正确的估价结果。[②③]

二、对市场比较法的改进

对市场比较法的改进主要采用三种方法，分别是专家打分法、集值迭代法和假设权重的综合评估方法。

专家打分法需要大量具有丰富经验的专家，进行感觉评分，将最终得分作为估价对象与可比实例因素差异量化的标准。

采用集值迭代法，同样要凭借专家的丰富经验，由专家选出各自认为重要的几组指标因素，以各指标因素被选出的次数作为评价指标因素权重的确定标准。

在假设权重的综合评估方法中，以各可比实例得分作为其在评估待估对象过程中的权重参考依据，假设几组不同的权重系数，最终得出最为合理的一组权重系数，即得出估价对象的合理估价。

三、改进市场比较法的评估过程

（一）专家打分法的评估

专家打分法是评价指标量化方法的一种，通过匿名征询有关专家的意见，对专家意见进行统计、处理、分析和归纳，对大量难以采用技术方法进行定量分析的因素作出

---

① 曹晓鸥.房地产估价方法的探索研究[J].经济师，2017(4)：266—267.
② 杨景海，赵茹.浅谈市场法在房地产估价中的应用与改进对策[J].会计师，2017(13)：78—79.
③ 柳向娥，范宝芬.比较法在房地产估价实践中的应用问题及其改进对策[J].天津城建大学学报，2018，24(2)：150—154.

合理估算，经过多轮意见征询、反馈和调整后，完成对目标对象的评估。该方法计算方法简便、直观性强，能够对无法定量化的指标进行定性评价。[1] 针对市场比较法评估房地产价值时遇到的两个难题，可采用专家打分法，专家依据其丰富的经验和感觉，给出待估对象及可比实例各项因素指标的分值，最终得到综合评分，再通过计算得到待估对象的标准价格。

专家打分法的评估过程如下：首先，根据评价对象具体要求设定若干个评价指标，根据评价指标制定出评价标准；其次，聘请若干代表性专家按给定的评估因素指标体系和评价标准，对待估对象进行独立打分，然后按照相同的过程和规则对备选实例进行评估打分；最后，按一定的记分规则，将每个特征因素的得分相加，得到每个特征因素的总分。[2]

当通过专家打分法确定各指标因素的得分后，综合评价的结果就依赖于权重系数了。权重系数确定得合理与否，关系到整个综合评价结果的可信程度。权重系数的确定方法较多，如德尔菲（Delphi）法、集值迭代法、G1法、熵权法、因子分析法和逼近理想点法等，不同方法对数据要求和操作难度有较大不同。从简便易行、便于实施操作的角度，可选用集值迭代法来计算权重。集值迭代法的基本原理为：

设指标集为 $X=\{x_1,\cdots,x_m\}$，并选取 L 位专家，分别让每一位专家在指标集中独立地任意选取他认为重要的 $s(1{\leqslant}s{<}m)$ 个指标，则第 k 位专家如此选取的结果是指标集 X 的一个子集 $x^k=\{x_1^k,x_2^k,\cdots,x_s^k\}$（$k=1,2,\cdots,L$）。

作函数：

$$u_k(x_i)=\begin{cases}1,若\ x_i\in x^k\\0,若\ x_i\notin x^k\end{cases} \qquad (7-40)$$

记 $g(x_i)=\sum_{k=1}^{L}u_k(x_i)(i=1,2,\cdots,m)$，将 $g(x_i)$ 归一化，并将比值 $\dfrac{g(x_i)}{\sum_{i=1}^{m}g(x_i)}$ 视为 x_i 的权重系数 ω_i，即：

$$\omega_i=\frac{g(x_i)}{\sum_{i=1}^{m}g(x_i)} \qquad (7-41)$$

（二）评价指标综合方法的评估

将各个评价指标量化，得到各可行方案的所有评价指标统一的无量纲的得分以后，通过指标的综合，就可以得到每一个方案的综合评价值，再根据综合评价值的高低

---

[1] 惠婷婷,苑芷茜,赵璐璐,等.浅析专家打分法用于清河流域水环境管理能力提高效果评估的可行性[J].农业与技术,2016,36(9):90—91.

[2] 李沛,吴春茂.基于专家打分法的产品设计评价模型[J].包装工程,2018,39(20):207—211.

就能排出方案的优劣顺序。指标综合的方法有加权平均法、功效系数法、主次兼顾法、效益成本法、罗马尼亚选择法、分层系列法等。其中，加权平均法是指标综合的基本方法，具有两种模式，分别称为加法规则与乘法规则。

我国现行规范规定运用比较法评估房地产所选可比实例不得少于 3 个。鉴于工作的高效性，可以选取 3~5 个可比实例，获取比较价值后，按照其特点选取确定结果的方法。比如对可比实例进行不同组合和修正，获取相对应的估价结果，然后通过数学方式或者建模，求取比较法评估后的最终结果。[①]

第七节　市场比较法案例分析[②]

一、封面

房地产估价报告

估价项目名称：××市××××××评估

委　托　方：××市土地储备整理中心

估　价　方：××房地产评估有限公司

估 价 人 员：×××　　×××

估价作业日期：2024 年 9 月 4 日—9 月 11 日

估价报告编号：(2024)××房估字第××号

二、目录

致委托方函 …………………………(×)

评估师声明 …………………………(×)

估价的假设和限制条件 ……………(×)

估价结果报告 ………………………(×)

估价技术报告 ………………………(×)

附件 …………………………………(×)

---

① 柳向娥,范宝芬. 比较法在房地产估价实践中的应用问题及其改进对策[J]. 天津城建大学学报,2018,24(2):150—154.

② 参见房地产估价报告实例模板，http://wenku.baidu.com/view/15acc2c4da38376baf1faed1.html。

三、致委托方函

致：××市土地储备整理中心

受贵中心的委托，我公司对××市××路47号、49号、57号及××村北地块规划批准拟建6、18、25、28多、高层住宅（规划地上总建筑面积为65 973平方米、平均容积率为2.82）进行了评估。估价时点：2024年9月11日。估价目的：评估房地产的市场价格，作为决策房地产价格的参考依据。

估价人员根据估价目的，遵循估价原则，按照估价程序，选用适宜的估价方法，并在综合分析影响房地产价格因素的基础上，最终确定估价对象于估价时点的客观合理价格如下：

住宅单价：9 500元/平方米；

大写：玖仟伍佰元/平方米；

货币种类：人民币。

××房地产评估有限公司

二〇二四年九月十一日

四、评估师声明

我们郑重声明：

1. 我们在本估价报告中陈述的事实是真实的和准确的。

2. 本评估报告中的分析、意见和结论是我们自己公正的专业分析、意见和结论，但受到本评估报告中已说明的假设和限制条件的限制。

3. 我们与本估价报告中的估价对象没有利害关系，也与有关当事人没有个人利害关系或偏见。

4. 我们依照中华人民共和国国家标准《房地产估价规范》进行分析，形成意见和结论，撰写本估价报告。

5. 我们已对本估价报告中的估价对象进行了实地查勘。

6. 没有人对本估价报告提供重要专业帮助。

声明人：×××　×××

五、估价的假设和限制条件

（1）估价的假设和限制条件。本报告中委估项目的评估结果是市场价格，即在拟规划条件下评估基准日预期能够正常交易的可能价格。

①市场上存在自愿销售的卖者和自愿购买的买者；

②该物业可以在公开市场上自由转让;

③在评估基准日前,相对于物业的特性和房地产市场状况而言,有一段合理的谈判周期;

④在此周期内,市场状态和价值水平是静止不变的;

⑤不考虑特殊买家的附加出价;

⑥不考虑遇有不可抗力或未来市场变化风险和短期强制处分等因素。

(2)委托方提供的有关文件资料,我们未向有关部门核实,故对其真实性不负任何责任。

(3)本估价结果自估价报告完成之日起一年内有效。

(4)本报告评估出的市场价格,仅供决策房地产价格的参考依据,不可用作其他用途。

(5)本报告的评估值是在委估项目无任何他项权利限制条件下计算得出的,提请报告使用方注意。

(6)本报告的全部或部分内容未经本公司同意,不得发表于任何公开媒体上。

六、房地产估价结果报告

(2024)××房估字第××号

1. 委托方

委托单位:××市土地储备整理中心

单位地址:××市××路××号

联 系 人:×××

联系电话:×××

2. 估价方

估价机构:××房地产评估有限公司

机构地址:××市××路××号

法定代表人:×××

估价资格等级:一级

证书编号:建房估证字××号

联系人:×××

联系电话:×××

3. 估价对象

(1)估价对象界定。

位置:××市××路47号、49号、57号及××村北地块。

规划地上总建筑面积为65 973平方米,平均容积率为2.82,拟建6、18、25、28多、高层住宅。

土地形状:不规则。

周围环境:区域内交通条件较优。土地开发程度已达宗地外"七通",离医院、学校、农贸市场等距离较近,环境状况一般。

(2)权利状况。

该土地在估价基准日不存在抵押权、担保权等他项权利。

(3)建筑物状况。

通过现场勘察,在估价基准日,待估宗地上为待拆迁厂房和待建设空地。

(4)规划条件。

根据委托人提供的资料,估价对象为规划批准拟建房地产,规划地上总建筑面积为65 973平方米,平均容积率为2.82,拟建6、18、25、28多、高层住宅。

4.估价目的

评估房地产的市场价格,作为决策房地产价格的参考依据。

5.估价时点

2024年9月11日。

6.价值定义

根据估价目的,本报告所采用的价值标准为公开市场价值。

公开市场价值是指在公开市场上最有可能形成或成立的价格。所谓公开市场,是指这样一个竞争性的市场:在该市场上,交易各方进行交易的目的在于最大限度地追求经济利益,并且他们都掌握了市场信息,有比较充裕的时间进行交易,对交易对象具有必要的专业知识,此外,市场交易条件公开,并不具有排他性,即所有市场主体都可以平等自由地参与交易。

7.估价依据

(1)《中华人民共和国城市房地产管理法》。

(2)《中华人民共和国土地管理法》。

(3)《房地产估价规范》。

(4)委托方与本估价机构签订的评估委托书。

(5)××市近期房地产市场行情信息。

(6)估价人员现场勘察和市场调查所获得的有关资料。

(7)《建设工程规划方案审查意见书》及附图。

(8)《关于××路49号围合街坊项目分期实施的复函》。

8. 估价原则

本估价报告在遵循公正、公平、公开原则的基础上,结合估价目的对估价对象进行估价,具体依据如下估价原则。

(1)合法原则:以估价对象合法使用、合法处分为前提估价。

(2)最高最佳使用原则:以估价对象的最高最佳使用为前提估价。

(3)替代原则:估价结果不得明显偏离类似房地产在同等条件下的正常价格。

(4)估价时点原则:估价结果应是估价对象在估价时点的客观合理价格或价值。

9. 估价方法

房地产估价的常用方法有市场比较法、成本法、收益法、假设开发法。根据委托方提出的评估目的,结合估价人员现场勘察情况,因在所估价房屋周围与其类似的房屋交易较多,故采用市场比较法进行计算。

10. 估价结果

估价人员根据估价目的,遵循估价原则,按照估价程序,选用适宜的估价方法,并在综合分析影响房地产价格因素的基础上,最终确定估价对象在估价时点的客观合理价格为:

住宅单价:9 500 元/平方米;

大写:玖仟伍佰元/平方米;

货币种类:人民币。

11. 估价人员

撰写人:

×××(注册房地产评估师)

×××(注册房地产评估师)

批准人:

×××(注册房地产评估师)

12. 估价作业日期

2024 年 9 月 4 日—9 月 11 日

13. 估价报告应用有效期

2024 年 9 月 11 日—2025 年 9 月 10 日

七、房地产估价技术报告

1. 个别因素分析

同估价结果报告中的第三部分即估价对象部分,内容较详细些。

2.区域因素分析

（1）房地产所在城市简介。

（2）待估房地产区域因素分析。

待估房地产位于××市××区,地理位置较好,北邻×路、西临×路。商业繁华程度一般,环境质量状况一般,属于××市住宅三级地。

3.市场背景分析

4.最高最佳使用分析

房地产估价应当以估价对象的最高最佳使用为前提进行估价。最高最佳使用是指法律上允许、技术上可能、经济上可行,经充分合理论证,能使估价对象产生最高价值的使用。根据估价对象所处的位置,住宅为最高最佳使用。

5.估价思路及估价方法选用

房地产估价的常用方法有市场比较法、成本法、收益法、假设开发法。根据委托方提出的评估目的,结合估价人员现场勘察情况,因在所勘估房屋周围与其类似的房屋交易较多,故采用市场比较法进行计算。

市场比较法是将估价对象与在估价时点近期有过交易的类似房地产进行比较,对这些类似房地产的已知价格作适当的修正,以此估算估价对象的客观合理价格或价值的方法。

6.估价测算过程

（1）选择比较实例。选择3个与估价对象的用途相近、交易类型相同、区域及个别因素条件相近、交易情况正常的交易实例,以它们的价格作比较,结合影响房地产价格的因素,进行因素修正,求取估价对象房地产价格。

①可比实例A"金色慧谷"项目,位于××路与××路交会处,开发商为××房地产股份有限公司,住宅三级,占地面积约118 000平方米,总建筑面积为157 000平方米,容积率为1.8,建筑密度为20%。由17栋多层、小高层、高层住宅组成,建成年代为2020年,扣除装修因素的毛坯房均价为9 400元/平方米左右。交易日期:目前。

②可比实例B"国际城名苑"项目,位于××路与××路交会处,开发商为××房地产开发有限公司,住宅三级,占地面积约62 000平方米,总建筑面积为76 967平方米,容积率为2.1,由4栋小高层、7栋多层组成,建成年代为2024年,扣除装修因素的毛坯房均价为9 500元/平方米左右。交易日期:目前。

③可比实例C"依山雅居"项目,位于××区××路80号,××路与××路交会处,开发商为××房屋开发公司,住宅三级,占地面积为12 521平方米,总建筑面积为38 832平方米,容积率为2.5,由3栋小高层住宅组成,建成年代为2024年,毛坯房均价为9 000元/平方米左右。交易日期:目前。

(2)编制比较因素表。估价对象与比较实例的比较因素如表7—6所示。

表7—6 估价对象与比较实例的比较因素表

	内容	估价对象	金色慧谷	国际城名苑	依山雅居
	项目位置	××路49号围合街坊	××路与××路交会处	××路与××路交会处	××路80号
	用途	住宅	住宅	住宅	住宅
	交易情况	正常	正常	正常	正常
	交易日期	2024年9月11日	目前	目前	目前
区域因素	商业繁华度	周围商务组织良好	周围商务组织良好	周围商务组织良好	周围商务组织良好
	距区域主要商服中心距离	较近	较近	较近	较近
	交通条件	较好	较好	较好	较好
个体因素	楼层	多层、高层	多层、小高层、高层	多层、小高层	小高层
	建成年代	—	2020年	2024年	2024年
	车库情况	较好	较好	较好	较好
	房屋装修	毛坯	毛坯	毛坯	毛坯
	公用服务设施	较好	较好	较好	较好
	基础设施状况	七通一平	七通一平	七通一平	七通一平
	距海滨娱乐场距离	较远	较远	较远	较远
	环境质量状况	一般	一般	一般	较差
	其他	—	—	—	—
交易价格(元/平方米)		待估	9 400	9 500	9 000

(3)编制比较条件指数表。估价对象与比较实例的比较条件指数如表7—7所示。

表7—7 比较条件指数表

	内容	估价对象	金色慧谷	国际城名苑	依山雅居
	项目位置	100	98	99	98
	用途	100	100	100	100
	交易情况	100	100	100	100
	交易日期	100	100	100	100
区域因素	商业繁华度	100	100	100	100
	距区域主要商服中心距离	100	100	100	100
	交通条件	100	100	100	100

续表

	内容	估价对象	金色慧谷	国际城名苑	依山雅居
个体因素	楼层	100	100	100	100
	建成年代	100	100	100	100
	车库情况	100	100	100	100
	房屋装修	100	100	100	100
	公用服务设施	100	100	100	100
	基础设施状况	100	100	100	100
	距海滨娱乐场距离	100	100	100	100
	环境质量状况	100	100	100	98
	其他	100	100	100	100

(4) 编制比较因素修正指数表。根据以上比较因素表、比较条件指数表，编制比较因素修正系数表，如表7—8所示。

表7—8　　　　　　　　　　比较因素修正指数表

	内容	金色慧谷	国际城名苑	依山雅居
区域因素	项目位置	100/98	100/99	100/98
	用途	100/100	100/100	100/100
	交易情况	100/100	100/100	100/100
	交易日期	100/100	100/100	100/100
	商业繁华度	100/100	100/100	100/100
	距区域主要商服中心距离	100/100	100/100	100/100
	交通条件	100/100	100/100	100/100
个体因素	楼层	100/100	100/100	100/100
	建成年代	100/100	100/100	100/100
	车库情况	100/100	100/100	100/100
	房屋装修	100/100	100/100	100/100
	公用服务设施	100/100	100/100	100/100
	基础设施状况	100/100	100/100	100/100
	距海滨娱乐场距离	100/100	100/100	100/100
	环境质量状况	100/100	100/100	100/98
	其他	100/100	100/100	100/100
	比较实例价格（元/平方米）	9 400	9 500	9 000

续表

内容	金色慧谷	国际城名苑	依山雅居
修正后的房地产价格(元/平方米)	9 591.8	9 596.0	9 371.1
比准价格(元/平方米)		9 519.6	

(5)估价测算。以上述三个实例修正后的房地产单价的平均值作为此次市场比较法测算的价格。

房地产单价=(9 591.8+9 596.0+9 371.1)÷3=9 519.6(元/平方米)

取整为 9 500 元/平方米。

7. 估价结果确定

估价人员根据估价目的,遵循估价原则,按照估价程序,选用适宜的估价方法,并在综合分析影响房地产价格因素的基础上,最终确定估价对象于估价时点的客观合理价格为:

住宅单价:9 500 元/平方米;

大写:玖仟伍佰元/平方米;

货币种类:人民币。

八、附件

1. 估价对象照片
2. 比较实例照片
3. 《建设工程规划方案审查意见书》复印件
4. 《关于××路 49 号围合街坊项目分期实施的复函》复印件
5. 《评估委托书》复印件
6. 房地产估价机构营业执照复印件
7. 房地产估价机构资格证书复印件
8. 房地产评估师资格证书复印件

本章小结

市场比较法(Market Comparison Approach 或 Sales Comparison Approach),又称市价比较法、交易实例比较法、买卖实例比较法、市场资料比较法、交易案例比较法、现行市价法、直接交易案例比较法等,也简称比较法或者市场法。市场比较法是以估价时点近期、类似房地产的实际成交价格为参照,来评定待估房地产的价格的一种估价方法。市场法的本质是以房地产的市场交易价格为导向求取估价对象的价值。市场比较法适用的对象是具有交易性的房地产,如普通的商品住宅、别墅、房地产开发用地、写字楼、标准工业厂房、商场等。不适用的情况:很少发生交易的房地产,如学校、古建筑、教堂、寺庙、特殊工厂、纪念馆等;在房地产市场发育不够或者房地产交易很少发生的地区的房地产。

市场比较法的适用条件:第一,有类似房地产的成交实例;第二,类似房地产成交实例数量多且交易正常;第三,类似房地产交易实例在同一地区或同一供求范围内的类似地区中。市场比较法要求搜索交易实例,即从现实房地产中搜集大量已经成交的实例及相关信息;也要选取可比实例,即为了计算出的比准价格尽量准确,选作可比实例的交易实例必须经过筛选,从而更加具有针对性,更便于作为待估房地产的估价参照。搜集交易实例的途径:第一,政府有关部门的房地产交易、价格等资料;第二,房地产经纪机构和房地产经纪人经手的房地产交易;第三,房地产交易当事人、邻居、相关律师、会计师等相关人员参与的房地产交易;第四,估价机构、估价师等同行之间的交流;第五,专业房地产信息提供机构的房地产价格等资料;第六,其他途径。

对可比实例成交价格进行的修正称为交易情况修正。其主要方法有百分率法和差额法。采用百分率法进行交易情况修正的一般公式为:可比实例成交价格×交易情况修正系数=可比实例正常市场价格。采用差额法进行交易情况修正的一般公式为:可比实例成交价格±交易情况修正金额=可比实例正常市场价格。

习题

一、选择题

1. 在某宗房地产估价中,3个可比实例房地产对应的比准单价分别是6 800元/平方米、6 700元/平方米和6 300元/平方米,根据可比性综合评估得到的3个可比实例对应的比准单价的权重分别是0.3、0.5和0.2。如果分别采用加权算术平均法和中位数法测算最终比准单价,则前者与后者的差价是( )元/平方米。

   A. -100   B. -50   C. 50   D. 100

2. 某地区房地产买卖中应由卖方缴纳的税费为正常成交价的7%,应由买方缴纳的税费为正常成交价格的5%。在某宗房地产交易中,买卖双方约定买方付给卖方2 500元/平方米,买卖中涉及的税费均由卖方负担。但之后双方又重新约定买卖中涉及的全部税费改由买方支付,并在原价格基础上相应调整买方付给卖方的价格,则调整后买方应付给卖方( )元/平方米。

   A. 2 020.80   B. 2 214.29   C. 2 336.45   D. 2 447.37

3. 市场比较发达地区的经常性交易的土地价格的评估适用( )。

   A. 市场比较法   B. 成本逼近法   C. 剩余法   D. 收益法

4. 在一定区域范围内,建筑物的总建筑面积与整个宗地面积之比为( )。

   A. 建筑密度   B. 容积率   C. 利用率   D. 有效面积系数

5. 运用市场比较法,我国要求市场比较交易案例至少( )个。

   A. 2   B. 3   C. 4   D. 5

6. 运用市场比较法评估宗地地价,在选择比较交易案例时,该案例发生的区域与待估宗地所处区域相比,属于( )。

A. 相邻地区 　　　　　　　　　　　B. 用途相同
C. 土地质量相同或相似 　　　　　　D. 同一供需圈

7. 根据《房地产估价规范》，可比实例的成交日期应接近价值时点，与价值时点相差不得超过（　　）年。
A. 1 　　　　B. 2 　　　　C. 3 　　　　D. 5

8. 市区一工厂由于产业结构调整欲与外商合建写字楼，利用市场比较进行土地资产评估时，下列中（　　）为最佳比较案例。
A. 周围写字楼的售价 　　　　　　B. 周围住宅用地地价
C. 周围工厂用地地价 　　　　　　D. 周围商品房售价

二、判断题

1. 类似区域是指与待估宗地所隶属的相邻区域相类似的、不在同一供需圈的其他区域。（　　）
2. 以一个标准宗地或条件俱佳的土地为基准，把交易案例和待估土地均与其逐项比较，然后将结果转化为修正价格，此方法为直接比较。（　　）
3. 运用市场比较法测算的价格能反映近期市场行情，具有较强的现实性。（　　）
4. 市场比较法估价程序先后为：搜集交易资料，确定比较案例，修正，确定土地价格。（　　）
5. 选择比较交易案例，一般应选择4年内成交的不动产交易案例，最长不超过5年。（　　）
6. 正常和非正常交易均可作为比较交易案例，通过修正予以运用。（　　）
7. 宗地用途虽不同，但影响其价格的区域因素却是一样的。（　　）
8. 市场比较法所选取可比实例的新旧程度必须与估价对象新旧程度完全相同。（　　）

三、名词解释

1. 市场比较法
2. 交易情况修正
3. 容积率

四、简答题

1. 市场法的原理是什么？
2. 市场法估价的操作步骤是什么？
3. 搜集交易实例的途径主要有哪些？

五、计算题

估价对象为一写字楼，土地总面积1 000平方米，于2019年9月底获得50年使用权。写字楼总建筑面积4 500平方米，建成于2022年9月底，为钢筋混凝土结构。现需评估该写字楼2024年9月30日的价值（假定2024年房价基本稳定）。

（1）将搜集到的2024年3宗土地出让剩余年限为45年的交易实例作为可比实例，其房地产交易的有关资料如表7—9所示。

表 7－9　　　　　　　　　　　　交易案例

实例	交易价格（元/平方米）	交易情况	交易日期	房地产状况
A	2 200	正常	2024 年 3 月 30 日	比估价对象劣 3%
B	2 050	正常	2024 年 12 月 30 日	比估价对象劣 8%
C	2 380	比正常价格高 3%	2024 年 5 月 30 日	比估价对象优 5%

(2) 在估价时点征收城市边缘土地平均每亩需要 200 万元的征地补偿和安置等费用，向政府交付土地使用权出让金等为 150 元/平方米，土地开发费用、税金和利润等为 120 元/平方米，以上合计为城市边缘土地使用权年限 50 年熟地的价格。该城市土地分为八个级别，城市边缘土地为第八级，而估价对象处于第六级土地上。各级土地之间的价格差异如表 7－10 所示（不同计算方式得到的结果采用简单算术平均法进行汇总）。

表 7－10　　　　　　　　　征收农地费用资料

级别	一	二	三	四	五	六	七	八
地价是次级土地的倍数	1.4	1.4	1.4	1.4	1.4	1.3	1.3	1
地价是最差级土地的倍数	10.54	7.53	5.38	3.84	2.74	2.00	1.50	1

根据上述资料，试求该写字楼的总价值，并写出具体步骤。

第八章 假设开发法

📅 **学习目的**

知识目标：通过学习，了解假设开发法的基本原理，熟悉假设开发法的基本公式，掌握假设开发法的估价步骤，对传统法和折现法有较好的理解，同时对假设开发法中所存在的一些问题有所了解。

能力目标：通过学习假设开发法案例，掌握计算分析方法，并能够将假设开发法运用于房地产估价实践。

思政目标：通过学习，在运用假设开发法进行房地产价格评估时，合理设定待估房地产的假设条件，使评估结果更加科学合理，更加接近目标房地产的真实价值。

关键概念	思维导图
(QR码)	(QR码)

第一节 假设开发法概述

一、假设开发法的概念

假设开发法也称为剩余法、预期开发法、开发法、余值法、倒算法，是根据估价对象的预期剩余开发价值来求取估价对象价值或价格的方法。[1] 具体来看，它是先预测估

---

[1] 柴强. 房地产估价[M]. 8版. 北京：首都经济贸易大学出版社，2015：321.

价对象开发完成后的价值,然后减去其后续开发建设中必要的支出及应得的利润来求取估价对象价值的一种方法。假设开发法本质上是以估价对象的预期价值为导向来求取估价对象的当期价值。

假设开发法也可以理解为成本法与收益法的综合运用,它既是站在未来预期收益的角度的一种预期性的估价,又是用预期收益扣减预期成本,在形式上是测算新开发的房地产(如新建商品房)价值的成本法的"倒算法"。根据此理解,可以定义为:假设开发法是预测待估价房地产的预期开发价值,然后扣除未来的正常开发成本、正常税费及合理利润后得到的剩余价值①,以此来测算待估价房地产价值的一种方法。

二、假设开发法的理论依据

假设开发法的理论依据是预期原理。假设开发法以估价对象开发完成以后的预期价值为基础,考虑完成开发所需的成本及合理利润,以剩余价值为估价对象的价格。在估价时点,由于开发完成后的房地产价值、开发过程中投入的成本、预期的利润等都需要估价人员进行科学的分析和预测,所以该方法的理论依据是预期原理。②

假设开发法的基本思路可以通过这样一个流程来解释说明:开发商在购买土地时,并不是真正为了拥有它,而是为了通过开发来获得利润。因此,在购置地块时通常沿用这样一种流程:首先,对该地块进行市场调查与分析,了解该地块的内外部状况,如自然状况、周围环境以及相应房地产市场的发展趋势,确定土地利用的最佳方案;其次,测算未来开发建设过程中需要发生的开发成本、管理费用、投资利息、开发税费等建设成本,并根据市场调查分析结果确定开发建设完成后的销售价格以及销售税费,并预期开发利润;最后,计算开发商能够接受的最高地块价格,它等于预测的开发完成后的销售价格,减去预测的必须付出的各项成本、费用、税金以及开发利润后的余额。③

假设开发法更深一层的理论依据类似于地租理论,只不过地租是每年的租金剩余,假设开发法测算的通常是一次性的价格剩余。

三、假设开发法的适用范围

(一)适用对象

假设开发法适用于具有开发或再开发潜力且开发完成后的价值可以采用比较法、

---

① 赵小虹,赵财富.房地产估价[M].3版.上海:同济大学出版社,2014:154.
② 马光红.房地产估价理论与方法[M].上海:上海大学出版社,2016:229.
③ 左静,刘昌斌.房地产估价[M].北京:北京理工大学出版社,2015:158—159.

收益法等成本法以外的方法测算的房地产。对上述情形进行细分,包括以下三种①:

1. 可供开发的土地

可供开发的土地包括生地、毛地、熟地三种类型,典型的是各种房地产开发用地。在土地的出让或转让中,假设开发法是确定招投标价格最常用的方法之一。

2. 在建工程

在建工程,或称为房地产开发项目,是指正在建设、尚未竣工投入使用的建设项目。假设开发法用于评估在建工程的价值,能够更好地反映在建工程的预期价值。

3. 可重新开发、更新改造或改变用途的旧房

可重新开发、更新改造或改变用途的旧房是指现阶段的房屋在改造时可以选择更好地利用方式从而在开发中转变方式的房屋,主要包括改建、扩建、重新装饰装修等。由于重新开发、更新改造或改变用途的旧房更重要的是开发完成后的价值,因而假设开发法更适用于其估价评估过程(估价中要求使用其他估价方法的除外)。

需注意的是,对于有城市规划条件要求,但城市规划设计条件尚未明确的待开发房地产,难以采用假设开发法估价。因为在该房地产的法定开发利用前提未确定的情况下,其价值也就不能确定。如果在这种情况下仍需要估价的话,估价人员可根据所推测的最可能的城市规划设计条件来估价,但该估价必须将其最可能的城市规划设计条件列为估价的假设和限制条件,并在估价报告中作特别的提示,说明它对估价结果的影响,或估价结果对它的依赖性。

4. 假设开发法的其他用途

假设开发法除了适用于房地产估价外,还适用于房地产开发项目投资分析,是房地产开发项目投资分析的常用方法之一。假设开发法用于房地产估价与房地产开发项目投资分析的不同之处为:用于房地产估价时,假设开发法是站在典型的投资者的立场选取有关参数、系数和测算相关数值;而在用于投资分析时,则是站在某个特定的投资者的立场选取有关参数、系数和测算相关数值。

使用假设开发法评估房地产开发项目,可为房地产投资商提供以下三种数值②:

(1)测算待开发房地产的最高价格。假如房地产投资商有意向取得某处待开发房地产,那么其首要先要对该项目的开发价值进行测算。投资商事先测算自己能够接受的最高价格,只有在实际购置价格低于或等于此价格时,才可能开发此项目。

(2)测算房地产开发项目的预期利润。测算房地产开发项目的预期利润,其假设

---

① 中华人民共和国住房和城乡建设部.房地产估价规范(GB/T 50291—2015)[S].中国建筑工业出版社,2015:82.
② 中国房地产估价师与房地产经纪人学会.房地产估价理论与方法[M].北京:中国建筑工业出版社,2017:338.

前提为待开发房地产的购置成本已知,即待开发房地产已经按照低于或等于最高价格的某个价格购置。该房地产开发项目的利润为预计可取得的总收入减去待开发房地产的取得成本以及建设成本等成本、费用和税金后的余额。若此利润高于或等于投资商的期望利润,则认为该项目投资可行;否则,应推迟开发建设,甚至取消投资。

(3)测算房地产开发中可能的最高费用。测算房地产开发项目中可能的最高费用,即假设待开发房地产的取得成本已知。确定最高费用的目的是使开发利润保持在一个合理的范围内,有效控制开发过程中的成本、费用、税金,以避免出现费用失控的局面。

(二)适用条件

在实际运用中,假设开发法是否适用,主要取决于以下两个方面:第一,是否根据房地产估价的合法原则和最高最佳使用原则,准确判定了待估房地产的最佳开发使用方式;第二,是否根据当地房地产市场状况,准确预测了待估房地产开发完成后的价值。[①] 除了以上两个方面之外,假设开发法还受其他因素的影响。

1. 待开发房地产具有再开发潜力

这符合规范中对假设开发法的要求,即待开发项目具有可再开发潜力。

2. 待开发房地产具有规划条件

规划条件是指根据城市规划设计的要求,比如特定的绿化率、容积率、高度、用途等。

要确保假设开发法测算结果的准确性,除对假设开发法本身要有较好掌握外,还必须有一个良好的社会环境,具体包括:第一,要有一套统一、严谨及健全的房地产法规;第二,要有一个稳定、具有可预见性及透明的房地产政策,包括有一个长远、公开的土地供应计划;第三,要有一个较长历史、连续、全面及开放的房地产信息资料库,包括有一个清晰、全面的房地产开发和交易的税费清单或目录。[②]

四、假设开发法的特点

(1)假设开发法在形式上是用成本法评估新建房地产价值价格的"倒算法",但两者并不相同。主要区别在于成本法中的土地价格是已知的,需要求取的是开发完成后的房地产价格;假设开发法则是将通过预测等方法求得的开发完成后房地产价格作为已知条件,需要求取的是土地价格。[③]

---

① 柴强. 房地产估价[M]. 8版. 北京:首都经济贸易大学出版社,2015:234.
② 中国房地产估价师与房地产经纪人学会. 房地产估价理论与方法[M]. 北京:中国建筑工业出版社,2017:339.
③ 左静,刘昌斌. 房地产估价[M]. 北京:北京理工大学出版社,2015:159.

（2）某种程度上，假设开发法可以看作市场比较法和其他估价方法的综合运用。假设开发法通常先用市场比较法求取估价对象开发完成后的价值，再用成本法扣除开发各期中产生的税费等支出及预期利润，从而得出估价对象价值。

（3）假设开发法在土地或建筑物的价格不能或难以依据其他评估方法明确把握时，才是最有效的方法。比如要对土地上附有建筑物进行估价，仅靠市场比较法确实是难以获得正常答案的，而此时运用假设开发法，可以很精确地求得附有建筑物的土地价格。此外，假设开发法对于衡量判定建筑物的投资额度是否过大或过小也很有用处。

第二节 假设开发法的估价公式

一、假设开发法的基本公式

假设开发法最基本的估价公式为：

待开发房地产价值＝开发完成后的房地产价值－待开发房地产的取得税费
　　　　　　　－建设成本－管理费用－销售费用－投资利息－销售税费
　　　　　　　－开发利润[①]　　　　　　　　　　　　　　　　　　　　（8－1）

又可写成式（8－2），即：

待开发房地产价值＝开发完成后的房地产价值－后续开发的必要支出及应得的利润

（8－2）

式中，

$$管理费用＝开发成本×正常管理费率 \quad (8-3)$$
$$投资利息＝(待开发房地产价格＋开发成本＋管理费用)×利息率 \quad (8-4)$$
$$开发利润＝(待开发房地产价格＋开发成本＋管理费用)×利润率 \quad (8-5)$$

假设开发法的扩充公式：

$$V_L = V_R - C_B - S - I - P - T \quad (8-6)$$

式中，V_L 为待开发房地产价值；V_R 为开发完成后的房地产预期价值；C_B 为工程建筑费用，即社会平均水平下建造同类型项目所需要的总费用；S 为专业费用，包括测量咨询费用、设计咨询费用、建筑咨询费用，其一般按照项目费用的一定比例收取；I 为利息；P 为开发利润；T 为税金。

[①] 中国房地产估价师与房地产经纪人学会.房地产估价理论与方法[M].北京：中国建筑工业出版社，2017：343.

二、假设开发法的具体估价公式[①]

运用假设开发法,最关键的是要弄清楚开发前、后分别处于什么状态,并确定从开发前的状态"变到"开发完成后的状态此期间需要投入的各项成本、税费以及应得的合理利润。待开发房地产在投资开发前的状况有土地(又可分为生地、毛地、熟地)、在建工程和旧房(包括装修改造、改变用途重新利用)三大类,开发完成后的状态主要包括熟地和房地产两类。综合起来,假设开发法的具体公式可分为如下几种情况:

(一)估价对象为生地,进行房屋建设(生地→房地产)

生地价值=开发完成后的房地价值—由生地建造房屋的开发成本—管理费用
　　　　—投资利息—销售税费—开发利润—买方购买生地应负担的税费

(8—7)

(二)估价对象为毛地,进行房屋建设(毛地→房地产)

毛地价值=开发完成后的房地价值—由毛地建造房屋的开发成本—管理费用
　　　　—投资利息—销售税费—开发利润—买方购买毛地应负担的税费

(8—8)

(三)估价对象为熟地,进行房屋建设(熟地→房地产)

熟地价值=开发完成后的房地价值—由熟地建造房屋的开发成本—管理费用
　　　　—投资利息—销售税费—开发利润—买方购买熟地应负担的税费

(8—9)

(四)估价对象为生地,开发为熟地(生地→熟地)

生地价值=开发完成后的熟地价值—由生地开发为熟地的开发成本—管理费用
　　　　—投资利息—销售税费—土地开发利润—买方购买生地应负担的税费

(8—10)

(五)估价对象为毛地,开发为熟地(毛地→熟地)

毛地价值=开发完成后的熟地价值—由毛地开发为熟地的开发成本—管理费用
　　　　—投资利息—销售税费—土地开发利润—买方购买毛地应负担的税费

(8—11)

(六)估价对象为旧房,装饰装修改造为新房(含转换用途)

旧房地价值=装饰装修改造完成后的房地价值—装修改造成本—管理费用
　　　　　—投资利息—销售税费—装修改造投资利润—买方购买旧房地
　　　　　应负担的税费

(8—12)

[①] 汤鸿,郭贯成.房地产估价[M].2版.南京:东南大学出版社,2017:169—170.

（七）估价对象为在建工程，将在建工程续建为房屋

在建工程价值＝续建完成后的房地价值－续建成本－管理费用－投资利息

　　　　　　　－销售税费－续建投资利润－买方购买在建工程应负担的税费

(8－13)

三、假设开发法的两种计算方式

房地产特别是大型房地产项目的开发周期一般较长，导致待开发房地产的购置价款、后续开发的各项支出、开发完成后的销售回款等发生的时间不同，时间相隔较长。因此，假设开发法评估房地产价格必须考虑资金的时间价值。在计算资金的时间价值时有两种方式，分别为计算投资利息和折现。[1] 根据时间价值计算方式的不同，可将假设开发法分为计息法和折现法两种。

（一）计息法

计息法又称传统法、静态分析法，对开发完成后的房地产价值、开发成本、管理费用、销售税费等的估算主要是根据价值时点的房地产市场作出的，基本上是静止的数额，即不考虑各项收入与支出发生时间不同而直接相加减，但要计算利息。[2] 计息法通过计息的方式来体现资金的时间价值，具体计算时不考虑各项税费发生的时间是否相同，只是通过单纯的相加减得出投资利息，同时也不考虑预售、延迟销售等情况的发生。因此，其计算过程相对简单，但结果也相对粗略。

计息法的基本公式为：

待开发房地产价值＝开发完成后的房地产价值－开发成本－管理费用

　　　　　　　－投资利息－销售税费－开发利润－投资者购买待

　　　　　　开发房地产应负担的税费　　　　　　　　　(8－14)

计息法中的单利公式可以写为式(8－15)，即：

$$I = P \times i \times n \tag{8-15}$$

式中，I 为总利息，P 为金额，i 为利率，n 为期数。

（二）折现法

折现法又称现金流量折现法、动态分析法，是通过模拟房地产开发过程，预测该宗房地产未来收益和支出，据此计算出净现值，并按一定的折扣率折算，从而确定待开发房地产价值的一种方法。对于一个特定的房地产开发项目，获取的利润为现金流入量，通常表现为正值；投入的资本、支出的费用为现金流出量，通常表现为负值；二者之

---

[1] 柴强.房地产估价[M].8版.北京：首都经济贸易大学出版社，2015：325.
[2] 左静，刘昌斌.房地产估价[M].北京：北京理工大学出版社，2015：162.

差为净现金流量。具体用公式表示为：

$$净现金流量＝现金流入量－现金流出量① \quad (8-16)$$

净现金流量是动态数额，是通过对各期现金流量的折现计算，从而得出待开发房地产的价值。折现法计算相对精确，但过程较为复杂。

折现法基本公式为：

$$待开发房地产价值＝开发完成后的房地产价值－开发成本－管理费用－销售税费$$
$$－开发利润－投资者购买待开发房地产应负担的税费$$
$$(8-17)$$

式中，开发完成后的房地产价值、开发成本、管理费用均是折现值，销售税费通常按照开发完成后房地产价值折现值的一定比率计算，投资利息和开发利润均隐含在折现率中。②

折现法的复利公式为：

$$I=[P\times(1+i)^n-1] \quad (8-18)$$

式中，I 为总利息，P 为金额，i 为利率，n 为期数。

折现法公式也可写为：

$$待开发土地的价值=\frac{开发完成后房地产的预期值}{(1+i)^n}-\sum\frac{开发成本}{(1+i)^n}-正常税费现值$$
$$-开发商合理利润的现值 \quad (8-19)$$

【例 8—1】 计算题：将 1 000 元存入银行 2 年，银行 2 年期存款的单利年利率为 6%。请用单利公式和复利公式分别计算到期时的利息总额。

解：根据单利公式和复利公式，可分别计算出：

单利利息总额 $I = P\times i\times n$
$$=1\,000\times6\%\times2$$
$$=120(元)$$

复利利息总额 $I=[P\times(1+i)^n-1]$
$$=1\,000\times[(1+6\%)^2-1]$$
$$=123.6(元)$$

（三）两种计算方法的区别

1. 对于开发完成后的房地产价值、开发成本、管理费用所采用的价值时点不同

计息法是假定所有的收入和费用都是在房地产开发完成的时点结算，是静态的金额，并不考虑各项现金流收支的时间先后差异；折现法以估价时点的价值来看待收入

---

① 柴强. 房地产估价[M]. 8 版. 北京：首都经济贸易大学出版社，2015：325.
② 马光红. 房地产估价理论与方法[M]. 上海：上海大学出版社，2016：242.

和费用,模拟房地产开发过程,细化收益和费用的发生时间,并将各项收益费用还原到价值时点的价值,是动态数额,充分考虑各项收益费用产生的时间差异。①

2. 对于开发完成后的房地产价值、开发成本、管理费用所采用的估价方式不同

计息法只是将所产生的收益费用通过单纯的相加减得出投资利息,同时忽略预售、延迟销售等情况的发生;而折现法则是将各项收益费用还原到估价时点的价值,同时考虑预售、延迟销售等情况。

3. 对于投资利息和开发利润的处理方式不同

在计息法中,投资利息和开发利润均作为单独的项目计算;但在折现法中,这两项都不计,而是被隐含在折现率中。因此,现金流量折现法要求折现率既包含安全收益部分,又要包含风险收益部分,所以折现率通常大于利息率。②

4. 计算精确程度和复杂程度不同

计息传统法计算过程相对简单,但结果也相对粗略;折现法计算相对精确,但过程较为复杂。

两种方法并没有优劣之分,只是在实际运用中,由于存在众多的未知因素和偶然因素,预测结果可能会偏离实际,准确预测待开发房地产价值是十分困难的。特别是折现法要求对各项开支的具体时间都要有精确的估计,因而准确确定折现率更是极为困难。即便如此,在实际估价中也应优先选用折现法。在折现率实在难以确定,折现法无法使用时,可以采用计息法。③

第三节 假设开发法估价的步骤及各项计算

一、假设开发法估价的步骤④⑤

运用假设开发法进行房地产估价,一般分为 8 个步骤:①选择具体估价方法;②选择估价前提;③选择最佳开发经营方式;④测算后续开发经营期;⑤测算后续开发的必要支出;⑥测算开发完成后的价值;⑦确定折现率或测算后续开发的应得利润;⑧计算开发价值。

(一)选择具体估价方法

运用假设开发法进行房地产估价时,应根据估价对象所处的开发阶段、后续开发

---

① 马光红. 房地产估价理论与方法[M]. 上海:上海大学出版社,2016:242.
② 马光红. 房地产估价理论与方法[M]. 上海:上海大学出版社,2016:242.
③ 柴强. 房地产估价[M]. 8 版. 北京:首都经济贸易大学出版社,2015:326.
④ 中华人民共和国住房和城乡建设部. 房地产估价规范(GB/T 50291—2015)[S]. 北京:中国建筑工业出版社,2015:22.
⑤ 马光红. 房地产估价理论与方法[M]. 上海:上海大学出版社,2016:232—237.

过程中相关参数测算的复杂程度等,选择计息法或折现法。在实际估价中,由于折现法计算相对精确,建议优先选用折现法。

(二)选择估价前提①

假设开发法的估价前提应该根据估价目的、估价对象所处的开发建设状态等情况,经过分析后得到。估价前提通常可分为三类。

(1)自行开发前提:估价对象仍然由其拥有者或开发商开发建设。

(2)自愿转让开发前提:估价对象被其拥有者或开发商自愿转让给他人开发建设。

(3)被迫转让开发前提:估价对象被迫转让给他人开发建设。

一般情况下,自己开发前提下评估出的价值＞自愿转让前提下评估出的价值＞被迫转让前提下评估出的价值。

(三)选择最佳开发经营方式

所谓最佳开发经营方式,是指待开发房地产开发完成后销售或经营时能获得最高收益的利用方式。

最佳开发经营方式主要体现在以下三个方面:一是用途,即该处待开发房地产的最佳使用方式,如写字楼、商用、仓储、住宅等;二是规模,即该处待开发房地产的规模面积,如占地面积、建筑面积等;三是档次,即该处待开发房地产的档次规格,如甲级写字楼、乙级写字楼、别墅、普通住宅等。

最佳开发经营方式的合理选择,对假设开发法的运用有着至关重要的作用。待开发房地产用途的选择要与房地产市场的需求相结合,并且具有一定的预测性。最佳开发经营方式的选择,直接决定开发完成后房地产的价值及开发过程中的各项成本、费用的大小,是假设开发法评估房地产价值是否准确的关键。②

(四)测算后续开发经营期

对后续开发经营期的测算主要是为了把握开发成本、管理费用、销售费用、销售税费等发生的时间和数额,预测开发完成后的房地产售价或租金,以及各项收入和支出的折现或者计算投资利息等。

开发经营期的确定,有利于对开发成本、管理费用、投资利息等进行更好的估算,同时也便于对开发利润及购置待开发房地产价值进行计算。因此,准确确定开发经营期具有重要的作用。

(五)测算后续开发的必要支出

后续开发的必要支出应该根据估价对象状况、未来开发完成后的房地产状况、未

---

① 闵婕.不动产估价[M].北京:化学工业出版社,2018:115.
② 马光红.房地产估价理论与方法[M].上海:上海大学出版社,2016:202.

来开发完成后的房地产经营方式、估价前提、估价对象等所处的开发建设状态等来确定。具体包括待开发房地产取得税费和后续的开发成本、管理费用、销售费用、销售税费、投资利息等。

(六)测算开发完成后的价值

开发完成后的房地产价值是指估价对象按照预计用途和规模开发完成,并在预测的房地产市场状况下完成经营以后,所对应的市场价值。这是影响开发商购买待开发房地产、选择开发经营方式等决策的核心因素,其测算的准确性直接影响估价对象价值的判断。

(七)确定折现率或测算后续开发的应得利润

采用折现法评估房地产价值,应该测算折现率,折现率的数值应该等于类似房地产开发项目所要求的收益率。采用计息法评估房地产价值,后续开发的应得利润,应该在明确计算基数和相应开发利润的基础上,为其计算基数乘以类似房地产开发项目的相应开发利润。

(八)计算开发价值

具体计算要根据不同的房地产状况,选择不同的估价公式。具体估价公式,可以参考本章第二节中的第二部分内容。

二、假设开发法的各项计算

(一)后续开发经营期

后续开发经营期就是从取得估价对象的时点开始,到开发完成后房地产经营结束的日期。开发经营期的估算一般采用比较的方法,即通过同一市场上同类型、同规模不动产正常开发所需的时间来判断。后续开发经营期可分为建设期和经营期。[1]

开发期又称为开发建设期、建设期,其起点与开发经营期的起点相同,终点是预计待开发完成,即竣工的日期。对于在土地上进行房屋建设的状况,开发期又可以进一步分为前期和建造期。前期是从取得待开发土地到开工的时间,建造期是从开工到房屋竣工的时间。

经营期根据未来开发完成后的房地产的不同经营使用方式而具体化,经营方式主要有销售(包括预售)、出租、营业、自用,因此,经营期又可以具体分为销售期和运营期。销售期是从开始销售已经开发完成或者预售的房地产到将其全部销售完毕的日期。由于现行商品房可以预售,因此对经营期的确定产生了一些影响。在有预售的情况下,销售期与开发期可能会有部分重合。

---

[1] 叶建平,曲卫东.不动产估价[M].2版.北京:中国人民大学出版社,2016:125—126.

(二) 开发完成后的房地产价值

开发完成后的房地产价值是未来开发完成后房地产的价值或价格,其对应的房地产状况为未来开发完成后的房地产状况。因此,测算开发完成后的价值,必须清楚该房地产开发完成后的房地产状况,如是否为毛坯、精装修等,然后再测算该房地产状况下的价值或价格。[①] 以估价对象为商品房开发项目为例,如果开发完成后为毛坯房,则预测完成后的房地产价值应为毛坯房的价值;如果开发完成后为精装修房,则预测完成后的房地产价值应为精装修房的价值。

开发完成后的房地产价值一般是通过预测来求取。不同类型的房地产,采用的方法也不相同。根据待开发房地产项目的最高最佳使用方式和当地房地产市场现状及未来的变化趋势,一般可以采用两种方法对开发完成后的房地产价值进行预测,即市场比较法和长期趋势法。两种不同方法的采用根据开发完成后房地产价值的不同而有所不同。对于销售类房地产如商品房,一般采用市场比较法;对于出租类和经营类房地产如写字楼、商铺、旅馆等,预测其开发完成后的价值,可采用市场比较法与长期趋势法相结合的方法,先预测其租赁或经营收益,然后通过收益还原法将其收益转换为价值。[②]

需注意的是,在运用假设开发法估价时,不能用成本法来估算完成后的价值。因为未来开发完成后的房地产状况并不总是纯粹的房地产,还可能包含房地产以外的动产、权利等。如未来开发完成后为宾馆、影剧院、高尔夫球场等的收益性房地产,其状况通常是"以房地产为主的整体资产",除了房地产,还有包括家具、设备等房地产以外的财产。[③]

(三) 后续支出及利润[④][⑤]

后续支出及利润是将待开发房地产状况"变成"未来开发完成后的房地产状况所产生的一系列的成本、费用、税金及开发商应当获得的利润,具体包括待开发房地产取得税费(简称取得税费)和后续的开发成本、管理费用、销售费用、销售税费、投资利息、开发利润。这些是假设开发法测算待开发房地产项目价值中应当减去的项目,统称为"扣除项目"。

1. 费用

费用主要包括后续的开发成本、管理费用、销售费用。这些必要费用支出的多少

[①] 柴强. 房地产估价[M]. 8版. 北京:首都经济贸易大学出版社,2015:335.
[②] 叶建平,曲卫东. 不动产估价[M]. 2版. 北京:中国人民大学出版社,2016:126.
[③] 柴强. 房地产估价[M]. 8版. 北京:首都经济贸易大学出版社,2015:335.
[④] 左静,刘昌斌. 房地产估价[M]. 北京:北京理工大学出版社,2015:166.
[⑤] 柴强. 房地产估价[M]. 8版. 北京:首都经济贸易大学出版社,2015:334—337.

要与开发完成后的房地产状况相对应。比如相同的待开发房地产,开发完成后为毛坯房的后续必要支出要少于为粗装房的后续必要支出,粗装房的后续必要支出要少于精装房的后续必要支出。对于宾馆、影剧院、高尔夫球场等"以房地产为主的整体资产",后续必要支出一般还应包括家具、设备等房地产以外财产的购置费用支出。[①]

费用通常分散在一段时间内(如开发期或建造期)不断发生,但计息时通常将其假设为在所发生的时间段内均匀发生,并具体视为集中发生在该时间段的期中。发生的时间段通常按年来划分,精确测算也可按半年、季度或月来划分。

2. 税收

税收主要包括购置土地和销售环节中产生的各种税费,如土地增值税、城镇土地使用税、耕地占用税、契税、房产税、印花税、增值税、交易手续费等。这些税收根据各地方的要求不同而有所不同,但一般是根据税法及中央和地方政府的有关规定,按照开发完成后房地产价值的一定比例征收。

3. 投资利息[②]

投资利息一般只在计息法中才需要测算,其计算思路与成本法的利息计算相同。在计算投资利息时,应注意计息基数、利率、计息期和计息方法等问题。

应计息的项目包括:未知需要求取的待开发房地产的价值、投资者购买待开发房地产应负担的税费、开发成本、管理费用和销售费用,即使这些费用是自有资金,也要计算利息,销售税费一般不计息。[③] 计息期的起点一般是该费用产生的开始,终点是该费用的结束,计息期的费用通常假设是均匀发生的,即期中一次性投入。利率可选银行同期贷款利率。利息的计算可分为单利和复利两种,一般是选用复利计息方式。

4. 开发利润

开发利润一般也是只有在计息法中才需要测算。开发商的合理利润一般以不动产总价或预付总资本的一定比例计算[④],即以一定基数乘以相应的利润率得出。利润率包括直接成本利润率、成本利润率、投资利润率、销售利润率等,它们的内涵及对应的计算基数不同,测算时要相互匹配。[⑤] 开发利润的计算公式为:

$$开发利润=收入\times 相应的利润率 \quad (8-20)$$

(四)折现率

折现率是在采用现金流量折现法时需要确定的一个重要参数。它与收益法中的

[①] 柴强.房地产估价[M].8版.北京:首都经济贸易大学出版社,2015:334.
[②] 汤鸿,郭贯成.房地产估价[M].2版.南京:东南大学出版社,2017:179—180.
[③] 赵小虹,赵财富.房地产估价[M].3版.上海:同济大学出版社,2014:158.
[④] 汤鸿,郭贯成.房地产估价[M].2版.南京:东南大学出版社,2017:180.
[⑤] 左静,刘昌斌.房地产估价[M].北京:北京理工大学出版社,2015:166.

资本化率的原理相同,具体应等同于同一市场上相同或类似房地产开发项目所要求的平均报酬率,体现了资金的利率和开发利润率两部分。[①] 折现率的实质是一种投资收益率。

第四节　假设开发法中经常遇到的问题及解决的对策建议

一、假设开发法在实际运用中应注意的要点

市场法、成本法、收益法主要是基于现实数据的评估;而假设开发法因受房地产开发时间长的制约,注重对未来开发过程及结果的预测。因此,在实际估价中,假设开发法的可靠性不仅取决于是否遵循合法原则和最高最佳使用原则正确判断房地产的最佳开发利用方式(包括用途、规模、档次等),还取决于是否根据当地的市场行情或供求状况准确预测房地产开发完成后的价值。[②]

由于折现率的确定较为困难,传统方法又相对粗糙,因而在实际运用中可能会被指责为不精确。但当估价对象具有潜在的开发价值时,假设开发法几乎为唯一实用的方法。

折现率虽然是房地产行业中不同物业类型的最低收益率,但由于它还含有行业无法用组合投资方式消除的系统性风险,因而在实际估价中,不可以选取无风险利率作为折现率,如银行存款利率、长期国债利率等。在实际运用中,可以以银行贷款年利率和年成本利润率为综合考虑因素。

计息法只是不考虑各项收益费用所产生的时间的不同,并不是忽略资金的时间价值。运用计息法估价时,资金时间价值主要应用于取得待开发房地产税费、开发成本、管理费用、销售费用的利息计算上(这与成本法一致),计息期到估价对象开发完成时止。在运用现金流量折现法时,资金时间价值主要应用于开发完成后的价值、开发成本、管理费用、销售费用、销售税费等现金流量,根据它们在未来发生的时间和发生的金额,将它们折算到估价时点后再相加减。因此,也可以说,在现金流量折现法中不需要考虑投资利息和开发利润。

二、假设开发法在实际运用中存在的问题

(一)最高最佳使用问题

最高最佳使用是指法律上许可、技术上可能、经济上可行,经过充分合理的论证,

[①] 柴强.房地产估价[M].8版.北京:首都经济贸易大学出版社,2015:336.
[②] 汤鸿,郭贯成.房地产估价[M].2版.南京:东南大学出版社,2017:167.

能够使估价对象的价值达到最大化的一种最可能的使用。根据《房地产估价规范》，房地产估价时，以估价对象的最高最佳使用状况作为估价前提。采用假设开发法最重要的就是对最佳开发利用方式的判断和对完成开发后价值的预测，而这往往具有较大的不确定性。①

实际房地产开发中，往往出现最高最佳使用原则与合法原则不一致，转换用途前的最高最佳使用与转换用途后的最高最佳使用不一致等状况。最高最佳使用原则不是无条件的，而是建立在合法使用原则的基础上，由于房地产开发、使用周期均较长，一些法律法规在其间作了更改，从而导致一些原来合理合法的假设在新的标准下丧失了合法性。在估价过程中，估价对象产权用途改变后，实际用途可能出现不符合政府对区域整体规划或者与区域整体规划有所偏差的情况。比如在城市规划修改前，某处地块作为商用最符合最高最佳使用原则，但在新的城市规划出台后，该地块被规划为住宅用地，那么假设开发的最高最佳用途是住宅，以商用作为最高最佳用途的估价就不符合现有规定。

（二）对不确定性带来价值的衡量问题

假设开发法以既定的假设为前提，在一定程度上忽略了不确定性为房地产带来的价值。② 由于自然、社会、经济、政治等原因，涉及房地产的经济活动大多是在不确定环境下进行的，并且这些因素随时间和空间的变化而不断变化。

在实物期权理论的观点中，不确定性是价值形成的源泉，不确定性能够为资产带来价值。目前运用假设开发法对房地产进行估价，较少考虑不确定性带来的价值，仅仅是在确定性的假设环境下对房地产的价值作出估算，这种情况下估算出的房地产价值是不完整的。③

（三）房地产开发完成后的价值预测准确性问题

假设开发法无法准确预测房地产开发完成后的价值。假设开发法需对建成后的房地产价值作出预测，然后确定资本化率，最终求出在建工程的评估价值。④ 房地产价格测算所涉及参数的合理估计是假设开发法的难点问题。

假设开发法通常采用在市场法与长期趋势法相结合预测房地产开发完成后的价值。市场法预测时寻找类似房地产交易作为参照物，进而对参照物进行修正，由于许多因素对类似房地产成交价格的影响程度无法采用定量分析予以量化，在实践中往往凭借估价师的经验对其作出判断，在价值估算中加入了一些主观因素。长期趋势法估

---

① 曹晓鸥.房地产估价方法的探索研究[J].经济师,2017(4):266—267.
② 彭羽,张健.假设开发法在生地价值评估中的应用[J].当代经济,2018(16):56—57.
③ 陈丹蕊.假设开发法在房地产估价中的应用难点探讨[J].商,2016(9):142.
④ 孙娟,彭冲.房地产评估中的假设开发法探究[J].合作经济与科技,2016(14):80—81.

价要求拥有估价对象或类似房地产过去至现在较长时期真实可靠的历史价格资料,而在现实房地产市场中,历史价格资料是难以获得的。①

(四)预计建成房屋出租时的租金处理问题

不是所有房地产建成后都选择出售的,像商场、写字楼等收益性的房地产,往往在建成后选择以租代售,在进行房地产价值评估时需要将租金收入转化为资产价格。假设开发法是一种预测性的房地产估价方法,对租金的处理较为粗糙,忽略了租金先收与后收、月租金与年租金等问题。先收租金与后收租金、月租金与年租金的不同选择将会导致估价结果的不同。

计息法(静态法)估价因不考虑资金的时间价值,可以不考虑上述问题;而现金流量折现法(动态法)估价考虑资金的时间价值,则有必要区分上述两个问题,以增加估价结果的准确性。在实际估价中,尤其是月租金与年租金的转化中,只是简单地将月租金乘以12换算为年租金,结合资本化率将其估算为资产的价格。这种粗糙的估算方法实际忽略了月租金的时间价值,当数额巨大时,更会对估价结果的准确性造成较大影响。

三、完善假设开发法的对策建议

(一)关于最高最佳使用原则使用的对策建议

由于最高最佳使用原则受合法性影响较大,即政策法律调整后最高最佳使用原则存在不适用性,因此,在实际运用中可以建议政府相关部门统一其权属文件,同时公示详细的城市及地区规划,以便在估价中能够合理预见估价期间该房产属性是否符合最高最佳使用原则。对尚未有明确规划但已经进行建造的区域,可以参考类似的房地产属性,进行最高最佳使用原则的确认。但确实存在无法准确、合理确定最高最佳使用原则的情形,则宜采用只是在各种因素和限制条件的制约下的最高最佳使用。

(二)关于不确定性带来价值的衡量问题的对策建议

将实物期权定价方法引入假设开发法,能够对不确定性带来的价值加以衡量。不确定性是实物期权价值存在的重要来源,正因为房地产在开发过程中存在不确定性,所以引入实物期权定价方法能够对不确定性的价值加以衡量。不过在引入实物期权时需特别注意,因为并不是所有房地产估价对象都存在实物期权价值,运用实物期权定价方法必须对估价对象进行严格筛选。②

(三)关于房地产开发完成后的价值预测准确性问题的对策建议

建立科学完善的房地产交易价格数据库。完善的数据库将使假设开发法在参数

---

① 陈丹蕊.假设开发法在房地产估价中的应用难点探讨[J].商,2016(9):142.
② 陈丹蕊.假设开发法在房地产估价中的应用难点探讨[J].商,2016(9):142.

选取和市场信息资料搜集时更加准确与便捷。对假设开发法不断完善的过程,也将有利于我国房地产估价市场的进一步发展。

此外,在估价中应体现管理柔性的价值。现行的假设开发法假设房地产建成后在固定的时间内全部销售完成,而现实中有时会采用多次开发、分期销售的策略。开发者可根据当前房屋的销售情况及市场价格来对下一次土地的开发策略进行及时调整,也可选择延迟土地的开发以期待一个更好的市场环境时再动工,这些可看做管理柔性。

(四)预计建成房屋出租时租金处理问题

1.租金先收与租金后收的处理

如果租金收入以年为单位,则租金先收与租金后收的时间间隔为1年,那么考虑到资金的时间价值,前者还原成的资产的价格将大于后者还原成的资产的价格。这可以通过一个简单的现金流量图表示(如图8-1、图8-2所示)。

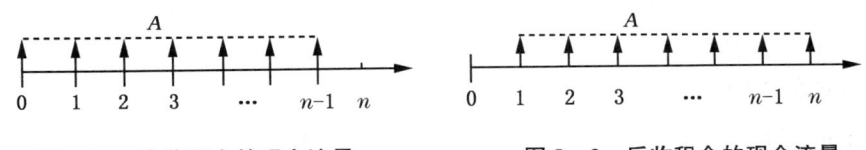

图 8-1　先收租金的现金流量　　图 8-2　后收租金的现金流量

根据年金现值公式 $P=A(P/A,r,n)$,资本化率为 r,年租金为 A,年限为 n,资产价格为 P,则租金先收的资产价格 $P_1=A(P/A,r,n)(1+r)$,租金后收的资产价格 $P_2=A(P/A,r,n)$,两者的差值为 $P_1-P_2=A(P/A,r,n)r$,即两者的差值实际为后收租金资产价格一年的投资收益。因此,当出租年收益较大时,有必要对两种收入方式均加以预测,以增加预测的准确性,提高估价的准确度。

2.月租金与年租金的处理

如果不考虑月租金的时间价值,则将月租金还原为房地产的价格为:

$$V=12a\times\frac{(1+r)^n-1}{r(1+r)^n} \tag{8-21}$$

考虑到月租金的时间价值,则还原后的公式为:

$$V=a\times\frac{\left(1+\frac{r}{12}\right)^{12n}-1}{\frac{r}{12}\left(1+\frac{r}{12}\right)^{12n}} \tag{8-22}$$

式中,a 为月租金,r 为年资本化率,n 为收益年限,V 为房地产价格。

两者的差异相当于名义利率与实际利率的差异,且当年限 n 较大时,两者的差异会较大。因此,在实际运用中,有必要采用式(8-22)对月租金进行处理。

第五节　假设开发法的运用举例[①]

一、待开发土地的估价

(一)估价对象概况与估价要求

现有一完成"三通一平"的建设用地,土地形状规则,总面积10 000平方米。根据规划,该土地许可用途为商业和居住,容积率≤5,建筑覆盖率≤50%。2019年3月,该土地使用权出让,土地使用年限为从土地使用权出让时起50年。为确保土地交易价格客观合理,要求评估该建设用地2019年3月出让时的正常购买价格。

(二)估价过程

1. 选择具体估价方法

该块土地属于待开发房地产,适用假设开发法进行估价。具体是采用假设开发法中的现金流量折现法。

2. 选择估价前提

该土地完成"三通一平"后由政府土地管理部门出让给土地开发商,为自愿转让开发。

3. 选择最佳开发经营方式

通过市场调查研究,得知该块土地的最佳开发利用方式如下:

(1)用途为商业与居住混合。

(2)容积率达到最大的允许程度,即为5,故总建筑面积为50 000平方米。

(3)建筑覆盖率适宜为30%。

(4)建筑物层数确定为18层。其中,1~2层的建筑面积相同,均为3 000平方米,适宜作商业用途;3~18层的建筑面积相同,均为2 750平方米,适宜作居住用途。因此,商业用途的建筑面积为6 000平方米,居住用途的建筑面积为44 000平方米。

4. 测算后续开发经营期

计算的基准时间定为该块土地的出让时间,即2019年3月,预计共需3年时间才能完全建成投入使用,即2022年3月建成。根据对市场的调查分析,预计商业部分在建成后可全部售出,居住部分在建成后可售出30%,半年后再售出50%,其余20%需一年后才能售出。

[①] 吴翔华.房地产估价案例与分析[M].北京:化学工业出版社,2008:177—203.

5. 测算开发完成后的价值

根据对市场的调查分析,商业部分在出售时的平均价格为建筑面积 4 500 元/平方米,居住部分在出售时的平均价格为每平方米建筑面积 2 500 元。

6. 确定折现率或测算后续开发的应得利润

建筑安装工程费预计为每平方米建筑面积 1 200 元。勘察设计和前期工程费及管理费等预计为每平方米建筑面积 500 元。估计在未来 3 年的开发期内,开发建设费用(包括勘察设计和前期工程费、建筑安装工程费、管理费等)的投入情况如下:第一年需投入 20%,第二年需投入 50%,第三年投入余下的 30%;销售费用和销售税费预计为售价的 9%,其中广告宣传和销售代理费为售价的 3%,两税一费和交易手续费等为售价的 6%;折现率选取 14%。据了解,如果得到该土地,则还需要按取得价款的 3% 缴纳有关税费。

7. 计算开发价值

建成后的总价值 = 4 500×6 000 /(1+14%)^3 + 2 500×44 000×[30%/(1+14%)^3 + 50%/(1+14%)$^{3.5}$ + 20%/(1+14%)^4]

= 8 829.33(万元)

开发建设费用总额 = (1 200+500)×50 000×[20%/(1+14%)$^{0.5}$ + 50%/(1+14%)$^{1.5}$ + 30%/(1+14%)$^{2.5}$]

= 6 921.57(万元)

销售费用和销售税费总额 = 建成后的总价值×9%

= 8 829.33×9%

= 794.64(万元)

购地税费总额 = 总地价×3% = 0.03×总地价

总地价 = 8 829.33 − 6 921.57 − 794.64 − 0.03×总地价

总地价 = (8 829.33 − 6 921.57 − 794.64)/(1+0.03) = 1 080.70(万元)

(三)估价结果

以上述计算结果为主,并参考估价人员的经验,将总地价确定为 1 080 万元。

对于房地产开发用地的估价,通常要给出三种价格形式,即总地价、单位地价和楼面地价。这样,该块土地在 2019 年 3 月出让时的正常购买价格的测算结果为:总地价 1 080 万元,单位地价 1 080 元/平方米,楼面地价 216 元/平方米。

二、在建工程的估价

(一)估价对象概况与估价要求

某在建工程于 2017 年 3 月 1 日开工,工程总用地面积 3 000 平方米,规划总建筑面积 12 400 平方米,开发用途为写字楼。土地使用年限 50 年(从开工之日起计算),当时取得土地的费用为楼面地价 800 元/平方米。该项目的正常开发期为 2.5 年,建设费用(包括前期工程费、建筑安装工程费、管理费等)为每平方米建筑面积 2 300 元。至 2018 年 9 月 1 日实际完成了主体结构,已投入 50%的建设费用。但估计至项目开发建成时间仍然需要 1.5 年,还需投入 60%的建设费用。建成后半年可租出,可出租面积的月租金为 60 元/平方米,可出租面积为建筑面积的 70%,正常出租率为 85%,出租的运营费用为有效毛收入的 25%。当地购买在建工程买方需缴纳的税费为购买价的 3%,同类房地产开发项目的销售费用和销售税费为售价的 8%。

根据上述资料,试使用现金流量折现法测算该在建工程 2018 年 9 月 1 日的正常购买总价和按规划建筑面积折算的单价(报酬率为 9%,折现率为 13%)。

(二)估价过程

1. 选择具体估价方法

该在建工程属于待开发房地产,适用假设开发法进行估价,具体采用假设开发法中的现金流量折现法。

2. 选择估价前提

本项目为自愿转让开发。

3. 选择最佳开发经营方式

根据要求可知,该在建工程为写字楼项目。

4. 测算后续开发经营期

计算的基准时间定为该在建工程的开工时间,即 2017 年 3 月。该在建工程正常开发共需 2.5 年的时间,但根据要求预计只需计算 1.5 年的时间,即从 2017 年 3 月 1 日到 2018 年 9 月 1 日。

5. 测算开发完成后的价值

根据对市场的调查分析,预计建成半年后可用于出租,可出租面积的月租金为 60 元/平方米,可出租面积为建筑面积的 70%,正常出租率为 85%,出租的运营费用为有效毛收入的 25%。

6. 折现率的选取

当地购买在建工程买方需要缴纳的税费为购买价的 3%,同类房地产开发项目的销售费用和销售税费为售价的 8%。折现率选取 13%。

7. 求取在建工程的正常购买总价和按规划建筑面积折算的单价

假设该在建工程的正常购买总价为 V。

$$续建完成后的总价值 = \frac{a}{\gamma} \times \left[1 - \frac{1}{(1+\gamma)^n}\right] \times \frac{1}{(1+d)^t}$$

式中，t 为需要折现的年数，d 为折现率，其他符号的含义同收益法。

$$续建完成后的总价值 = \frac{60 \times 12 \times 12\,400 \times 0.7 \times 85\% \times (1-25\%)}{9\%}$$
$$\times \left[1 - \frac{1}{(1+9\%)^{(50-3.5)}}\right] \times \frac{1}{(1+13\%)^2}$$
$$= 3\,403.80(万元)$$

续建总费用 $= 2\,300 \times 12\,400 \times 60\% / (1+13\%)^{0.75} = 1\,561.32$（万元）

销售费用和销售税费总额 $= 3\,403.80 \times 8\% = 272.30$（万元）

购买该在建工程的税费总额 $= V \times 3\% = 0.03V$（万元）

$V = 3\,403.80 - 1\,561.32 - 272.30 - 0.03V$

$V = 1\,524.45$（万元）

（三）估价结果

在建工程总价 $= 1\,524.45$（万元）

在建工程单价 $= 1\,524.45 \div 1.24 = 1\,229.39$（元/平方米）

三、可装饰装修改造或改变用途的旧房的估价

（一）估价对象概况与估价要求

某旧厂房的建筑面积为 5 000 平方米。根据其所在地点和周边环境，适宜装修改造成商场出售，并可获得政府批准。但须补交土地使用权出让金等金额 400 元/平方米（按照建筑面积计算），同时取得 40 年的土地使用权。预计装修改造期为 1 年，装修改造费用按照建筑面积计算为 1 000 元/平方米；装修改造完成后即可全部售出，售价按照建筑面积计算为 4 000 元/平方米，销售税费为售价的 8%，购买该旧厂房时买方需要缴纳的税费为其购买价格的 4%，折现率为 12%。

试利用上述资料使用现金流量折现方式估算该旧厂房的正常购买总价和单价。

（二）估价过程

1. 选择具体估价方法

该待估价对象为旧厂房的装修改造，适用假设开发法进行估价，具体采用假设开发法中的现金流量折现法。

2. 选择估价前提

本项目为自行开发前提，估价对象仍然由其拥有者或开发商开发建设。

3. 选择最佳开发经营方式

根据要求可知该待估价对象为旧厂房的装修改造，改造完成后房地产状态为商场。

4. 测算后续开发经营期

该旧厂房的装修改造开发期共需 1 年的时间。

5. 测算开发完成后的价值

根据对市场的调查分析,装修改造完成后即可全部售出,售价按照建筑面积计算为 4 000 元/平方米,总建筑面积为 5 000 平方米。

6. 测算有关税费

该旧厂房的装修改造购买时须补交土地使用权出让金等金额 400 元/平方米,其销售税费为售价的 8%,购买该旧厂房时买方需要缴纳的税费为其购买价格的 4%。

7. 求取旧厂房的装修改造的正常购买总价和单价

假设该旧厂房的正常购买总价为 V 万元,且在装修改造期间,装修改造费的投入是均匀分布的。

计算该旧厂房装修改造后的总价值及装修改造的各项成本、税费。

装修改造后的总价值=(4 000×5 000)/(1+12%)=1 785.71(万元)

装修改造总费用=(1 000×5 000)/(1+12%)$^{0.5}$=472.46(万元)

销售税费总额=装修改造后的总价值×8%=1 785.71×8%=142.86(万元)

购买该旧厂房承担的税费总额=V×4%=0.04V(万元)

需补交土地使用权出让金等的总额=400×5 000=200(万元)

故该旧厂房的正常购买总价:

V =装修改造后的总价值-装修改造总费用-销售税费总额-购买该旧厂房承
    担的税费总额-需补交土地使用权出让金等的总额

=1 785.71-472.46-142.86-0.04V-200

=933.07(万元)

(三)估价结果

旧厂房正常购买总价=933.07(万元)

旧厂房正常购买单价=总价/建筑面积=1 866.14(元/平方米)

四、房地产开发项目的财务状况评估[①]

(一)估价对象概况与估价要求

某开发商已经取得某处宗地 70 年的土地使用权。该宗地为"七通一平"后的空地,面积为 2 000 平方米,土地成交总价为 600 万元,取得土地使用权的过程中所支付的法律、估价以及登记等费用为地价的 2%。城市规划规定该地块用途为住宅,最大

---

① 卢新海.房地产估价——理论与实务[M].2 版.上海:复旦大学出版社,2010:169—170.

容积率为 4。

根据上述资料,试估算该开发公司在该项目开发建设中的预期利润。

(二)估价过程

1. 选择估价方法

该宗地为待开发空地,适宜采用假设开发法进行估价,具体采用假设开发法中的现金流量折现法。

2. 选择估价前提

本项目为自行开发前提,开发商取得土地使用权后自行开发建设。

3. 选择最佳开发经营方式

根据要求可知,该宗地为住宅。

4. 测算后续开发经营期

该项工程在取得土地使用权后 3 个月即可动工,建筑时间为 2 年,建成后即可全部售出。

5. 预测开发完成后的房地产价值及其他税费

根据目前的市场行情,住宅售价预计为 3 000 元/平方米,建筑费和专业费预计为 1 000 元/平方米。在建期间的投入情况为:第一年投入 40%,第二年投入 60%。目前资金贷款年利率为 12%,房地产销售的税费为房地产总价的 6%。

6. 测算预期开发商利润

开发完成后房地产总价 = 3 000×2 000×4 = 2 400(万元)

土地取得成本 = 土地价格 + 土地取得时所支付的法律、估价等税费

$$= 600 + 600 \times 2\%$$
$$= 612(万元)$$

建筑费及专业费总额 = 1 000×2 000×4 = 800(万元)

总利息 = 土地取得成本利息 + 建筑费用及专业费用利息

$$= 612 \times [(1+12\%)^{2+3/12} - 1] + 800 \times \{40\% \times [(1+12\%)^{1.5} - 1] + 60\% \times [(1+12\%)^{0.5} - 1]\}$$
$$= 265.03(万元)$$

销售税费 = 开发完成后房地产总价×6% = 144(万元)

预期开发商利润 = 开发完成后房地产总价 − 土地取得成本 − 建筑费用及专业费用总额 − 总利息 − 销售税费

$$= 578.97(万元)$$

通过以上计算可得:

利润占开发完成后房地产总价的百分比 = 578.97/2 400 = 24.12%

利润占开发总成本的百分比＝578.97/(612＋800＋265.03＋144)＝31.79％
由此可知该项目的投资回报良好,预期利润可观,项目可行。

本章小结

假设开发法也称为剩余法、预期开发法、开发法、余值法、倒算法,是先预测估价对象开发完成后的价值,然后减去其后续开发建设中必要的支出及应得的利润来求取估价对象价值的一种方法。其本质是以估价对象的预期价值为导向求取估价对象的当期价值。

假设开发法适用于对具有投资开发或再开发潜力的房地产的估价,包括下列情形:由生地建造房屋然后租售,由毛地建造房屋然后租售,由熟地建造房屋然后租售,由生地开发为熟地然后租售,由毛地开发为熟地然后租售,由旧房装修改造为新房然后租售。假设开发法是否可以适用,主要取决于以下方面:第一,是否根据合法原则和最高最佳使用原则,准确判定了房地产的最佳开发方式;第二,是否根据当期的房地产市场状况,准确预测了房地产开发完成后的价格。

假设开发法最基本的估价公式为:待开发房地产价值＝开发完成后的房地产价值－开发成本－管理费用－投资利息－销售税费－开发利润－投资者购买待开发房地产应负担的税费。假设开发法又分为计息法和折现法两种。计息法又称为传统法,是根据估价时点的房地产市场状况,对获得土地时的成本费用、开发成本、管理费用、投资利息、销售税费、开发利润、投资者购买待开发房地产应负担的税费进行预测,同时通过计息的方式来体现资金的时间价值。折现法又称为现金流量折现法,是通过模拟房地产开发过程,预测该宗房地产未来收益、支出,据此计算出净现值,并按一定的折扣率折算,从而确定待开发房地产价值的一种方法。假设开发法的步骤为:①选择具体估价方法;②选择估价前提;③选择最佳开发经营方式;④测算后续开发经营期;⑤测算后续开发的必要支出;⑥测算开发完成后的价值;⑦确定折现率或测算后续开发的应得利润;⑧计算开发价值。

假设开发法与市场法、成本法、收益法有所不同,前者注重对未来开发过程及结果的预测,后者主要基于现实数据的评估。因此,在实际估价中,假设开发法的可靠性不仅取决于是否遵循合法原则和最高最佳使用原则,还取决于是否根据当地的市场行情,准确预测房地产开发完成后的价值。

习题

一、单项选择题

1. 利用假设开发法计算的待开发土地的价格是开发商取得土地所能支付的(　　)。
   A. 最低费用　　　　　　B. 最高费用　　　　　　C. 总费用　　　　　　D. 合理费用
2. 下列房地产中,不宜采用假设开发法的有(　　)。
   A. 可装饰改造或改变用途的旧房　　　　　　B. 在建工程
   C. 荒地　　　　　　　　　　　　　　　　　D. 待开发土地
3. 采用假设开发法评估土地价格,其结果的可靠性取决于是否遵循了(　　)。
   A. 预测原则和替代原则　　　　　　　　　　B. 供求原则和协调原则
   C. 预测原则和最高最佳使用原则　　　　　　D. 竞争原则和贡献原则

4. 在假设开发法的基本公式"地价＝不动产售价－开发成本－利润－利息－税金"中,利息是指( )。

A. 开发费的利息　　　　　　　　　　B. 各项预付资本的利息

C. 贷款资金的利息　　　　　　　　　D. 场地取得费及开发费用的利息

5. 评估待开发生地价格,可以用假设开发法按下列计算公式求取:生地价值＝( )－管理费用－投资利息－销售税费－土地开发利润－买方购买生地应负担的税费。

A. 物业开发价值　　　　　　　　　　B. 房地价格

C. 开发完成后的熟地价值　　　　　　D. 房地产总收益

6. 下面关于现金流量折现法和传统方法的说法不正确的是( )。

A. 现金流量折现法要求折现率既包含安全收益部分又包含风险部分

B. 传统方法计算利息,确定利息期时应考虑预售及延迟销售

C. 现金流量折现法从理论上讲估算结果较精确

D. 现金流量折现法不单独计算利息和开发利润

7. 在采用假设开发法中的传统方法进行估价的时候,( )是不用计算利息的。

A. 未知、需要求取的待开发房地产的价值

B. 投资者购买待开发房地产应承担的税费

C. 销售费用和销售税费

D. 开发成本和管理成本

8. 根据假设开发法计算得到待开发土地的剩余价值为 1 000 万元,若取得土地使用权的法律、估价及土地使用证书等费用估计为地价款的 2%,则待估宗地的价格应为( )万元。

A. 980　　　　　B. 1 000　　　　　C. 1 002　　　　　D. 1 020

9. 根据当前的市场租金水平,预测未来建成的某写字楼的月租金为每平方米使用面积 35 美元,运营费用等占租金的 30%,资本化率为 10%,可供出租的使用面积为 38 000 平方米,则该写字楼未来的总价可估计为( )。

A. 11 072 美元　　　B. 11 172 美元　　　C. 11 272 美元　　　D. 11 372 美元

二、多项选择题

1. 假设开发法除适用于土地估价外,还可应用于( )等方面的房地产开发项目评价和投资决策。

A. 确定投资者获取待开发场地所能支付的最高价格

B. 确定具体开发项目的预期利润

C. 确定开发项目中的最高控制成本费用

D. 确定具体开发项目的最佳利用方式

2. 采用假设开发法评估地价时,一般可采用( )对开发完成后的不动产价格进行评估。

A. 市场比较法　　　B. 成本逼近法　　　C. 假设开发法　　　D. 收益还原法

3. 运用假设开发法估价的结果可靠性如何,关键取决于( )等因素的预测。

A. 最佳开发利用方式　　　　　　　　B. 开发完成后的房地产价值

C. 折现率大小　　　　　　　　　　　D. 开发商期望的利润率

4.假设开发法中有现金流量折现法和传统法两种。它们的主要区别是(　　)。

A.传统方法不考虑资金时间价值

B.传统方法要单独计算投资利息

C.现金流量折现法要进行现金流量预测

D.现金流量折现法将利润隐含在折现率中

5.投资利润率是利润与(　　)等各项之和的比值

A.土地取得成本　　　　　　　　　B.土地开发成本

C.管理费用　　　　　　　　　　　D.建筑物建造成本

E.销售费用

三、名词解释

1.假设开发法

2.剩余法

3.折现法

四、计算题

某开发商拟购入 200 亩土地,规划允许建筑面积 40 万平方米,单位建筑面积的建造成本为 1 050 元/平方米,专业费用为建造成本的 6%,区内设施配套预计为建造成本的 15%,销售税费为销售收入的 5%,年利息率为 12%,开发商的投资利润率为 30%,预计单位建筑面积为 3 000 元/平方米,总开发时间为 4 年,期间开发成本均匀投入,单利计算利息。试用传统方法求开发商能承受的地价。

课堂自测题	案例 8-1
案例 8-2	案例 8-3
拓展资料	阅读书目

第九章　基准地价修正法

学习目的

知识目标：了解基准地价评估的基本概念及原理,掌握基准地价修正法的评估原理及主要步骤。

能力目标：学会分析基准地价修正法运用于我国大中城市的局限性,并能够结合所在地区的实际情况,提出具体的修正方法和改进方案。

思政目标：通过学习,熟悉我国城市基准地价体系,在运用基准地价修正方法进行房地产评估时,坚持合理运用基准地价修正系数表,快速准确地评估宗地价格。

关键概念	思维导图

第一节　基准地价评估概述

一、基准地价的定义、特点和作用

(一)基准地价的定义和要考虑的要素

基准地价是指城镇规划区各土地级别或均质地域在某一特定时点按照商业、居住、工业等土地利用类型分别评估的法定最高年期土地使用权的区域平均价格,是城镇地价总体水平和变动趋势的量化反映,是我国地价体系的核心内容之一。[1] 基准地价的基本内容由不同用途、不同等级土地所对应的基准地价及其在不同因素条件下修正为宗地地价的修正系数体系这两部分构成。在理解基准地价定义的时候,必须考虑以下五个要素:

1. 土地用途

在进行基准地价评估时,标准宗地的用途遵循以实际为主、规划为辅的原则进行界定;而在个别宗地及房地产估价时,则往往遵循最高最佳使用原则。

2. 土地使用权出让年限

基准地价评估时所选取的土地使用权出让年限均为分用途土地所对应的法定最高使用年限,即商业用地基准地价评估所依据的使用年期为 40 年,住宅用地 70 年,工业及办公用地 50 年。[2]

3. 容积率的参照标准

基准地价评估时容积率的参照标准为某一土地等级或均质地域中样点宗地的平均容积率,必须反映该区域的实际情况。[3]

4. 土地开发程度

在进行基准地价评估时,土地开发程度的标准按照各级别分用途土地的平均开发程度来设定。[4] 例如,大中城市的市区土地通常以"七通一平"为评定基准。但是,由于不同城镇、不同等级、不同用途土地的平均开发程度不尽相同,导致基准地价评估时有时会出现开发程度的界定不清晰、选取的标准较为紊乱的情况,本章第三节会就这一点作深入探讨。

5. 土地价格的表现形式

基准地价通常有级别基准地价、区片基准地价和路线价三种表现形式,评估时可以根据实际情况来选取。

(二)基准地价的特点

1. 区域性

基准地价是区域性的土地价格,以某一个特定区域为评估单位,其数值大小与该区域的实际状况息息相关,因而通常作为指示该区域土地价格的风向标来使用。由于地理上的区域一般可以划分为级别区域、区片和区段三种存在形式,因而基准地价也

---

[1] 张红.房地产估价[M].2版.北京:清华大学出版社,2016:230.
[2] 马光红.房地产估价理论与方法[M].上海:上海大学出版社,2016:260.
[3] 马光红.房地产估价理论与方法[M].上海:上海大学出版社,2016:260.
[4] 马光红.房地产估价理论与方法[M].上海:上海大学出版社,2016:260.

相应地会有级别基准地价、区片基准地价和区段基准地价三种表现形式。[1]

2. 平均性

基准地价表示的是城镇规划区内特定土地等级、特定用途、一定时间内的平均价格[2]，应该能够反映该区域土地收益的平均水平，因而实际操作中通常选取某区域标准宗地价格的平均数或者众数来表示该区域的基准地价。值得注意的是，在某一特定区域中，各宗地的价格是围绕着基准地价在一定范围内上下浮动的，并非时时等同于基准地价。

3. 差异性

尽管基准地价有综合基准地价和分用途基准地价之分，但是在实际估价过程中通常采用分用途基准地价。即使在某些特定场合必须使用综合基准地价，也会通过相应的土地用途修正系数来将其转化为某一特定用途的土地基准价格。毕竟，同一区域中不同用途的土地价格是不同的；为了使土地估价的结果更加客观真实，必须根据土地的用途而选择合适的基准地价标准。我国农用地基准地价按照土地类型不同可以分为耕地基准地价、园地基准地价、林地基准地价、水域基准地价和荒草地基准地价五大类。城镇基准地价按照土地用途不同可以分为工矿仓储用地基准地价、商业用地基准地价和住宅用地基准地价三大类。[3]

4. 时效性

基准地价所反映的是估价基准日及其后一段有限的时间内某一区域地价的总体水平及发展趋势。从某种意义上来说，土地与普通商品没有什么两样，其价格会随着时间的推移、经济的发展、人类社会的进步及人们喜好的变化而发生相应的变化。基准地价作为土地的平均价格，与一般商品的价格一样具有一定的时效性。[4]

5. 期限性

基准地价反映的是土地使用权的平均价格，而在我国，土地使用权是一种有时间限制的产权，因而基准地价是一种有期限性的价格。[5] 在城镇规划区范围内，分用途的土地使用权有不同的法定最高出让年限，分用途基准地价自然也有不同的年期标准，如居住用地基准地价的出让最高年限为 70 年，商业、旅游、娱乐用地的最高出让年限为 40 年，工业、教育、科技、卫生等用地的最高年限为 50 年。[6]

---

[1] 王喜，陈常优. 不动产估价[M]. 北京：科学出版社，2015：123.
[2] 叶剑平，曲卫东. 不动产估价[M]. 2 版. 北京：中国人民大学出版社，2016：132.
[3] 王喜，陈常优. 不动产估价[M]. 北京：科学出版社，2015：123.
[4] 马光红. 房地产估价理论与方法[M]. 上海：上海大学出版社，2016：260.
[5] 马光红. 房地产估价理论与方法[M]. 上海：上海大学出版社，2016：259.
[6] 马光红. 房地产估价理论与方法[M]. 上海：上海大学出版社，2016：260.

6. 权威性

基准地价是国家对土地市场进行宏观调控的有效工具,一般由政府部门组织有关专家或委托其他单位进行评估,并且评估结果需经政府部门认可,并依法定期向社会公示。[1]

(三)基准地价的作用

基准地价是一种具有指导性作用的土地价格标准[2],是我国地价体系的核心内容之一,是推动宗地地价规范化、土地市场有序化、土地税收标准化的重要工具。城镇基准地价的制定、推广和应用,对我国土地制度改革和城镇区域规划都有极大的促进作用,具体表现为:第一,基准地价是政府了解地价信息、制定地价政策、宏观调控土地市场的重要依据之一[3];第二,基准地价是合理调整土地利用结构和方式,优化城镇土地资源配置的经济杠杆[4];第三,基准地价为土地招标、拍卖、挂牌及抵押等土地交易提供依据,促进国有土地资产的保值和增值[5];第四,基准地价为政府计征土地税费提供客观依据[6];第五,基准地价是评估宗地地价的依据和参考标准[7]。

二、基准地价评估的定义、原则、基本原理和技术路线

(一)基准地价评估的定义

基准地价评估是指在对城镇规划区内有收益的土地或发生交易的土地进行估价的基础上,按照一定的评估程序、原则、方法对各级土地或各区域土地的平均价格进行评估,并以基准地价为基础,通过研究分析各区域地价影响因素与地价的关系,从而建立起相关的基准地价修正体系,为高效、快速地评估各宗地价格打下基础。[8]

(二)基准地价评估的原则[9]

基准地价评估工作必须遵循的五大原则:一是土地用途以现状为主,规划为辅,静态与动态相结合的原则;二是土地实用价值评定和土地价格测算相结合的原则;三是因地制宜选择合适技术路线的原则;四是分等级、分用途评估,多种评估方法综合运用的原则;五是与社会经济发展水平相适应、相协调的原则。

---

[1] 马光红.房地产估价理论与方法[M].上海:上海大学出版社,2016:260.
[2] 叶剑平,曲卫东.不动产估价[M].2版.北京:中国人民大学出版社,2016:132.
[3] 张红日.房地产估价[M].2版.北京:清华大学出版社,2016:232.
[4] 王喜,陈常优.不动产估价[M].北京:科学出版社,2015:124.
[5] 叶剑平,曲卫东.不动产估价[M].2版.北京:中国人民大学出版社,2016:132.
[6] 马光红.房地产估价理论与方法[M].上海:上海大学出版社,2016:259.
[7] 马光红.房地产估价理论与方法[M].上海:上海大学出版社,2016:259.
[8] 柴强.房地产估价[M].8版.北京:首都经济贸易大学出版社,2016:361.
[9] 汤鸿,郭贯成.房地产估价[M].2版.南京:东南大学出版社,2017:208.

(三)基准地价评估的基本原理

1.土地收益是基准地价评估的基础

地价是资本化的地租,其高低与土地预期收益的多少直接相关。因此,评估测算土地的预期收益是评估地价的前提和基础。① 土地预期收入的多少以及地租的高低从根本上来说由土地位置的差异性决定,并通过商服繁华程度、基础设施状况、交通便捷程度、人居环境、生态环境等多个具体因素作用于土地价格。②

2.各行业对土地质量要求的差异性是形成不同行业基准地价的基础③

城镇内不同的行业从事不同的经济活动,实行不同的运行模式,对土地类型和质量的要求自然也有所不同,对土地的利用效益也存在较大差异。例如,大型的商场在选址时十分注重地块的交通便捷程度以及周围的商服繁华程度、客流量等多重要素,因而多数建造在客流量大、公共设备及交通设施都较为完善的城市中心区;相比之下,工业厂房选址时对地块的要求就没那么高,通常以交通便利程度为最重要的考虑因素,对其他方面的要求比大型商场低得多。

3.地租理论和区位理论是基础地价评估的理论依据④

根据级差地租理论和绝对地租理论,在城镇开发区内,土地利用方式及区位效益的不同造成了级差地租的存在;而最末级别的级差地租即城市地价的最低值,可以起到稳定土地市场、控制土地价格的作用。⑤ 根据区位理论,由于城镇土地区位差异的存在,不同行业对于同一地块的利用效益有较大不同,同一行业对于不同地块的利用效益也相差甚远。在利益的驱动下,每个行业都会根据地价高低和土地质量的不同进行权衡,选择适合本行业发展的最佳区位。因此,分行业、分用途的基准地价在时间变化和空间分布上都表现出与该行业息息相关的变动规律和发展趋势,在城镇规划区内呈现出不同的空间格局。⑥

4.城镇土地利用结构在中短期内的相对稳定性以及长期趋势上的波动变化性是基准地价相对稳定和不断变化的前提⑦

从中短期来看,在社会经济的稳步发展、土地市场的逐渐完善以及行业的聚集效益等多重因素的作用下,我国土地利用现状和利用结构基本保持稳定,这也就意味着

---

① 汤鸿,郭贯成.房地产估价[M].2版.南京:东南大学出版社,2017:207.
② 汤鸿,郭贯成.房地产估价[M].2版.南京:东南大学出版社,2017:208.
③ 汤鸿,郭贯成.房地产估价[M].2版.南京:东南大学出版社,2017:207.
④ 杜贵成,赵永慧.土地估价师实务手册[M].北京:机械工业出版社,2006:100.
⑤ 杜贵成,赵永慧.土地估价师实务手册[M].北京:机械工业出版社,2006:100.
⑥ 卢新海.房地产估价——理论与实务[M].2版.上海:复旦大学出版社,2010:176.
⑦ 卢新海.房地产估价——理论与实务[M].2版.上海:复旦大学出版社,2010:176.

评估出的城镇基准地价在一定时期内是稳定并且持续有效的。[①] 然而,以长远的眼光来看,土地市场乃至整个社会都是不断进步、不断变化的。日益加快的城市化进程和飞速发展的社会经济大大缩短了土地结构调整的周期,加快了调整的频率。过去合理的土地利用结构不一定适用于现在;同理,现在合理的土地利用结构也不一定顺应土地市场的长期发展规律。由此可见,抓住土地市场的发展趋势,与时俱进,改变不合理的土地利用格局,完善有瑕疵的土地利用结构,并且相应地变更基准地价指数,使之与当下的土地利用格局相一致,是基准地价评估工作的重中之重。

基准地价修正法是指在已公布基准地价的地区,以待估宗地所处区域的基准地价为基础,利用有关调整系数对基准地价进行调整,从而得到待估宗地在估价基准日的价格的方法。[②]

(四) 基准地价评估的技术路线

根据国家颁布的《城镇土地估价规程》的相关规定,基准地价评估主要有以下两条技术路线:

1. 级差收益测算法

级差收益测算法又称为土地条件因素价值分析法,是一种以土地定级为基础、土地收益为依据、市场交易资料为参考评估基准地价的估价方法。[③] 该方法以1985年上海市房地产研究会开创的运用生产函数计量模型测算土地级差收益的方法为基础[④],以城镇土地合理分等定级为前提,主要包含三个步骤:第一,采用多因素综合定级的方法划分土地级别[⑤];第二,对大量区位不同、类别不同的企业的生产收益数据和三因素(土地、资金、劳动力)数量资料进行回归分析;第三,综合运用经济模型、边际收益函数及土地资本化率求出各级土地的基准地价[⑥]。

2. 土地市场交易实例法

土地市场交易实例法是一种根据土地条件划分均质区域,根据市场交易资料进行土地估价的方法[⑦],主要包含三个步骤:第一,以土地市场交易实例为主要依据对城镇土地分等定级,或者在城市规划的基础上划分出均质区域[⑧];第二,通过收集大量土地市场交易案例求取土地出让、转让及经营的相关市场信息,结合其他评估方法所估得

---

① 汤鸿,郭贯成.房地产估价[M].2版.南京:东南大学出版社,2017:208.
② 柴强.房地产估价[M].8版.北京:首都经济贸易大学出版社,2016:361.
③ 马光红.房地产估价理论与方法[M].上海:上海大学出版社,2016:259.
④ 王景升,王福来.房地产评估[M].3版.大连:东北财经大学出版社,2017:207.
⑤ 王景升,王福来.房地产评估[M].3版.大连:东北财经大学出版社,2017:207.
⑥ 王景升,王福来.房地产评估[M].3版.大连:东北财经大学出版社,2017:207.
⑦ 马光红.房地产估价理论与方法[M].上海:上海大学出版社,2016:259.
⑧ 马光红.房地产估价理论与方法[M].上海:上海大学出版社,2016:265.

的正常情况下的市场价格计算分用途分等级的平均地价①;第三,根据地价划分土地级别②。

上述两种技术路线有不同的应用特点和适用对象:前者以城镇土地分等定级的成果为基础,间接测算土地价格,适用于房地产市场发展不够完善但是分等定级工作完成较好的城镇③,其缺点是土地收益资料及相关数据难以获得且常不准确,估得的价格往往作为土地的理论价格,在实际应用中存在较大的不足和局限;后者以市场交易实例为基础,步骤简捷,思路明晰,更适合实际操作,其缺点是我国大多数城镇的土地市场起步较晚,交易实例较少,大大限制了该技术路线的适用范围和精确度。综上所述,两种技术路线互有利弊,各有特色,在实际应用中应该结合土地市场的实际情况及基准地价的评估要求进行选取④,通常以一种方法为主,测算出地价之后再用另一种方法加以检验,或者两种方法综合使用,从而确保测算结果的可靠性⑤。

三、基准地价评估的程序和方法

按照具体操作步骤,基准地价评估的程序主要包括基准地价评估区域的确定、评估准备工作、评估资料的调查与收集、调查资料的整理、基准地价的确定、基准地价修正系数表的编制等步骤,如图9—1所示。以下将分别对每个步骤的具体操作过程详加说明。此处需要注意的是,基准地价评估的两大主要技术路线——级差收益测算法与土地交易实例法在评估资料的调查、收集及处理时的具体方法有所不同。

(一)确定基准地价评估区域

确定基准地价评估区域是基准地价评估工作的第一步,对评估结果的适用性和精确度有着极大的影响。在实践中,基准地价评估区域通常由两种方法来确定:第一,以城市土地分等定级成果为基础,采用多因素综合评定法(以地价水平、土地利用条件、基础设施条件、环境条件等为评估因素)划分基准地价评估区域⑥,主要适用于土地分等定级工作基本完成或较为完善的城镇⑦;第二,以城镇土地分区利用的成果为基础,以区域内部条件差异为依据,采用变量比较法将主要条件相同或相似的土地划分为同一个均质区域,条件差异较大的地块划分为不同的均质区域⑧,主要适用于未开展土

---

① 卢新海.房地产估价——理论与实务[M].2版.上海:复旦大学出版社,2010:177.
② 何伟.土地估价理论与实践[M].北京:科学出版社,2016:120.
③ 杜贵成,赵永慧.土地估价师实务手册[M].北京:机械工业出版社,2006:102.
④ 杜贵成,赵永慧.土地估价师实务手册[M].北京:机械工业出版社,2006:102.
⑤ 卢新海.房地产估价——理论与实务[M].2版.上海:复旦大学出版社,2010:177.
⑥ 马光红.房地产估价理论与方法[M].上海:上海大学出版社,2016:265.
⑦ 马光红.房地产估价理论与方法[M].上海:上海大学出版社,2016:265.
⑧ 马光红.房地产估价理论与方法[M].上海:上海大学出版社,2016:265.

```
                    ┌──────────────────┐
                    │ 确定基准地价评估区域 │
                    └────────┬─────────┘
                             ↓
                    ┌──────────────────┐
                    │   评估准备工作    │
                    └────────┬─────────┘
                             ↓
                    ┌──────────────────┐
           级差收益测算法│ 评估资料的调查与收集 │土地交易实例法
        ┌─────────────┴──────────────┬─────────────┐
        ↓                                          ↓
┌──────────────┐                          ┌──────────────┐
│  样本数据处理  │                          │  样点地价测算  │
└──────┬───────┘                          └──────┬───────┘
       ↓                                          ↓
┌──────────────┐                          ┌──────────────┐
│  土地收益测算  │─────────────────────────→│  样点地价修正  │
└──────┬───────┘                          └──────────────┘
       ↓
                    ┌──────────────────┐
                    │   确定基准地价    │
                    └────────┬─────────┘
                             ↓
                    ┌──────────────────┐
                    │ 编制基准地价修正系数表 │
                    └────────┬─────────┘
                             ↓
                    ┌──────────────────┐
                    │  基准地价成果的更新 │
                    └──────────────────┘
```

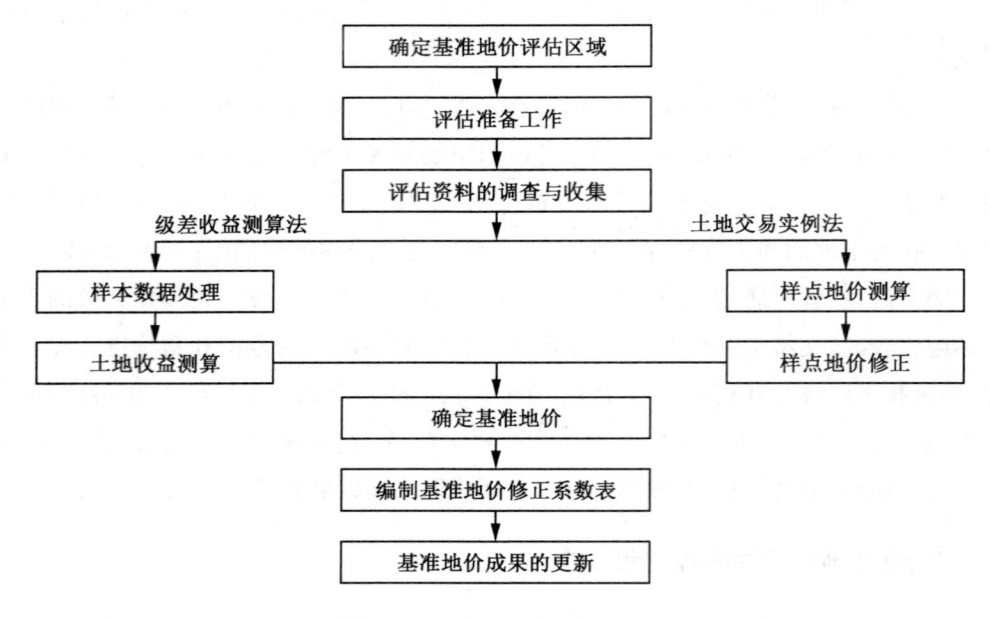

图 9—1 基准地价评估程序

地分等定级工作,但土地市场发展完善、运作规范,宗地交易案例数量较多、来源可靠、分布均匀的城镇[1]。

(二)评估准备工作

在正式进行地价评估资料的收集与处理之前,必须做好相应的准备工作,包括编写基准地价评估计划书和进度表,制定基准地价调查表格,准备工作底图,开展评估工作参与人员的培训,等。

1.编写基准地价评估计划书和进度表

基准地价评估计划书是整个评估工作的总指导,应包含的基本内容为:评估区域的范围及类型,评估方案、经费预算、估价时间安排及人员安排,等。[2] 基准地价评估进度表是对评估工作的统筹安排,包括评估工作的起讫日期、重要的工作结点等。

2.制定基准地价调查表

基准地价调查表根据评估工作所需要掌握的数据和信息编制而成,主要包括城镇各种用地(商业、产业、服务业、科教文卫)效益调查表,土地使用权出让、出租价格调查表,房屋出售、出租价格调查表,土地联营入股资料调查表,以地换房资料调查表,征地、拆迁开发土地资料调查表、土地价格影响因素调查表等一系列表格,其标准格式在

---

[1] 何伟.土地估价理论与实践[M].北京:科学出版社,2016:120.
[2] 何伟.土地估价理论与实践[M].北京:科学出版社,2016:120.

《城镇土地估价规程》中都已明确给出。[①] 设计调查表应遵循的原则为：以评估需要为主，根据技术路线合理选取，内容全面，表达清晰易懂。[②] 其中，级差收益测算法所选取的调查表侧重于了解样点土地的利用情况，而土地交易实例法选用的表格则偏重于了解样点土地的市场交易情况。[③]

3. 准备工作底图

基准地价评估工作所使用的工作底图的比例尺通常如图9-2所示。

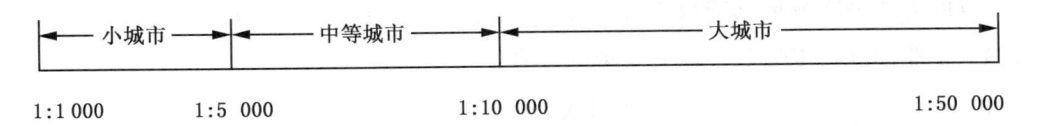

```
|←—— 小城市 ——→|←———— 中等城市 ————→|←—————————— 大城市 ——————————→|
 1:1 000        1:5 000              1:10 000                          1:50 000
```

资料来源：马光红.房地产估价理论与方法[M].上海：上海大学出版社，2016：270.

图9-2　工作底图的比例尺

4. 开展评估工作参与人员的培训

评估工作参与人员的培训主要由专业知识培训和技术培训两部分组成，旨在巩固参与人员的专业知识，提升其对调查内容的理解力，并强化相关的评估技术。

(三)评估资料的调查与收集

评估资料是否完整和准确直接决定了评估工作成功与否，也与基准地价评估成果的准确程度息息相关，因此，评估资料的调查与收集是评估工作的关键步骤之一。为了掌握及时、准确、充分的资料，必须以一个较为完善的土地市场为基础，合理利用现代计算机技术，立足于市场实际，对资料进行真伪辨别、层层筛选、剔除异常值等工作。[④] 注意：调查资料必须及时填入相关的调查表格，注明调查日期，并由填表人签名；同时，收集到的地租、地价资料应按实地位置在相关的工作底图上标示出来。[⑤] 完成之后，须逐表审查调查资料的完整性和正确性，一旦发现有重要项目缺失或调查数据明显偏离正常值，必须及时补充资料，并剔除异常样本。[⑥]

(四)调查资料的整理

调查资料的整理工作包括调查资料的归类汇总、指标选择、样点数据归类检验等。运用不同技术路线进行地价评估时在调查资料整理阶段的具体操作方法有所不同，以下将分别阐述。

---

① 何伟.土地估价理论与实践[M].北京：科学出版社，2016：120.
② 马光红.房地产估价理论与方法[M].上海：上海大学出版社，2016：270.
③ 马光红.房地产估价理论与方法[M].上海：上海大学出版社，2016：270.
④ 马光红.房地产估价理论与方法[M].上海：上海大学出版社，2016：270.
⑤ 何伟.土地估价理论与实践[M].北京：科学出版社，2016：120.
⑥ 何伟.土地估价理论与实践[M].北京：科学出版社，2016：120.

1.级差收益测算法的调查资料整理方法

(1)样本数据处理。运用级差收益测算法评估基准地价时,通常需要对所收集到的样点土地利用资料和土地收益资料进行整理和折算,主要方法如下:首先,以城镇规划区内不同用途土地产生的经济收益的差异来划分土地级别,为了提高基准地价评估的精度,可以在收益测算时将土地质量指标(土地单元总分值、土地级别数)转化为单元土地质量指数;其次,结合当地实际情况确定各行业的标准资本额和合理工资量;最后,以此为基准将收集到的数据转化为标准资本和合理工资支出量。[①] 单元土地质量指数、企业标准资本额及合理工资量的计算公式如表9—1所示。

表9—1　　　　　　　　　　样本数据处理的相关公式

测算对象	单元土地质量指数	标准资本额	合理工资量
计算公式	$X_{in}=\dfrac{f_{in}}{n}$	$C_s=C_e K_{ci} K_{cs}$	$L_{cs}=\dfrac{L_{ce}L_{ps}}{L_{pe}}$
字母含义	X_{in}——某单元土地质量指数 f_{in}——某单元总分值 n——土地级别数	C_s——企业标准资本额 C_e——企业实际使用的资本额 K_{ci}——行业资本效益折算系数 K_{cs}——规模资本效益折算系数	L_{cs}——企业标准工资额 L_{ce}——企业实际工资额 L_{ps}——行业标准劳动力数量 L_{pe}——企业实际劳动力数量
公式作用	实现土地质量指标与单元土地质量指数的转化,提高测算结果精度	基于已知的行业及规模资本效益折算系数,实现企业实际资本与标准资本额的转换	按照各行业不同技术水平下劳动力的定员标准,实现企业的工资支出额与合理工资量的转化

资料来源:王喜,陈常优.不动产估价[M].北京:科学出版社,2015:126.

(2)土地收益测算。土地收益测算的主要步骤如图9—3所示。有几点注意事项:一是土地收益测算指标的选择。这里可根据实际需要在单位土地面积的净收益、单位土地面积标准资金占有量、单位土地面积合理工资占有量等测算指标中进行合理选择,必要时也可以将其他合适的变量作为测算指标。二是基准地价评估模型的选择。在对调查所得的样点地价资料进行整理汇总之后,必须结合城镇土地市场的特点及当地影响土地价格的实际因素,选择合适的基准地价评估模型。[②] 常用的评估模型有指数模型、多元线性模型、生产函数模型和分级回归模型,具体计算公式和字母含义如表9—2所示。三是参数估计。一旦选取了合适的基准地价评估模型,接着就必须对模型中的相关参数进行估计。在可行的情况下,利用函数模型进行参数估计既可以排除

---

① 王喜,陈常优.不动产估价[M].北京:科学出版社,2015:126.
② 王景升,王福来.房地产评估[M].3版.大连:东北财经大学出版社,2017:213.

资料检验过程中可能存在的系统误差,提高评估结果的精度,又可以弥补个别区域因样点土地缺失或缺少所造成的数据不足问题。① 最小二乘法(OLS法)是目前基准地价评估过程中比较常用的参数估计方法。②

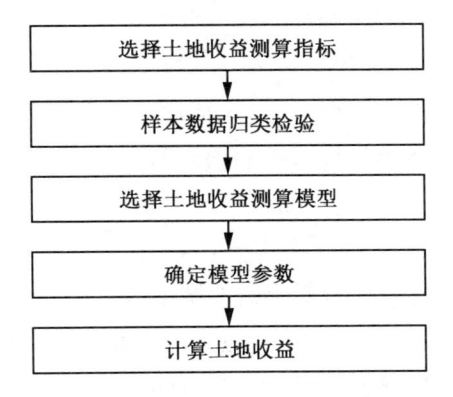

```
选择土地收益测算指标
        ↓
  样本数据归类检验
        ↓
  选择土地收益测算模型
        ↓
    确定模型参数
        ↓
    计算土地收益
```

资料来源:王喜,陈常优.不动产估价[M].北京:科学出版社,2015:131.

图 9—3　土地收益测算的主要步骤

表 9—2　　　　　　　　　　　　基准地价评估模型

评估模型	指数模型	多元线性模型	生产函数模型	分级回归模型
计算公式	$Y_n = A(1+r)^{X_{in}}$	$Y_n = b_0 + b_1 X_{in} + b_2 X_2 + b_3 X_3$	$Y_n = A(1+r)^{X_{in}} X_2^{b_2} X_3^{b_3}$	$Y_n = F(X_{in}) + b_2 X_2 + b_3 X_3 + V$
字母含义	Y_n——第 n 级土地每平方米的利润 A——常数 r——利润级差系数 b_0——第 n 级单元土地质量指数	Y_n, X_{in}——含义同前 b_0——大于零的常数 b_1, b_2, b_3——土地、资本、劳动力的回归系数 X_2, X_3——单位土地的标准资金、工资占有量	$Y_n, X_{in}, X_2, X_3, b_2, b_3$——含义同前 A——常数	$Y_n, X_{in}, X_2, X_3, b_2, b_3$——含义同前 $F(X_{in})$——土地利润函数 V——误差项

资料来源:王喜,陈常优.不动产估价[M].北京:科学出版社,2015:131.

2.土地交易实例法的调查资料整理方法

(1)样点地价测算。对收集的土地市场交易资料进行分析并汇总,综合运用成本法、收益法、剩余法等估价方法来评估样点地价。

(2)样点地价修正。在估计的样点地价的基础上,进行区域因素、个别因素、使用年期、容积率及交易时间等因素的修正,最后对修正后的样点地价进行分类统计,在城镇基准地价评估区域的基础上,绘制样点地价分布示意图,建立城镇样点地价信息数据库,便于基准地价信息的存储和应用。③

---

① 王景升,王福来.房地产评估[M].3版.大连:东北财经大学出版社,2017:213.
② 王景升,王福来.房地产评估[M].3版.大连:东北财经大学出版社,2017:213.
③ 王景升,王福来.房地产评估[M].3版.大连:东北财经大学出版社,2017:213.

(五)基准地价的确定

若某一城镇规划区内地价资料较少,只运用一种方法评估基准地价,则将该方法评估得出的结果与土地政策及城镇区域规划相结合,进行适当的归纳及调整,便可确定城镇基准地价。若某一城镇规划区内地价资料较为完善,运用多种方法评估基准地价,则需根据基准地价与当地土地市场状况及地价水平相一致的原则,确定一种作为主要评估方法,其余为辅助参考方法。当几种方法的主次程度难以区分时,也可以通过对多种方法的评估结果求取平均值来确定基准地价,最后结合土地政策及城镇规划进行适当调整。①

基准地价确定通常遵循三大原则:第一,以实际测算的数据为主,比较评估的结果为辅。第二,土地市场发达、交易资料丰富的城镇以土地交易实例法为主,级差收益测算法则作为基准地价修正的辅助方法;土地市场不发达、交易资料缺乏的城镇以级差收益测算法为主,土地交易实例法则作为辅助验证方法。第三,以评估结果为基础,政府土地管理政策和当地土地市场发展趋势为参考。②

(六)基准地价修正系数表的编制③

基准地价反映的只是某一土地等级的平均地价,与宗地地价还是有一定差异的,而要将基准地价调整为宗地地价,就需要借助基准地价修正系数表的帮助。基准地价修正系数表的理论基础是替代原理,通过分析宗地的个别因素、区域因素、容积率、估价时点及使用年期等条件与该区域平均条件之间的关系,编制出基准地价在不同因素条件下修正为各宗地地价的修正系数体系,以便评估人员能够在短时间内对照基准地价表与修正系数表快速、高效地评估大量宗地。基准地价修正系数表可分为级别或区域基准地价修正系数表和路线价修正系数表两类,其中以级别或区域基准地价修正系数表的应用最为广泛。鉴于两者的编制方法及过程大同小异,因而此处将以级别基准地价修正系数表为例介绍基准地价修正系数表的编制步骤。

1. 选定修正因素

在确定各土地级别内分用途土地的基准地价的基础上,分析影响宗地地价的各个条件因素,作为编制基准地价修正系数表的因素。

2. 进行样点排序

将选取的用于编制修正系数表的有关因素一一列出,对照所收集的样点地价资料及土地收益资料,逐个确定各样点地价及土地收益对应的因素。分析地价与影响因素的相互关系,并求取各类别土地价格及因素条件的平均值,依据土地价格高低和质量

---

① 王喜,陈常优. 不动产估价[M]. 北京:科学出版社,2015:136.
② 汤鸿,郭贯成. 房地产估价[M]. 2版. 南京:东南大学出版社,2017:208.
③ 何伟. 土地估价理论与实践[M]. 北京:科学出版社,2016:129.

优劣对样点地价及类型进行排序。需要注意的是,在排序过程中要随时关注各样点的正确性与精度,剔除异常样点。

3. 确定修正幅度

以各类土地的基准地价和选取的修正因素为基础,建立各土地级别基准地价与样点地价或土地收益之间的模型关系,从而确定各级土地中分用途土地的修正幅度。

4. 编制修正表

根据确定的修正因素和修正幅度,结合土地市场交易实例和土地样点的实际情况,编制基准地价修正系数表和相关的因素条件说明表。

(七)基准地价成果的更新

基准地价表示的是估价时点某一区域土地的平均价格,具有很强的时效性,并且在时空中不断变化。尤其是在城镇经济飞速发展、土地市场空前繁荣的今天,基准地价也是瞬息万变的。因此,为了避免因基准地价成果的准确性降低带来误导,保持基准地价成果的有效性,应适时对基准地价进行更新。[1] 我国主要城市和重点地区必须以《城市地价动态监测体系技术规范》为依据建立地价监测点,定期检测并上报地价的动态变化情况,及时更新基准地价的评估成果。[2]

城镇基准地价成果的更新通常有三种方法[3]:第一,以土地分等定级成果(或均质区域)为基础,以市场交易资料为依据,进行基准地价更新,一般适用于土地市场活跃、交易实例丰富的城镇;第二,以土地分等定级成果为基础,以土地收益资料为主要依据,以市场交易资料为辅助参考,进行基准地价更新,一般适用于土地分等定级工作基本完成,但土地市场较不活跃、交易实例较少的城镇;第三,以土地分等定级成果(或均质区域)为基础,以地价指数为依据,进行基准地价更新。一般适用于土地市场活跃、交易实例丰富的城镇。

四、城市地价动态监测体系

(一)城市地价动态监测体系的定义

城市地价监测体系是一种以城市内位于不同地价区段的具体宗地(地价监测点和市场交易样点)为监测对象,设立地价监测点,并应用先进的计算机技术(如 GIS、Voronoi 图、Arc/Info 平台、ASP 技术等[4])对监测点信息进行实时采集、记录和整理,

---

[1] 张红日. 房地产估价[M]. 2 版. 北京:清华大学出版社,2016:236.
[2] 万齐锦,安放舟. 城镇土地定级与基准地价更新调整研究——以察布查尔锡伯自治县为例[J]. 安徽农业科学,2016,44(12):268—272.
[3] 张红日. 房地产估价[M]. 2 版. 北京:清华大学出版社,2016:236.
[4] 万齐锦,安放舟. 城镇土地定级与基准地价更新调整研究——以察布查尔锡伯自治县为例[J]. 安徽农业科学,2016,44(12):268—272.

建立动态的地价信息数据库,从而对地价信息进行监测及更新的系统。[1]

(二)城市地价动态监测体系的建设原则

基于城市基准地价评估区域面积大、地价动态监测工作量大且较复杂的特点,城市地价动态监测体系的建立和运行必须遵循六大基本原则[2]:

1. 先进性原则

为确保监测体系既能够满足现阶段我国土地市场发展和城市地价管理的要求,又能适应市场经济的长期发展趋势,动态监测体系的建立必须以我国的实际情况为出发点,不断结合目前国内外相关领域先进的理论、技术和方法,与时俱进,开拓创新。

2. 可行性原则

在考虑理论与方法上的先进性的同时,技术与经济上的可行性也是必须纳入考虑范围的重要环节。城市地价动态监测体系的先进性,必须与一个国家或地区当前的财政水平及能够达到的技术高度相适应,不能忽略经济与技术上的可行性而盲目进行。

3. 系统性原则

建立城市地价动态监测体系时,必须遵循中央统筹领导与各大城市地价监测小组组织管理的系统性和协调性原则。

4. 规范性原则

为了确保地价监测工作的规范性和有序性,在建设地价动态监测系统时制定明确完善的技术标准、操作方案和管理方法是必不可少的。

5. 持续性原则

为了对地价的长期变化趋势进行动态监控,保证地价动态监测体系建设的长期性和持续性,必须对系统进行定期动态维护和适时更新,对地价监测信息系统进行定期采集、汇总和分析。

6. 实用性原则

城市地价动态监测体系是以城市地价动态监测为目的,为基准地价更新工作服务的,具有很高的实用性,因而必须制定切实可行的监测流程、操作方案,合理划分地价区段,设立典型的地价监测点,编制科学的地价指数,使整个地价监测体系贴近实际、切实可行。

(三)城市地价动态监测的技术路线

城市地价动态监测的技术路线为:通过样点宗地的建立和监测,收集城市不同级

---

[1] 万齐锦,安放舟.城镇土地定级与基准地价更新调整研究——以察布查尔锡伯自治县为例[J].安徽农业科学,2016,44(12):268—272.

[2] 韩荣花.城市地价动态监测体系研究[D].天津大学,2015.

别、不同区段、不同利用类型土地的地价信息,对地价现状和变化规律进行调查和分析,并生成系列的地价指标,从而对城市地价状况进行全面的描述、评价和判断,最后生成相关的城市地价信息并面向社会大众公布。①

(四)城市地价动态监测的程序

按照具体操作步骤,基准地价评估的程序主要包括监测范围的确定、地价区段的划分、监测点的设立、监测信息的动态收集、监测指标的测算、监测分析报告的形成、监测信息的发布等步骤,如图9—4所示。以下将分别对每个步骤的具体操作过程进行深入说明。

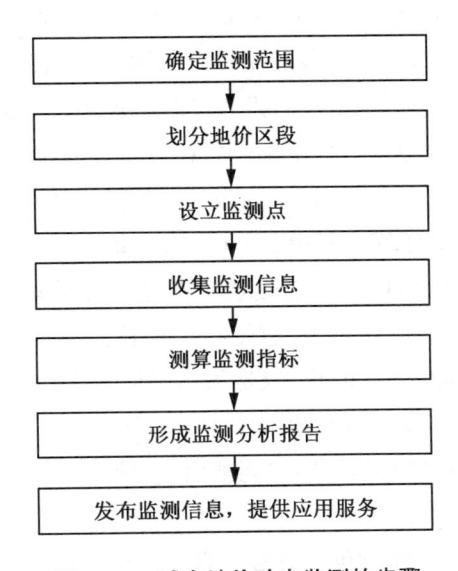

```
确定监测范围
    ↓
划分地价区段
    ↓
设立监测点
    ↓
收集监测信息
    ↓
测算监测指标
    ↓
形成监测分析报告
    ↓
发布监测信息,提供应用服务
```

图9—4 城市地价动态监测的步骤

1.确定监测范围

根据城市土地分等定级成果,确定地价的动态监测范围。

2.划分地价区段

划分地价区段的方法有多种,常用的是《城市地价动态监测技术规范》所规定的方法:在城市土地级别图的基础上,叠加基准地价图来绘制出包含若干条具有控制性的地价等值线的工作底图,再结合地价级别界限、宗地界限、街区道路、山脉河流及其他具有标志性的线状地物,初步确定各地价区段的边界,最后在实地勘测的基础上,根据土地条件、土地利用现状、土地开发程度及区域土地规划等因素,划分出地价区段的边

---

① 韩荣花.城市地价动态监测体系研究[D].天津大学,2015.

界。① 地价区段一经确定,必须备案存档并保持相对稳定;如无特殊情况,不得随意变更。②

然而,利用《城市地价动态监测技术规范》的方法所划分的地价区段易受外界因素干扰。土地定级与基准地价成果的质量,以及评估人员的主观判断等因素都将直接影响地价区段划分结果的准确性、科学性和实用性。③ 近年来,随着计算机技术的发展、地理信息系统的普及,一些新的划分地价区段的技术方法应运而生。

3. 设立监测点④

监测点的选取是以城市土地分等定级成果为基础的,通常取自城市地价调查样点。⑤ 监测样点土地应选择具有代表性、中庸性、稳定性、确定性的土地。代表性是指选择的标准宗地能够代表该地价区段的整体地价水平,且面积比较标准;中庸性是指标准宗地的地质条件、土地利用状况、开发程度等在该地价区段中属于中等水平,反映的是该区段所有土地的平均水平;稳定性是指标准宗地的用途为顺应该区段发展趋势的一般性用途,并在短期内不会轻易变更;确定性是指标准宗地的分界线鲜明,能与相邻土地明确区分,且必须属于课税对象(即非公有土地)。⑥

根据《城市地价动态监测技术规范》,地价监测点的数量应该与城市等级、发展规模及建成区面积相适应。一般情况下,直辖市的地价监测点总数不应少于 200 个,省会城市和计划单列市不应少于 120 个,其他城市不应少于 60 个,同时每种用途地价监测点的数量应该尽可能保持均衡;而地价监测点的分布密度至少应达到每个地价区段 1~2 个,并且分布应当相对均匀,这样才能全面、系统地进行地价监测。

4. 收集监测信息

进行地价动态监测时所要收集的监测信息包括地价监测点的个别资料、城市的一般资料,以及城市土地交易价格的资料。具体的收集方法为:查阅已有图件、查询统计资料、查看文字报告以及进行实地勘察等。

5. 测算监测指标

在收集相关的监测信息之后,必须利用汇总的数据对地价检测指标进行逐级测

---

① 万齐锦,安放舟. 城镇土地定级与基准地价更新调整研究——以察布查尔锡伯自治县为例[J]. 安徽农业科学,2016,44(12):268—272.
② 万齐锦,安放舟. 城镇土地定级与基准地价更新调整研究——以察布查尔锡伯自治县为例[J]. 安徽农业科学,2016,44(12):268—272.
③ 勿云他娜. 呼和浩特市城市地价动态监测研究[D]. 内蒙古师范大学,2018.
④ 勿云他娜. 呼和浩特市城市地价动态监测研究[D]. 内蒙古师范大学,2018.
⑤ 勿云他娜. 呼和浩特市城市地价动态监测研究[D]. 内蒙古师范大学,2018.
⑥ 万齐锦,安放舟. 城镇土地定级与基准地价更新调整研究——以察布查尔锡伯自治县为例[J]. 安徽农业科学,2016,44(12):268—272.

算,具体测算过程为[①]:第一,根据监测点地价计算区段地价水平值,再进一步测算级别地价水平值;第二,根据监测点地价计算区段地价水平值,再进一步测算分用途地价水平值,加以综合平均,求取综合地价水平值;第三,根据地价水平值测算地价增长率和地价指数。

6.形成监测分析报告

根据监测指标,生成监测分析报告。

(五)城市地价动态监测的实践意义[②]

城市地价动态监测的实践意义:第一,为土地市场交易双方提供可靠的信息来源,便于他们了解实时地价情况和变动趋势,准确衡量投资时机,作出明智的交易决定。第二,为政府部门制定宏观调控政策、进行地价管理、维护土地市场的稳定提供有效依据。第三,有利于提高基准地价更新效率,促进土地市场的可持续发展。第四,提高城市土地市场和地价管理的透明度,增加地价管理的公众参与和监管力度。例如,我国各大主要城市的地价动态监测成果是面向社会公众的,会定期公布于中国城市地价动态监测网上。

城市地价动态监测体系是目前发达国家普遍采用的基准地价更新技术,同时也被越来越多的中国城市所采纳并推广。基于大城市土地定级单元面积大、基准地价更新工作量大等特点,北京、上海、沈阳等大城市率先建立了城市地价动态监测体系。[③]

第二节 基准地价修正法的基本原理与估价步骤

一、基准地价修正法的定义、基本原理、特点及适用范围

(一)基准地价修正法的基本原理

基准地价修正法是利用城镇基准地价和基准地价修正系数表等一系列评估成果,按照替代原则,将待估宗地的区域条件及个别条件等与其所处区域的平均条件相比较,并对照修正系数表选取相应的修正系数将基准地价修正为待估宗地在估价基准日价格的方法。[④]

基准地价修正法的基本原理是替代原理,即在正常的市场条件下,具有相似土地

---

① 万齐锦,安放舟.城镇土地定级与基准地价更新调整研究——以察布查尔锡伯自治县为例[J].安徽农业科学,2016,44(12):268-272.
② 勿云他娜.呼和浩特市城市地价动态监测研究[D].内蒙古师范大学,2018.
③ 勿云他娜.呼和浩特市城市地价动态监测研究[D].内蒙古师范大学,2018.
④ 马光红.房地产估价理论与方法[M].上海:上海大学出版社,2016:269.

条件和使用功能的土地,在交易双方具有同等市场信息的基础上,应当具有相似的价格。基准地价是某一级别或均质区域内分用途的土地使用权平均价格,该级别或者均质区域内该用途的各块宗地价格都将围绕基准地价上下波动,且变动幅度不超过一定范围。[1] 因此,以基准地价为估价基础,通过对待估宗地条件与同等级别或均质区域内同类用地一般条件相比较,根据差值大小,对照基准地价系数修正表选取适宜的修正系数对基准地价进行修正,即可快速、有效地得出待估宗地地价。[2]

(二) 基准地价修正法的特点

基准地价修正法是对一般比较法变形、量化及系统化后的一种土地估价方法,可在短时间内进行宗地价格的批量评估。[3] 基准地价修正法在实际操作过程中与市场比较法类似,基准地价相当于市场比较法中的可比交易实例,基准地价系数修正表的修正原理与市场比较法中待估宗地和可比实例之间的个别因素及区域因素修正相仿,并且两种估价方法所采用的使用年期和估价期日的修正方法均相类似。[4]

(三) 基准地价修正法的适用范围

一般来说,要判断基准地价修正法能否应用于某一特定城镇,能否比较准确地估算出该城镇的土地价格,要看该城镇是否满足基准地价修正法运用的前提条件、市场条件和技术条件。

1. 前提条件

基准地价修正法能够应用于某一特定地区的前提和基础是该地区已存在由政府或其有关部门公布的基准地价。[5] 而且,该地区的基准地价及其修正系数的精度越高,采用该法估算出的土地价格也相应越精确。

2. 市场条件

基于基准地价成果图、基准地价系数修正表和相应的指标说明表的编制和更新工作量大、耗时长等特点,法定的基准地价更新速度往往赶不上城镇地价实际变动的速度。因此,基准地价修正法适用于对一定时期内房地产市场价格相对稳定,土地价格不会在区域结构、用途结构等方面出现可能导致原定地价标准失效的重大变化的城镇进行宗地价格评估。[6] 对于土地市场变化活跃、变动幅度较大的城镇,贸然运用该法进行土地估价会导致所估得的宗地价格背离其价值,无法客观真实地反映土地市场的

---

[1] 马光红.房地产估价理论与方法[M].上海:上海大学出版社,2016:269.
[2] 卢新海.房地产估价——理论与实务[M].2版.上海:复旦大学出版社,2010:185.
[3] 卢新海.房地产估价——理论与实务[M].2版.上海:复旦大学出版社,2010:185.
[4] 马光红.房地产估价理论与方法[M].上海:上海大学出版社,2016:269.
[5] 柴强.房地产估价[M].8版.北京:首都经济贸易大学出版社,2016:361.
[6] 马光红,谢叙祎.房地产估价[M].北京:化学工业出版社,2010:201.

价格状况。①

3.技术条件

基准地价成果图及基准地价系数修正表等一系列评估成果的公开透明、及时更新是利用该法进行土地价格评估的有力保障。能够得到完整、可靠、准确、及时的信息资料和指标参数,具备将估价对象与基准地价进行对照分析和修正的能力与条件,是基准地价修正法估价的技术条件。基准地价修正法是在较短时间内高效评估大量宗地价格的有效手段。因此,该方法适合于进行大面积的数量众多的土地价格评估。②

二、基准地价修正法的程序和方法

基准地价修正法评估土地价格的程序如图 9—5 所示。

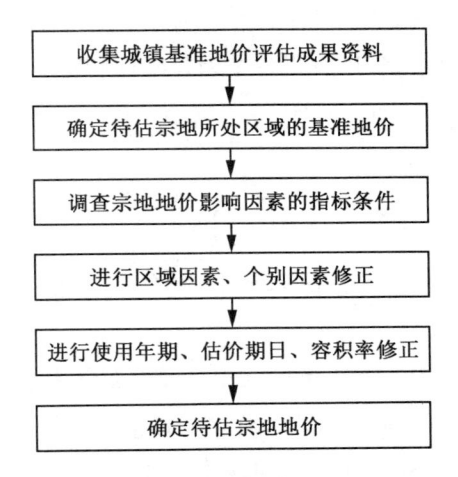

图 9—5 基准地价修正法的评估步骤

(一)收集城镇基准地价评估成果资料

基准地价修正法,顾名思义,即以基准地价评估成果为基础来求取宗地价格。因此,在使用该法时,基准地价评估资料(主要包括基准地价图、样点地价分布图、基准地价表、基准地价修正系数表和相应的因素指标说明表等)和土地分等定级资料(主要包括土地级别图)是必不可少的基础资料。③

(二)确定待估宗地所处区域的基准地价

收集有关待估宗地位置、用途、所处土地级别的调查资料,对照基准地价图、基准地价表及土地级别图等基准地价评估成果来确定待估宗地所处的土地级别、该级别土

---

① 马光红,谢叙祎.房地产估价[M].北京:化学工业出版社,2010:201.
② 马光红.房地产估价理论与方法[M].上海:上海大学出版社,2016:270.
③ 何伟.土地估价理论与实践[M].北京:科学出版社,2016:129.

地的平均开发程度、对应的基准地价、适用的基准地价修正系数表及因素指标条件适用表,从而确定地价修正的基准和需要调查的地价影响因素。[1] 需要注意的是,明确基准地价的内涵是使用基准地价修正法的前提,也是本步骤顺利完成的关键。

(三)调查宗地地价影响因素的指标条件

按照与待估宗地所处级别和用途相对应的基准地价修正系数表和因素条件说明表中所列出的因素条件,结合当地实际,确定宗地评估的调查项目。调查项目应与修正系数表中所列的因素相一致。[2] 需要注意的是,在确定宗地条件调查项目时,通常采用以收集的调查资料及土地登记资料为主、实地调查采样为辅的技术方法。[3]

(四)进行区域因素修正及个别因素修正

对照相应级别和用途的宗地地价影响因素指标说明表,比较待估宗地各个因素指标与该级别土地的平均状况,从而确定待估宗地各因素指标的优劣程度;然后对照基准地价修正系数表,依据优劣程度查得各个因素指标所对应的修正系数。将所有修正系数相加(必须区分正负号),便可得到待估宗地地价的总修正系数[4],通常用字母 K 表示。

$$K=\sum_{1}^{n}K_i \tag{9-1}$$

式中,K 为待估宗地地价的总修正系数,K_i 为待估宗地第 i 个影响因素的修正系数,n 为修正因素的个数。

【例 9—1】 计算题:某一商业用地位于 S 市一级土地区域内。已知 S 市一级商业用地的基准地价为 20 000 元/平方米,将影响该宗地地价的因素条件与 S 市一级商业用地的基准地价修正系数表对照后得出的优劣等级和相应的修正系数如表 9—3 所示。假设待估宗地地价不受其他因素影响,试用基准地价修正法评估该宗商业用地的价格。

表 9—3　　　　　　　　　　优劣等级和修正系数对照

因素名称	宗地条件	优劣等级	修正系数
商服繁华程度	位于市级商服中心	优	2%
公共交通便捷程度	临近主干道,方圆一公里内有地铁站点和多路公交站点	优	1.8%
宗地形状	接近于矩形,一侧有不规则凹凸	一般	0
宗地临街门面宽度	宗地临街门面宽度略高于该级别土地平均值	较优	0.7%

---

[1] 王景升,王福来. 房地产评估[M]. 3 版. 大连:东北财经大学出版社,2017:213.
[2] 何伟. 土地估价理论与实践[M]. 北京:科学出版社,2016:129.
[3] 何伟. 土地估价理论与实践[M]. 北京:科学出版社,2016:129.
[4] 王景升,王福来. 房地产评估[M]. 3 版. 大连:东北财经大学出版社,2017:213.

续表

因素名称	宗地条件	优劣等级	修正系数
周围土地利用类型	位于城市中心区,周围土地均为高级写字楼及大型商业区	优	1.5%
未来土地规划用途	所处商业区开发程度较高,预计未来的上升空间有限	较劣	−0.9%

解:将表9—3各修正系数代入综合修正系数计算公式(9—1)得:

$$K = \sum_{1}^{5} K_i = 2\% + 1.8\% + 0 + 1.5\% + (-0.9\%) = 5.1\%$$

根据基准地价与综合修正系数求取待估宗地的价格:

$$P = 20\,000 \times (1 + 5.1\%) = 21\,020(元/平方米)$$

(五)进行土地使用年期、估价期日和容积率修正

1. 土地使用年期修正

确定基准地价时所依据的土地使用年期是各用途土地使用权的最高出让年期;而具体宗地的使用年期则从最高出让年期到零各不相同,因此,根据待估宗地的实际情况进行土地使用年期的修正是宗地估价过程中必不可少的一个环节。[①] 土地使用年期修正系数的计算公式为[②]:

$$K_y = \frac{1 - \left(\frac{1}{1+r}\right)^m}{1 - \left(\frac{1}{1+r}\right)^n} \quad (9-2)$$

式中,K_y为土地使用年期修正系数,r为土地还原率,m为待估宗地的实际可使用年期,n为该用途土地的法定最高出让年期。

【例9—2】 计算题:某一商业用地剩余使用年期为20年,已知同级别商业用地的基准地价为20 000元/平方米,法定最高使用年期为40年。当土地报酬率为8%时,试求该商业用地的使用年期修正系数。

解:已知待估宗地使用年期$m=20$年,同级别商业用地的法定最高使用年期$n=40$年,土地还原利率$r=8\%$,代入土地使用年期修正系数的计算公式(9—2)得:

$$K_y = \frac{1 - \left(\frac{1}{1+r}\right)^m}{1 - \left(\frac{1}{1+r}\right)^n} = \frac{1 - \left(\frac{1}{1+8\%}\right)^{20}}{1 - \left(\frac{1}{1+8\%}\right)^{40}} = 0.823\,3$$

2. 估价期日修正

基准地价所反映的是评估基准日的平均地价水平,而具体宗地评估时所求取的地

---

① 王景升,王福来.房地产评估[M].3版.大连:东北财经大学出版社,2017:213.
② 叶剑平,曲卫东.不动产估价[M].2版.北京:中国人民大学出版社,2016:132.

价是在宗地地价评估基准日某一特定地块的价格。由于基准地价评估基准日与宗地地价评估日期之间有一定的时间间隔，土地市场的地价水平必然也会随时间发生相应的变化，因而进行估价期日修正，把基准地价评估基准日的地价水平修正为宗地地价评估基准日的地价水平也是相当必要的。估价期日修正因素的计算公式为：

$$K_t = \frac{\text{宗地地价评估基准日的地价指数}}{\text{基准地价评估基准日的地价指数}} \tag{9-3}$$

【例9—3】 计算题：某一工业用地位于S市二级土地区域。业主计划于2019年6月30日将该地块出让。根据S市2015年公布的基准地价表，该级别工业用地于2015年的基准地价为10 000元/平方米。已知该市2015—2018年的土地交易价格指数如表9—4所示，2019年前两个月的土地交易价格以平均每月1.5个百分点的速度增长，并预期直至2019年6月30日将一直保持这一涨幅。试求该工业用地的估价期日修正系数。

表9—4 S市2015—2018年土地交易环比价格指数

（每一年的指数都以上一年为基准计算）

年 份	2015	2016	2017	2018
土地交易价格指数	98.8	103.1	108.9	105.4

解：由于S市的基准地价估价时间是2015年，而需要进行估算的是待估宗地于2019年6月30日的出让价格，因而估价期日修正是必不可少的，这就需要计算估价期日修正系数。根据题意可知，估价期日修正系数应该分三段时期来计算：第一是2015—2018年；第二是2019年前两个月（实际平均月增长率为1.5%）；第三是2019年3月1日至6月30日（预期平均月增长率1.5%）。因此，待估宗地的估价期日修正系数应该是三段时期地价指数变动幅度的综合，即：

$K_t = 103.1\% \times 108.9\% \times 105.4\% \times [1+(2+4)\times 1.5\%] = 1.289\ 9$

3. 容积率修正

基准地价评估时所依据的容积率是该级别或均值区域内相同用途土地的平均容积率，而具体宗地的容积率却往往各有差异，因此容积率修正也是相当重要的。[①] 容积率修正系数的计算公式为：

$$K_v = \frac{K_i}{K_0} \tag{9-4}$$

式中，K_v为容积率修正系数，K_i为待估宗地实际容积率所对应的地价指数水平，K_0为同一级别或均质区域内该用途土地平均容积率所对应的地价指数。

---

① 叶剑平，曲卫东. 不动产估价[M]. 2版. 北京：中国人民大学出版社，2016：132.

【例9—4】 计算题:某一商业用地位于S市一级土地区域内,容积率为3.5。已知S市一级商业用地的基准地价为20 000元/平方米,标准容积率为3。该市的部分容积率修正系数如表9—5所示。试求该商业用地的容积率修正系数。

表9—5　　　　　　　　S市一级商业用地容积率修正系数

容积率	3.0	3.1	3.2	3.3	3.4	3.5	3.6	3.7
对应地价指数	100	103	107	111	114	117	119	121

解:已知待估宗地容积率3.5所对应的地价指数水平$K_i=117$,而同一级别同一用途土地在平均容积率的水平下所对应的地价指数$K_0=100$,代入容积率修正系数的计算公式可得:

$$K_v = \frac{K_i}{K_0} = \frac{117}{100} = 1.17$$

(六)确定待估宗地地价

根据前面几个步骤所获得的基准地价和修正系数,求取宗地地价的公式,如式(9—5)所示[1]:

$$P_i = P \times (1 \pm K) \times K_y \times K_t \times K_v \tag{9—5}$$

式中,P_i为待估宗地价格;P为待估宗地对应土地级别的基准地价;K为区域因素、个别因素的总修正值;K_y为土地使用年期修正系数;K_t为估价期日修正系数;K_v为容积率修正系数。

【例9—5】 计算题:某一农业用地位于S市三级土地区域内,该区域农业用地的基准地价为5 000元/平方米。通过调查待估宗地的主要因素条件,并与该级别土地的基准地价修正系数表进行比对,得出待估宗地的区域因素修正系数为1.31,个别因素修正系数为—1.23,土地使用年期、估价期日、容积率的修正系数分别为0.83、1.15、1.23。试用基准地价修正法评估该宗地地价。

解:已知基准地价$P=5 000$元/平方米,区域因素、个别因素的总修正值$K=1.31-1.23=0.08$,土地使用年期修正系数$K_y=0.83$,估价期日修正系数$K_t=1.15$,容积率修正系数$K_v=1.23$,代入式(9—5)可得:

$$\begin{aligned}P_i &= P \times (1 \pm K) \times K_y \times K_t \times K_v \\ &= 5\ 000 \times (1+0.08) \times 0.83 \times 1.15 \times 1.23 \\ &= 6\ 339.79(元/平方米)\end{aligned}$$

---

[1] 叶剑平,曲卫东.不动产估价[M].2版.北京:中国人民大学出版社,2016:132.

第三节　基准地价修正法存在的问题探讨

一、我国基准地价体系的局限性

近年来,我国城乡经济的快速发展带来了土地市场的空前繁荣,同时也不可避免地激化了传统基准地价体系与高度发展的土地市场之间的矛盾。在土地制度改革不断深化,土地有偿使用范围日益拓展的今天,我国各大主要城市所推行的传统地价体系已经远远无法满足土地市场的长期发展要求,甚至可能成为其发展道路上的绊脚石。传统基准地价体系的局限性主要体现在三个方面。

(一)地价体系不完整,限制城乡一体化的发展

农村城镇化是城市、近郊城镇、农村三线联动发展,最终实现城乡一体化的过程,也是现阶段我国广大农村地区发展的轴心与长期趋势。《中央推进农村改革发展若干重大问题决定》指出,农村改革发展的基本目标之一是到 2020 年基本建立城乡经济社会发展一体化体制机制,建立健全严格规范的农村土地管理制度。在过去的十余年里,农村城镇化的推进加速了城乡的融合,使得近郊乡镇的土地利用模式及经济效益逐步被中心城市同化。同时,城市向农村渗透扩张的趋势拉动了农村土地价格,导致农用地和集体用地的价格机制脱离了传统模式,逐渐向城市建设用地的价格模式过渡。旧的农村土地基准地价体系显然已经无法适应城镇一体化的新趋势,把握城乡土地市场的内在联系、实现城乡基准地价体系的协调配合也早已迫在眉睫。但是现阶段我国的土地市场却面临着城乡发展严重失衡的困境:在城镇地价体系日趋完善、地价评估及更新工作发展迅速且成果喜人的同时,大部分农村地区的土地市场才刚刚起步,农用地和集体建设用地地价体系发展滞后,并未与城镇地价体系有机结合、统筹发展。这种城乡二元化结构人为割裂了城乡土地市场的内在联系,是农村城镇化的大敌,如不及时改善,将会严重阻碍城乡一体化的发展,削弱土地宏观调控政策的力度,破坏城乡土地市场的平衡与稳定。[①]

(二)地价体系协调性差,限制不同地区基准地价的可比性

基准地价的评估工作涉及明确基准地价内涵、确定基准地价表达方式、选取评估参数(如还原利率、利润率土地增值收益率等)以及技术指标等方面,目前我国并未确定统一标准,往往由地方政府根据当地实际自行选取,城市之间的差异较为明显。诚然,从微观层面来看,这种密切结合地方实际的基准地价评估成果相对于当地土地市

[①] 乔思伟.让城乡公示地价体系更完善[J].青海国土经略,2018(3):22—23.

场而言具有较强的针对性和可操作性①；但是，从宏观层面来看，这种地区间孤立运作、协调性较差的基准地价体系不利于区域地价的宏观管理与调控，限制了土地政策与其他宏观政策的协调配合，严重影响了我国基准地价体系的管理及应用效果②。

(三)土地分类缺乏层次，限制土地管理领域的拓展

土地市场格局的细分要求基准地价体系中的土地分类也必须随之细化，而我国现行的以工业、商业、住宅三大类用地为核心，以土地级别地价为基础的基准地价体系显然已经无法应对土地市场发展的新要求，无法适应国家宏观调控和土地市场管理发展的新趋势。目前我国基准地价体系中土地分类的局限性主要体现在两个方面：第一，由于我国社会主义市场经济体制改革的不断深入，按照相关法律法规划归有偿使用的土地无论在种类上还是在范围上都产生了较大变动。例如，《国务院关于促进节约集约用地的通知》(国发〔2008〕3号)明确规定，对国家机关办公和交通、能源、水利等基础设施(产业)、城市基础设施以及各类社会事业用地要积极探索实行有偿使用制度。该规定在客观上拓展了地价管理的范围，将国家机关和"公共产品"用地纳入潜在管理对象的行列，而我国现有的地价体系却很少就这些方面作出明确的规定及完善的细分标准，这一不足直接加大了土地管理工作的难度，造成不必要的管理漏洞。第二，在现阶段我国行业产业链不断完善、土地利用类型不断细分的大前提下，仅以工业、商业和居住三种土地类型为核心而建立的分用途基准地价体系过于粗糙，缺乏层次感，已经很难满足各类土地估价的需要。同一土地类型中不同行业用地效益的差异进一步加剧了地价分化现象。以商务金融用地和餐饮娱乐用地为例，二者同属商业用地，但由于各自所属行业在土地利用效益及收益水平上存在较大差异，因而在土地价格上的差异也相当明显。由此可见，仅依靠一个高度概括的分用地基准地价，评估人员很难对不同细分行业的土地价格进行准确的评估和判断。综上所述，我国现行的过于简单笼统的分用途基准地价体系在一定程度上限制了宗地地价的评估精度，无法准确反映土地用途细分后的地价水平。③

二、公示地价体系的不足之处

(一)公示地价体系的含义和作用

根据《城镇土地估价规程》(GB/T18508—2014)，我国公示地价目前主要包括基准地价、标定地价和课税地价等，并且以基准地价体系为核心。④ 地价公示体系的产

---

① 乔思伟.让城乡公示地价体系更完善[J].青海国土经略，2018(3)：22—23.
② 刘娟娟.基准地价修正法存在的问题及应用范围[J].中外企业家，2017(15)：34.
③ 刘娟娟.基准地价修正法存在的问题及应用范围[J].中外企业家，2017(15)：34.
④ 乔思伟.让城乡公示地价体系更完善[J].青海国土经略，2018(3)：22—23.

生是为了克服土地市场的缺陷,由于土地市场地域性强、竞争不充分、低效率等特点,土地公开市场不够完善,难以形成公开市场价格,而由政府公示的地价体系可以弥补这一缺陷,为交易双方提供价格参考。① 我国地价公示政策始于20世纪80年代,随着基准地价的建立和逐步完善,公示地价体系已在土地出让金补交、房地产价格评估、征收税费、拆迁补偿等诸多方面得到广泛应用。②

公示地价体系是对土地市场交易价格的客观反映,是社会各界获取官方地价信息(如地价指数水平及变化趋势、地价体系及操作程序、地价更新成果等)的重要来源,在规范土地市场、引导投资行为方面起了至关重要的作用。③ 从微观层面上来看,准确的地价指数水平及变化趋势、定期的地价更新成果能够引导个体投资者作出理性的投资决定,避免盲目投资;从中观层面来看,完善的地价体系和操作程序是土地估价行业进行地价评估、控制管理评估程序的基础;从宏观层面上来看,公告地价成果能够为国家宏观调控土地市场、规范土地交易行为提供有力的依据。④

(二)我国公示地价体系现状及不足之处

20世纪90年代基准地价体系建立以来,经过近30年的发展,我国的基准地价体系已基本建立并在实践中得以不断完善。⑤ 然而,大多数城市标定地价体系的发展却比较滞后,甚至仍为一片空白,导致我国公告地价体系长期处于失衡状态,不仅无法实现基准地价与标定地价双体系相互促进、共同发展的初衷,反而大大限制了公告地价体系的应用效果和作用领域。归纳而言,我国公告地价体系的缺陷主要体现如下:

1. 基准地价体系与标定地价体系的不平衡发展

《中华人民共和国城市房地产管理法》和《关于改革土地估价结果确认和土地资产处置审批办法的通知》(国土资发〔2001〕4号)明确指出,基准地价和标定地价应当定期确定并对外公布。⑥ 虽然我国大多数城镇已经建立了基准地价体系,并陆续完成了基准地价的更新工作,但是标定地价体系的发展却刚刚起步,尚未形成完善体系。迄今为止,我国只有成都、天津等少数城市初步建立了标定地价体系。

作为公告地价体系的两大支柱,基准地价和标定地价体系各司其职,共同服务于地价评估和地价管理工作。然而二者的失衡无可避免地造成了我国公告地价体系畸

---

① 刘娟娟. 基准地价修正法存在的问题及应用范围[J]. 中外企业家,2017(15):34.
② 乔思伟. 让城乡公示地价体系更完善[J]. 青海国土经略,2018(3):22—23.
③ 乔思伟. 让城乡公示地价体系更完善[J]. 青海国土经略,2018(3):22—23.
④ 吕萍,陈卫华,朱厚强. 我国地价公示政策效果评价——基于105个地价监测城市的调查[J]. 价格理论与实践,2016(8):17—20.
⑤ 吕萍,陈卫华,朱厚强. 我国地价公示政策效果评价——基于105个地价监测城市的调查[J]. 价格理论与实践,2016(8):17—20.
⑥ 唐铁军. 我国城市房地产价格政策回顾与评析[J]. 中国物价,2018(12):53—56.

形发展的局面。基准地价体系独挑大梁,成为整个公告地价体系的核心,并且在实际应用中常常越俎代庖扮演标定地价的角色。由于基准地价和标定地价在功能定位上的差异以及基准地价自身的缺陷,在实际应用中一味用基准地价取代标定地价会严重影响地价评估的客观性和准确性,使公告价格体系的应用效果大打折扣。[①] 例如,很多城市在评估基准地价时,为了维护既得利益而故意压低地价指数水平,使得最终的基准地价偏离实际地价水平。倘若以此基准地价代替标定地价进行宗地地价评估,就会导致土地总体价格遭到低估、国有土地资产流失的严重后果。[②]

2. 公告地价体系相关的法律法规和技术规范不够完善

在法律法规方面,由于我国地价管理工作起步较晚,现阶段与公告地价体系相关的法律法规相当有限,国家层面的法律法规尚未形成体系,难以提供有力的法律保障。在技术规范方面,目前我国的公告地价规范规程(包括《城镇土地分等定级规程》《城镇土地评估规程》等)基本都是针对基准地价体系的,很少涉及标定地价体系。[③] 由此可见,我国公告地价体系的法治化、规范化、系统化都有待加强。[④]

3. 公告地价面向社会的公开程度不够

鉴于基准地价的公示性,公告地价体系起步较早的国家都已建立了一套完善的地价公示制度和官方地价查询体系。[⑤] 官方地价体系是社会各界了解权威地价信息的平台,其所公布的信息及数据具有公示效力,任何人皆可自由查阅并于规定期限内提出异议申请。[⑥] 由于我国在建立官方地价公示体系方面仍处于早期探索阶段,土地信息公开化程度较低,异议申请机制缺失,在很大程度上限制了公众的监督力度,难以满足公民的信息需求。[⑦]

三、地价监测与更新的问题

现阶段我国城镇地价管理工作主要包括基准地价成果更新和城镇地价动态监测两部分。[⑧] 由于我国土地市场发展起步较晚,相关法律法规尚未健全,配套设施和技

[①] 吕萍,陈卫华,朱厚强. 我国地价公示政策效果评价——基于105个地价监测城市的调查[J]. 价格理论与实践,2016(8):17—20.

[②] 吕萍,陈卫华,朱厚强. 我国地价公示政策效果评价——基于105个地价监测城市的调查[J]. 价格理论与实践,2016(8):17—20.

[③] 乔思伟. 让城乡公示地价体系更完善[J]. 青海国土经略,2018(3):22—23.

[④] 唐铁军. 我国城市房地产价格政策回顾与评析[J]. 中国物价,2018(12):53—56.

[⑤] 吕萍,陈卫华,朱厚强. 我国地价公示政策效果评价——基于105个地价监测城市的调查[J]. 价格理论与实践,2016(8):17—20.

[⑥] 唐铁军. 我国城市房地产价格政策回顾与评析[J]. 中国物价,2018(12):53—56.

[⑦] 唐铁军. 我国城市房地产价格政策回顾与评析[J]. 中国物价,2018(12):53—56.

[⑧] 彭立勋,杨岳,刘馨. 上海地价动态更新体系建立研究[J]. 上海国土资源,2011,32(1):45—53.

术不够完善，因此，目前我国地价管理工作也存在着不少漏洞和缺陷，亟待进一步完善和提高。

(一)基准地价更新工作量大、周期长，缺乏现势性[1]

根据《中华人民共和国房地产管理法》和《城镇土地估价规程》规定，基准地价更新的工作应每隔两年或三年定期开展。[2] 然而，这项规定在我国的实施情况并不尽如人意。由于我国土地市场正处于高速发展期，市场的波动性和不确定性较为显著，造成地价空间分布变化快、基准地价评估成果延续性差等后果。因此，我国大中城市的基准地价更新工作往往是一项投入大、耗时长的大工程，需要有充足的资金链及先进的技术作为后盾。综观我国各大城市，能严格遵循有关规定，按时更新基准地价成果的城市可谓凤毛麟角。以上海市为例，该市于1998年正式公布首轮基准地价成果，2003年完成基准地价更新讨论稿，但并未正式向社会大众公布，直至2010年才完成新一轮的地价更新工作，实现7年来的首度更新，与国家规定的2～3年的更新周期相距甚远。[3] 其实，上海市的案例并非个例，基准地价更新不及时几乎是全国各大城市的通病，这也充分反映了我国地价管理体系的缺陷，揭示了完善基准地价更新机制的重要性和必要性。[4]

(二)地价更新与地价监测相对独立，缺乏互动性[5]

近年来，城市基准地价动态监测体系的建立和发展一直是社会大众关注的焦点。作为一套与现代计算机技术紧密结合的高科技监测体系，基准地价动态监测体系在我国的发展势头和重要作用不容小觑。迄今为止，我国已建立起横跨三大重点区域（长三角、珠三角、环渤海），覆盖70多个大中城市的城市地价动态监测体系[6]，地价动态监测的发展较快且成果喜人。然而，基准地价动态监测与基准地价更新之间的内在联系却没有得到应有的重视。实际上，两者是密切联系、相辅相成的：基准地价的定级成果可以作为选择地价动态监测点的依据，而地价动态监测数据也能够为地价指数测算和基准地价更新服务。但是，由于我国地价动态监测与基准地价更新之间缺乏互动性与衔接性，导致现阶段我国地价管理体系陷入了工作重复浪费、资源损耗严重的困境：城镇地价动态监测体系对样点宗地的地价变化状况进行实时监测，基准地价更新工作则对城镇基准地价进行定期更新，地价监测与地价更新之间相互独立、相互割裂。也就是说，在地价动态监测系统报告监测点地价变化的时候，基准地价却无法及时进

---

[1] 彭立勋，杨岳，刘馨.上海地价动态更新体系建立研究[J].上海国土资源，2011，32(1)：45—53.
[2] 唐铁军.我国城市房地产价格政策回顾与评析[J].中国物价，2018(12)：53—56.
[3] 刘娟娟.基准地价修正法存在的问题及应用范围[J].中外企业家，2017(15)：34.
[4] 彭立勋，杨岳，刘馨.上海地价动态更新体系建立研究[J].上海国土资源，2011，32(1)：45—53.
[5] 唐铁军.我国城市房地产价格政策回顾与评析[J].中国物价，2018(12)：53—56.
[6] 刘娟娟.基准地价修正法存在的问题及应用范围[J].中外企业家，2017(15)：34.

行更新,从而导致基准地价更新周期远远长于其实际变化周期,在很大程度上限制了基准地价更新成果的针对性和现势性。①

同样以上海市为例,该市于1999年首次引入地价监测机制来配合开展地价动态监测工作。② 然而就目前来看,上海市没有将基准地价更新和城市地价动态监测这两项工作充分联系、有机结合:地价动态监测成果仅面向土地管理部门内部,供内部人员管理使用;而基准地价更新成果则面向社会大众,由政府部门定期公布、更新。③ 如此一来,地价动态监测与基准地价更新相对独立,既限制了地价动态监测体系的功能发挥,又影响了基准地价成果的更新速度。

四、基准地价修正体系的问题

在使用基准地价修正法进行土地估价时,基准地价修正体系的建立及修正系数的确定是相当重要的环节,直接决定了估价结果的准确性和精确度。然而,要选取合适、准确的修正系数并非易事,不光要全面了解土地政策和土地价格机制,还要结合地方实际深入研究地价的影响因素和作用机理。由于我国土地市场的发育尚不完善,基准地价修正法的应用实践也不够深入,因此,现阶段我国的基准地价修正体系还存在一定的缺陷和漏洞。鉴于期日、土地使用年限及容积率等因素对土地价格的影响重大而往往需要进行单独修正,这些修正系数的选取也成了基准地价修正法中至关重要的一步。以下内容将重点说明容积率修正方法和土地使用年期修正方法的缺陷,并结合中国实际提出一些改革建议和改进方向。

(一)容积率修正方法存在的问题

容积率对土地价格的影响是相当显著的,尤其是对商业用地和居住用地。同时,在城市规划、土地供求、基础设施水平等因素的共同作用下,容积率对土地价格的影响规律和作用机制也是极其复杂的。④ 实际上,容积率对地价的影响遵循报酬递减规律:在土地面积、土地区位条件等要素保持不变的情况下,扩大建筑面积、增大容积率可以提高土地单价;但当容积率达到一定值(最佳容积率,又称合理容积率)时,土地价格反而会随着容积率的继续提高而不断降低。⑤ 鉴于容积率对地价影响的显著性和复杂性,容积率修正的难度和重要性都是不言而喻的。以下内容将重点说明现阶段我国基准地价评估中的容积率修正方法及存在的主要问题。

---

① 刘娟娟.基准地价修正法存在的问题及应用范围[J].中外企业家,2017(15):34.
② 彭立勋,杨岳,刘馨.上海地价动态更新体系建立研究[J].上海国土资源,2011,32(1):45—53.
③ 彭立勋,杨岳,刘馨.上海地价动态更新体系建立研究[J].上海国土资源,2011,32(1):45—53.
④ 王景升,王福来.房地产评估[M].3版.大连:东北财经大学出版社,2017:213.
⑤ 彭晓军,张金亭.楼面地价容积率修正的理论与方法[J].国土与自然资源研究,2017(4):84—87.

1. 特尔菲修正法

特尔菲修正法的主要原理：在确定基准地价总体修正幅度的基础上，通过专家打分确定每个影响因子的权重，将总的修正幅度按其权重分解到包括容积率在内的各个因子上。[1] 该方法的局限性在于无论城市规模和区位条件如何，使用该法确定的容积率修正系数对地价的修正幅度都相当有限，通常在5%以下。[2] 这显然与容积率对地价作用规律的显著性不符，无法真实反映容积率在地价修正体系中的真实地位。

2. 样点地价修正法

样点地价修正法的主要原理：单独编制分级别分用途的容积率修正系数表[3]，通过样点地价的统计分析，确定标准容积率下的基准地价与不同容积率下的样点地价之间的比例系数，并以该比例系数为基础，进行适当修正并编制成容积率修正系数表[4]。但是，该方法是建立在充足的市场样点资料的基础之上的。[5] 就我国的现状而言，土地市场发育尚未完善，市场地价信息有限且代表性不高，没有足够的样点资料提供不同容积率下的样点市场价格，因此，样点地价修正法无法在我国大面积应用。同时，通过该方法形成的容积率修正系数表没有将不同区域市场供求关系的差异纳入考虑范围，与容积率对地价的作用规律不符。[6]

3. 复合系数修正法

复合系数修正法认为，地价影响因素主要通过收益机制和市场供求关系发生作用，因此，容积率的确定，既要考虑容积率变化所引起的土地收益变化，也要考虑市场供求关系对土地收益分配关系的影响。[7] 其基本原理为：利用剩余法测算出在单纯的土地机制下容积率变化所引起的地价变化幅度或收益变化系数；同时，利用土地供求关系确定容积率变化引起的土地收益在政府与投资者之间的分配系数。[8] 收益机制下的收益变化系数与市场供求关系下的收益分配系数即为容积率修正系数。[9] 复合系数修正法应用便捷，计算简单，但是分配系数易受市场供求关系的影响，波动性大，变化规律复杂，难以定量描述。[10]

---

[1] 苏静. 城镇基准地价更新方法研究[D]. 山东农业大学, 2013.
[2] 苏静. 城镇基准地价更新方法研究[D]. 山东农业大学, 2013.
[3] 柯小霞. 城镇基准地价评估中容积率修正系数的确定——以九江市星子县为例[J]. 科技广场, 2011(2): 84—86.
[4] 谢妍. 以市场地价为导向的城镇土地基准地价评估应用研究[D]. 昆明理工大学, 2016.
[5] 王景升, 王福来. 房地产评估[M]. 3版. 大连: 东北财经大学出版社, 2017: 217.
[6] 王景升, 王福来. 房地产评估[M]. 3版. 大连: 东北财经大学出版社, 2017: 217.
[7] 王景升, 王福来. 房地产评估[M]. 3版. 大连: 东北财经大学出版社, 2017: 217.
[8] 季伟根. 基准地价系数修正法评估土地价格相关问题研究[J]. 华北国土资源, 2017(4): 31—32, 43.
[9] 季伟根. 基准地价系数修正法评估土地价格相关问题研究[J]. 华北国土资源, 2017(4): 31—32, 43.
[10] 刘娟娟. 基准地价修正法存在的问题及应用范围[J]. 中外企业家, 2017(15): 34.

(二)年期修正公式的缺陷

根据《城镇土地估价规程》,在运用基准地价修正法评估宗地地价时,土地使用年期修正系数的计算公式为:

$$K_y = \frac{1-\left(\frac{1}{1+r}\right)^m}{1-\left(\frac{1}{1+r}\right)^n} \tag{9-6}$$

式中,K_y 为土地使用年期修正系数,r 为土地还原率,m 为待估宗地的实际可使用年期,n 为该用途土地的法定最高出让年期。

式(9—6)是以土地全部预期价值为基准进行修正的,不能全面、深入地体现年期修正的目标和方向,存在以下缺陷[①]:

1.忽略了土地使用年限届满后续期的可能性

对于国有土地使用年限届满后的处置问题,我国相关法律法规作出了明确的规定。《中华人民共和国城市房地产管理法》第二十一条规定:"土地使用权出让合同约定的使用年限届满,土地使用者需要继续使用土地的,应当至迟于届满前一年申请续期,除根据社会公众利益需要收回该宗土地的,应当予以批准。经批准准予续期的,应当重新签订土地使用权出让合同,依照规定支付土地使用出让金。土地使用权出让合同约定的使用年限届满,土地使用者未申请续期或虽申请续期但依照前款规定未获批准的,土地使用权由国家无偿收回。"《中华人民共和国民法典》第三百五十九条规定:"住宅建设用地使用权期限届满的,自动续期。续期费用的缴纳或者减免,依照法律、行政法规的规定办理。"由此可见,当土地使用权到期的时候,土地使用者可以自主选择是否续期。

鉴于不同利用类型的土地均有相应的法定最高使用年限,在出让合同约定的使用期限届满后土地使用权由国家无偿收回,即土地使用者未申请续期的情况下,根据上述公式计算年期修正系数是合理妥当的。[②] 但是,对于土地使用年限届满后续期的案例,上述公式显然是不适用的。

2.未考虑现实中大量证载土地使用权年限短于法定出让年限的土地出让方式的存在

在土地市场的实际运营过程中,存在大量实际土地使用权年限短于法定出让年限的土地出让方式的实例,包括:土地受让方为了缓解一次性缴纳土地出让金的资金压力,经与相关土地管理部门协商后,缩短土地使用权出让年限,到期后再另行续期;地

[①] 刘娟娟.基准地价修正法存在的问题及应用范围[J].中外企业家,2017(15):34.
[②] 朱晓刚.不动产估价年限问题新解[J].财会月刊,2013(14):71—73。

方政府为实现土地出让金收入的均衡,缩短土地使用权出让年限,到期后再收取续期土地出让金。①

3. 未考虑土地使用权租赁方式的存在

根据《规范国有土地租赁若干意见》,国有土地租赁可根据实际情况实行短期租赁和长期租赁,短期租赁年限一般不超过5年,长期租赁最长租赁期限不得超过法律规定的同类用途土地出让最高年限。承租土地使用权期满,承租人可申请续期。②

第四节 基准地价修正法的改进建议

一、传统城镇基准地价体系的改进建议

基于传统城镇基准地价体系的三大局限性,我们相应地提出了三个改进建议。

(一)建设城乡一体化基准地价体系,实现城乡地价的接轨③

土地信息系统(Land Information System,LIS)是目前应用最为广泛的地理信息系统技术之一,为规范我国土地市场,实现市场信息的公开化、透明化发挥了极其重要的作用。随着3S(GIS、GPS、RS)技术、现代通信技术和网络技术的融合与渗透,土地信息系统已经可以做到以点对点的形式覆盖全国绝大多数城市乡镇,成为我国地价管理工作中不可或缺的数据仓库。由此可见,基于GIS的土地信息系统不失为建立城乡基准地价体系、实现城乡地价对接的绝佳平台。在实际操作中,可以在土地信息系统平台上分别建立并完善农村基准地价数据库和城镇基准地价数据库,并借助GIS技术绘制两者的评估区域分布图,以城乡结合部为核心进行两个数据库的整合,以此来建设城乡一体化土地信息系统,实现城乡基准地价的对接。④

(二)明确基准地价评估标准,建立统一的基准地价体系

在我国各大主要城镇明确基准地价的内涵和表达方式,统一各项评估参数和技术指标的选取标准,建立一套统一或高度可比的城镇基准地价体系是国家对土地市场进行宏观调控的需要,不仅能够准确直观地反映地区间的地价差异和地价空间分布规律,还有助于提高土地级别和基准地价成果在宏观调控方面的控制性和地价政策导向上的协调性。⑤

---

① 季伟根.基准地价系数修正法评估土地价格相关问题研究[J].华北国土资源,2017(04):31—32,43.
② 刘娟娟.基准地价修正法存在的问题及应用范围[J].中外企业家,2017(15):34.
③ 季伟根.基准地价系数修正法评估土地价格相关问题研究[J].华北国土资源,2017(4):31—32,43.
④ 刘娟娟.基准地价修正法存在的问题及应用范围[J].中外企业家,2017(15):34。
⑤ 刘娟娟.基准地价修正法存在的问题及应用范围[J].中外企业家,2017(15):34。

(三)拓宽基准地价的涵盖范围,细化土地用途的分类成果,完善现有基准地价体系[①]

首先,完善12个一级类。以《土地利用现状分类》所规定的12个一级类(包括耕地、园地、林地、草地、商服用地、工矿仓储用地、住宅用地、公共管理与公共服务用地、特殊用地、交通运输用地、水域及水利设施用地、其他用地)为基础[②],严格按照《城市土地估价规程》评估一级类土地的基准地价,建立一个完善的涵盖公共管理、公共服务及基础设施用地的基准地价体系。[③] 对于公共管理、公共服务及基础设施用地的有偿使用制度发展滞后,市场交易案例数量较少且代表性不高的地区,可以采取迂回策略,由现有的工业、商业及住宅基准地价入手,利用定性分析(如主要因素比较法)和定量分析(如数学模型拟合法)相结合的方式来确定其基准地价。[④]

其次,细化56个二级类。在12个一级类的基础上,分析56个二级类用地在投资融资模式、土地利用效益、市场化程度等方面的差异,并结合各城市土地市场交易的主要土地类型进行适当归并或细分,制定一套完善的基准地价细化用地类型表和不同细化类型之间的基准地价修正系数表。在实际操作过程中,按照待估宗地所属的一级类确定基准地价,再根据细化类型的基准地价修正系数表进行相应的系数修正,就可以得到待估宗地的细化基准地价。[⑤]

二、公告地价体系的完善方向

日本、韩国是公告地价体系比较完善的国家,土地市场格局及土地用途分类与我国相似,故其成功经验对我们而言具有极高的参考借鉴价值。

(一)完善立法,推动公告地价体系的法治化

日、韩两国的公告地价体系都建立在一系列完善的法律法规的基础之上。[⑥] 日本早在1969年就通过《地价公式法》将公告地价体系的建立上升为国家意志,并对体系的标准、规范作出明确规定。[⑦] 韩国也于1989年颁布了相应的公告地价法律法规。[⑧] 由于日、韩两国立法完善,执法严格,使公告地价体系的建立和发展有法可依,推动了公告地价制度的法治化、规范化。

日、韩两国的成功经验告诉我们,相关法律法规的缺失是我国公告地价体系发展

---

① 刘娟娟. 基准地价修正法存在的问题及应用范围[J]. 中外企业家,2017(15):34.
② 季伟根. 基准地价系数修正法评估土地价格相关问题研究[J]. 华北国土资源,2017(4):31—32,43.
③ 季伟根. 基准地价系数修正法评估土地价格相关问题研究[J]. 华北国土资源,2017(4):31—32,43.
④ 刘娟娟. 基准地价修正法存在的问题及应用范围[J]. 中外企业家,2017(15):34.
⑤ 季伟根. 基准地价系数修正法评估土地价格相关问题研究[J]. 华北国土资源,2017(4):31—32,43.
⑥ 乔思伟. 让城乡公示地价体系更完善[J]. 青海国土经略,2018(03):22—23.
⑦ 乔思伟. 让城乡公示地价体系更完善[J]. 青海国土经略,2018(03):22—23.
⑧ 乔思伟. 让城乡公示地价体系更完善[J]. 青海国土经略,2018(03):22—23.

缓慢的重要原因。因此,尽快颁布相应的公告地价法,建立健全公告地价法律体系,用国家立法的形式保障公告地价体系的建立和发展是我们的当务之急。① 由于目前我国的公告地价体系存在内涵模糊、组成因素不清晰、评估及公示方法混乱等问题,政府部门应该在下一阶段完善相关法律,用法律的形式明确以下几点:地价公告的内涵与外延;公告地价体系的组成部分;该体系中价格的评估、确定、更新及公示的办法;该体系的应用领域等。

(二)完善技术规程,推动公告地价体系的规范化

更新、修改、完善现有的《城镇土地分等定级规程》和《城镇土地评估规程》②,重视新老技术的衔接与更替,相关技术规程在可能的范围内尽量与国际接轨,确保与时俱进,长期发展。利用标定地价进行基准地价更新一向是外国先进的经验之一,而在我国的应用却相当有限。因此,结合国内外先进技术,在原有的技术规范中加入有关基准地价与标定地价互动更新的技术方法是现阶段我国相关工作的一大重点。③

(三)构建双核心公告地价体系,加强基准地价与标定地价的互动机制④

基准地价体系和标定地价体系同为公告地价体系的重要组成部分,功能、作用各有侧重,互为补充,应当统筹兼顾、共同发展。⑤ 目前标定地价体系在我国很多城市发展滞后,严重破坏了整个公告体系的平衡。因此,只有建立健全基准地价体系,才能实现基准地价与标定地价的互动,维持公告地价体系的动态平衡,促进其长效有序发展。⑥

三、地价监测与管理的互动机制

要想弥补现行地价管理体系的不足,实现基准地价的动态更新,关键是建立一套完善的地价动态监测与基准地价更新的联动机制,完成基准地价、标定地价与地价动态监测体系的统一对接。⑦ 对接的技术路线为⑧:第一,以现有的土地定级和基准地价成果为基础,建立起完善的标准宗地体系;第二,按照统一标准选取标准宗地与地价动态监测点,实现两套宗地系统的初步统一;第三,完成新建立的标准宗地体系与新一轮的地价监测点体系的对接,形成基准地价、标定地价、地价动态监测体系三位一体的公

---

① 刘娟娟.基准地价修正法存在的问题及应用范围[J].中外企业家,2017(15):34.
② 刘娟娟.基准地价修正法存在的问题及应用范围[J].中外企业家,2017(15):34.
③ 刘娟娟.基准地价修正法存在的问题及应用范围[J].中外企业家,2017(15):34.
④ 乔思伟.让城乡公示地价体系更完善[J].青海国土经略,2018(3):22—23.
⑤ 乔思伟.让城乡公示地价体系更完善[J].青海国土经略,2018(3):22—23.
⑥ 季伟根.基准地价系数修正法评估土地价格相关问题研究[J].华北国土资源,2017(4):31—32,43.
⑦ 乔思伟.让城乡公示地价体系更完善[J].青海国土经略,2018(3):22—23.
⑧ 季伟根.基准地价系数修正法评估土地价格相关问题研究[J].华北国土资源,2017(4):31—32,43.

示地价体系。

四、基准地价修正体系的完善对策

(一)容积率修正方法存在问题的解决对策

为了弥补常用容积率修正方法的不足,完善容积率修正体系,首先必须从容积率修正系数的选取方法入手,以容积率对地价的影响规律和作用机制为基础,明确容积率修正系数选取过程中应遵循的原则[1]:第一,容积率修正系数的确定应遵循报酬递增递减原则;第二,容积率修正系数的确定应体现容积率对地价的影响特点;第三,样点地价与基准地价的容积率修正系数必须分别确定;第四,容积率修正系数应体现合理的收益分配关系。

在容积率修正系数确定原则的基础上,构建一套完善的容积率体系是保证容积率修正方法的可操作性、提高基准地价法使用效率的关键。容积率体系主要包括基准地价的容积率修正系数体系和基准地价评估范围内各土地级别所处区域或地段相对应的最佳容积率体系。[2] 基准地价的容积率修正体系是整个容积率体系的核心。它的建立和完善是以不同用途地块合理分类为基础的。[3] 由于容积率对土地价格的影响程度随用地类型的变化有明显差异,倘若对所有地块一概而论、不加区分,将会增大计算误差,造成结果的不准确甚至错误。各土地级别所处区域或地段上的最佳容积率体系是基准地价容积率修正体系的有效补充,既充实了基准地价的内涵,又区分了不同用途的土地级别。[4] 例如,在对一些因投资者主观因素或特殊目的而造成容积率较小的地块(如包括度假村、高尔夫球场在内的高级娱乐休闲用地)进行评估时,根据其实际容积率制定相应修正体系会降低修正体系的修正效果,影响计算结果的准确性。[5] 在这种情况下,根据区域或地段最佳容积率进行评估才是与容积率对地价的影响规律相一致的方法。[6]

(二)使用年期修正公式的完善

对于年期修正公式在实际运用过程中的局限性,我们认为,必须尽快将使用期限

---

[1] 刘娟娟. 基准地价修正法存在的问题及应用范围[J]. 中外企业家,2017(15):34.
[2] 崔宇,张素文. 对公共管理与公共服务用地基准地价体系建设的思考[J]. 价格理论与实践,2017(9):49—51.
[3] 崔宇,张素文. 对公共管理与公共服务用地基准地价体系建设的思考[J]. 价格理论与实践,2017(9):49—51.
[4] 崔宇,张素文. 对公共管理与公共服务用地基准地价体系建设的思考[J]. 价格理论与实践,2017(9):49—51.
[5] 崔宇,张素文. 对公共管理与公共服务用地基准地价体系建设的思考[J]. 价格理论与实践,2017(9):49—51.
[6] 崔宇,张素文. 对公共管理与公共服务用地基准地价体系建设的思考[J]. 价格理论与实践,2017(9):49—51.

届满后续期的情况纳入考虑范围,综合续期和不续期两种情况下的年期修正公式,结合概率学原理,建立一套将续期可能性纳入考虑范围的年期修正公式体系[1][如式(9—7)、式(9—8)、式(9—9)所示]是解决问题的关键。

$$a_1 = \frac{1-\left(\frac{1}{1+r}\right)^m}{1-\left(\frac{1}{1+r}\right)^n} \qquad (9-7)$$

$$a_2 = \frac{1-\left(\frac{1}{1+r}\right)^{m+n}}{1-\left(\frac{1}{1+r}\right)^n} \qquad (9-8)$$

$$a_3 = a_1(1-f) + a_2 f \qquad (9-9)$$

式中,a_1 为土地使用期限届满不续期情况下的年期修正系数,a_2 为土地使用权届满续期情况下的年期修正系数,a_3 为概率条件下的年期修正系数;r 为土地还原率;m 为待估宗地的实际可使用年期;n 为该用途土地的法定最高出让年期;f 为土地使用期限届满续期的可能性。

在应用上述年期修正公式体系的时候,土地使用期限届满时续期概率(f)的确定是关键,往往较难把握。其确定时需要考虑的因素主要为[2]:第一,土地使用权出让年限的长短;第二,国家土地法律、法规、政策的出台和调整;第三,经济发展速度的变动、城市规划的调整。同时,本公式体系的应用应建立在土地证载用途与法定用途一致的基础上,并以土地得到最高最佳利用为前提。[3]

第五节　基准地价修正法应用举例

一、背景资料

某商业用地 A 位于 S 市一级土地范围内,于 2015 年 10 月 1 日经出让方式取得 50 年使用权,与该用途土地的法定最高使用年限相同。已知该市一级商业用地的基准地价为楼面地价 10 800 元/平方米,设定容积率为 3,基准地价的评估基准日为 2014 年 10 月 1 日。

---

[1] 季伟根.基准地价系数修正法评估土地价格相关问题研究[J].华北国土资源,2017(4):31—32,43.
[2] 季伟根.基准地价系数修正法评估土地价格相关问题研究[J].华北国土资源,2017(4):31—32,43.
[3] 季伟根.基准地价系数修正法评估土地价格相关问题研究[J].华北国土资源,2017(4):31—32,43.

二、数据资料

表 9—6、表 9—7 和表 9—8 分别为 2014 年 10 月 1 日颁布的 S 市一级商业用地修正系数表、S 市一级商业用地修正系数指标说明表和 S 市一级商业用地容积率——地价指数对照表。

表 9—6　　　　　　　　　S 市一级商业用地修正系数　　　　　　　　　单位：%

影响因素		因素等级				
		优	较优	一般	较劣	劣
区域因素	区域土地开发程度	5.3	3.4	0	−1.5	−2.9
	距市级商业中心距离	3.5	1.69	0		
	中心职能总数	14.7	8.93	0	−4.71	−7.95
	距公交车站距离	5.42	3.79	2.61	1.08	0
	距火车站距离	6.5	5.08	3.86	2.07	0
	距机场距离	4	3	2	1	0
	区域内停车位个数	3.8	1.43	0	−0.95	−1.87
	区域交通限制情况	4	2.3	0	−1.1	−3.34
个别因素	宗地临街门面宽度	4	2	0	−2	−4
	宗地形状	2.15	1.33	0	−0.87	−1.31
	土地开发程度			0	−1.3	−2.5
	宗地进深	1	0.5	0	−0.5	−1
	宗地容积率	6.28	3.75	0	−3.75	−6.28
	周围土地利用类型	6.1	3.3	0	−3.3	−6.1
	宗地规划限制	2.5	1	0	−1	−2.5
	所处道路路面宽度	2	1	0	−1	−2

表 9—7　　　　　　　　　　　S 市一级商业用地修正系数指标说明

影响因素		因素等级				
		优	较优	一般	较劣	劣
区域因素	区域土地开发程度	>90%	75%～90%	63%～75%	48%～63%	<48%
	距市级商业中心距离	<R/3	R/3～5R/6	5R/6～R		
	中心职能总数	>500	300～500	200～300	120～200	<120
	距公交车站距离	<200 米	200～300 米	300～380 米	380～480 米	>480 米
	距火车站距离	<300 米	300～500 米	500～750 米	750～1 200 米	>1 200 米
	距机场距离	<5 千米	5～9 千米	9～15 千米	15～25 千米	>25 千米
	区域内停车位个数	>3 000	1 800～3 000	1 000～1 800	500～1 000	<500
	区域交通限制情况	无限制	货车转行	货车转行,汽车单行道	货车、汽车转行	所有机动车限行
个别因素	宗地临街门面宽度	>10 米	5～10 米	3～5 米	1～3 米	<1 米
	宗地形状	矩形且长边临街	略不规则矩形	正方形或矩形短边临街	形状较不规则	形状差
	土地开发程度			七通一平	五通一平	三通一平
	宗地进深	<3 米	3～7 米	7～9 米	9～12 米	>12 米
	宗地容积率	5	5～3	3～1.5	1.5～0.9	<0.9
	周围土地利用类型	商业用地	居住用地	市政建设用地	工业、交通用地	农业用地
	宗地规划限制	无限制	短期、个别项目限制	中短期、个别项目限制	中短期、多数项目限制	长期、多数项目限制
	所处道路路面宽度	30～50 米	15～30 米	10～15 米	6～10 米	<6 米

注:R 为市级商业中心服务半径。

表 9—8　　　　　　　　　S 市一级商业用地容积率——地价指数对照

容积率	3.0	3.1	3.2	3.3	3.4	3.5	3.6	3.7
对应地价指数	100	103	107	111	114	117	119	121

调查城市地价动态监测系统的监测数据显示,S 市的土地报酬率为 8%,且 2014—2018 年的环比地价指数分别为 100、98.8、103.1、108.9、105.4。宗地 A 与该市同等级商业用地平均条件的比较结果如表 9—9 所示。

表 9—9　　　　　宗地 A 与 S 市一级商业用地平均条件的比较结果

影响因素		因素描述	因素等级
区域因素	区域土地开发程度	85%	较优
	距市级商业中心距离	<R/4	优
	中心职能总数	230	一般
	距公交车站距离	170 米	优
	距火车站距离	约 2 千米	劣
	距机场距离	23.6 千米	较劣
	区域内停车位个数	2 000	较优
	区域交通限制情况	汽车单行道	一般
个别因素	宗地临街门面宽度	4.5 米	一般
	宗地形状	4.5×5 米规则矩形	一般
	土地开发程度	七通一平	一般
	宗地进深	与区域同类宗地类似	一般
	宗地容积率	3.5	较优
	周围土地利用类型	均为商业用地	优
	宗地规划限制	无限制	优
	所处道路路面宽度	20.6 米	较优

宗地 A 于 2018 年 10 月 1 日在土地市场上通过正常途径进行转让,试根据上述材料,估算宗地 A 的转让价格。

三、方法的选择

正如我们前面所述,随着基准地价体系的日益完善,基准地价修正法也在城镇土地估价中被广泛运用。本题中 S 市分等定级基本完成,基准地价成果显著;而商业用地 A 所处的 S 市一级商业用地的修正系数表和修正因素指标说明表都已编制完善。因此,应用基准地价修正法对商业用地 A 进行估价是可行的。

四、基准地价修正法的计算过程

本题与本章前面给出的几个例子相比,明显更加复杂,不再是单一的某一项因素的修正,而是涉及区域因素、个别因素、使用年期、估价期日以及容积率的各项修正。解题思路是找准基准地价,对各个因素差异进行逐一修正。具体解题步骤如下:

(一)计算各项修正系数

1. 计算区域及个别因素的总修正系数

首先,根据S市一级商业用地修正系数表、修正系数指标说明表和宗地A与S市一级商业用地平均条件的比较结果列表,查出宗地A各个因素指标的修正系数,如表9—10所示。

表9—10　　　　　　　　宗地A各因素指标对应的修正系数

	影响因素	因素描述	因素等级	修正系数
区域因素	区域土地开发程度	85%	较优	3.4%
	距市级商业中心距离	<R/4	优	3.5%
	中心职能总数	230	一般	0
	距公交车站距离	170米	优	5.42%
	距火车站距离	约2千米	劣	0
	距机场距离	23.6千米	较劣	1%
	区域内停车位个数	2 000	较优	1.43%
	区域交通限制情况	汽车单行道	一般	0
个别因素	宗地临街门面宽度	4.5米	一般	0
	宗地形状	4.5×5米规则矩形	一般	0
	土地开发程度	七通一平	一般	0
	宗地进深	与区域同类宗地类似	一般	0
	宗地容积率	3.5	较优	3.75%
	周围土地利用类型	均为商业用地	优	6.1%
	宗地规划限制	无限制	优	2.5
	所处道路路面宽度	20.6米	较优	1%

然后,根据给出的区域及个别因素的修正系数,计算待估宗地地价的总修正系数:

$K = \sum K_i$
$= 3.4\% + 3.5\% + 5.42\% + 1\% + 1.43\% + 3.75\% + 6.1\% + 2.5\% + 1\%$
$= 28.1\%$

2. 计算土地使用年期修正系数

由题意可得:待估宗地A的剩余使用年期$m=47$年,同级别商业用地的法定最高使用年期$n=50$年,土地还原利率$r=8\%$。代入土地使用年期修正系数的计算公式可得:

$$K_y = \frac{1-\left(\frac{1}{1+8\%}\right)^{47}}{1-\left(\frac{1}{1+8\%}\right)^{50}} = 0.9943$$

3. 计算估价期日修正系数

基准地价的评估基准日为 2014 年 10 月 1 日,而 2014—2018 年的环比地价指数分别为 100、98.8、103.1、108.9、105.4,代入估价期日修正系数的计算公式可得:

$K_t = 98.8\% \times 103.1\% \times 108.9\% \times 105.4\% = 116.9187\%$

(二)计算容积率修正系数

待估宗地 A 的容积率 3.5 所对应的地价指数水平 $K_i = 117$,而同级别商业用地的平均容积率 3 所对应的地价指数 $K_j = 100$,代入容积率修正系数的计算公式可得:

$K_v = \frac{K_i}{K_j} = \frac{117}{100} = 1.17$

(三)计算宗地 A 的楼面地价

根据已知及上述计算可知:S 市一级商业用地的基准楼面地价 $P = 10\,800$ 元/平方米,区域因素、个别因素的总修正值 $K = 28.1\%$,土地使用年期修正系数 $K_y = 0.9875$,估价期日修正系数 $K_t = 116.9187\%$,容积率修正系数 $K_v = 1.17$,进而求取待估宗地 A 的楼面地价:

$P_i = P \times (1 \pm K) \times K_y \times K_t \times K_v$
$= 10\,800 \times (1 + 28.1\%) \times 0.9943 \times 116.9187\% \times 1.17$
$= 18\,817.42(元/平方米)$

本章小结

基准地价是指城镇规划区各土地级别或均质地域在某一特定时点按照商业、居住、工业等土地利用类型分别评估的法定最高年期土地使用权的区域平均价格,是城镇地价总体水平和变动趋势的量化反映,是我国地价体系的核心内容之一。在理解基准地价定义的时候,必须考虑以下五个要素:土地用途、土地使用权出让年限、容积率的参照标准、土地开发程度、土地价格的表现形式。

基准地价的特点有区域性、平均性、差异性、时效性、期限性、权威性。基准地价是一种具有指导性作用的土地价格标准,是我国地价体系的核心内容之一,是推动宗地地价规范化、土地市场有序化、土地税收标准化的重要工具。

基准地价评估是指在对城镇规划区内有收益的土地或发生交易的土地进行估价的基础上,按照一定的评估程序、原则、方法对各级土地或各区域土地的平均价格进行评估,并以基准地价为基础,通过研究分析各区域地价影响因素与地价的关系从而建立起相关的基准地价修正体系,为高效、快速地评估各宗地价格打下基础。基准地价评估工作必须遵循的五大原则:一是土地用途以现状为主,规划为辅,静态与动态相结合的原则;二是土地实用价值评定和土地价格测算相结合的原则;三是因地制宜选择合适技术路线的原则;四是分等级、分用途评估,多种评估方法综合运用的原则;五是与社会经济发展水平相适应、相协调的原则。基准地价评估的程序主要包括基准地价评估区域的确定、评估准备工作、评估资料的调查与收集、调查资料的整理、基准地价的确定、基准地价修正系数表的编制等步骤。

基准地价确定通常遵循三大原则:第一,以实际测算的数据为主,比较评估的结果为辅。第二,土地市场发达、交易资料丰富的城镇以土地交易实例法为主,级差收益测算法则作为基准地价修正的辅助方法;土地市场不发达、交易资料缺乏的城镇以级差收益测算法为主,土地交易实例法则作为辅助验证方法。第三,以评估结果为基础,政府土地管理政策和当地土地市场发展趋势为参考。

基准地价修正法是利用城镇基准地价和基准地价修正系数表等一系列评估成果,按照替代原则,将待估宗地的区域条件及个别条件等与其所处区域的平均条件相比较,并对照修正系数表选取相应的修正系数将基准地价修正为待估宗地在估价基准日价格的方法。

习题

一、单项选择题

1. 基准地价修正法在实际操作过程中与( )类似。
   A. 成本法　　　　B. 收益还原法　　　C. 市场比较法　　　D. 假设开发法

2. 城镇基准地价成果的更新方法不包括( )。
   A. 以土地分等定级成果为基础,以地价指数为主要依据,以市场交易资料为辅助参考,进行基准地价更新
   B. 以土地分等定级成果(或均质区域)为基础,以市场交易资料为依据,进行基准地价更新
   C. 以土地分等定级成果为基础,以土地收益资料为主要依据,以市场交易资料为辅助参考,进行基准地价更新
   D. 以土地分等定级成果(或均质区域)为基础,以地价指数为依据,进行基准地价更新

3. 基准地价是根据用途相似、地块相连、地价相近的原则来对城市开发区进行地价区段的划分,并调查评估各地价区段在估价时点的( )。
   A. 标定地价　　　B. 出让地价　　　C. 最低价格　　　D. 平均价格

4. 以下不属于城镇基准地价的是( )。
   A. 工矿仓储用地基准地价　　　　B. 商业用地基准地价
   C. 住宅用地基准地价　　　　　　D. 园地基准地价

5. A市最新颁布的基准地价更新成果中规定了二级土地分类的地价修正方法,其中包括"办公(写字楼)用地按住宅用地基准地价的125%计价,体育及文体设施用地按住宅用地的70%计价"。对此规定,以下判断不正确的是( )。
   A. 体育、文化设施用地属于应划拨使用的公共设施用地,制定定价标准无实质意义
   B. 办公(写字楼)用地价格高于住宅地价水平
   C. 基准地价评估可不局限于商业、住宅、工业三种基本用途
   D. 制定二级土地分类地价修正办法可促进土地有偿使用制度的实施

二、多项选择题

1. 城镇基准地价的特点包括区域性、平均性以及（　　）。
   A. 分用途　　　　　　B. 分等级　　　　　　C. 有限期　　　　　　D. 时效性

2. 城市基准地价工作编制完成后，当地人民政府应向社会公布的主要内容有（　　）。
   A. 基准地价工作底图　　　　　　　　　B. 基准地价技术报告
   C. 土地级别或均质区域　　　　　　　　D. 基准地价表

3. 基准地价是不同用途的土地使用权的区域平均价格，其作用主要是（　　）。
   A. 为区域规划提供依据
   B. 反映土地市场中的地价水平及其变动趋势，为政府进行宏观调控提供依据
   C. 为国家征收土地使用税提供依据
   D. 为评估宗地地价提供依据

4. 评估基准地价时，收集的资料应（　　）。
   A. 及时填入表格　　　　　　　　　　　B. 具有完整性和正确性
   C. 均为市场交易价格　　　　　　　　　D. 按实地位置标注到工作底图上

5. 居住用地估价，宜选用（　　）和基准地价系数修正法。
   A. 路线价法　　　　B. 收益还原法　　　　C. 剩余法　　　　D. 市场比较法

三、名词解释

1. 基准地价
2. 基准地价评估
3. 级差收益测算法
4. 基准地价修正法

四、计算题

S市有一面积为4 000平方米的国有出让土地，用途为城镇混合住宅用地，拟在2019年1月1日进行土地使用权转让。试根据以下资料估算该宗地于转让日期的单位面积价格和总价格。

(1)证载土地使用期至2082年1月1日，但限定商业用途最高土地使用年限40年。

(2)宗地形状为规则平行四边形，规划容积率≤3.3。宗地实际用途为城镇混合住宅用地，根据具体规划指标，确定商、住比例为1∶9。开发程度实际与设定均为宗地红线外"五通"（即通路、通上水、通下水、通电、通信）和宗地红线内场地平整。

(3)该市基准地价2017年公布，基准日设定为2017年1月1日，土地开发程度设定为红线外"五通"（即通路、通电、通上水、通下水、通信），红线内场地平整，商业、住宅、工业用地年限分别设定为40年、70年、50年。该宗地属商业四级、住宅四级用地，其对应的基准地价为商业800元/平方米、住宅450元/平方米。

(4)其他相关资料如下：

①该地市同类用地价格在2017年1—5月没有变化，2017年6月至2018年12月每月递增0.5%。

②商业用地、居住用地的还原利率均为6%。

③根据容积率修正系数表,该市同类型土地在平均容积率为 2.5 时,对应的地价水平指数为 100,容积率每增高或降低 0.1,则地价向上或向下修正 1%。

④根据基准地价因素条件分析,该地块影响因素修正幅度:商业为－2%,住宅为 3%。

⑤基准地价系数修正公式为:宗地地价＝基准地价×(1＋影响因素修正系数)×年期修正系数×期日修正系数×容积率修正系数＋土地开发程度修正额。

课堂自测题	案例 9－1
案例 9－2	案例 9－3
拓展资料	阅读书目

第十章　路线价法

📅 学习目的

知识目标：了解路线价法的指导思想、概念和理论基础；理解路线价法的特点、适用条件和适用范围；熟悉标准临街宗地、标准深度、里地线、路线价调整系数、路线价区段等路线价法涉及的重要概念；了解路线价法中经常遇到的问题及解决对策。

能力目标：掌握路线价法估价的基本操作步骤、深度百分率表的编制；能够完成路线价法评估房地产价值的相关计算，初步具备使用路线价法对较大规模房地产进行迅速估价的能力。

思政目标：路线价法的区段划分和区段地价计算受估价人员主观因素影响较大，估价人员必须有过硬的专业估价知识和丰富的估价经验，以确保估价的客观、公正。

关键概念	思维导图

第一节　路线价法的基本原理

比较法、收益法等一般仅用于个别宗地的房地产估价，对于较大规模的房地产估价，比如土地管理、课税、征地拆迁补偿估价等需要采用简单、迅速的估价方法，通常可以采用路线价法，它可以快捷、方便地评估多宗房地产的价格。

一、路线价法的指导思想

如图 10—1 所示，城市繁华商业街道的沿街宗地，其排列毗邻，利用性质相似。这些宗地的价格会受到道路的级别、街道的繁华程度等因素影响。

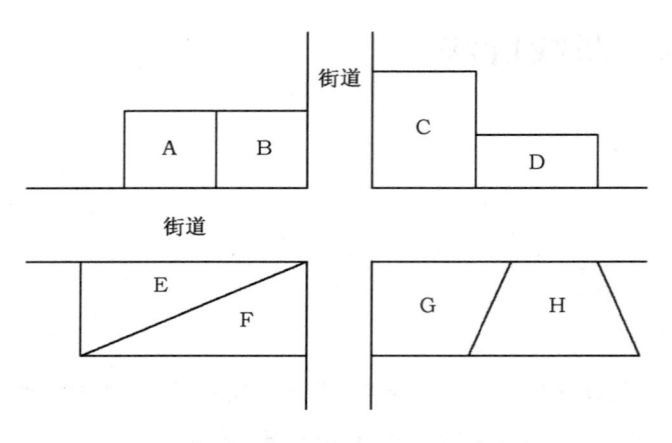

图 10—1 路线价基本示意

路线价法的基本思想就是利用土地价格与其在街道中的位置之间的关系来计算土地价格。在同一街道沿线上的宗地，随着临街深度的增加，可及性降低，土地价格也会随之下降。此外，临街深度相同的土地，也会因为形状、面积、临街宽度等其他临街状况的差异而有不同的价格。地块临街程度不同，导致其价值产生差异。如图 10—1 所示，B 地块的价值高于 A 地块，C 地块的价值高于 D 地块，E 地块的价值高于 F 地块，G 地块的价值高于 H 地块。路线价法可以充分利用这种街道之中的土地特性，快速、科学准确、客观公平地评估某个区域内全部街道、某几条街道或某一条街道所有临街土地的价值或价格。[①]

二、路线价法的有关概念

路线价法又称为路线价估价法，是根据土地价值随距街道距离增大而递减的原理，在特定的街道上设定标准临街深度，从中选取若干标准临街宗地求其平均价格，将此平均价格称为路线价，然后利用临街深度价格修正率或其他价格修正率来测算该街道其他临街土地价值的一种估价方法。与市场法、收益法等估价方法相比，这种方法能对大量土地迅速估价，是评估大量土地时常用的一种方法。路线价一般运用的表示方法有货币绝对数和相对数。其计算公式为：

---

① 柴强. 房地产估价 [M]. 10 版. 北京：首都经济贸易大学出版社，2022：396.

$$宗地单价＝路线价×深度百分率×其他因素调整系数±修正额 \quad (10-1)$$

路线价法涉及以下几个概念：标准临街宗地、标准深度、里地线、路线价调整系数、路线价区段。标准临街宗地是指从城市一定区域范围内，沿主要街道的宗地中选定的深度、宽度和形状标准的宗地。标准临街深度简称标准深度，即在城市中，随着城市（土地）道路距离的增加，道路对土地利用价值影响为零时的深度。里地线是标准深度的连线，里地线与街道之间的区域称为临街地或表地，里地线以外的区域称为里地。路线价调整系数即深度指数修正表，是以道路中心线为基准，按距离道路中心线的变化情况编制的地价变化表，简单地说就是反映随宗地临街深度的变化，地价变化相对程度的表格。路线价区段是以街道为单位，将宗地各方面情况接近性大致相等、土地使用价值基本一致的地段作为路线价评价区域。

三、路线价法的理论依据

路线价法的理论依据是房地产价格形成的替代原理。区位和用途相近的土地价格必然相似，这是土地经济学中的基本规律。

路线价法实质上是比较法的一种特殊情况，"标准临街宗地"相当于比较法中的"可比实例"，根据临街深度、宽度、地块形状和临街状况等因素对可比实例进行修正，得出估价对象宗地的价格，这些相当于比较法中的因素修正。[①]

路线价法与比较法的区别：一是不作"交易情况修正"和"市场状况调整"；二是先对多个"可比实例价格"进行综合，然后再进行"房地产状况"调整；三是利用相同的可比实例价格，同时评估出许多"估价对象"，即所有临街土地的价格或价值，而不是仅评估一个估价对象的价值或价格。路线价法不作交易情况修正和交易日调整的原因为：第一，求路线价时，若干标准临街宗地的平均价格已经是正常价格；第二，求得的路线价对应的日期与求取的临街土地价的日期一致，都是价值时点。[②]

根据上述原理，路线价法的关键在于对标准临街宗地、路线价的附设和深度修正率的确定。路线价估价结果的准确度取决于路线价深度百分率及各种修正率的精确性。路线价法是否运用得当，还依赖于比较完整的道路系统和排列整齐的宗地以及完善合理的深度修正率表和其他条件修正率。[③]

---

① 赵小虹，赵财福. 房地产估价 [M]. 3 版. 上海：同济大学出版社，2014：187.
② 柴强. 房地产估价[M]. 10 版. 北京：首都经济贸易大学出版社，2022：396－397.
③ 戴学珍. 房地产估价教程 [M]. 10 版. 北京：清华大学出版社，2017：182.

四、路线价法的特点、适用条件和适用范围

(一)路线价法的特点

一般的房地产估价方法只对一宗房地产进行评估,相对来说,路线价法具有大批量、高时效、公平合理和节省人力物力等优点。

(二)路线价法的适用条件

运用路线价法的前提条件是街道系统规整,两侧宗地排列整齐,以及有较为完善合理的深度指数表和其他修正率表。[①]

(三)路线价法的适用范围

一般的土地估价方法如收益法、比较法、成本法仅适用于对单个宗地进行估价;路线价估价法的适用对象是城镇街道两侧商业用地的估价,常见于房地产税收、市地重划[②](城镇土地整理)、城市房屋拆迁补偿或其他要在较大范围内对大量土地进行估价的场合。路线价法能够同时对多宗土地进行估价,被认为是一种相对快速、公平合理、节省人力和财力的估价方法。

第二节 路线价法的操作步骤

路线价法的操作过程如图10—2所示。

```
划分路线价区段
    ↓
设定标准临街深度
    ↓
选取标准临街宗地
    ↓
调查评估路线价
    ↓
制作价格修正率表
    ↓
计算临街土地的价值
```

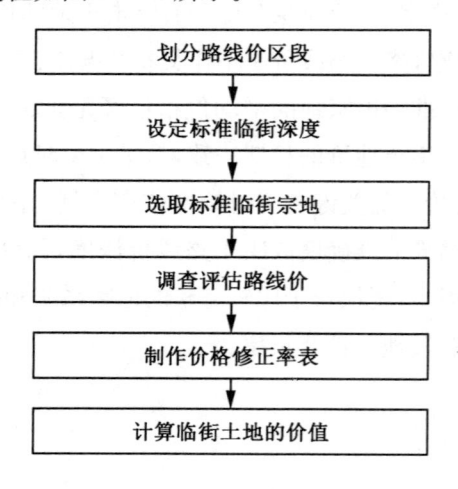

图10—2 路线价法的操作步骤

---

① 赵小虹,赵财福.房地产估价[M].3版.上海:同济大学出版社,2014:187.
② 柴强.房地产估价[M].10版.北京:首都经济贸易大学出版社,2022:397.

一、划分路线价区段

一个路线价区段是指具有同一个路线价的地段。路线价区段是沿着街道两侧带状分布的。因此,在划分路线价区段时,应将通达性相当、地价水平相近、位置相邻的土地划为同一个路线价区段。[①] 路线价区段为带状地段,街道两侧接近性基本相等的地段长度称为路线段长度。两个路线价区段的分界线,原则上是地价有显著差异的地点,一般是以路线价显著增减的地点为界,从十字路口或丁字路的中心处划分,两个路口之间的地段为一个路线价区段。也就是说,通常的划分是以一个街道为一个路线价区段。但繁华街道有时需要划分为多段,分别设定不同的路线价,而某些不繁华的街道可以将多段街道合并为一段,采用相同的路线价。此外,若街道两侧的繁华程度不同,应设定不同的路线价,此时应视为两个路线价区段。[②]

二、设定标准深度

路线价是标准临街宗地的单位价格。路线价的设定必须先确定标准临街宗地面积。标准临街宗地是指从城市一定区域中沿主要街道的宗地中选定的深度、宽度和形状标准的宗地。道路或街道沿线的土地到街道的距离称为临街深度。街道繁华程度对其沿线的土地价格影响随临街深度的增加而降低,到达一定深度后,影响基本消失。因此,将道路或街道对土地价格影响等于零时的深度称为标准临街深度,简称标准深度,理论上是街道对地价影响的平衡点。[③]

在实际估价中,设定的标准深度通常是路线价区段内各宗临街土地的临街深度的众数。采取众数的方法选取标准深度,不仅具有代表性,还可以在之后的深度指数修正的计算过程中起到简化的目的。[④] 标准深度的选取如图 10-3 所示。[⑤]

三、选取标准临街宗地

标准临街宗地是路线价区段内具有代表性的宗地。选取标准临街宗地的具体要求为:第一,一面临街;第二,土地形状为矩形;第三,临街深度为标准临街深度;第四,临街宽度为标准临街宽度;第五,临街宽度与临街深度的比例(宽深比)适当;第六,用途为所在路线价区段具有代表性的用途;第七,容积率为所在路线价区段具有代表性

---

　　① 中国房地产估价师与房地产经纪人学会.房地产估价原理与方法[M].北京:中国建筑工业出版社,2022:442.
　　② 赵小虹,赵财福.房地产估价[M].3版.上海:同济大学出版社,2014:188.
　　③ 马光红.房地产估价理论与方法[M].上海:上海大学出版社,2016:281.
　　④ 赵小虹,赵财福.房地产估价[M].3版.上海:同济大学出版社,2014:188.
　　⑤ 马光红,谢叙祎.房地产估价[M].北京:化学工业出版社,2008:210.

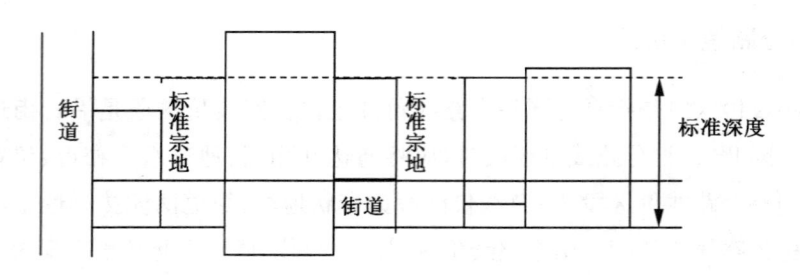

图 10—3　标准深度的选取

的容积率;第八,其他方面,如土地使用期限、土地开发程度等也应具有代表性。①

四、求取路线价

路线价是标准临街宗地的单位价格。通常在同一路线价区段内选择一定数量的标准临街宗地,运用比较法、收益法等,分别求其单位地价②,然后求这些地价的简单算术平均数或加权算术平均数、中位数、众数等,即得该路线价区段的路线价。路线价的求取是路线价法的关键步骤,其准确性直接影响估价结果的准确性。③

五、编制深度百分率表

(一)深度百分率的含义

深度百分率又称为深度指数,是在同一区段中,随地块临街深度的加深,地价变化的相对程度。深度百分率表又称深度指数表,是将路线价修正为待估宗地地价的一个系数表。

(二)编制深度百分率表的原理

深度百分率表编制的原理为:地块各部分的价格随着距离街道程度加深,其价格产生递减的趋势。④

同一路线价区段的土地,具有相同的路线价,但是因各宗土地的临街宽度、深度、形状、面积、临界状态等不同,其单位面积的土地价格有显著差异。在上述种种因素中,依据深度长短表示价格变化的比率称为深度价格比率。将这种深度引起的价格变动编制成表,即称为深度百分率表。⑤

---

　① 中国房地产估价师与房地产经纪人学会. 房地产估价原理与方法[M]. 北京:中国建筑工业出版社,2022:443.
　② 赵小虹,赵财福. 房地产估价 [M]. 3 版. 上海:同济大学出版社,2014:188.
　③ 马光红. 房地产估价理论与方法[M]. 上海:上海大学出版社,2016:280.
　④ 赵小虹,赵财福. 房地产估价 [M]. 3 版. 上海:同济大学出版社,2014:188.
　⑤ 赵小虹,赵财福. 房地产估价 [M]. 3 版. 上海:同济大学出版社,2014:188.

如图 10—4 所示,该宗地沿街方向宽度 m 米,深度 n 米。若沿着平行于街道的方向,将深度按照某一单位(如 1 米)划分成许多细条形状的地块,从临街方向起按顺序编号,其价格分别为 $a_1,a_2,a_3,\cdots,a_{n-1},a_n$[1],则有 $a_1>a_2>a_3>\cdots>a_{n-1}>a_n$,且 $a_1-a_2>a_2-a_3>\cdots>a_{n-1}-a_n$。深度价格递减比率的基本观念,是认为临街宗地可以按照如上方式划分,越接近街道的宗地价格越高,反之价格越低。[2]

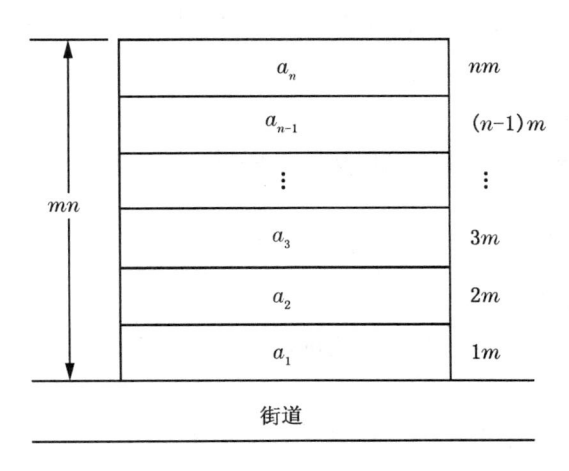

图 10—4 深度百分率表编制的原理

也就是说,随着临街深度的增加,这些地块的单价呈现递减规律,并且递减的速度越来越小,达到某一个深度时,递减额几乎为零,说明深度不再对土地单价构成影响,这个深度就是前面提到的标准深度。如图 10—5 所示,土地单价随着临街深度的增加而降低,该曲线的弯曲程度(即价格递减的额度)也随着临街深度的增加而减小。[3]

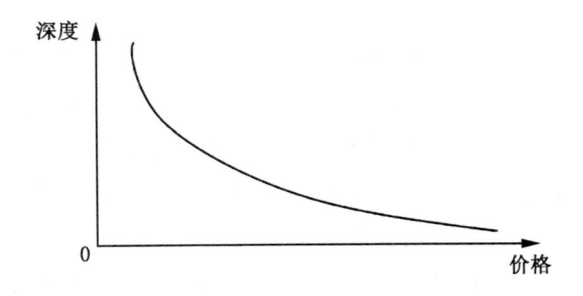

图 10—5 临街深度与地价的关系

---

[1] 赵小虹,赵财福. 房地产估价 [M]. 3 版. 上海:同济大学出版社,2014:189.
[2] 赵小虹,赵财福. 房地产估价 [M]. 3 版. 上海:同济大学出版社,2014:189.
[3] 马光红. 房地产估价理论与方法[M]. 上海:上海大学出版社,2016:283.

不同城市、不同地段、不同街道,由于商业密集程度、土地使用强度、道路级别、街道繁华程度等的不同,图 10－5 中曲线位置和形状都会随之不同。曲线的弯曲程度大,代表土地单价随临街深度的增加而递减的速度较快,即临街深度对土地价格的影响较大,反之较小。①

(三)深度百分率表的表示形式

按照图 10－4 中的编码方式,以 A 表示各个条状地块的深度百分率,则深度百分率制作形式划分如下②:

1. 单独深度百分率

单独深度百分率反映每个条状地块的价格与标准临街宗地价格之间的关系,其公式为:

$$A_1 > A_2 > A_3 > \cdots > A_n \tag{10-2}$$

2. 累计深度百分率

累计深度百分率反映相邻条状地块价格的总和与标准临街宗地价格之间的关系,其公式为:

$$A1 < A1 + A2 < A1 + A2 + A3 < \cdots < A1 + A2 + \cdots + An \tag{10-3}$$

3. 平均深度百分率

平均深度百分率反映相邻条状地块平均价格与标准临街宗地价格之间的关系,其公式为:

$$A_1 > \frac{A_1 + A_2}{2} > \frac{A_1 + A_2 + A_3}{3} > \cdots > \frac{A_1 + A_2 + \cdots + A_{n-1} + A_n}{n} \tag{10-4}$$

(四)深度百分率编制方法

1. 四三二一法则

四三二一法则又称为慎格尔法则,是将标准深度的普通临街地分成与街道平行的四等份,各等份由于街道的深度不同,价值也有差别。以标准深度 100 英尺为例,将标准深度以内、宽度与标准临街宗地相同的普通临街土地划分为与街道平行的四等份,各等份由于距离街道的远近不同,价值有所不同。设标准临街宗地总价为 V,从街道方向算起,第一个 25 英尺等份的价值 V_1 占整块土地价值的 40%,第二个 25 英尺等份的价值 V_2 占整块土地价值的 30%,第三个 25 英尺等份的价值 V_3 占整块土地价值的 20%,第四个 25 英尺等份的价值 V_4 占整块土地价值的 10%。如果超过 100 英尺,则以九八七六法则来补充,即每 25 英尺等份的土地分别占标准临街宗地的 9%、8%、7% 和 6%。四三二一法则如图 10－6 所示。

---

① 马光红. 房地产估价理论与方法[M]. 上海:上海大学出版社,2016:283.
② 柴强. 房地产估价[M]. 10 版. 北京:首都经济贸易大学出版社,2022:401－402.

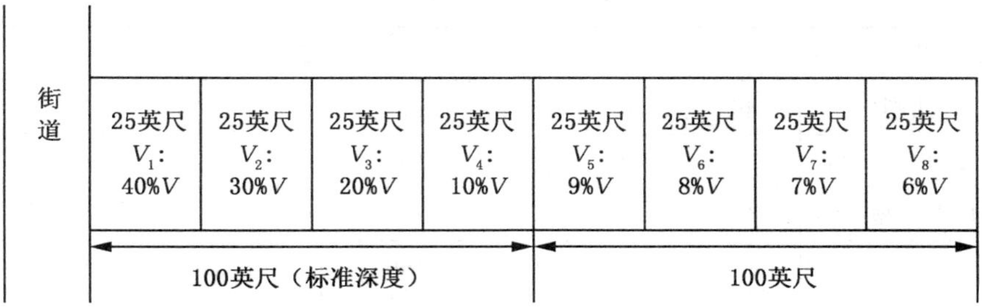

街道	25英尺 V_1: 40%V	25英尺 V_2: 30%V	25英尺 V_3: 20%V	25英尺 V_4: 10%V	25英尺 V_5: 9%V	25英尺 V_6: 8%V	25英尺 V_7: 7%V	25英尺 V_8: 6%V

|← 100英尺（标准深度） →|← 100英尺 →|

资料来源：马光红.房地产估价理论与方法[M].上海：上海大学出版社，2016：284.

图 10—6　四三二一法则图例

按照四三二一法则，标准深度以内土地分别作单独深度百分率、累计深度百分率和平均深度百分率计算如下[①]：

单独深度百分率：

40％＞30％＞20％＞10％＞9％＞8％＞7％＞6％

累计深度百分率：

40％＜70％＜90％＜100％＜109％＜117％＜124％＜130％

平均深度百分率：

40％＜35％＜30％＜25％＜21.8％＜19.5％＜17.7％＜16.25％

单独深度百分率和累计深度百分率可以计算临街地的总价，实际计算土地价格时，需要考虑土地的面积以计算单价，即以平均深度百分率来衡量土地单价。

对于宽度与标准临街宗地相同的宗地，平均深度百分率与累计深度百分率的关系如公式 10—5 所示[②]：

$$某临街深度处的平均深度百分率 = 累计深度百分率 \times \frac{标准深度}{该临街深度} \quad (10-5)$$

一般情况下，为使标准深度处的平均深度百分率为 100％，对平均深度百分率数据作乘以 4 处理。按照四三二一法则编制的深度百分率如表 10—1 所示。

[①] 汤鸿，郭贯成.房地产估价[M].2 版.南京：东南大学出版社，2017：203.
[②] 马光红.房地产估价理论与方法[M].上海：上海大学出版社，2016：284.

表10-1　　　　　　　　　　　　四三二一法则深度百分率

深度(英尺)	25	50	75	100	125	150	175	200
四三二一法则(%)	40	30	20	10	9	8	7	6
单独深度百分率(%)	40	30	20	10	9	8	7	6
累计深度百分率(%)	40	70	90	100	109	117	124	130
平均深度百分率(%)	160 (40)	140 (35)	120 (30)	100 (25)	87.2 (21.8)	78 (19.5)	70.8 (17.7)	65 (16.25)

资料来源:中国房地产估价师与房地产经纪人学会.房地产估价原理与方法[M].北京:中国建筑工业出版社,2022:447.

2. 苏慕斯法则

苏慕斯法则由美国人苏慕斯(William A. Somers)创立,以在美国俄亥俄州克利夫兰市的应用最为闻名,所以又称为克利夫兰法则。该方法是苏慕斯根据其对于多宗交易买卖实例的调查而证实的。[①]

苏慕斯法则的深度百分率按照如下方式计算:将100英尺标准临街宗地以平行于街道的方向平均分成两半,临街的50英尺土地占宗地总价值的72.5%,不临街的50英尺土地占宗地总价值的27.5%。如果再加深50英尺,则土地价值增加15%,如图10-7所示。

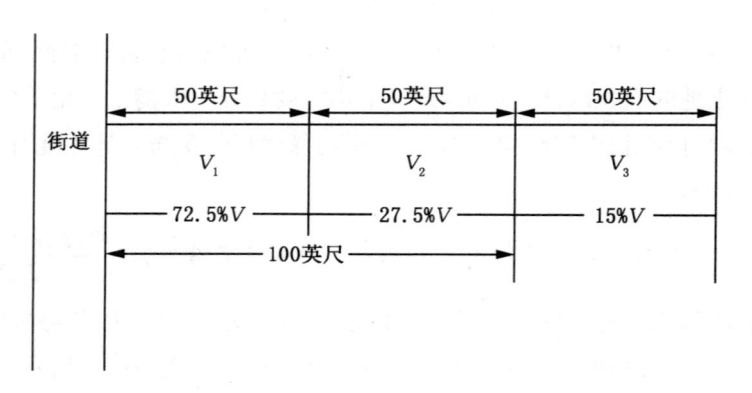

资料来源:马光红.房地产估价理论与方法[M].上海:上海大学出版社,2016:286.

图10-7　苏慕斯法则图例

3. 哈柏法则

哈柏法则是一种算术平方根法则,依照哈柏法则计算的深度指数如下:

---

① 马光红.房地产估价理论与方法[M].上海:上海大学出版社,2016:286.

$$深度指数 = \frac{\sqrt{所给深度}}{\sqrt{标准深度}} \times 100\% \qquad (10-6)$$

哈柏法则的运用不受标准深度的限制,可用于任何深度。此外,哈柏法则属于累计深度百分率,即距离街道越远,指数越大。[①]

4. 霍夫曼法则

霍夫曼法则是1866年由纽约市的一位名为霍夫曼的法官创立的,是最早被承认可以用于各种深度的宗地估价法则。霍夫曼法则的基本含义为:将临近街道100英尺的宗地平均分成两部分,比较靠近街道的那50英尺宗地价值占整个宗地的2/3。在此基础上,将两部分50英尺的土地再各自一分为二,每25英尺的土地各占50英尺宗地价值的一半,关于霍夫曼法则如图10-8所示。

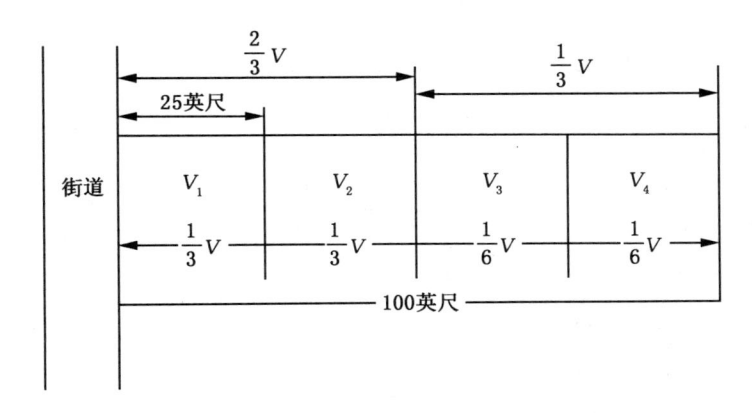

资料来源:马光红.房地产估价理论与方法[M].上海:上海大学出版社,2016:286.

图 10-8 霍夫曼法则图例

5. 其他法则体系

(1)我国台湾地区深度百分率体系。根据"台湾省各县市办理规定地价及编制现值繁华街道各宗土地地价计算原则"(1981年5月1日颁布)的规定,我国台湾地区的深度指数如表10-2所示。

表 10-2　　　　　　　　　　台湾省临街深度指数

深度(米)	$h<4$	$4 \leqslant h<8$	$8 \leqslant h<12$	$12 \leqslant h<16$	$16 \leqslant h<18$	$h \geqslant 18$
指数(%)	130	125	120	110	100	40

资料来源:马光红.房地产估价理论与方法[M].上海:上海大学出版社,2016:287.

(2)其他深度百分率体系。其他深度百分率体系如表10-3所示。

---

① 赵小虹,赵财福.房地产估价[M].3版.上海:同济大学出版社,2014:190.

表 10－3　　　　　　　　　　几种主要深度百分率法则比较

深度(英尺)	深度百分率(%)						
	苏慕斯法则	马丁法则	霍夫曼法则	爱德加法则	戴维斯法则	巴尔的摩法则	密尔瓦基法则
5	14.35	14.9	17	23.0	12.5	9.0	17
10	20.00	17.0	26	23.0	21.8	15.0	27
15	25.00	25.0	33	39.0	29.2	21.0	28
25	36.25	31.0	40	39.0	41.5	33.0	37
30	47.90	34.3	44	50.0	41.5	35.8	49
40	54.00	39.9	49	55.0	45.0	38.5	54
44	64.00	48.8	56	63.0	56.7	49.0	63
50	72.50	57.5	67	70.5	65.8	68.5	70
60	79.50	67.0	74	77.5	73.3	67.0	77
70	85.60	77.0	81	83.6	84.1	76.9	84
75	86.25	79.3	84	86.6	84.1	76.9	87
80	90.90	84.0	88	89.4	87.5	79.6	88
90	95.60	92.2	94	95.0	94.1	84.2	95
100	100.00	100.0	100	100.0	100.0	88.0	100
110	104.00	108.0	—	105.0	106.9	91.1	103
120	107.50	116.0	—	109.2	111.1	93.8	107
130	109.05	119.3	112	112.6	113.7	95.0	109
140	113.00	131.0	—	118.2	121.2	98.2	113
150	115.00	137.5	118	122.4	131.1	—	115
160	116.80	145.0	—	126.4	131.1	—	117
175	119.14	154.3	122	132.2	138.5	—	119
180	119.80	158.0	—	134.2	141.2	—	120
200	122.00	170.0	125	141.4	149.0	—	122

资料来源：土地估价师资格考试委员会.全国土地估价师资格考试辅导教材之三：土地估价理论与方法[M].北京：地质出版社，2002：224.

(五)编制其他价格修正率表[①]

在一个路线价区段内，由于各宗房地产的形状、自身状况、容积率、使用年限等情

---

① 郭斌.房地产估价［M］.2版.北京：化学工业出版社，2014：137.

况的不同,在进行房地产估价时,在深度百分率的修正基础上,有时还需加上其他的因素修正,编制其他价格修正率表。

1. 临街状况修正表

临街状况包括一面临街、两面临街、正面临街和侧面临街等,对于房地产价格也有很大的影响。在具体的估价活动中,必要时候也需要编制临街状况修正表。当然,房地产特殊临街状况的估价也可以通过某种方式转化为典型的房地产估价,具体的计算方法将在本章第三节中介绍。

2. 宗地形状修正表

宗地的形状除了典型的矩形之外,还有三角形、梯形、圆弧形、不规则形状等。必要时需要编制宗地形状修正表。将特殊形状的房地产估价转化为一般形式的具体算例,将在本章第三节中介绍。

3. 宽度修正表

在临街宗地深度相同的情况下,宽度不同会导致对顾客的吸引程度等的不同,对商铺的营业额有着间接影响,因此房地产价格自然不同。房地产估价中,宽度修正的计算方式为:在同一路线价区段中选取若干深度相同的宗地,调查其宽度对价格的影响情况,从而可以采用线性或者非线性的方法进行数学拟合,进而确定宽度修正率。

4. 宽深比修正表

若宗地的宽度较宽、深度较深,则单独采用宽度和深度修正往往与实际情况有所偏差,而且操作不便。这时候需要制作宽度与深度比例调整系数表。

5. 容积率修正表

通常情况下,容积率越高,地价越高,单纯计算路线价有时反映不出房地产的真实价格。因此在具体估价时,需要调查同一路线价区段内不同容积率水平下的地价,然后按照其价格变动的规律来确定容积率调整系数。

6. 年期修正表

需要进行年期修正的房地产通常是出让或转让宗地。根据有限年期地价公式可以计算出宗地的出让或者转让年期调整系数。有限年期的地价公式为:

$$P = \frac{A}{r}\left[1 - \frac{1}{(1+r)^n}\right] \qquad (10-7)$$

式中,P 为土地价格,A 为年地租,r 为报酬率,n 为出让或者转让年期。

(六)制作临街深度表的要领

制作临街深度表的要领为:第一,设定标准临街深度;第二,将标准临街深度分为若干等份;第三,制定单独深度价格修正率,或者将单独深度价格修正率转换为累计深度价格修正率或平均深度价格修正率。[1]

六、计算各宗土地价格

路线价表示方式不同,计算公式也不同。路线价的表示方式有以下几种:以标准临街宗地的总价作为路线价,以单位宽度的标准临街宗地的总价作为路线价,以标准临街宗地的单价作为路线价等。

(一)以标准临街宗地的总价作为路线价

当以标准临街宗地的总价作为路线价时,应采用累计深度价格修正率。其中,估价对象土地的临街宽度(简称临街宽度)与标准临街宗地的临街宽度(简称标准宽度)相同,计算公式为[2]:

$$V_{总价值} = 标准临街宗地总价值 \times \sum 单独深度价格修正率 \quad (10-8)$$

$$V_{单价} = \frac{标准临街宗地总价值 \times \sum 单独深度价格修正率}{估价对象土地面积}$$

$$= \frac{标准临街宗地总价值 \times \sum 单独深度价格修正率}{临街宽度 \times 临街深度} \quad (10-9)$$

如果临街宽度与标准宽度不同,则计算公式为:

$$V_{总价值} = \frac{标准临街宗地总价值 \times \sum 单独深度价格修正率}{标准宽度 \times 临街深度} \times 估价对象土地面积$$

$$= 标准临街总价 \times \sum 单独深度价格修正率 \times \frac{临街宽度}{标准宽度} \quad (10-10)$$

$$V_{单价} = \frac{V_{总价}}{估价对象土地面积}$$

$$= \frac{标准宗地总价值 \times \sum 单独深度价格修正率}{标准宽度 \times 临街深度} \quad (10-11)$$

【例 10-1】 计算题:如图 10-9 所示,街道上有两宗房地产甲和乙,均为一面临街的矩形宗地,宗地的具体参数标注于图。该街道的标准临街宗地宽度 20 英尺,总价为 500 万元。计算甲、乙两宗房地产的总价和单价。

解:该街道的路线价是以标准临街宗地总价来表示的,所以计算时采用累计深度百分率。

宗地甲的宽度与标准临街宗地宽度相同,按照四三二一法则以及上述公式得:

$$V_{总价(甲)} = 标准临街宗地总价 \times 累计深度百分率$$

---

[1] 中国房地产估价师与房地产经纪人学会.房地产估价原理与方法[M].北京:中国建筑工业出版社,2022:44.

[2] 柴强.房地产估价[M].8 版.北京:首都经济贸易大学出版社,2016:355.

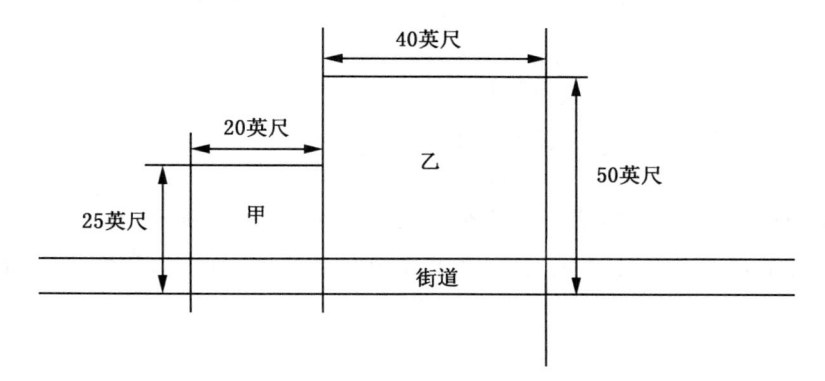

图 10-9 甲、乙两宗地示意

$$=500\times 40\%$$
$$=200（万元）$$

$$V_{单价（甲）}=\frac{标准临街宗地总价\times累计深度百分比}{土地面积}$$

$$=\frac{500\times 40\%}{25\times 20}$$

$$=0.4（万元/平方英尺）$$

宗地乙的宽度与标准深度百分率不相同,所以应转换为相应宽度的价格,根据四三二一法则以及上述公式得:

$$V_{总价（乙）}=标准临街宗地总价\times累计深度百分率\times\frac{宗地乙的临街宽度}{标准宽度}$$

$$=500\times 70\%\times\frac{40}{20}$$

$$=700（万元）$$

$$V_{单价（乙）}=\frac{标准临街宗地总价\times累计深度百分率}{标准宽度\times临街深度}$$

$$=\frac{500\times 70\%}{50\times 20}$$

$$=0.35（万元/平方英尺）$$

(二)以单位宽度的标准临街宗地的总价作为路线价

当单位宽度的标准临街宗地(如临街宽度为 1 英尺,临街深度为 100 英尺)的总价作为路线价时,也应采用累计深度价格修正率,计算公式为[1]:

---

[1] 柴强.房地产估价[M].10 版.北京:首都经济贸易大学出版社,2022:403.

$$V_{总价}=路线价\times\sum 单独深度价格修正率\times临街宽度 \qquad (10-12)$$

$$V_{单价}=\frac{V_{总价}}{估价对象土地面积}$$

$$=\frac{路线价\times累计深度价格修正率}{临街深度} \qquad (10-13)$$

【例 10-2】 计算题：有一宗临街房地产如图 10-10 所示，相关的参数标注于图。该街道的单位宽度(1 英尺)标准临街宗地价格为 30 万元，求该宗房地产的总价与单价。

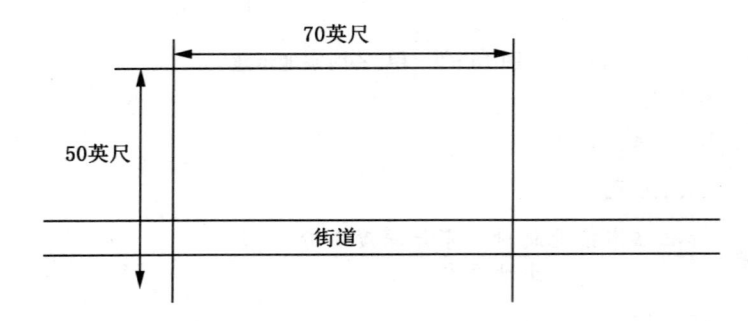

图 10-10 该宗地示意

解：该街道的标准临街宗地价格是以单位宽度的方式给出的，因而仍旧采用累计深度价格修正率。

$V_{总价}=$ 单位宽度的标准临街宗地价格 $\times$ 累计深度百分率 $\times$ 临街宽度
$\quad = 30\times 70\% \times 70$
$\quad = 1\,470(万元)$

$V_{单价}=\dfrac{单位宽度的标准临街宗地价格\times累计深度百分率}{临街深度}$

$\quad =\dfrac{30\times 70\%}{50}$

$\quad =0.42(万元/平方英尺)$

（三）以标准临街宗地的单价作为路线价

当以标准临街宗地的单价作为路线价时，应采用平均深度价格修正率，计算公式为[①]：

$$V_{单价}=路线价\times 平均深度价格修正率 \qquad (10-14)$$

$$V_{总价}=路线价\times 平均深度价格修正率\times 临街宽度\times 临街深度 \qquad (10-15)$$

---

① 柴强.房地产估价[M].10 版.北京:首都经济贸易大学出版社,2022:403.

【例 10—3】 计算题:有一宗临街房地产如图 10—11 所示,相关的参数标注于图。该街道的标准临街宗地单价为 2 万元,求该宗房地产的总价与单价。

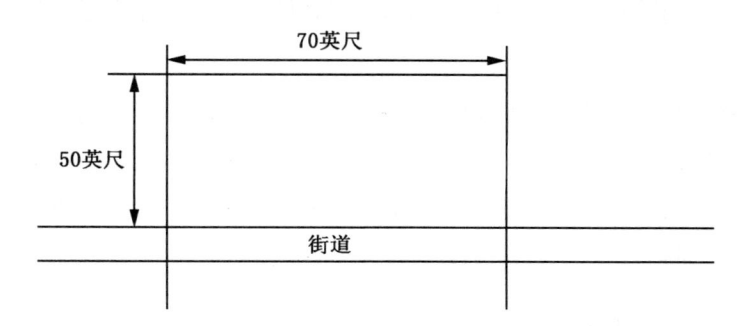

图 10—11 该宗地示意

解:该宗房地产的路线价是以标准临街宗地的单价表示的,所以要使用平均深度价格百分率,根据四三二一法则得:

$V_{总价}$ = 路线价 × 平均深度价格百分率 × 临街深度

　　　 = 2 × 140% × 70 × 50

　　　 = 9 800(万元)

$V_{单价}$ = 路线价 × 平均深度百分率

　　　 = 2 × 140%

　　　 = 2.8(万元/平方英尺)

如果土地的形状和临街状况有特殊者(如不是矩形、临街状况不是一面临街),那么除按照上述公式计算价值外,还要作加价或者减价修正。以标准临街宗地的单价作为路线价的情况为例,计算公式如下[①]:

$$V_{单价} = 路线价 × 平均深度价格修正率 × 其他修正率 \quad (10—16)$$

$$V_{总价} = 路线价 × 平均深度价格修正率 × 土地面积 × 其他修正率 \quad (10—17)$$

或者

$$V_{单价} = 路线价 × 平均深度价格修正率 ± 单价修正额 \quad (10—18)$$

$$V_{总价} = 路线价 × 平均深度价格修正率 × 土地面积 ± 总价修正额 \quad (10—19)$$

由于路线价的表示方式、深度百分率表的制作形式等不同,各宗土地的计算公式不完全相同。另外,由于估价对象的土地形状、临街状态和位置等存在差异,具体的计算方法也不尽相同。此外,宗地的用途、所处的环境等造成其属性差异,计算价格时还可能需要附加其他的宗地条件调整系数。具体的算例将在第四节中讨论。

---

① 柴强.房地产估价[M].10 版.北京:首都经济贸易大学出版社,2022:404.

第三节　路线价法中经常遇到的问题及解决的对策建议

房地产估价的方法有很多种，并且每一种估价方法都有其适用范围，同时也存在相应的问题，所以在估价时要尽可能选择合适的估价方法。路线价估价法也是一种大宗土地估价方法，以迅速、公平合理而得到广泛应用，但作为一种估价方法，它也有其适用范围及局限性。

一、路线价法在使用过程中的问题

(一)路线价区段划分困难

在运用路线价法估价时，最关键的便是路线价修正体系的建立，即深度百分率和临街宽度、宽深比、宗地形状、宗地面积、容积率等其他因素修正率的制作。

路线价法的理论原理及指导思想是利用土地价格与其在街道中的位置之间的关系来计算土地价格。在同一条街道沿线上的宗地，随着临街深度的增加，可及性降低，因而土地价格也随之下降。路线价区段的划分主要依据直观经验，其目的主要是为了合理组织、安排交易案例的收集调查工作。划分路线价区段时，必须利用计算得到的样点地价数据对原有的初步划分的调查区段进行适当的调整。但怎样调整，没有一个可参考的"量"的标准，受人为因素影响较大，其结果只能是将调查区段直接作为路线价区段，或者是将整个街道直接作为路线价区段。

目前房地产市场虽然比较活跃，但是市场行为不规范，瞒租瞒价现象普遍存在，致使同一路线价区段样点地价变化幅度很大，甚至相邻两个样点地价差距悬殊。因此，计算区段地价之前必须删除异常样点。虽然《估价规程》对删除异常样点有规定，但过于烦琐，难以把握。若采取常用的"众数法"，样点地价众数组的确定也没有一个合理的标准，则易受主观因素的影响。[1]

(二)路线价的确定有客观限制因素

一个地方路线价及其修正体系建立在房地产市场发达、交易案例丰富的基础之上。如果交易案例不足，即使建立起了路线价及其修正体系，其估价精度也将大受影响。因此，在各市镇的商服业繁华街段建立起路线价及其修正体系较容易，而在商服业非繁华街段建立路线价及其修正体系尚有困难。[2]

---

[1] 毛泓，杨钢桥. 路线价评估方法探讨[J]. 中国土地科学，1995(4)：30—32.
[2] 贾士军. 路线价估价法评析[J]. 华南建设学院西院学报，1998(2)：80—82.

(三)路线价法适用范围有限,无法覆盖所有用地类型的评估

第一,从严格意义上讲,路线价对住宅、工业用地地价的影响程度不及与之有联系但同时有明显区别的区片价;第二,作为路线价估价法中的重要修正因素——深度修正,其与住宅、工业用地地价水平无明显相关,有时还可能是反相关;第三,住宅、工业用地也不一定必然表现出临街宽度越窄,则宗地可用性越差且地价也越低。上述三点理由足以说明路线价及其修正体系不能有效地涵盖住宅、工业用地的地价影响因素。

对于商服用地而言,一方面,宗地自身受路线价、宗地进深、临街宽度、宽深比、宗地形状、容积率、宗地面积等因素的影响大,对上述因素的变化反应敏感;而另一方面,上述因素也综合反映了位置、交通条件、基础设施条件、宗地面积与形状等商服用地的区位状况和实物状况。可以说,商服用地价格影响因素与路线价及其修正体系实现了完美的结合。对于住宅而言,其地价与住宅区的位置、交通、基础设施、产业集聚规模、宗地面积等主要区位状况和实物状况密切有关,而上述因素却与路线价估价法中的路线价、宗地进深、临街宽度等主要项目并无明显相关。

二、路线价估价法应用中须解决的问题

针对现行路线价评估方法所存在的不足,估价人员应拥有足够的交易实例资料、过硬的专业估价知识和丰富的估价经验,以确保估价的客观、公正。

(一)关于路线价区段的划分[①]

一个路线价区段就是具有同一路线价的地段。不同的路线价区段,其适用的路线价不同。在划分路线价区段时,一般以可及性为标准,即与沿该街道及以该街道的交通路线的各种设施的接近性相等的地段,应划分为同一路线价区段。原则上以地价有显著差异的地点为界。结合我国城市规划实际,可从十字路或丁字路中心处划分,两路口之间的地段为同一路线价区段。但对特殊地区,如繁华商业区、偏僻路段等,可特殊划分。在繁华区域内,位置的细微变化往往引起地价的极大差异;而在偏僻路段,则没有如此敏感。因此,同一路线价区段在商业区可较短,在偏僻地段则可较长。

(二)关于路线价的确定

路线价是标准临街宗地的单位地价。它通常是通过在某一路线价区段内选取若干标准临街宗地,以比较法、收益法等土地评估方法评估出各自单位地价。然后,以其众数或平均数作为该路线价区段的路线价。由于路线价是该路线价区段土地状况的综合反映,因此,它应该根据土地的不同等级、不同用途,区分不同的街道,并逐一确定。路线价的表示方法有两种:一种是以1英尺宽、100英尺深为单位,主要为欧美国

[①] 程阳春.路线价估价法及其在我国的应用[J].湖北财经高等专科学校学报,1999(6):17—20.

家采用；另一种是以平方米为单位，日本采用这种方法。我国可借鉴日本的做法。对于路线价的计量，欧美国家以货币为计量单位，日本则以点数为计量单位。为便于理解，并与其他评估方法相结合，我国应以货币为计量单位。

（三）关于标准深度的设定[①]

标准深度在正常情况下以路线价区段内临街各宗土地的深度指数为准。比如在某路线价区段内各临街宗地大部分深度为25米，则可设定标准深度为25米。由于标准深度是根据路线价区段设定的，因此，从理论上讲，有多少个路线价区段，就应有多少个标准深度，从而就应编制多少个相应的深度指数表。这样，就增加了路线价法运用的难度，也违背了路线价法的宗旨。实际上，我国在征收土地使用税时，已经对城市土地划分了等级。因此，在应用路线价法时，可借用土地使用税对土地的分级，结合土地的用途，确定各个级别区域的标准深度。

（四）关于深度指数表及有关修正率的制定[②]

从土地利用价值的角度来看，距街道越近，利用价值越大，距街道越远，利用价值越小。土地价格与其利用价值的大小成正比。依上述原则，设定标准深度处的深度指数为100%。深度越小，指数越大；反之，指数越小。将临街深度和深度指数的这种对应关系制成表即为深度指数表。由于城市土地不可能都是单面临街矩形土地，对于其他临街状况和其他形状的土地，也必须制定出相应的修正率。

针对现行的路线价评估方法存在的不足，我们提出了一种简单易行而且非常直观的方法——滑动平均曲线法。具体介绍如下：

1. 滑动平均曲线法评估路线价的基本思路[③]

虽然某些调查对象的瞒租瞒价行为掩盖了样点地价的变化规律，但是从一条街道的整体来看，其变化规律是客观存在的，即区位较优的地段，样点地价普遍较高，区位较劣的地段，样点地价普遍较低。为了寻找并直观地反映这种规律，就必须绘制街道样点地价曲线图。它既形象地反映了同一街道样点地价的空间变化趋势，又为划分路线价区段提供了"量"的依据，进而可以求取路线价。

采用滑动平均曲线法评估路线价的基本思路为：按街道绘制样点地价曲线图，消除图上异常地价样点之后，得到能反映街道地价变化趋势的平滑曲线，选择平滑曲线上变化明显处作为路线价区段的分界点（样点少的街道作为一个路线价区段处理），依图上分界点的相对坐标找到所对应的具体地物，从而得到最终的路线价区段，最后依据平滑地价曲线图，采用简单算术平均法计算各区段的路线价值。

[①] 程阳春. 路线价估价法及其在我国的应用[J]. 湖北财经高等专科学校学报，1999(6)：17—20.
[②] 程阳春. 路线价估价法及其在我国的应用[J]. 湖北财经高等专科学校学报，1999(6)：17—20.
[③] 毛泓，杨钢桥. 路线价评估方法探讨[J]. 中国土地科学，1995(4)：30—32.

2. 滑动平均曲线法评估路线价的步骤

下面以长沙市五一路为例,具体说明滑动平均曲线法评估路线价的步骤。

(1)整理调查区段及其样点。将同一街道上的调查区段及其样点,按相同的顺序排列。五一路共有 4 个调查区段,从西到东依次为:桥东—五一广场、五一广场—芙蓉路、芙蓉路—袁家岭、袁家岭—车站路。这 4 个调查区段的样点数分别为 31、39、9、37。每个调查区段的样点同样按从西向东的顺序排列。

(2)计算样点地价。依据《城镇土地估价规程》中相应的公式计算样点地价。五一路共有 116 个样点,全部是商服业租赁类型。按《城镇土地估价规程》的要求和长沙市的实际情况,确定房地出租样点的地价计算公式如下:

$$P=\frac{R_{tg}-E_1-E_2-E_3-E_4-B-T-I_{hn}}{S}\times\frac{1}{r_d} \quad (10-20)$$

式中,P 为样点地价;R_{tg} 为房地年租金;E_1 为房屋出租经营管理费,其值为 $t_g\times 9\%$;E_2 为房屋出租经营维修费,其值为房屋重置价×出租房屋面积×2‰;E_3 为房屋出租年保险费,其值为房屋重置价×出租房屋面积×2‰;E_4 为房屋年折旧费;B 为建房资本的利息,其值为房屋现值×利息率(10.98%);T 为房屋出租年应交税金,包括房产税($R_{tg}\times 12\%$)、增值税及其附加[$R_{tg}/(1+5\%)\times 5\%$]、土地使用税($S\times 6$);I_{hn} 为房屋纯收益,其值为房屋现值×房屋资本还原率(12.5%);S 为出租房屋的占地面积;r_d 为土地还原利率,其值为 11.5%。计算结果如表 10-4 所示。

表 10-4　　　　　　　　　　五一路样点地价　　　　　　　　单位:元/平方米

序号	地价	序号	地价	序号	地价	序号	地价	序号	地价
1	3 371.04	25	6 007.20	49	6 375.36	73	2 588.50	97	4 969.44
2	2 300.16	26	5 403.60	50	3 318.72	74	2 417.28	98	3 476.64
3	4 186.56	27	6 193.92	51	4 610.40	75	3 436.32	99	3 446.88
4	3 323.04	28	6 193.92	52	6 042.24	76	4 151.04	100	5 951.04
5	5 590.08	29	9 027.84	53	4 043.52	77	3 552.96	101	3 919.68
6	4 047.36	30	4 233.12	54	5 225.76	78	2 769.80	102	5 069.28
7	3 251.04	31	4 228.80	55	5 016.96	79	2 812.80	103	7 789.92
8	3 759.84	32	6 610.56	56	5 124.48	80	5 971.68	104	5 398.08
9	4 845.12	33	5 414.40	57	4 838.40	81	3 890.88	105	3 807.36
10	3 765.60	34	4 808.16	58	4 104.00	82	2 889.60	106	2 978.88
11	3 420.48	35	6 010.08	59	4 655.52	83	6 871.20	107	5 185.44
12	5 714.40	36	7 230.24	60	3 380.16	84	5 052.00	108	10 297.44
13	5 015.52	37	9 038.88	61	4 803.84	85	4 521.60	109	3 745.44
14	2 753.28	38	6 022.56	62	4 519.20	86	5 042.40	110	4 743.36
15	4 813.44	39	7 201.92	63	5 133.60	87	3 696.48	111	3 726.24

续表

序号	地价	序号	地价	序号	地价	序号	地价	序号	地价
16	5 106.72	40	5 413.92	64	3 825.60	88	3 673.04	112	3 726.40
17	3 695.52	41	4 213.92	65	4 204.32	89	3 293.28	113	4 726.80
18	3 664.80	42	6 036.96	66	3 268.32	90	5 017.44	114	6 154.56
19	4 618.08	43	6 638.88	67	3 254.88	91	3 761.28	115	3 859.20
20	4 256.16	44	7 838.88	68	3 792.00	92	4 893.12	116	9 817.92
21	4 800.00	45	5 495.04	69	5 163.36	93	4 291.20		
22	4 839.36	46	9 035.52	70	4 295.52	94	8 437.44		
23	7 851.84	47	6 657.60	71	5 165.28	95	5 190.24		
24	3 632.64	48	5 118.24	72	4 476.80	96	3 856.80		

注：考虑到保密性，本表数据经过处理。

(3) 绘制样点地价折线图。将原始样点地价绘制成折线图，如果折线图上的变幅过大，则删除图上变化幅度最大的一点或几点，重绘一次，如此重复，直到满意为止。这一步如果用手工进行则过为烦琐，最好借助计算机。我们借助计算机最后得到的五一路样点地价折线图如图 10—12 所示。

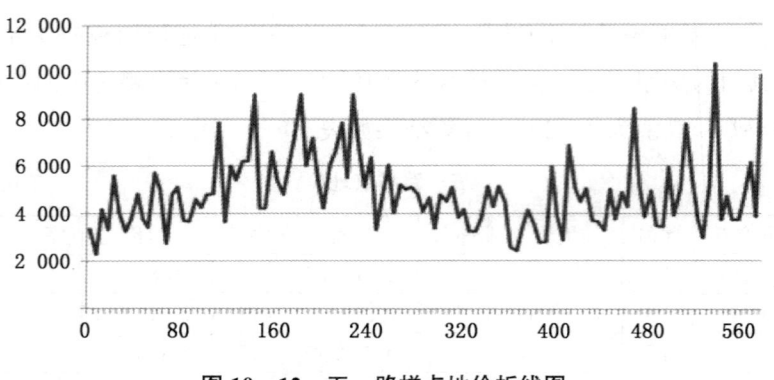

图 10—12 五一路样点地价折线图

(4) 平滑样点地价曲线图。样点单位地价折线图在一定程度上反映了同一街道样点地价的变化趋势，但仍不明显，为了消除相邻样点地价陡升陡降的影响，我们采用简单移动平均趋势法对样点地价折线进行平滑处理。所采用的公式为：

$$Y = \frac{X_i + X_{i+1} + X_{i+2} + \cdots + X_{i+n}}{n+1} \tag{10-21}$$

式中，$X_i, X_{i+1}, \cdots, X_{i+n}$ 为相邻 $n+1$ 个样点的地价；Y 为 $n+1$ 个样点地价的平均值。在这里，n 的取值是关键。若 n 值过小，则不能起到平滑的作用；若 n 值过大，则平滑后的曲线图过于平直，甚至会成为一条直线，不能反映地价的变化趋势。因此，必须通过多次的模拟计算来确定 n 值。当平滑后的曲线所反映的地价变化趋势与实际情况接近时,此时的 n 值为最佳。一般来说,n 的取值范围为 3~8。在本例中,经多次模拟计算和比较,最后确定的 n 值为 5。平滑后的样点地价折线图(简称平滑曲线图)如图 10—13 所示。

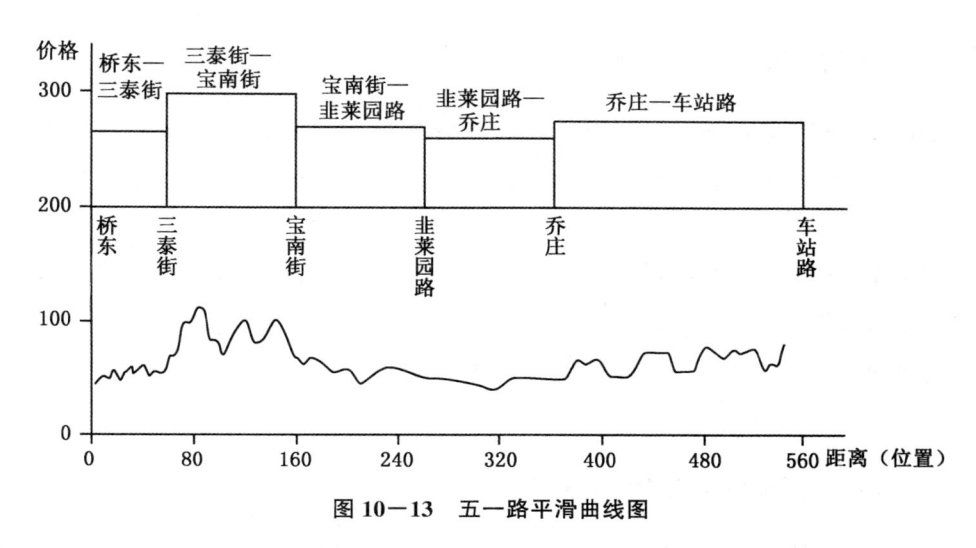

图 10—13 五一路平滑曲线图

(5)划分路线价区段。选择平滑曲线图上变化明显处作为路线价区段的分界点,依图上分界点的相对坐标找到相应的地物界线,并根据"商服繁华程度基本相同"和"应有明显的地物界线"的原则,通过实地勘察、核实,对平滑曲线图上的区段分界点作一定的调整,从而得到五一路的 5 个路线价区段,即桥东—三泰街、三泰街—宝南街、宝南街—韭菜园路、韭菜园路—乔庄、乔庄—车站路(见图 10—13)。

(6)数学检验。由于每个区段的样点数不多,我们选用 U 检验对最后结果进行了假设检验,在置信度为 0.05 的情况下,五一路 5 个区段都通过了检验,具体的检验结果如下:

桥东—三泰街	$U=0.1174<1.96$
三泰街—宝南街	$U=1.3954<1.96$
宝南街—韭菜园路	$U=1.38<1.96$
韭菜园路—乔庄	$U=0.4398<1.96$
乔庄—车站路	$U=0.7534<1.96$

(7)计算区段路线价。平滑曲线图既消除了异常地价样点,又消除了相邻样点地价陡升陡降的现象,明显且直观地反映了同一街道地价的变化趋势,因此,可以依据平滑曲线图,采用简单算术平均法来计算各区段的地价平均值,以此作为各区段的路线价。长沙市五一路各区段的路线价如图 10—13 所示(标准深度为 12 米)。经实地校核和有关专家论证,该方法评估的区段路线价符合长沙市实际情况。

第四节 路线价法的应用举例

一、一面临街矩形土地价值计算[①]

【例10—4】 计算题：沿街一宗地为一临街深度15.24米（即50英尺）、临街宽度20米的矩形土地，其所在区段的路线价为2 000元/平方米。试计算该宗土地的单价和总价。

解：以标准临街宗地的单价作为路线价时，应采用平均深度价格修正率。根据表10—1查出临街深度价格修正率为140%，得出：

单价＝2 000×140%＝2 800（元/平方米）

总价＝单价×20×15.24＝85.344（万元）

二、前后临街矩形土地价值计算[②]

前后临街矩形土地价值计算通常采用"重叠价值估算法"。该方法是先确定高价街（前街）与低价街（后街）影响范围的分界线，再以此分界线将前后临街的矩形地块分成前后两部分，然后分别计算、加总。

设 V 为土地价，u_0 为前街路线价（用土地单价表示），d_{v0} 为前街临街深度价格修正率（采用平均深度价格修正率），d_0 为前街影响深度，u_1 为后街路线价（用土地单价表示），d_{v1} 为后街临街深度价格修正率（采用平均深度价格修正率），d_1 为后街影响深度，f 为临街宽度，d 为临街总深度。其中，前后分界线计算公式为：

$$\text{前街影响深度 } d_0 = \text{总深度 } d \times \frac{\text{前街路线价 } u_0}{\text{前街路线价 } u_0 + \text{后街路线价 } u_1} \quad (10-22)$$

$$\text{后街影响深度 } d_1 = \text{总深度 } d \times \frac{\text{后街路线价 } u_1}{\text{前街路线价 } u_0 + \text{后街路线价 } u_1} \quad (10-23)$$

$$v_{(\text{总价})} = u_0 \times dv_0 \times (f \times d_0) + u_1 \times dv_1 \times f \times (d - d_0) \quad (10-24)$$

$$v_{(\text{单价})} = \frac{u_0 \times dv_0 \times (f \times d_0) + u_1 \times dv_1 \times f \times (d - d_0)}{d} \quad (10-25)$$

【例10—5】 计算题：图10—14中是一块前后两面临街、总深度为70米的矩形土地，前街路线价（土地单价）为5 000元/平方米，后街路线价（土地单价）为2 000元/平方米。请采用重叠价值估价法计算其前街和后街的影响深度。

---

① 柴强.房地产估价[M].10版.北京：首都经济贸易大学出版社，2022：404—405.
② 柴强.房地产估价[M].10版.北京：首都经济贸易大学出版社，2022：405.

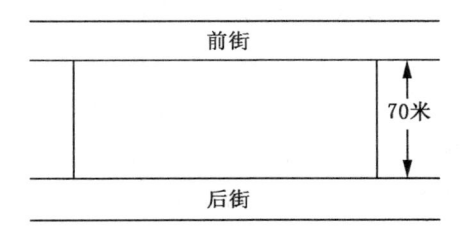

图 10-14 该宗地示意

解:该块前后两面临街的矩形土地的前街和后街影响深度计算如下:

$$前街影响深度 = 总深度 \times \frac{前街路线价}{前街路线价 + 后街路线价}$$

$$= 70 \times \frac{5\,000}{5\,000 + 2\,000}$$

$$= 50(米)$$

后街影响深度 = 总深度 - 前街影响深度

$$= 70 - 50$$

$$= 20(米)$$

三、矩形街角地价值计算[①]

街角地是指位于十字路口或者丁字路口的土地。计算街角地的价值,可以采用"正旁两街分别轻重估法"。方法是先求取高价街(路线价高的一侧,也称正街),然后计算路线价较低的街(也称旁街)的影响加价。具体步骤为:先根据路线价区分正街和旁街;然后按正街计算土地价值;接着按旁街计算土地价值,并以此为基数计算旁街的影响价;最后将两项加总。

$$V_{单价} = u_0 \times dv_0 + u_1 \times dv_1 \times t \tag{10-26}$$

$$V_{总价} = (u_0 \times dv_0 + u_1 \times dv_1 \times t) \times (f \times d) \tag{10-27}$$

式中,V 为土地价值;u_0、u_1 分别为正街、旁街的路线价;dv_0、dv_1 分别为正街、旁街深度价格调整系数;t 为旁街影响加价率;其他符号同前。

四、三角形土地价值计算[②]

要计算一边临街直角三角形土地的价值,可以先将其补足成为矩形,然后按矩形计算土地价值,最后乘以一边临街直角三角形土地单价调整系数(即该三角形土地占

---

① 柴强. 房地产估价[M]. 10 版. 北京:首都经济贸易大学出版社,2022:406.
② 柴强. 房地产估价[M]. 10 版. 北京:首都经济贸易大学出版社,2022:407-408.

矩形土地价值的百分比,用 h 表示)。具体公式为：

$$V_{单价}=u\times d_v\times h \qquad (10-28)$$

$$V_{总价}=u\times d_v\times h\times(f\times d)\div 2 \qquad (10-29)$$

【例 10-6】 计算题：如图 10-15 所示,宗地为正三角形土地,深 20 米,临街宽为 24 米,取其高度的一半即 10 米为其临街深度 e（查临街深度指数表）,得其深度指数为 125%。三角形单价调整系数为 50%。求该宗地总价。

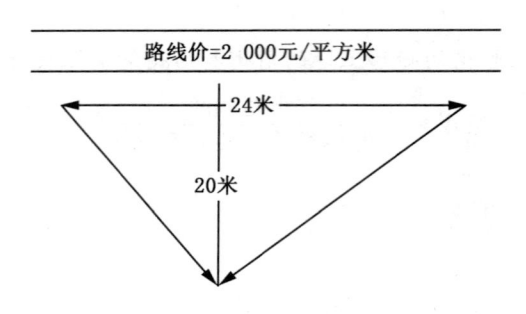

图 10-15 三角形土地地价的计算

解：该宗地总价为：

$2\ 000\times 125\%\times 50\%\times 24\times \dfrac{20}{2}=300\ 000(元)$

五、其他形状土地价值计算

计算梯形、平行四边形等其他形状土地的价值或价格,通常是将其划分为矩形、三角形土地,然后分别计算这些矩形、三角形土地的价值或价格,再将它们相加减。因此,一般只要掌握了一面临街矩形土地、前后两面临街矩形土地、街角地和三角形土地这几种形状和临街状况的土地价值计算,其他形状土地的价值计算问题便可解决。如图 10-16 所示,梯形 ABCD 的土地价值=矩形 ABEF 土地的价值-直角三角形 ADF 土地的价值-直角三角形 BEC 土地的价值。[①]

六、深度百分率表的实例应用[②]

【例 10-7】 计算题：标准深度 100 英尺的普通临街地,划分为与街道平行的四等分,即由临街面算起,第一个 25 英尺的价值占路线价的 40%,第二个 25 英尺的价

[①] 中国房地产估价师与房地产经纪人学会.房地产估价原理与方法[M].北京:中国建筑工业出版社,2022:454-455

[②] 参见 2011 评估师《资产评估》讲义：房地产评估,http://wenku.baidu.com/view/b1c93af4f61fb7360b4c650a.html。

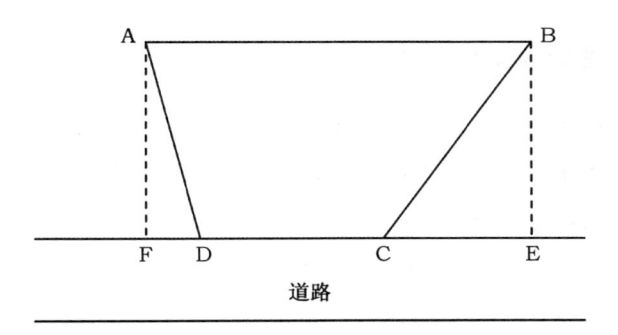

图 10—16 梯形土地地价的计算

值占路线价的 30%,第三个 25 英尺的价值占路线价的 20%,第四个 25 英尺的价值占路线价的 10%。如果超过 100 英尺,则需九八七六法则来补充,即超过 100 英尺的第一个 25 英尺的价值为路线价的 9%,第二个 25 英尺的价值为路线价的 8%,第三个 25 英尺的价值为路线价的 7%,第四个 25 英尺的价值为路线价的 6%。求其深度百分比。

解:50 英尺的累计深度百分率等于前 25 英尺的百分率加上后 25 英尺的单独深度百分率,即:

40%+30%=70%

50 英尺的平均深度百分率=累计深度百分率×标准深度÷宗地深度
$$=70\%\times100\div50$$
$$=140\%$$

125 英尺的平均深度百分率=累计深度百分率×标准深度÷宗地深度
$$=109\%\times100\div125$$
$$=87.2\%$$

200 英尺的平均深度百分率=累计深度百分率×标准深度÷宗地深度
$$=130\%\times100\div200$$
$$=65\%$$

制作深度百分率表如表 10—5 所示。

表 10—5　　　　　　　　　深度百分率表制作示例

深度(英尺)	25	50	75	100	125	150	175	200
单独深度百分率(%)	40	30	20	10	9	8	7	6
累计深度百分率(%)	40	70	90	100	109	117	124	130
平均深度百分率(%)	160	140	120	100	87.2	78	70.9	65

七、四三二一法则的实例应用[①]

【例 10—8】 计算题：临街宗地的路线价为 6 000 元/英尺，该路线价的标准深度为 100 英尺，宗地 A、B、C、D、E、F 的临街深度和宽度如图 10—17 所示。根据四三二一法则，计算各宗地的总地价。

解：根据题意，各宗地的总地价计算如下：

A 的总地价＝6 000×40％×10＝24 000(元)＝2.4(万元)
B 的总地价＝6 000×70％×15＝63 000(元)＝6.3(万元)
C 的总地价＝6 000×90％×20＝108 000(元)＝10.8(万元)
D 的总地价＝6 000×100％×20＝120 000(元)＝12(万元)
E 的总地价＝6 000×109％×25＝163 500(元)＝16.35(万元)
F 的总地价＝6 000×117％×25＝175 500(元)＝17.55(万元)

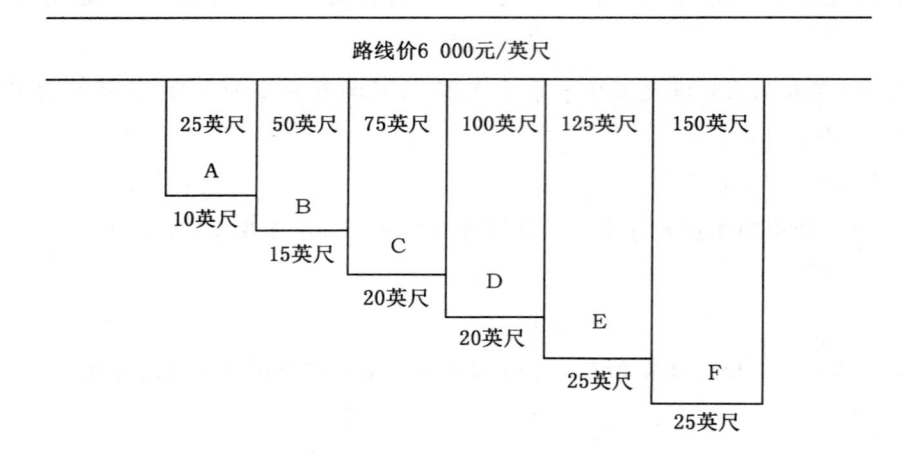

图 10—17　四三二一法则计算宗地价格

本章小结

路线价法又称为路线价估价法，是根据土地价值随距街道距离增大而递减的原理，在特定的街道上设定标准临街深度，从中选取若干标准临街宗地求其平均价格，将此平均价格称为路线价，然后利用临街深度价格修正率或其他价格修正率来测算该街道其他临街土地价值的一种估价方法。其计算公式为：宗地单价＝路线价×深度百分率×其他因素调整系数±修正额。

[①] 张红日.房地产估价[M].2版.北京:清华大学出版社,2016:197—198.

路线价法的操作过程如下：划分路线价区段，设定标准临街深度，选取标准临街宗地，调查评估路线价，制作价格修正率表，计算临界土地的价值。其选取标准临街宗地的具体要求为：①一面临街；②土地形状为矩形；③临街深度为标准临街深度；④临街宽度为标准临街宽度；⑤临街宽度与临街深度的比例（宽深比）适当；⑥用途为所在路线价区段具有代表性的用途；⑦容积率为所在路线价区段具有代表性的容积率；⑧其他方面，如土地使用期限、土地开发程度等也应具有代表性。

深度百分率又称为深度指数，是在同一区段中，随地块临街深度的加深，地价变化的相对程度。深度百分率表又称为深度指数表，是将路线价修正为待估宗地地价的一个系数表。

习题

一、选择题

1. 路线价是（　　）。
   A. 单位地价　　　　B. 宗地地价　　　　C. 道路地价　　　　D. 区域地价

2. 随着临街深度的递增，临街深度价格的修正率递增的是（　　）。
   A. 单独深度价格修正率　　　　　　B. 累计深度价格修正率
   C. 平均深度价格修正率　　　　　　D. 加权深度价格修正率

3. 路线价估价法主要适用于（　　）的估价。
   A. 市场交易地价　　B. 拍卖地价　　　C. 土地课税　　　D. 基准地价

4. 根据路线价的基本原理，特定街道上各宗土地的价格随（　　）。
   A. 土地开发成本的高低而升降　　　B. 用途的改变而升降
   C. 临街深度的增加而递减　　　　　D. 工程管理水平的优劣而升降

5. 深度指数表是指（　　）。
   A. 按距离街道的变化情况编制的地价变化表
   B. 按地价变化而编制的距离变化表
   C. 按建筑高度变化情况而编制的地价变化表
   D. 按距离地下深度的变化情况而编制的地价表

二、判断题

1. 路线价估价法仅适用于城市特定土地的估价。　　　　　　　　　　　　　（　　）
2. 一个路线价区段是指具有同一路线价的地段。　　　　　　　　　　　　　（　　）
3. 路线价估价法能快速评估多宗土地的价格。　　　　　　　　　　　　　　（　　）
4. 几个街道可以设立同一个路线价。　　　　　　　　　　　　　　　　　　（　　）
5. 同一街道，某一侧的繁华状况与对侧有显著差异时，可以形成两个路线价区段。（　　）
6. 路线价是标准临街宗地的宗地总价。　　　　　　　　　　　　　　　　　（　　）
7. 地价实例调查一般应以最近3年内土地交易、租赁以及房屋交易、租赁样本为主要调查对象。　　　　　　　　　　　　　　　　　　　　　　　　　　　　　　　（　　）
8. 标准深度一般只需取路线价区段内临街各宗土地的深度的众数即可。　　　（　　）

三、名词解释

1. 路线价法
2. 标准临街宗地
3. 路线价调整系数
4. 深度百分率

四、简答题

1. 路线价法的基本原理有哪些？
2. 简述路线价法适用的对象和使用条件。
3. 路线价法计算地价的步骤有哪些？

五、计算题

1. 如图 10-18 所示，某地一临街商业街有多块宗地 A、B、C、D、E、F，深度分别为 125 英尺、25 英尺、25 英尺、100 英尺、25 英尺、50 英尺，其中 C、E 不临街，所有宗地的宽度均为 50 英尺，已知该街道路线价为 5 000 元/平方英尺，标准宗地的深度为 100 英尺，宽度为 50 英尺，运用四三二一法则的单独深度百分率、累积深度百分率、平均深度百分率计算图中各宗地的单价。

路线价 5 000 元/平方英尺

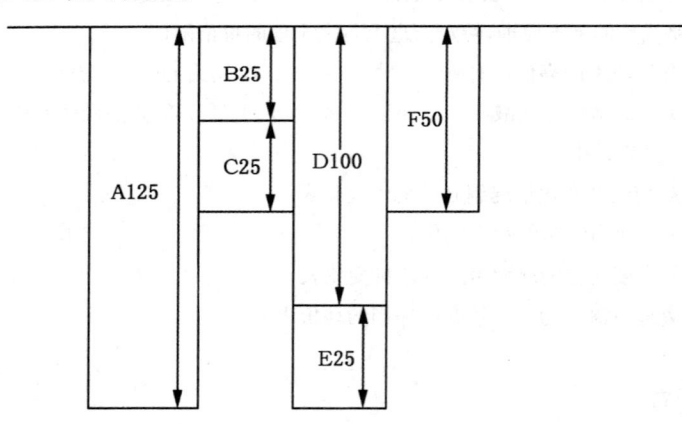

A125　B25　C25　D100　E25　F50

图 10-18　各宗地深度示意

2. 如图 10-19 所示，一块三角形宗地一面临街，路线价为 5 000 元/平方英尺，假设临街深度为 80 英尺的一面临街矩形土地的平均深度价格修正率为 120%，临街深度为 80 英尺的三角形土地的平均深度价格修正率为 60%，计算图中一面临街三角形土地 ABC 的价值。

```
                    E        F     A  ↑
                                       |
                                       | 80英尺
                                       |
                    C        B     D  ↓
```

路线价5 000元/平方英尺

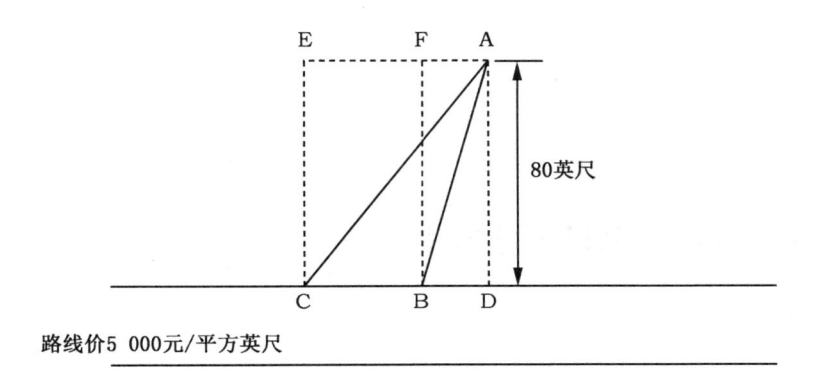

图 10－19　三角形宗地图示

六、论述题

试述路线价法的估价程序。

课堂自测题	案例 10－1
案例 10－2	案例 10－3
拓展资料	阅读书目

第十一章　长期趋势法

学习目的

知识目标：了解长期趋势法的概念、适用对象及条件；理解长期趋势法的特点和作用；熟悉房地产价格指数、房价指数、地价指数的概念和作用；了解长期趋势法估价经常遇到的问题及解决对策。

能力目标：掌握长期趋势法估价的步骤，能够完成长期趋势法估价的基础计算；通过具体案例更好地理解长期趋势法在实际房地产评估中的应用，初步具备使用长期趋势法评估房地产价格的能力。

思政目标：认识房地产市场长期趋势的复杂性，稳妥实施房地产市场平稳健康发展长效机制。

关键概念	思维导图

第一节　长期趋势法的基本原理

一、长期趋势法的概念

长期趋势法是运用预测科学的有关理论和方法，对未来价格进行推测与判断的方法，适用于估价对象或者类似房地产有较长期的历史价格资料可供分析利用的情形。

通常情况下,房地产价格是上下波动的,在短期内一般很难总结出房地产价格的变动规律和发展趋势,但从长期来看,房地产价格仍会显现出一定的变动规律和发展趋势。那么,我们就可以通过一系列的历史数据来预测未来房地产的变动规律及发展趋势。

长期趋势法就是以房地产在过去长时期内形成的规律为基础,并且假定这种在过去形成的趋势在未来依然存在,然后通过历史统计资料和现实数据的搜集,运用统计学的方法对数据进行科学分析,从而推断出相应的规律及未来发展趋势。[1] 例如,当评估或预测某宗或某类房地产价格时,我们可以按照时间顺序将该宗或该类房地产过去的价格材料编制成时间序列,并对该宗或该类房地产在未来某一价值时点上的价格作出科学预测,评估出该宗或该类房地产的价格。

二、长期趋势法估价的步骤[2]

长期趋势法估价的步骤如下:第一步,搜集估价对象或类似房地产的历史和现实价值价格资料,并进行检查和鉴别,以保证其真实。第二步,整理所搜集到的历史和现实价值价格资料,将其化为同一标准(如为单价或楼面地价。化为同一标准的内容和方法与比较法中"建立比较基础"的内容和方法相同),并按照时间先后顺序将它们编排成时间序列,画出时间序列图。第三步,观察、分析这个时间序列,根据其特征选择适当、具体的长期趋势法,找出估价对象的价值价格随着时间的推移而出现的变动规律,得出一定的模式(或数学模型)。第四步,运用所得出的模式去推测、判断估价对象在将来某个时间的价值价格。

三、长期趋势法的适用对象及条件

(一)长期趋势法的适用对象

长期趋势法的适用对象是价值、价格有一定变动规律的房地产。

(二)长期趋势法的适用条件

1. 历史数据要充足

历史数据越充足,时间序列就越长,就越能够避免偶然因素和短期因素带来的不良影响,最终预测也就越准确。通常情况下10年及以上的时间序列可以更有效地估计未来趋势。[3]

---

[1] 柴强. 房地产估价[M]. 10版. 北京:首都经济贸易大学出版社,2022:415-416..
[2] 房地产估价师与房地产经济人学会. 房地产估价原理与方法[M]. 北京:中国建筑工业出版社,2022:465-466.
[3] 赵晓红,赵财福. 房地产估价[M]. 3版. 上海:同济大学出版社,2014:199.

2. 数据要准确和完整

准确和完整才能够确保数据的真实性,从而保证长期趋势法的推测结果更加有效。

四、长期趋势法的特点

(一)带有预测性质的估价结果

与其他几种估价方法不同,长期趋势法是建立在对历史数据进行分析基础之上的估价方法。然而,由于房地产价格受到政策、经济水平、人口结构等多种因素的影响,未来的发展趋势及内在规律不可能单单依靠过去的趋势来作出分析及归纳。因此,长期趋势法的估价结果往往不是十分可靠。这也是为什么在现实房地产估价当中往往采用长期趋势法与其他估价方法相结合来完成估价任务的原因。

(二)时间序列下的房地产价格不具有单一的规律性

长期趋势法进行预测的结果并不是单一的一种趋势,有可能是上升趋势、下降趋势、平稳发展趋势或几种趋势的交替出现,也有可能呈现周期性的变化,甚至可能呈现一定的非规律性。使用长期趋势法的时候也要注意到房地产具有个别性和交易单独性的特点,如果不能找出这些偶然因素,就会直接影响长期趋势法的预测结果。[①]

五、长期趋势法的作用

长期趋势法是房地产评估中一个重要的、必不可少的工具。例如,在房地产价格方面,可以用长期趋势法比较、分析两宗(或两类)以上房地产的价格发展趋势或潜力;在比较法中,可以用长期趋势法对可比实例价格进行交易日期的调整;在收益法中,可以用长期趋势法对未来净收益进行预测;在假设开发法中,长期趋势法可以很好地预测未来开发完成后的房地产价值。此外,在实际的房地产估价过程中,经常会面临一些历史资料缺乏以及需要对未来进行预测的难题,这时就可以很好地运用长期趋势法来进行合理推测。[②]

第二节 长期趋势法的运用方法

长期趋势法的运用十分广泛,那么我们又该如何运用长期趋势法进行趋势预测

[①] 张洪力.房地产估价理论[M].北京:机械工业出版社,2009:202.
[②] 赵小虹,赵财福.房地产估价[M].3版.上海:同济大学出版社,2014:199—200.

呢？通常情况下，根据时间序列的特征不同，长期趋势法用到的基本方法有数学曲线拟合法、平均增减量法、平均发展速度法、移动平均法（简单移动平均法和加权移动平均法）以及指数修匀法。

一、数学曲线拟合法

数学曲线拟合法是根据房地产价格的时间序列逐年增减量的变化情况，确定房地产价格与时间的函数关系，运用最小二乘法求得变动趋势线，对趋势线进行延伸来判断和评估房地产价格的一种趋势方法。数学曲线拟合法包括直线趋势法、指数曲线趋势法和二次抛物线趋势法。下面讨论最常见的直线趋势法。

当估价对象或类似于房地产历史价格的时间序列散点图呈现明显的直线趋势，也就是说我们所预测的对象逐期增加或减少，且被描述在坐标系中其图形近似于一条直线时，就可以采用直线模型进行预测[1]（注意：数据点偏离拟合直线估计值的离差平方的算术平均数的平方根，即估计值的标准误差，不得大于允许的误差值）。直线趋势法的公式为：

$$Y = a + bX \tag{11-1}$$

式中，a、b 为未知参数；X 为自变量，表示时间，一系列的 X 值构成时间序列；Y 为因变量，表示各时期的房地产价格。X 与 Y 的组合形成离散的点，呈现一种直线趋势。

由于 a 和 b 为未知数（a 为直线在 Y 轴上的截距，b 为直线的斜率），因此，如果能够确定 a 和 b 的值，就能够确定直线的位置。通常情况下，可以用最小二乘法来确定 a 和 b，公式如下：

$$a = \frac{\sum Y - b \sum X}{N} \tag{11-2}$$

$$b = \frac{N \sum XY - \sum X \sum Y}{N \sum X^2 - (\sum X)^2} \tag{11-3}$$

式中，N 为期数。

在不影响预测结果的情况下，为了方便起见，可以令 $\sum X = 0$。也就是说，当 X 为奇数时，可以令中间项的 $X = 0$，前后依次对称为 $\{\cdots, -3, -2, -1, 0, 1, 2, 3, \cdots\}$；当 X 为偶数时，可以令中间两项对称，如 $\{\cdots, -3, -2, -1, 1, 2, 3, \cdots\}$。[2] 于是，公式可简化为：

$$a = \frac{\sum Y}{N} \tag{11-4}$$

---

[1] 蒲建明.房地产估价实务、经验和艺术[M].北京：化学工业出版社，2010：103.
[2] 柴强.房地产估价[M].10 版.北京：首都经济贸易大学出版社，2022：417.

$$b=\frac{\sum XY}{\sum X^2} \qquad (11-5)$$

【例 11—1】 计算题：我国某地某类房地产 2015—2023 年的价格如表 11—1 所示。请预测该类房地产在 2024 年的价格。

表 11—1　　　　我国某地某类房地产 2015—2023 年的价格　　　　单位：元/平方米

年 份	房地产价格 Y	X	XY	X^2	$a+bX$
2015	2 200	−4	−8 800	16	1 982.22
2016	2 400	−3	−7 200	9	2 367.22
2017	2 700	−2	−5 400	4	2 752.22
2018	3 000	−1	−3 000	1	3 137.22
2019	3 400	0	0	0	3 522.22
2020	3 800	1	3 800	1	3 907.22
2021	4 200	2	8 400	4	4 292.22
2022	4 700	3	14 100	9	4 677.22
2023	5 300	4	21 200	16	5 062.22
总 计	31 700	0	23 100	60	

解：结合上述概念及公式可以发现，只要知道 a 和 b 的值，就可以对该城市该类房地产的价格进行预测。为方便起见，可将时间序列 X 的值依次设置为：−4，−3，−2，−1，0，1，2，3，4，这样 $\sum X=0$，简化了计算。

已知 $N=9$，且各期的房地产价格已知，令 $\sum X=0$，可以得出 $\sum Y=31\,700$，$\sum XY=23\,100$，$\sum X^2=60$，代入公式可得：

$$a=\frac{\sum Y}{N}=\frac{31700}{9}=3\,522.22$$

$$b=\frac{\sum XY}{\sum X^2}=\frac{23\,100}{60}=385.00$$

因此，该类房地产价格的直线趋势法预测方程式为：

$Y=a+bX=3\,522.22+385.00X$

预测该类房地产在 2024 年的价格 $=3\,522.22+385.00\times 5$
$\qquad\qquad\qquad\qquad\qquad\quad =5\,832.22$（元/平方米）

二、平均增减量法

平均增减量法是根据类似房地产价格的平均增减量来计算各期的趋势值，并用该趋势值作为待估房地产价格的方法。①

如果房地产价格时间序列的逐期增减量大致相同,便可以用最简便的平均增减量法进行预测;如果逐期增减量起伏很大,很不均匀,那么计算出来的趋势值与实际值的偏离就会很大,此时运用平均增减量法预测出的房地产价格的准确性也就会大大降低。②

需要注意的是,待估或类似房地产价格的变动必须是连续的上升或下降,否则不宜采用平均增减量法进行估价。其计算公式为:

$$V_i = P_0 + di \tag{11-6}$$

$$d = \frac{(P_1-P_0)+(P_2-P_1)+\cdots+(P_i-P_{i-1})+\cdots+(P_n-P_{n-1})}{n} = \frac{P_n-P_0}{n} \tag{11-7}$$

式中,V_i 为第 i 期(可为年、半年、季、月等,下同)房地产价格的趋势值;i 为时期序数,$i=1,2,\cdots,n$;P_0 为基期房地产价格的实际值;d 为逐期增减量的平均数;P_i 为第 i 期房地产价格的实际值。

【例 11-2】 计算题:已知某地某区某宗土地 2019—2023 年的价格,现需要预测 2024 年和 2025 年该宗土地的价格,相关数据参见表 11-2。

表 11-2　　　　　　　　2019—2023 年某宗土地价格　　　　　单位:元/平方米

年 份	土地价格	逐年上涨额	土地价格趋势值
2019	781		
2020	813	32	814.5
2021	846	33	848.0
2022	881	35	881.5
2023	915	34	915.0

解:通过 2019—2023 年该类土地价格计算出价格逐年上涨额,我们发现逐期增减量大致相同{32,33,35,34},可以用最简便的平均增减量法进行预测。

2019—2023 年的土地价格已知,通过计算得出逐年上涨额分别为 32、33、35、34,可以计算出这四年逐年上涨额的平均值:

$$d = \frac{32+33+35+34}{4} = 33.50(元/平方米)$$

根据此平均值,可以预测该宗土地在 2024 年的价格为:

---

① 汤鸿,郭贯成.房地产估价[M].2 版.南京:东南大学出版社,2017:192.
② 孙颖.房地产估价理论与实训[M].北京:清华大学出版社,2011:204—205.

$V_5 = P_0 + 5d = 781 + 5 \times 33.5 = 948.50(元/平方米)$

同理，若预测 2025 年该宗土地的价格，则为：

$V_6 = P_0 + 6d = 781 + 6 \times 33.5 = 982.00(元/平方米)$

为了使预测值更加贴近实际，现实估价中运用平均增减量法的时候，通常会对过去各期的增减量进行加权后再计算平均增减量。这些权重一般需要根据评估对象的变动过程和趋势以及估价人员的经验进行确定。针对例 11—2 中的逐年上涨额，可以选用表 11—3 中的不同权重进行加权。①

表 11—3　　　　　　　　　　　　权重对应表

年　份	第一种权重	第二种权重	第三种权重
2020	0.1	0.1	0.1
2021	0.2	0.2	0.1
2022	0.3	0.2	0.2
2023	0.4	0.5	0.6

注：以上权重均为假设值，具体数值要根据实际情况以及估价人员的经验来确定。

如果例 11—2 中的逐年上涨额采用第一种权重进行加权，那么，可以计算出逐年上涨额的加权平均数为：

$d = 32 \times 0.1 + 33 \times 0.2 + 35 \times 0.3 + 34 \times 0.4 = 33.90(元/平方米)$

采用加权后的平均上涨额，预测该宗土地 2024 年的价格为：

$V_5 = P_0 + 5d = 781 + 5 \times 33.9 = 950.50(元/平方米)$

同理，预测该宗土地 2025 年的价格为：

$V_6 = P_0 + 6d = 781 + 6 \times 33.9 = 984.40(元/平方米)$

三、平均发展速度法

平均发展速度法又称为几何平均法，是依据待估或类似房地产价格的平均发展速度来计算各期的趋势值，并以此作为待估房地产价格的方法。②

与平均增减量法要求相似，房地产价格的变动过程要求连续上升或者下降，并且逐期上升或者下降的额度或者比例大体接近。此外，由于越接近价值时点的发展速度对估价越重要，所以可以对过去各期的发展速度加权后再计算平均发展速度，这样评估结果就会更加接近实际。③

---

① 孙颖.房地产估价理论与实训[M].北京:清华大学出版社,2011:206.
② 汤鸿,郭贯成.房地产估价[M].2 版.南京:东南大学出版社,2017:191.
③ 房地产估价师与房地产经济人学会.房地产估价原理与方法[M].北京:中国建筑工业出版社,2022:471.

采用平均发展速度法进行预测的基本公式如下：

$$V_i = P_0 t^i \quad (11-8)$$

$$t = \sqrt[n]{\frac{P_1 P_2 \cdots P_i \cdots P_n}{P_0 P_1 \cdots P_{i-1} \cdots P_{n-1}}} = \sqrt[n]{\frac{P_n}{P_0}} \quad (11-9)$$

式中，t 为平均发展速度；V_i 为第 i 期（可为年、半年、季、月等，下同）房地产价格的趋势值；i 为时期序数，$i = 1, 2, \cdots, n$；P_0 为基期房地产价格的实际值；P_i 为第 i 期房地产价格的实际值。

【例 11－3】 计算题：现需要预测某宗房地产的价格，目前我们获得了该类房地产 2019—2023 年的价格，如表 11－4 所示。请预测该宗房地产 2024 年和 2025 年的价格。

表 11－4　　　　　　　　该类房地产 2019—2023 年的价格　　　　　　单位：元/平方米

年　份	房地产价格的实际值	逐年上涨速度	房地产价格趋势值
2019	5 600		
2020	6 750	120.5	6 780
2021	8 200	121.5	8 200
2022	9 850	120.1	9 920
2023	12 000	121.8	12 000

解：从各年份房地产价格的实际值，可以计算出逐年上涨速度{120.5，121.5，120.1，121.8}。经观察，发现变动过程是连续上升的，并且逐期上升的额度、比例大体接近，因此，可以采用平均发展速度法。

该类房地产 2019—2023 年的价格已知，逐年上涨速度{120.5，121.5，120.1，121.8}已计算出来，那么该类房地产价格的平均发展速度计算如下：

$$t = \sqrt[4]{\frac{P_4}{P_0}} = \sqrt[4]{\frac{12\ 000}{5\ 600}} = 1.210$$

预测该宗房地产 2024 年的价格为：

$$V_5 = P_0 \times t^5 = 5\ 600 \times 1.21^5 = 14\ 520 （元/平方米）$$

同理，该宗房地产 2025 年的价格为：

$$V_6 = P_0 \times t^6 = 5\ 600 \times 1.21^6 = 17\ 580 （元/平方米）$$

注意：与例 11－2 相似，为了使预测值更加贴近实际，现实估价中运用平均发展速度法的时候，也可以对过去各期的上涨速度进行加权后再计算平均发展速度。这里就不再详细叙述。

四、移动平均法

移动平均法是对原有价格按照时间序列进行修匀,即采用逐项递移的方法分别计算一系列移动的时序价格平均数,从而形成一个新的派生平均价格的时间序列,消除价格短期波动的影响,呈现出价格长期的基本发展趋势。在运用移动平均法时,应当按照房地产价格及价值变化的周期长度进行移动平均。①

在通常情况下,移动平均法估价结果的准确性一方面取决于移动跨越区的长短,另一方面也取决于房地产价格资料是否丰富以及此次估价的目的。在掌握一定量的房地产资料的情况下,根据不同的需要,可以根据估价对象的实际情况及估价经验来自由地调节移动平均跨越期的长短。例如,在一般情况下,可以按照房地产价格变化的周期长度进行移动平均;如果想要获得长期变动的趋势值,就可以把移动平均跨越期取得长一些;如果想要趋势值能够更好地反映变动趋势,则可以把移动平均跨越期取得尽可能短一些。

移动平均法可以分为两种:简单移动平均法和加权移动平均法。

(一)简单移动平均法

简单移动平均法又称为算数移动平均趋势法,有一次移动平均和二次移动平均等形式。下面主要介绍最常用的一次移动平均法。② 一次移动平均法就是对移动期分别求算数平均数。具体公式为:

$$M_t^{(j)} = \frac{P_i + P_{i+1} + P_{i+2} + \cdots + P_{i+t-1}}{t} \quad (11-10)$$

式中,$j=1,2,3,\cdots,n-t+1$;P_i 为各期的价格,$i=1,2,3,4,\cdots,n$;t 为移动期,即每一次移动平均数的跨越期(一般取奇数);$M_t^{(j)}$ 为移动期 t 时第 j 个移动平均值。

例如,当 $t=1$ 时,$M_t^{(j)}=P_i$,即移动期为 1 时,平均值即为当期的价格;当 $t=n$ 时,$M_t^{(j)} = \dfrac{\sum_{i=1}^{n} P_i}{n}$,即移动期为所有期数时,平均值即为各期价格的平均数。

【例 11—4】 计算题:假设某地某类房地产 2024 年各个月份的价格如表 11—5 所示,请用移动平均法预测 2025 年 1 月该类房地产在该地的价格。

---

① 房地产估价师与房地产经济人学会.房地产估价原理与方法[M].北京:中国建筑工业出版社,2022:471—472.
② 张洪力.房地产估价[M].北京:机械工业出版社,2009:206.

表 11—5　　某地某类房地产 2024 年各个月份的价格　　单位：元/平方米

月　份	房地产价格实际值	每 5 个月的移动平均数	移动平均逐月上涨额
1	1 670		
2	1 680		
3	1 690	1 684	
4	1 680	1 694	10
5	1 700	1 704	10
6	1 720	1 714	10
7	1 730	1 726	12
8	1 740	1 738	12
9	1 740	1 750	12
10	1 760	1 762	12
11	1 780		
12	1 790		

解：该类房地产各个月份的价格受不确定因素的影响起伏较大，1—4 月时高时低，4—12 月上涨幅度也大小不一。如果不进行合理的分析，就很难发现该类房地产的发展趋势。此时，我们可以考虑移动平均法，通过对房地产价格历史数据的时间序列的修匀来消除价格短期波动的影响，从而发现价格变动的基本发展趋势并预测未来的价格。[①]

根据时间序列的序数和变动周期来决定移动期，这里以每 5 个月为移动期来计算移动平均数（见表 11—5 第三列）。根据每 5 个月的移动平均数计算出逐月上涨额（见表 11—5 第四列）。

现在需要预测 2025 年 1 月该地该类房地产价格。计算方法为：最后一个移动平均数与 2025 年 1 月相差 3 个月，则预测结果为：

1 762+12×3＝1 798（元/平方米）

2025 年 1 月该类房地产在该地的价格为 1 798 元/平方米。

注意：简单移动平均法只适合用来进行近期预测，并且要求预测目标的发展趋势变化不大。如果目标的发展趋势存在其他变化，运用简单移动平均法就会产生较大的预测偏差。[②]

[①] 房地产估价师与房地产经济人学会.房地产估价原理与方法[M].北京：中国建筑工业出版社，2022：472.

[②] 张洪力.房地产估价理论[M].北京：机械工业出版社，2009：208—209.

(二)加权移动平均法

加权移动平均法是将价值时点之前若干时期的房地产价格的实际值经过加权之后,再采用类似简单移动平均法的方法进行趋势估计。

与平均增减量法和平均发展速度法相类似,由于各个时点的数据对估价对象的重要性不一样,所以可以对过去各期的房地产价格实际值进行加权后再进行移动平均,这样评估结果就会更加接近实际。

在简单移动平均法的基础上,我们对不同时期的房地产价格赋予不同的权数,得到的公式为:

$$F_t^{(j)} = \frac{w_1 p_i + w_2 p_{i+1} + w_3 p_{i+2} + \cdots + w_i p_{i+t-1}}{\sum_{k=1}^{t} w_k} \quad (11-11)$$

式中,P_i 为各期的价格,$i=1,2,3,4,\cdots,n$;t 为移动期,即每一次移动平均数的跨越期(一般取奇数);w_k 为各期相对应的权重,$k=1,2,3,\cdots,t$;$F_t^{(j)}$ 为移动期 t 时的第 j 个移动加权平均值,$j=1,2,3,\cdots,n-t+1$。

例如,假设以 5 为移动期,由远期到近期的权重分别定为 1、2、3、4、5(近期价格相比远期对估价影响更大,因而赋予更大的权重),那么可以得到式(11-12)和式(11-13):

$$F_5^{(1)} = \frac{P_1 + 2P_2 + 3P_3 + 4P_4 + 5P_5}{15} \quad (11-12)$$

$$F_5^{(2)} = \frac{P_2 + 2P_3 + 3P_4 + 4P_5 + 5P_6}{15} \quad (11-13)$$

【例 11-5】 计算题:仍然以例 11-4 中的数据为例,并且假设由远期到近期的权重分别为 1、2、3、4、5,那么 2025 年 1 月该类房地产在该地的价格又是怎样的呢?

表 11-6　　　　　　某地某类房地产 2024 年各个月份的价格　　　　单位:元/平方米

月　份	房地产价格实际值	每5个月的加权移动平均数	加权移动平均数逐月上涨额	加权后的逐月上涨额
1	1 670			
2	1 680			
3	1 690	1 688		
4	1 680	1 700	12	
5	1 700	1 712	12	
6	1 720	1 724	12	10.9
7	1 730	1 732.7	8.7	11.8

续表

月 份	房地产价格实际值	每5个月的加权移动平均数	加权移动平均数逐月上涨额	加权后的逐月上涨额
8	1 740	1 744	11.3	12.4
9	1 740	1 758	14	
10	1 760	1 771.3	13.33	
11	1 780			
12	1 790			

解：

每5个月的加权移动平均数：

$$\frac{1670\times1+1680\times2+1690\times3+1680\times4+1700\times5}{1+2+3+4+5}=1\ 688(元/平方米)$$

依次类推，可以得到表11－6第三列中每5个月的加权移动平均数。

加权移动平均数逐月上涨额：

$1\ 700-1\ 688=12(元/平方米)$

依次类推，可以得到表11－6第四列中的逐月上涨额。

加权后的逐月上涨额：

$(12\times1+12\times2+12\times3+8.7\times4+11.3\times5)/(1+2+3+4+5)=10.90(元/平方米)$

依次类推，可以得到表11－6最后一列的数据。

因此，我们可以预测2025年1月该地该类房地产的价格为：

$1\ 771.3+12.4\times3=1\ 808.50(元/平方米)$

五、指数修匀法

指数修匀法又称为指数平滑长期趋势法，是以本期的实际值和本期的预测值为依据，通过修匀之后得到下一期预测值的一种方法。指数修匀法又分为一次指数修匀法和二次指数修匀法。下面主要讲解最常用的一次指数修匀法，其公式为：

$$V_{i+1}=V_i+a(P_i-V_i)=aP_i+(1-a)V_i \tag{11－14}$$

式中，P_i为第i期的实际值，V_i为第i期的预测值，V_{i+1}为第$i+1$期的预测值，a为修匀常数($0\leqslant a\leqslant1$)。

指数修匀法改进了移动平均法的两个不足之处：一方面，它不需要像移动平均法那样存储大量的历史数据；另一方面，它考虑了各期数据的重要性并且使用了全部历史资料。也就是说，指数修匀法实质上是一种特殊的加权移动平均趋势法。它主要有以下两个特点：第一，指数修匀法强调了近期对估价结果的影响，这往往更加符合实际情况；第二，权数的改变更加方便，通过调整修匀系数 a，就可以改变权重。[1]

用指数修匀法进行预测的关键在于确定 a 的数值。一般认为 a 的数值可以通过试算来确定。例如，对同一个预测对象用 0.3、0.5、0.7、0.9 进行试算，用哪个常数 a 修正的预测值与实际值的绝对误差最小，那就以这个常数来修正最为合适。[2]

修匀系数 a 其实就是当期实际值与预测值的分配比值，a 对估价结果影响很大。如果 a 越小，则预测值 V_i 所占比重就越大（当 $a=0$ 时，下一期的预测值就等于上一期预测值，即 $V_{i+1}=V_i$）；如果 a 越大，则实际值 P_i 所占的比重就越大（当 $a=1$ 时，下一期的预测值就等于上一期的实际值，即 $V_{i+1}=P_i$）。

一般情况下，修匀指数 a 可以根据房地产价格的长期趋势和季节性变动情况而定。当房地产价格的长期趋势接近某个稳定的常数时，a 取中间值，即 0.4～0.6；当房地产价格呈现明显的季节性变化时，a 取较大值，即 0.6～0.9；当房地产价格的长期趋势变动比较缓慢时，a 取较小值，即 0.1～0.4。[3]

【例 11-6】 计算题：若 2024 年 12 月某地某区住宅商品房的估价为 22 250 元/平方米，实际价格为 22 320 元/平方米，$a=0.6$。请运用指数修匀法来估算该商品房 2025 年 1 月的价格。

解：

根据已知数据及指数修匀法的公式，可以得到该商品房 2025 年 1 月的价格为：

$V_{i+1}=aP_i+(1-a)V_i=0.6\times 22\ 320+(1-0.6)\times 22\ 250=22\ 292$（元/平方米）

上例只是一个简单的计算，然而在现实估价中，指数修匀法往往比较复杂，除了确定修匀指数 a 之外，还需要估价人员根据经验对计算结果进行修正，这样才能作为最后的估价结果。

第三节 房地产价格指数

房地产价格既是重要的生产资料价格，又是重要的生活资料价格，在价格体系中处于基础性地位。房地产价格高低、涨幅大小不仅影响市场物价总水平的变化，而且关系到生产和社会发展，因而是反映国民经济运行情况的重要指标。近年来，随着我

---

[1] 张洪力.房地产估价理论[M].北京:机械工业出版社,2009:212.
[2] 房地产估价师与房地产经济人学会.房地产估价原理与方法[M].北京:中国建筑工业出版社,2022:473.
[3] 张洪力.房地产估价理论[M].北京:机械工业出版社,2009:212—213.

国房地产业的迅速发展,房地产市场不断扩大,房地产价格对社会生产和生活的影响越来越明显。适应社会主义市场经济和房地产业发展的要求,开展房地产价格指数编制工作,对于提高政府经济决策质量、加强宏观调控、正确引导市场价格、促进经济结构调整、引导企业合理确定投资方向和经营目标、减少房地产开发投资的盲目性都具有重要的意义。① 因此,开展房地产价格指数编制工作是加强和改进宏观调控的需要。

那么,什么是房地产价格指数?房地产价格指数如何编制?在房地产估价中又该如何应用房地产价格指数?本节将会对房地产价格指数进行全面、系统的介绍。

一、房地产价格指数的概念

价格指数是一个反映市场变化的动态衡量指标,在众多行业都有较大的发展和广泛应用。在房地产行业,房地产价格指数是一个反映一定时期内房地产价格变动趋势和变动程度的相对数,是通过百分数的形式来反映房价在不同时期的涨跌幅度。

更确切地说,房地产价格指数是一种所谓的"纯价格指数",即价格指数仅反映市场供求变化和货币购买力变化引起的价格变化,剔除了由于房地产质量等其他因素改变而引起的价格变化。也就是说,要保持房地产的"同质性"(用于比较的基期房地产和报告期房地产具有相同的品质,如区位、环境、质量等)。然而房地产又具有很明显的"个别性"(不同的两宗房地产,即使是同一宗房地产在不同时期,也会表现出品质的差异性),因此,房地产价格指数的编制就十分复杂。②

二、房地产价格指数的编制方法

目前世界各国的房地产价格指数多种多样,编制方法也各有不同,但归结起来有以下五种:成本投入法、中位数价格法、重复交易法、特征价格法、混合模型法。

（一）成本投入法

成本投入法是根据营造各项投入成本(包括材料及人工费用等)的变化情况,以算术平均法来计算房地产价格指数的方法。成本投入法是早期的房地产价格指数的重要编制方法。

成本投入法主要有以下两个方面的缺陷:第一,受市场供求的变化影响,房地产价格不断变化。由于生产力显著提高,一般情况下成本投入法会造成高估价倾向。第二,土地和二、三级市场上的房屋(尤其是写字楼和商业性楼宇)价格都是产出价格。

---

① 国家计委,国家统计局.关于开展房地产价格指数编制工作的通知[Z].1997.
② 卢新海.房地产估价——理论与实务[M].2版.上海:复旦大学出版社,2010:255—256.

这些价格是由房地产的效用和供求关系决定的,而与生产成本关系较小。因此,成本投入法不能够用来反映土地价格和二、三级市场的房屋价格波动。现在通常已经不再使用这种编制方法。[①]

(二) 中位数价格法

中位数价格法是选取房地产售价的中位数来编制价格指数的方法。房地产市场价格易受极端值(即最高值和最低值)影响,而中位数价格能很好地反映市场变动的集中趋势,具有比较强的代表性。

从统计学角度讲,中位数仅与数据的排列位置相关,某些数据的变动对中位数没有影响。当一组数据中的个别数据变化较大时,可以用中位数来描述数据的集中趋势。中位数价格法不需要复杂的编制程序并且数据收集难度较小,仅需要排序取中间值。

中位数价格法比简单算术平均法更能反映样本的总体特征。同时,中位数价格法比加权平均价格法更能够反映房地产市场的真实情况,因为加权的方法主要用于抽样的情况下,以少量的抽样样本模拟全部交易样本价格变化,代表性不强。[②] 但是,中位数价格法没有考虑房地产品质差异的问题,随着时间的变化,这种方法编制的指数在衡量房地产价格变化时会产生较大误差。

(三) 重复交易法

重复交易法是根据同一宗房地产在不同时期售出的价格,利用重复售出模型来计算房地产价格指数。一般公式为:

$$\ln V_1 - \ln V_2 = \sum (B_{i2} \ln X_{i2} + r_2 T_2) - \sum (B_{i1} \ln X_{i1} + r_1 T_1) + e \quad (11-15)$$

式中,V_1 为房屋在第一次出售时的价格;V_2 为该房屋在第二次出售时的价格;i 为求和的变量,表示在两次出售时必须考虑的 i 个房屋品质;X 为描述房屋特征的品质;B 为各个品质影响的系数;T_1、T_2 为房屋售卖期的哑元变量(即它们的取值只能是 0 或者是 1);r_1、r_2 分别为在 T_1、T_2 两期房屋售出时的价格;e 为随机误差项,它应该服从 0~1 的正态分布。

当同一个房屋在两次售出期间,它的品质均未发生改变时,上式可以简写为式 (11-16)。

$$\ln\left(\frac{V_2}{V_1}\right) = r_2 - r_1 + e \quad (11-16)$$

---

① 赛娜. 国内外房地产价格指数的编制方法比较[D/OL]. http://www.doc88.com/p-186718471966.html.

② 姚韵萍. 房地产价格指数编制——以上海房地产价格指数编制为例[J]. 上海房地,2009(7):36—38.

这样就容易得出可供时序比较的量 r。[1]

剔除房地产折旧的影响后,这种方法编制的指数可以满足房地产价格"同质性"的需要,免去了控制房地产品质的麻烦。但这种方法仍存在很多缺陷,从而限制了它的使用范围。其缺陷主要可以归结为以下五点:第一,两次重复交易记录下来的房地产数量是十分有限的,这就使样本容量相对较小,很可能造成抽样误差,并且调查长期的交易案例成本很高;第二,忽视了一次性交易而只考虑重复交易,这很难保证编制出的价格指数具有市场参考意义;第三,重复交易中交易的时间间隔很难与指数要求的周期相匹配;第四,房产再交易时间间隔通常较长,期间发生的重大修正和本质变动会影响房地产价格指数的真实性;第五,实际上楼龄和使用年限对房产本身的价格影响也很大,用重复交易法编制的房地产指数可能无法真实反映房地产的供求关系。[2]

(四)特征价格法

特征价格法是指运用该方法来编制房地产价格指数是基于特征价格理论来进行的。特征价格理论认为,一种多样性商品具有多方面的不同特征或品质(如房地产商品的面积、楼层、朝向和物业服务等特征),商品价格则是所有这些特征的综合反映和表现。当商品的某一方面的特征改变时,商品的价格也会随之改变。特征价格理论可用 Hedonic 函数简单表示为:

$$P = h(C_1, C_2, \cdots, C_n) \qquad (11-17)$$

式中,P 为商品价格,C_i 为该商品的第 i 个特征($i=1,2,3,\cdots,n$)。

特征价格法的基本思路为:由于各个特征的数量及组合方式不同,房地产的价格会有各种各样的差异。通过把影响房地产价格的各个因素分解,就可以找出各影响因素的隐含价格。在控制房地产的特征(或品质、数量)固定不变时,可以把这些特征因素剔除,从而反映房地产纯粹的价格变化(即由供求关系引起的价格变动)。[3]

特征价格法的步骤为:第一,选择房地产商品的特征因素,但要注意的是特征因素的确定要结合该商品的实际情况进行;第二,将各个特征因素量化之后,建立合适的房地产特征价格模型;第三,对大量的房地产商品价格和品质数据进行统计分析,计算出各个特征变量相对应的价格变动系数;第四,基于得出的可比数据,选择合适的指数模型编制出房地产价格指数。[4]

特征价格法的优点在于其理论基础完善,测算方法科学且结果精确。但是,其在

---

[1] 李杰.房地产估价[M].北京:人民交通出版社,2007:198.
[2] 请参阅 http://wiki.mbalib.com/wiki/%E9%87%8D%E5%A4%8D%E4%BA%A4%E6%98%93%E6%B3%95.
[3] 卢新海.房地产估价——理论与实务[M].2 版.上海:复旦大学出版社,2010:259.
[4] 李杰.房地产估价[M].北京:人民交通出版社,2007:199.

我国房地产估价的运用过程中出现了一些问题：首先，我国房地产市场尤其是土地市场不是完全竞争的市场，而特征价格法的理论基础是以完全竞争的市场机制为基础的。因此，在我国用特征价格法编制出的价格指数的准确度会有所下降。其次，在我国房地产市场中，地价及土地品质特征等资料很难获取，而特征价格法是以真实、完整的数据资料为基础的。最后，采用特征价格法时，建立土地价格与各个特征关系的数学模型仍是一个很大的难题。总的来说，特征价格法在我国土地市场的可行性较差。

(五)混合模型法

鉴于特征价格模型和重复售出模型的缺陷，Case K. E. 和 Quigley J. M. 在 1991 年提出了将二者混合，并利用广义最小二乘法(GLS)分析随机误差变量方差的方法。该方法被称为"混合方法"，又称为 Pooled GLS 模型。1997 年，R. Carter Hill、J. R. Knight、C. F. Sirmans 对 Pooled GLS 模型进行了改进，提出了基于最大似然估计法(MLE)的 Pooled MLE 模型。[①]

其中，广义最小二乘法又被称为最小平方法，是一种数学优化技术，它通过最小化误差的平方和找到一组数据的最佳函数匹配。最小二乘法是用最简单的方法求得一些绝对不可知的真值，而令误差平方和为最小。最大似然估计(Maximum Likelihood Estimation)最早由 C. F. 高斯(C. F. Gauss)提出，后来罗纳德·费雪(R. A. Fisher)于 1912 年提出利用样本分布密度构造似然函数来求出参数的最大似然估计。

1. Pooled GLS 模型

Pooled GLS 模型将特征价格模型与重复出售模型(二者都含有折旧系数 θ 和价格指数参数 β)结合起来，用矩阵的形式表示，如式(11—18)所示。

$$\begin{bmatrix} \ln P \\ \Delta \ln P \end{bmatrix} = \begin{bmatrix} XAD \\ OST \end{bmatrix} \begin{bmatrix} \alpha \\ \theta \\ \beta \end{bmatrix} + \begin{bmatrix} v \\ e \end{bmatrix} \text{[②]} \quad (11-18)$$

考虑到异方差的问题，该模型用 GLS 的方法估计此联立方程组的各个参数。

Pooled GLS 模型的优点在于它所需要的价格数据资料容易获得，可以采用特征价格模型和重复出售模型的数据，并且抽样误差较小；缺点在于该模型进行参数估计时会存在多重共线性问题，估计的效果会受到影响。

2. Pooled MLE 模型

Pooled MLE 模型基于最大似然估计法对 Pooled GLS 模型进行了改进。假设一共有 $N+N_R$ 宗房地产的价格数据。其中，N 个数据是特征价格法样本，即该类房地

[①] 蒋一军，裘江辉. 房地产价格指数与 Hedonic 模型[J]. 中国资产评估，1996(3)：30—32.
[②] 董晓明，汪应宏. 房地产价格指数编制方法与改进[D/OL]. http://www.doc88.com/p-249590527003.html.

产只出售过一次;其余的 N_R 宗房地产是重复销售的样本,即同一宗房地产有一次以上的价格资料。

由于存在多重共线性,不失一般性,对于特征价格法样本,假设:

$$v_{it} = \rho v_{it-1} + u_{it} \tag{11-19}$$

式中,ρ 是自相关系数,$|\rho|<1$。进一步假设 u_{it} 具有异方向性[①],$\text{Var}(u_{it}) = \sigma^2 i$,

$$\text{Var}_{v_{it}} = \frac{\sigma_i^2}{1-\rho^2} \sigma_X^2 \tag{11-20}$$

因此,

$$\text{Cov}(v_{it}, v_{it+si}) = \frac{\sigma_i^2 \rho^{si}}{1-\rho^2} \tag{11-21}$$

对于重复销售数据,随机误差项 $e_i = V_{it+si} - V_{it}$ 方差为:

$$\text{Var}(e_i) = \frac{2\sigma_i^2(1-\rho_i^3)}{1-\rho^2} \tag{11-22}$$

假设误差 V_{it} 和 e_i 均服从正态分布,则 $N+N_R$ 宗样本的似然函数为 $L = L_1 + L_2$。式中,

$$L_1 = -\frac{N}{2}\ln(2\pi) - \frac{1}{2}\sum_{i=1}^{N}\ln\left(\frac{\sigma_i^2}{1-\rho^2}\right) - \frac{1}{2}\sum_{i=1}^{N}\frac{V_{it}^2}{\sigma_i^2/(1-\rho^2)} \tag{11-23}$$

L_1 是 N 个特征价格样本的对数似然函数。

$$L_2 = -\frac{N_R}{2}\ln(2\pi) - \frac{1}{2}\sum_{i=1}^{N_R}\left[\frac{2\sigma_i^2(1-\rho^{si})}{1-\rho^2}\right] - \frac{1-\rho^2}{2}\sum_{i=1}^{N_R}\frac{e_i^2}{2\sigma_i^2(1-\rho^{si})} \tag{11-24}$$

L_2 是 N_R 个重复销售数据的对数似然函数。令 $L \to \infty$,估计出方差 σ_i^2 和自相关系数 ρ,然后估计出混合模型中所有未知参数。

Hill 等利用随机模拟试验表明,采用 Pooled MLE 模型估计出的房地产价格指数比其他模型有更小的渐进方差。[②]

Pooled MLE 模型主要有如下优点:第一,价格数据资料容易获得,特征价格法和重复销售模型数据都可用,抽样误差较小;第二,可估计出折旧系数,克服了重复销售模型的缺陷;第三,合理地考虑了序列相关问题,克服了特征价格模型的缺陷,使得估计效果与其他模型相比更加优越;第四,有专门的软件包(例如 SHAZAM、LIMDEP 以及 GAUSS)可以帮助运算,解决对数似然函数 L 非共线性的参数估计问题。

[①] 刘芳. 浅析 Hedonic 方法在建立价格指数中应用[J]. 统计与信息论坛,2003(2):61—63.
[②] Aura S, Davidoff T. Supply constraints and housing price[J]. *Economic Letters*,2008(99):275—277.

三、房地产价格指数的分类

房地产行业具有投资规模大、增长速度快、产业关联度高和交易周期长的特点。那么，如何来衡量各类房地产价格变动程度和变动趋势？这就涉及房地产价格指数的分类。

一般情况下，我国房地产价格指数可以分为两大类：房价指数和地价指数。例如，我们经常看到的中房指数（CREIS）和全国 70 个大中城市房地产价格指数都是常用的房价指数。

（一）房价指数[①]

1. 房价指数的概念

房价指数是指动态描述一定区域各类房地产（例如商业用房、住宅和办公楼）价格变动及其总体价格平均变动趋势和变动程度的相对数。房价指数本身是一种单一指标指数，即通过选取一定数量的房地产价格样本进行指数的编制，用来反映房地产市场的状况。房价指数以房产的市场价格为核心要素，能够系统、准确地反映房价的运动规律。

2. 房价指数的分类

按照市场存在的形态，房价指数可以分为新增商品房价格指数、存量房价格指数、租金价格指数。按照不同物业功能，房价指数可以分为住宅价格指数、写字楼价格指数、商业用房价格指数、厂房仓库价格指数等。

3. 房价指数的编制方法

与之前房地产价格指数编制方法相同，最常用的房价指数编制方法一共有五种：成本投入法、中位数价格法、重复交易法、特征价格法、混合模型法。

4. 房价指数的作用

从横向来讲，房价指数可以用来衡量不同区域房地产市场的发展状况和发展特点；从纵向来讲，房价指数可以进行房价在时间序列上的比较，从而反映价格的波动和房地产市场的供求变化。

在实际应用过程中，房价指数的作用主要体现在以下四个方面：第一，房价指数可以很好地反映房地产市场趋势以及不同物业类型的市场行情；第二，房价指数可以帮助政府相关机构以及房地产相关从业人员提高决策准确度，合理规避投资风险；第三，房价指数可以帮助估价机构判断房地产市场价格的变化趋势，并对待估房地产进行估价期日的修正。

---

① 卢新海.房地产估价——理论与实务[M].2 版.上海：复旦大学出版社，2010：257—258.

(二)地价指数[①]

1. 地价指数的概念

地价指数是反映一定时期内一个城市各类用地(商业、住宅、工业及各类综合用地)的价格变化及其总体综合平均变动趋势和幅度的相对数。其计算公式为：

$$地价指数 = 报告期地价 \div 基准地价 \times 100\% \qquad (11-25)$$

地价指数是反映地价波动情况和评定合理地价的重要指标。地价指数小，说明地价波动幅度小，社会经济稳定；相反，地价指数大，则说明地价波动幅度大，经济发展有可能存在过热现象。

2. 地价指数的分类

地价指数可从五个角度进行分类：

按管理层次可以分为乡镇地价指数、县(市)地价指数、省(区、市)地价指数和全国地价指数。

按时间不同可以划分为一般时段(年、半年、季度)地价指数和特殊时段(市场活跃期或低迷期)地价指数。

按土地利用类型可以分为个体指数和综合地价指数。个体指数又称为各用途地价指数，包括商业、住宅、工业用地地价指数；综合地价指数又称为地价总指数，即在商业、住宅、工业用地地价基础上计算出反映区域平均总地价的指数。

按基期不同可以分为定基地价指数和环比地价指数。定基地价指数是指以某一固定年份的地价水平为基准，以后每年地价都与该基准年份地价相比较得出的地价指数；环比地价指数是当年的地价与上一年的地价相比较而得到的地价指数。

按时间和空间可以分为时间地价指数和地域地价指数。时间地价指数是指区域地价随时间连续变化的过程和趋势。地域地价指数是指A地域和B地域地价的相对数，可以比较出不同城市地价的相对情况及土地市场的发育状况。

3. 地价指数的编制

目前，我国地价指数的编制简单来说基本步骤如下：

(1)统一地价内涵，即把差别因素(如土地使用年限、土地开发状况、基准日期、容积率等)修正到一致水平，使修正后的地价具有统一的内涵和可比性。

(2)采集符合要求的样点地价。符合要求的地价样点要具有代表性和稳定性，并能够在地域、土地用途(商业、住宅、工业)、土地级别上存在差异性，以保证样点地价的全面、准确和可持续性。

(3)计算样点地价。按土地交易资料、商铺出租资料、房地产买卖资料三种类型分

[①] 卢新海.房地产估价——理论与实务[M].2版.上海：复旦大学出版社，2010：260—266.

别计算地价。

(4)对样点地价进行修正。将样点地价的一些差别因素修正到同一水平,包括进行交易情况修正(一般采用相对客观的拍卖方式作为标准出让方式)、使用年期修正、容积率修正、土地开发程度修正以及期日修正。

(5)对样点地价进行检验,剔除有非正常交易因素存在的异常样点。

(6)按照相对应的样点地价资料求取(城镇)地价指数。通常会使用到如下公式[①]:

①求取城镇分类分级地价均值的计算公式:

$$\overline{P_{ij}} = \frac{\sum_{k=1}^{n} P_{ijk}}{n} \quad (11-26)$$

式中,$\overline{P_{ij}}$ 为第 i 类用途第 j 级土地的单位面积平均地价,P_{ijk} 为第 i 类用途第 j 级土地的样点 k 的单位面积地价,n 为第 i 类用途第 j 级土地监测样点的样本数。

②求取城镇分类(用途)地价均值的计算公式:

$$\overline{P_i} = \frac{\sum_{j=1}^{m} \overline{P_{ij}} Q_{ij}}{\sum_{j=1}^{m} Q_{ij}} \quad (11-27)$$

式中,$\overline{P_i}$ 为第 i 类用途土地的单位面积平均地价;$\overline{P_{ij}}$ 为第 i 类用途 j 级土地的单位面积平均地价;Q_{ij} 为第 i 类第 j 级土地的权重值,可取第 i 类第 j 级土地的面积;m 为第 i 类用途土地的级别数。

③求取城镇地价均值的计算公式:

$$\overline{P} = \frac{\sum_{i=1}^{h} \overline{P_i} Q_i}{\sum_{i=1}^{h} Q_i} \quad (11-28)$$

式中,$\overline{P_i}$ 为综合地价;$\overline{P_{ij}}$ 为第 i 类用途土地的单位面积平均地价;Q_i 为第 i 类用地权重值,可取第 i 类用途土地面积;h 为城镇土地按用途划分的级别数。

④求取城镇分类(分用途)定基地价指数的计算公式:

$$I_i = \frac{\overline{P_i^t}}{\overline{P_i^o}} \quad (11-29)$$

式中,I_i 为第 i 类用地的定基地价指数,i 表示商业、工业或住宅等各类用地,$\overline{P_i^t}$ 为报

---

① 卢新海.房地产估价——理论与实务[M].2版.上海:复旦大学出版社,2010:267—269.

告期 t 时第 i 类用途土地的单位面积平均地价，$\overline{P_i^o}$ 为基期 o 时第 i 类用途土地的单位面积平均地价。

⑤求取城镇分类(分用途)环比地价指数的计算公式：

$$I_c = \frac{\overline{P_i^t}}{\overline{P_i^{t-1}}} \tag{11-30}$$

式中，I_c 为第 i 类用地的环比地价指数，$\overline{P_i^t}$ 为报告期 t 时第 i 类用途土地的单位面积平均地价，$\overline{P_i^{t-1}}$ 为报告期前一期第 i 类用途土地的单位面积平均地价。

⑥求取城镇综合定基地价指数的计算公式：

$$I = \frac{\overline{P_t}}{\overline{P_o}} \tag{11-31}$$

式中，I 为城镇地价指数，$\overline{P_t}$ 为报告期城镇综合平均地价，$\overline{P_o}$ 为基期城镇综合平均地价。

⑦求取城镇综合环比地价指数的计算公式：

$$I_c = \frac{\overline{P_t}}{\overline{P_{t-1}}} \tag{11-32}$$

式中，I_c 为城镇环比地价指数，$\overline{P_t}$ 为报告期城镇综合平均地价，$\overline{P_{t-1}}$ 为报告期前一期城镇综合平均地价。

4.地价指数的作用

地价指数的作用主要体现在以下几个方面：第一，地价指数作为一个动态变化的相对数，可以客观地反映各个城市不同类型的土地价格平均以及综合变动情况；第二，地价指数为政府宏观调控、制定土地政策提供依据，有助于科学调整土地资源供给的范围、价格、数量和类型，引导土地市场健康运行；第三，地价指数可以帮助房地产相关从业人员作出科学、准确的决策，一方面为房地产开发商进行投资决策和规避风险提供指导，另一方面为房地产中介咨询服务机构提供参考依据；第四，地价指数有助于及时更新基准地价，简化土地估价工作，方便快捷，省时省力。[①]

四、国内与国外房地产价格指数比较

(一)国内房地产价格指数

伴随着我国房地产市场的建立和发展，为了有助于投资者、房地产从业人员以及政府决策者作出科学决策，政府部门以及民间机构相继推出了一系列房地产价格指

---

① 聂鑫炎.商业地价指数研究——以浦东新区为例[D/OL]. http://www.doc88.com/p-683738843766.html.

数,总计有十几种之多,如中房指数、全国70个大中城市房地产价格指数、中国城市二手房指数、纬房指数、戴德梁行指数、深圳房价指数、中原城市指数、上海二手房指数、国泰房价指数、合富标准指数、中国典型城市住房同质价格指数、中国主要城市居住用地价格指数、中国城市住房价格288指数等。其中,中房指数、全国70个大中城市房地产价格指数是这些指数中比较权威的,并被政府、房地产投资商以及房地产咨询公司广泛应用。

目前国内的房地产价格指数主要有以下三个特点:第一,从房地产指数的覆盖范围来看,国内仅有少数几个房地产指数是全国性的。地方性的房地产指数占绝大多数,其中主要是一些房地产市场规模较大、物业结构相对合理的一线城市和二线城市。第二,从编制主体来看,官方指数能够保证数据来源的及时性和稳定性,并且政府部门更能够取得公众信任;民间编制和发布的房地产指数占一部分,多为一些高校、研究机构和企业联合发布。第三,从编制的指数构成来看,房屋销售价格的分类物业价格指数占大多数,随着国家对房屋租赁市场的重视及市场的逐步繁荣,租赁价格指数也占一定比例,但土地交易价格指数相对较少。这说明我国房地产价格指数还不够完整,有待进一步完善。

表11—7列举了其中几种较易从公开渠道获取的我国主要的房地产价格指数。

(二)国外房地产价格指数

与国内房地产市场相比,主要发达国家的房地产市场更加理性和成熟。许多发达国家的房地产价格指数都非常完善,能够准确地提供房地产价格信息,为政府机构、房地产从业人员以及普通居民提供及时、准确的房地产市场信息。

下面主要介绍发达国家(包括美国、加拿大、英国、德国以及澳大利亚)具有代表性的6种房地产价格指数(具体内容见表11—8)。通过学习和了解发达国家具有代表性的房地产价格指数,我们可以对国内外的房地产价格指数进行对比。

第十一章 长期趋势法   359

表 11-7　我国主要的房地产价格指数对比

指数内容	全国范围内城市		上海(1)	上海(2)	香港(3)	香港(4)	台湾(5)
指数名称	全国70个大中城市房地产价格指数	纬房指数[原大数据房价指数(BHPI)]	上海二手房价格指数	上海房屋租赁指数	香港差饷物业估价署价指数	中原城市指数	国泰房地产指数
编制单位	国家统计局	北京国信达数据科技有限公司,中国房地产估价师与房地产经纪人学会,清华大学恒隆房地产研究中心	中国地价动态监测地价指数	中国土地勘测规划院,城市地价动态监测组	上海二手房指数办公室	上海房屋租赁指数办公室	香港差饷物业估价署	中原地产与香港城市大学	国泰建设公司,政治大学台湾房地产研究中心
代表对象	预售项目,新房价格及二手房价格	二手房挂牌价,挂牌量	存量房价格,租赁价格	交易样点交易价格	二手房成交价格及成交量,挂牌量	上海房屋租赁价格	香港地区各类物业售价,租金	香港地区交易楼宇	台湾地区预售及新房屋价格
编制方法	加权综合指数法和特征价格法	固定权数加权平均法	特征价格法,类重复交易法				加权算术平均指数法	特征价格法

续表

指数内容	全国范围内城市		上海(1)	上海(2)	香港(3)	香港(4)	台湾(5)
主要数据	10个城市提供城市综合指数、住宅指数、Hedonic指数、商铺指数、写字楼指数、其中北京、上海、广州、深圳还同时提供二手房指数、别墅指数、普通住宅租赁指数、写字楼租赁指数	土地出让价格指数、房屋销售价格指数、房屋租赁指数以及物业服务价格分类价格指数	二手房挂牌价指数、二手房挂牌量指数、房屋租赁指数、后期将推出成交指数	大数据房价指数(BHPI)、大数据房租指数(BHRI)	全国、全国范围内106个监测城市、区域(重点区域、中东西部、其他主要区域)的综合用途、住宅用途、商服用途、工业用途的地价水平值、增长率、指数	二手房指数	房屋租赁指数	香港地区住宅售价指数及租金指数、写字楼价租金指数、零售楼宇租金及售价指数、分层工厂大厦租金及售价指数、各类物业价及售金指数	中原城市领先指数、中原城市(大型单位)领先指数、中原城市(中小型单位)领先指数、中原城市大型屋苑领先指数	台湾(台北市、新北市、桃园新竹区、台中市、台南市、高雄市)新推个案指数、成交量指数、国泰租金指数
资料来源	各类房地产和土地交易机构,以及地区主管部门,房地产开发企业、房地产中介服务机构和物业管理企业等	通过各地建委月报,市场抽样调查和专家调查问卷的形式进行收集	全国千余家主要地产网站,采集覆盖300多个地级以上城市的二手住房出租和出售的交易信息	互联网大数据	各地土地交易市场	监测控制点的成交、挂牌数据	送交土地注册处注册的住宅楼宇买卖合约	政府土地注册登记的住宅楼宇记录;中原地产代理有限公司初步合约成交价	该公司对调整体市场调查资料

部分资料来源:余劲、王政冶.国内外房地产价格指数及其研究现状探析[J].生产力研究,2011(1):121—123;中国城市二手房指数来源于 http://www.cchindex.com;纬房指数来源于 http://www.zfdsj.org;中国地价动态监测地价指数来源于 http://www.landvalue.com.cn;上海二手房价格指数来源于 http://www.ehomeday.com/others/temp_lianshou/temp_zhishu.asp;上海房屋租赁指数来源于 http://www.ehomeday.com/cyfw/zlzs_more.asp;中原城市指数来源于 http://www1.centadata.com/cci/cci.htm;国泰房地产指数来源于 http://www.cathay-red.com.tw/news.asp? id=2;香港差饷物业估价署网站,https://www.rvd.gov.hk。

表 11—8　　　　　　　　　　　　　国外主要房地产价格指数

指数名称	美国 Case-Shiller 房价指数	美国住宅价格指数	加拿大全国综合房屋价格指数	英国住宅价格指数 Halifax HPI	德国住宅房屋价格指数	澳大利亚住宅物业指数
编制单位	Fiserv 公司	美国联邦住宅供给机构监察办公室	Teranet 公司和加拿大国民银行	英国房屋抵押贷款协会	Hypoport 公司	LJ Hooker 和 BIS Shrapnel 公司
代表对象	单户住宅价格	住宅价格的变动	公寓、城镇房屋和住宅销售价格	抵押住房	住宅物业	住宅物业
编制方法	重复销售法	重复销售法	重复销售法	特征价格法	加权平均和特征价格法	重复销售法
主要数据	全国房屋价格指数、20 个城市综合指数、10 个城市综合指数	美国 50 个州及华盛顿特区的房价评估和排名；美国九大地区房价百分比变化；对 222 个大都市的房价评估排名	温哥华、卡尔加里、多伦多、渥太华、蒙特利尔和哈利法克斯区域指数（6 个指数赋予不同权重，形成一个国家综合指数）	综合价格指数，独栋、联体、叠拼、公寓指数，首次购房者指数，多次购房者指数，新、半新、旧房屋指数	HPX 特征指数和 HPX 平均指数	悉尼、墨尔本、布里斯班、阿德莱德、堪培拉、珀斯、霍巴特和达尔文住宅价格指数
资料来源	单户住宅价格资料来自多种渠道	联邦全国抵押贷款协会和联邦住宅抵押贷款公司提供的抵押贷款交易数据	公共土地登记册	每个月的全国房屋抵押贷款房屋数据	私人抵押贷款所产生的 EUROPACE 平台	公司广泛的办事处网络

资料来源：余劲，王政治．国内外房地产价格指数及其研究现状探析[J]．生产力研究，2011(1)：121—123．

与国外房地产指数相比，我国房地产指数的编制还有许多不足之处，具体可归结为以下几个方面：第一，从房地产价格指数的编制方法来看，我国大多数房地产价格指数仍以简单粗糙的加权平均法为主，缺乏准确性。第二，从样本及数据选择来看，我国数据来源较为单一且样本抽取方法较为简单，数据的质量和合理性受到影响。第三，从房地产价格指数的覆盖范围来讲，一方面，我国房地产价格指数种类少，不能包括所有的物业类型，不能充分反映房地产市场的真实信息；另一方面，多数指数仅覆盖一些大中城市，不能衡量我国整体的房地产市场状况。第四，从发布的持续时间来看，政府部门、某些大型企业及研究机构能持续发布相关指数，而有些机构及企业虽然编制的房地产价格指数覆盖面广、参考性较强，但往往不可持续，在发布了一段时间后，就不再更新，给使用者带来不便。

五、房地产价格指数的应用

(一)房价指数的应用

比较法是房地产估价方法中最常用也最成熟的一种方法,尤其在一些房地产市场发达的国家得到了普遍运用。随着我国房地产市场的不断成熟,比较法在我国也开始得到广泛应用。但是,通常情况下,比准实例的交易日期与待估房地产的估价期日(估价期日是指估价结果对应的日期,通常具体到某年某月某日)往往有差异。房地产的市场价格很有可能在此期间发生一定程度的变化。因此,我们需要进行估价期日修正,以保证比准实例的市场价格符合估价期日的实际市场情况。

房价指数在房地产估价实务中有着重要的比准作用,尤其是在比较法中被用来进行市场状况调整。修正的基本公式为:

$$交易情况调整系数 = \frac{价值时点房价指数}{交易日期房价指数} \qquad (11-33)$$

(二)地价指数的应用

在现实的土地评估工作中,持续更新基准地价显得尤为重要。地价指数的编制可以简化估价师的工作。地价指数与基准地价的测算范围、反映地价的角度、地价的内涵以及分类方法都是一致的。因此,采用地价指数来逐年调整或修改城市基准地价是可行的、科学的。其基本思路如图11-1所示。

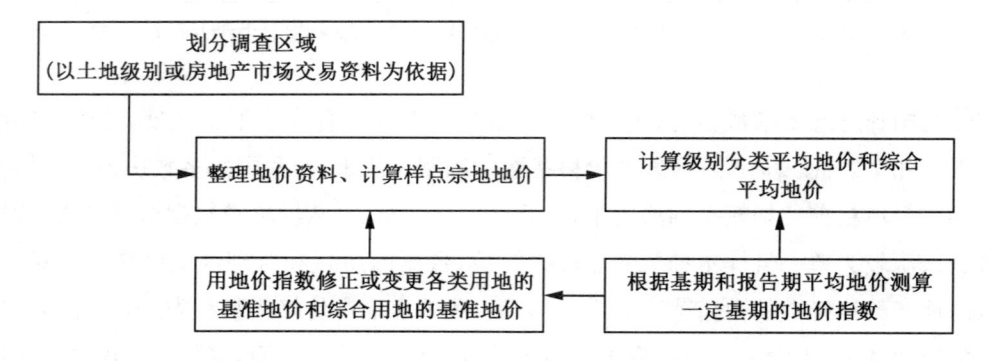

资料来源:李杰.房地产估价[M].北京:人民交通出版社,2007:201.

图11-1 地价指数编制和基准地价变更的基本思路

第四节 长期趋势法中经常遇到的问题及解决的对策建议

与其他估价方法一样,在长期趋势法的应用过程中,也会遇到各种各样的问题,本节将列举一些需要注意的问题及解决对策。

一、长期趋势法的注意要点

长期趋势法的应用十分广泛,那么该如何应用长期趋势法来进行趋势预测呢?前面所述几种方法都有值得注意的问题。

在应用直线趋势法时,要注意当估价对象或类似房地产历史价格的时间序列散点图呈现明显的直线趋势,也就是所预测的对象逐期增加或减少,且被描述在坐标系中其图形近似于一条直线时,可以采用直线模型进行预测。[①] 另外,在不影响预测结果的情况下,为了方便起见,可以令$\sum X=0$。也就是说,当时间序列数 X 为奇数时,可以令中间项的 $X=0$,前后依次对称为$\{\cdots,-3,-2,-1,0,1,2,3,\cdots\}$;当 X 为偶数时,可以让中间两项对称,如$\{\cdots,-3,-2,-1,1,2,3,\cdots\}$。[②] 否则,会给计算带来很大的麻烦。

在应用平均增减量法和平均发展速度法时,要注意房地产价格的变动过程应是连续上升或者下降,并且逐期上升或者下降的额度或者比例大体接近。此外,为了使房地产估价结果更加接近实际,还可以考虑根据评估对象的变动过程和趋势以及估价人员的经验确定一定的权数,并对过去各期的增减量进行加权后再进行相应的计算。

在应用移动平均法时,我们可以根据估价对象的实际情况及估价经验来自由地调节移动平均跨越期的长短。一般情况下,我们可以按照房地产价格变化的周期长度进行移动平均;如果想要获得长期变动的趋势值,则可以把移动平均跨越期取得长一些。这样可以使估价结果更准确、更能够体现房地产市场的内在规律。

在应用指数平滑法时,我们可以根据房地产价格的长期趋势和季节性变动情况来确定修匀指数 a。当房地产价格的长期趋势接近某个稳定的常数时,a 取中间值,即 $0.4\sim0.6$;当房地产价格呈现明显的季节性变化时,a 取较大值,即 $0.6\sim0.9$;当房地产价格的长期趋势变动比较缓慢时,a 取较小值,即 $0.1\sim0.4$。

二、长期趋势法在应用中存在的问题及对策建议

(一)应用范围的常见误区及对策建议

一些有关房地产估价的研究指出,长期趋势法可以用来评估某一房地产在未来某时点上的价格。其实,这种观点是长期趋势应用中的一个常见误区。现在,我们通过剖析这个误区来探讨长期趋势法的应用范围。

[①] 蒲建明. 房地产估价实务、经验和艺术[M]. 北京:化学工业出版社,2010:103.
[②] 柴强. 房地产估价[M]. 10 版. 北京:首都经济贸易大学出版社,2022:417

造成上述误区的原因为：第一，房地产的价格只有在房地产交易时才能够体现出来。对某一房地产来说，它不可能在历史各个时期都在进行交易，所以搜集某一具体房地产的时间序列资料是不可能的。第二，如果通过其他独立的方法评估出某一具体房地产在过去各个时间点上的价格，然后运用长期趋势法进行预测也是不可取的。这样做不仅会使评估存在更多的主观因素，不能真实地反映该房地产价格变动的规律，还会使评估过程显得过于烦琐、缺乏可操作性。第三，对于某个房地产来说，实物状况的影响就会显得十分突出，其价格随时间变化很难显现出较规则的内在规律。[①]

事实上，长期趋势法在房地产估价中的应用，重点不在对单个房地产价格的评估，而主要是对某类房地产价格在未来时点上的价格预测和推断。具体来说，长期趋势法评估房地产价格主要应用在以下几个方面：第一，用来预测各类房地产价格未来的变动趋势，为政府相关部门及房地产从业人员提供决策支持；第二，用来预测各类房地产价格在未来某时点上的平均价格水平，有助于房地产价格指数的编制；第三，用来比较各类房地产价格之间价位水平和发展趋势，有助于掌握各类房地产价格的比例关系；第四，对房地产估价的比较法中有关比较实例价格的交易日期进行修正；第五，对房地产估价的成本法中建造建筑物重置价值进行估算；第六，可以用于土地基准地价、标定地价和各类房屋重置造价的动态监测和调整；第七，可以填补某类房地产价格历史资料的缺乏。

明确了长期趋势法在评估房地产价格的应用范围，我们便可以避免走进误区。

(二)交易日期修正的相关问题及对策建议

首先，价格长期趋势这种修正方法不能够在评估中单独使用，而更多的是作为补充和验证的方法。价格的长期趋势依据的是土地市场的历史资料。通过移动平均法、平均发展速度法、数学曲线拟合法等基本方法的处理，可以消除周期变动和不规则变动，从而计算出土地价格的长期变化趋势并得出调整系数。然而，影响土地价格及其变动的因素是错综复杂并不断变化的，因此，土地市场不会是过去的简单重复。采用价格长期趋势得出的调整系数很难反映现时市场的变动需求。[②]

其次，价格长期趋势这种修正方法更多的是将短周期的地价年上涨率作为地价的长期趋势。一般而言，3年仍属于一个易受各种因素影响的短周期，不能够真实地反映价格变动的内在规律和长期趋势。长期趋势一般采用8年的中周期来进行计算。但是，作为一种稀缺资源，土地的价格往往是由需求方决定的。投资和需求的变化在短周期内更能够很好地表现出来。

[①] 杜葵,钱永峰.长期趋势法评估房地产价格应注意的两个问题[J].基建优化.1999(6):33—35.
[②] 郁亮华.基准地价系数修正法中如何进行交易日期修正[J].中国资产评估,2007(1):34—35.

【例 11—7】 计算题：一份报告显示，从 2021 年 1 月 1 日到 2024 年 1 月 1 日，某地商业地价上涨 20.57%，平均年上涨率为 6.43%。请运用价格趋势法计算基准地价交易期日的调整系数。

解：正如前面所提到的注意问题，鉴于土地的特殊性，3 年的短周期可以很好地反映土地的投资和需求变化。因此，可以用短期的地价年平均上涨率作为地价的长期变化趋势。

修正系数 = (1 + 地价平均年上涨率)^{年期} = (1 + 6.43%)^3 = 120.56%

故该地 2024 年 1 月 1 日基准地价的交易期日调整系数为 120.56%。

第五节 长期趋势法的运用举例

目前，我国房地产市场还不够成熟，供需失衡的现象普遍存在。合理地调控商品房供应就成为政府宏观调控的一大难题。长期趋势法就是一种在实践中可行的房地产需求预测方法。

一、背景资料

我国房地产业起步晚，直到 1998 年下半年，全国城镇才停止了住房的实物分配，实行住房分配的货币化。当时大部分商品房交易都经历了从无到有、从小到大的过程。在 21 世纪初期，商品住宅的供需总量都以前所未有的速度扩大，但与之相伴的是商品住宅空置率也持续上涨。因此，如何对商品住宅需求量进行科学有效的预测，合理引导房地产市场发展，就显得至关重要。

二、数据资料

2018—2023 年某地新增商品住宅交易量如表 11—9 所示。

表 11—9　　　　2018—2023 年某地新增商品住宅交易量　　　　单位：万平方米

年　份	2018	2019	2020	2021	2022	2023
新建住宅交易面积	1 243.33	1 445.87	1 681.48	1 846.38	2 224.47	3 233.74

三、方法的合理性论证

长期趋势法是房地产估价中一种常用的预测未来房价的方法。那么，长期趋势法能够用来预测房地产需求吗？通过对比，可以发现房地产需求量与价格有许多相似的特点,例如波动性很强,短期内无规律可循,等等。此外,房地产需求与房价还有很大的相关性,即房地产有效需求与房地产价格有着相辅相成的关系。因此,用长期趋势法来预测商品住宅需求量是可行的。

四、长期趋势的基本方法

长期趋势的基本方法包括数学曲线拟合法、平均增减量法、平均发展速度法、移动平均法(简单移动平均法和加权移动平均法)以及指数修匀法。这些方法是否都可以使用呢?预测结果又是否准确?

(一)直线趋势法

用直线趋势法进行预测,结果如表11—10所示。

表11—10　　　　　直线趋势法对商品住宅需求量的预测结果

年份	实际值（万平方米）	预测值（万平方米）	绝对误差（万平方米）	相对误差（%）
2018	1 243.33			
2019	1 445.87			
2020	1 681.48	1 641.03	40.45	2.41
2021	1 846.38	1 872.72	26.34	1.43
2022	2 224.47	2 060.85	163.62	7.36
2023	3 233.74	2 352.24	881.50	27.26

从表11—10中可以发现,随着市场上需求量的快速增加,直线趋势法的预测偏差也越来越大。这主要是因为直线趋势法本身有一定的局限性,即对波动较大的数据预测能力较差。因此,不建议用直线趋势法来预测房地产需求量。

(二)平均增减量法

用平均增减量法进行预测,结果如表11—11所示。

表11—11　　　　平均增减量法对商品住宅交易量的预测　　　单位:万平方米

年份	实际值	增加量
2018	1 243.33	
2019	1 445.87	202.54
2020	1 681.48	235.61
2021	1 846.38	164.90
2022	2 224.47	378.09
2023	3 233.74	1 009.27

从表 11—11 中可以发现,增加量波动十分剧烈,而平均增减量法的应用条件是时间序列变量的逐年增加量大致相同。因此,不建议用平均增减量法来预测房地产需求量。

(三)平均发展速度法

用平均发展速度法进行预测,结果如表 11—12 所示。

表 11—12　　　　　　　平均发展速度法对商品住宅交易量的预测

年　份	实际值 (万平方米)	逐年上涨速度 (%)	预测值 (万平方米)	绝对误差 (万平方米)	相对误差 (%)
2018	1 243.33				
2019	1 445.87	1.16	1 442.26	3.61	0.25
2020	1 681.48	1.16	1 673.02	8.46	0.50
2021	1 846.38	1.14	1 940.71	94.33	5.11
2022	2 224.47	1.16	2 099.93	124.54	5.60
2023	3 233.74	1.21	2 611.42	622.32	19.24

从表 11—12 中可以发现,除 2023 年由于上涨幅度太大导致绝对误差和相对误差较大外,其他几年的预测值与实际值都很接近。平均发展速度法对数据的要求不是很高,自身有较强的修正性。因此,平均发展速度法对商品住宅需求量的预测还是比较可信的。

(四)移动平均法

用移动平均法进行预测,结果如表 11—13 所示。

表 11—13　　　　　　　移动平均法对商品住宅交易量的预测

年　份	实际值 (万平方米)	每两年的 移动平均数 (万平方米)	移动平均数的 逐年上涨额 (万平方米)	预测值 (万平方米)	绝对误差 (万平方米)	相对误差 (%)
2018	1 243.33					
2019	1 445.87	1 344.60				
2020	1 681.48	1 563.68	219.08			
2021	1 846.38	1 763.93	200.26	1 782.75	63.63	3.45
2022	2 224.47	2 035.43	271.50	1 964.19	260.29	11.70
2023	3 233.74	2 729.11	693.68	2 306.92	926.82	28.66

从表 11—13 中可以发现,移动平均法对数据要求较高,在市场不成熟、可用数据资料较少的情况下不适合使用。

（五）指数修匀法

用指数修匀法进行预测，结果如表 11－14 所示。

表 11－14　　　　　　　　指数修匀法对商品住宅交易量的预测

年份	实际值 （万平方米）	预测值 （万平方米）	绝对误差 （万平方米）	相对误差 （％）
2018	1 243.33			
2019	1 445.87	1 243.33	202.54	14.01
2020	1 681.48	1 435.74	245.74	14.61
2021	1 846.38	1 669.19	177.19	9.60
2022	2 224.47	1 837.52	386.95	17.40
2023	3 233.74	2 205.12	1 028.62	31.81

注：$a=0.95$。

从表 11－14 中可以发现，指数修匀法采用固定的系数 a 进行修匀，但是房地产需求的变动是周期性上下浮动的。因此，这种方法也不适合房地产需求量的预测。

五、小结

从长期趋势法的应用来看，平均发展速度法比较适用于对房地产需求量的预测，并且随着房地产市场波动频率越来越低，幅度越来越小，平均发展速度法预测未来房地产需求量的效果也会越来越好。那么，随着房地产市场的不断发展，哪一种基本预测方法会更适合，这还要根据实际情况进行确定。

此外，值得注意的是，在实际的房地产估价当中，通常不会只选择一种基本方法作为最终的结果，而是把几种方法的计算结果进行简单平均或加权平均，以求最终的估价结果更贴近实际。

本章小结

长期趋势法是运用预测科学的有关理论和方法，对未来价格进行推测与判断的方法，适用于估价对象或者类似房地产有较长期的历史价格资料可供分析利用的情形。长期趋势法就是以房地产在过去长时期内形成的规律为基础，并且假定这种在过去形成的趋势在未来依然存在，然后通过历史统计资料和现实数据的搜集，运用统计学的方法对数据进行科学的分析，从而推断出相应的规律及未来发展趋势。长期趋势法估价的步骤如下：第一步，搜集关于估价对象或者类似房地产的历史价格资料，并且进行检查和鉴别；第二步，整理上述搜集到的历史价格资料，按时间排序，形成时间序列；第三步，分析上述时间序列，选择适当的长期趋势分析方法；第四步，依照选定的方法，通过具体公式计算出估价对象的价格。

长期趋势法的适用对象为价格没有明显季节性波动的房地产(土地、房屋建筑物、房地产的买卖、租赁、典当以及抵押)。

长期趋势法的适用条件包括:第一,历史数据要充足。历史数据越充足,时间序列就越长,越能够避免偶然因素和短期因素带来的不良影响,最终预测也就越准确(通常情况下10年及以上的时间序列可以更有效地估计未来趋势)。第二,数据要准确和完整。准确和完整才能够确保数据的真实性,这样才可以保证长期趋势法的推测结果更加有效。

长期趋势法的基本方法有数学曲线拟合法、平均增减量法、平均发展速度法、移动平均法(简单移动平均法和加权移动平均法)以及指数修匀法。

房地产价格指数是一种所谓的"纯价格指数",即价格指数仅反映市场供求变化和货币购买力变化引起的价格变化,而剔除了由于房地产质量等其他因素改变而引起的价格变化。也就是说,要保持房地产的"同质性"(用于比较的基期房地产和报告期房地产具有相同的品质,如区位、环境、质量等)。然而,房地产又具有很明显的"个别性"(不同的两宗房地产,即使是同一宗房地产在不同时期,也会表现出品质的差异性),因此,房地产价格指数的编制就变得十分复杂。

房地产价格指数的编制方法包括成本投入法、中位数价格法、重复交易法、特征价格法、混合模型法。

习题

一、选择题

1. 长期趋势法是运用预测科学的理论和方法,特别是( )和回归分析,对房地产的未来价格趋势作出推测、判断的方法。

A. 指数平滑分析　　B. 趋势拟合分析　　C. 时间序列分析　　D. 相关分析

2. 某地区某类房地产2017—2023年的价格如表11-15所示。根据直线趋势法,预测该地区该类房地产2024年的价格为( )元/平方米。

表11-15　　　　　某地区某类房地产价格　　　　单位:元/平方米

年份	2017	2018	2019	2020	2021	2022	2023
价格	1 800	2 000	2 100	2 300	2 500	2 800	3 000

A. 3 000　　　　B. 3 157　　　　C. 3 357　　　　D. 3 156

3. 某类房地产2020年初至2024年初的价格分别为2 300元/平方米、2 450元/平方米、2 650元/平方米、2 830元/平方米、3 000元/平方米,其增减量的权值为0.1、0.2、0.3、0.4,按平均增减量趋势法估计,以2020年初为基期,则该类房地产与2025年初的价格最接近的是( )元/平方米。

A. 3 100　　　　B. 3 195　　　　C. 3 285　　　　D. 3 300

4. 某城市2018年和2023年普通商品房的平均价格为3 500元/平方米和4 800

元/平方米,采用平均发展速度法预测2025年的价格最接近( )元/平方米。

A. 4 800　　　　B. 3 195　　　　C. 5 800　　　　D. 7 124

5. 某地区某类房地产年价格如表11-16所示。根据平均发展速度法,预测2018年的价格为( )元/平方米。

表11-16　　　　　　某地区某类房地产价格　　　　　　单位:元/平方米

年份	2017	2018	2019	2020	2021	2022	2023
价格	1 800	2 000	2 220	2 460	2 730	3 030	3 360

A. 3 700　　　　B. 3 785　　　　C. 3 737　　　　D. 3 156

6. 下列指数中目前没有持续发布的是( )。

A. 中国70个大中城市房地产价格指数

B. 上海二手房指数

C. 中国主要城市居住用地价格指数

D. 香港差饷物业估价署房价指数

二、多项选择题

1. 运用长期趋势法估价的一般步骤有( )。

A. 搜集估价对象或类似房地产的历史价格资料,并进行检查、鉴别

B. 整理搜集到的历史价格资料,画出时间序列图

C. 观察、分析时间序列,得出一定的模式

D. 以此模式去推测、判断估价对象在价值时点的价格

E. 对未来的价格进行分析和预测

2. 长期趋势法在房地产估价中的功用主要有( )。

A. 在比较法中对交易日期进行调整

B. 在收益法中对未来净收益进行预测

C. 在假设开发法中对未来房地产价值进行预测

D. 在房地产估价中弥补历史资料的缺乏

E. 比较分析两宗或两类以上房地产价格潜力

3. 以下对长期趋势法相关概念描述正确的是( )。

A. 平均增减量法又被称为几何平均法

B. 在平均发展速度法中,越接近价值时点的发展速度对估价越重要

C. 简单移动平均法往往更适合用来进行近期预测

D. 一般情况下,加权之后的预测结果会更加接近实际情况

E. 指数修匀法中的修匀指数 a 本质上是一个权数

4. 下列对房地产价格指数编制方法理解正确的有( )。

A. 成本投入法可以很好地反映二、三级市场的房屋价格变动

B. 中位数价格法很好地反映了市场变动的集中趋势

C. 重复交易法仅考虑重复交易，忽视了一次性交易

D. 特征价格法可以很好地反映出房地产纯粹的价格变化

E. 混合模型法在我国房地产价格指数编制中得到了广泛应用

5. 下列对房价指数的作用理解正确的是（　　）。

A. 房价指数可以很好地反映房地产市场趋势

B. 房价指数可以帮助房地产从业人员合理规避风险

C. 不同地区的房价指数没有可比性，不能用来衡量不同区域房地产市场发展状况

D. 房价指数在比较法中可以进行估价日期修正

E. 房价指数能够反映出不同物业类型的市场行情

6. 下列指数中，在中国应用比较广泛的有（　　）。

A. 中房指数

B. 全国70个大中城市房地产价格指数

C. 中国地价动态监测地价指数

D. 中国典型城市住房同质价格指数

E. 中国主要城市居住用地价格指数

三、判断题

1. 运用平均发展速度法进行估价的其他条件是，房地产价格变动过程持续上升或者下降，并且各期上升或者下降的数额大致接近。（　　）

2. 移动平均法可以消除价格波动的影响。（　　）

3. 只有价格长期趋势呈线性变化时，才能采用直线拟合法预测房地产价格。（　　）

4. 只要已知当期的实际值和当期的预测值，就可以采用指数修匀法。（　　）

5. 一般加权移动平均法比简单移动平均法预测结果更可信。（　　）

6. 移动平均法是对原有价格按照时间序列进行修匀，即采用逐项递移方法分别计算一系列移动的时序价格平均数，形成一个新的派生平均价格的时间序列，借以消除价格短期波动的影响，显现出价格变动的基本发展趋势。（　　）

四、名词解释

1. 长期趋势法

2. 房价指数

3. 地价指数

五、计算题

2024年3月某地某区住宅商品房的价格为28 500元/平方米，实际价格为25 500元/平方米，$a=$

0.55。请运用指数修匀法来估算该商品房 2024 年 4 月的价格。

课堂自测题	案例 11－1
案例 11－2	案例 11－3
拓展资料	阅读书目

第十二章　房地产估价信息系统

📅 **学习目的**

知识目标：掌握信息与数据的关系、信息的特点，了解信息系统的定义、组成和种类。了解房地产估价信息系统以及与房地产估价有关的主要信息系统。

能力目标：熟悉我国目前常用的房地产估价信息系统及其主要功能，掌握主要的操作方法，能够较为快速地熟悉和掌握各估价信息系统的操作方法，并运用于估价实践。

思政目标：通过学习，能够合理使用房地产估价信息系统，准确使用系统的相关基础参数与案例资料，确保评估结果的准确性。

关键概念	思维导图

第一节　信息系统

一、信息与数据

信息是近代科学中产生的一个专门术语，是当今社会一种重要的资源，被广泛地应用于社会的各个领域,并且发挥着至关重要的作用。① 信息,简而言之,是经过加工处理的数据,是客观事物存在方式和运动状态的反映,并且不受载体的物理设备形式改变而改变,向人们或者机器提供各种关于现实世界的知识,对接受者的决策具有价值,并对其行为产生影响。②

数据是客观事物存在方式和运动状态反映的记录,是信息的载体和表现形式。数据不仅包括数字和符号,而且包括文字、声音、图标和图像等。③

信息是数据表达的内容,数据则是信息的表现形式。信息是抽象出来的逻辑意义,数据则是具体的物理形式。具体来说,通过对数据的记录、处理、储存等操作,获得有用的信息。④ 也就是说,信息一定是数据,而数据却不一定是信息。例如,在房地产估价活动当中,同样是由房地产开发商或者中介公司提供的房地产价格、状况、属性等数据,对于房地产的潜在购买者而言就是信息,而对于无心购买房地产的人而言就只是数据。这是因为这些数据在经过潜在购买者的分析、比对、验证之后,可以对潜在购买者是否购买房地产、何时购置房地产这些决策产生影响。同样是这些有关房地产的数据,对于无心购买房地产的人来讲,就不是信息。无论其内容如何,都不会对其造成任何影响,更不会改变其决策,对于这些人来说,数据仍旧是数据,不是信息。⑤

二、信息的特点

(一)客观性

任何信息都是事物的客观真实的反映,是保证信息的准确性和精确度的前提。⑥

(二)实用性

信息系统利用计算机、网络、遥感等各类硬件、软件设备以及处理方法,对各种信息进行获取、加工、储存、应用等,通过地理空间的巨大数据流的组织和管理工作,变为对社会各个领域中的生产、管理和对策具有重要意义的有用信息。⑦

(三)传输性

信息可以以一定的形式在发送者和接收者之间传输,既可以是系统将信息传输给终端设备用户,也可以是系统内各个子系统之间的信息传输。⑧

---

① 倪金生,曹学军,张敏. 地理信息系统理论与实践[M]. 北京:电子工业出版社,2007:1.
② 汤鸿,郭贯成. 房地产估价[M]. 2 版. 南京:东南大学出版社,2017:238.
③ 薛姝. 房地产估价[M]. 北京:高等教育出版社,2010:287.
④ 李杰. 房地产估价[M]. 北京:人民交通出版社,2007:262.
⑤ 薛姝. 房地产估价[M]. 北京:高等教育出版社,2010:287.
⑥ 黄杏元,马劲松. 地理信息系统概论[M]. 北京:高等教育出版社,2008:2—3.
⑦ 黄杏元,马劲松. 地理信息系统概论[M]. 北京:高等教育出版社,2008:2—3.
⑧ 黄杏元,马劲松. 地理信息系统概论[M]. 北京:高等教育出版社,2008:2—3.

（四）共享性

正如萧伯纳对信息的共享性的形象比喻所言："你有一个苹果，我有一个苹果，彼此交换一下，我们仍然是各有一个苹果。如果你有一种思想，我也有一种思想，我们相互交流，我们就都有了两种思想，甚至更多。"信息与实物不同，实物会因共享而减少，而信息则不同，在多个用户之间共享，其本身并不会产生损失。①

（五）时效性

时效性是指从信息源发送信息，经过接收、加工、传递、利用的时间间隔及其效率。整个过程间隔越短，使用越及时，使用程度越高，时效性越强，反之越弱。②

（六）价值性

信息是加工过的数据，且对接收者、使用者产生影响，是一种资源。能源、物质和信息并列为人类社会发展的三大资源。③

三、信息系统概述

（一）信息系统的定义

信息系统就是将大量相互关联、相互作用的信息（数据）集合成整体的信息处理工具，是硬件和软件相结合的有机整体，是计算机技术和信息资源管理相结合的产物。④信息系统由计算机硬件、软件、应用人员、方法和信息组成，是对信息进行收集、整理、存储、处理、管理并提供查询和分析的一种综合性技术系统。⑤ 此处的信息系统应狭义理解。广义的信息系统不应以计算机为前提，即信息系统不只是单一的以计算机为基础和前提。在没有计算机的时代，就存在由人工处理的、简单低级的、原始的信息系统，例如历史久远的账务销售、相对现代的电话传真订货等。⑥

（二）信息系统的组成

1. 计算机硬件

计算机硬件包括各类计算机处理及终端设备，用以收集、整理、存储、处理、管理各类信息。数据输入设备、数据输出设备和数据处理设备三者构成了整个信息系统的硬件环境。⑦

---

① 黄杏元，马劲松. 地理信息系统概论[M]. 北京：高等教育出版社，2008：2—3.
② 汤鸿，郭贯成. 房地产估价[M]. 2版. 南京：东南大学出版社，2017：238.
③ 汤鸿，郭贯成. 房地产估价[M]. 2版. 南京：东南大学出版社，2017：238.
④ 薛姝. 房地产估价[M]. 北京：高等教育出版社，2010：288.
⑤ 李杰. 房地产估价[M]. 北京：人民交通出版社，2007：262—263.
⑥ 汤鸿，郭贯成. 房地产估价[M]. 2版. 南京：东南大学出版社，2017：239.
⑦ 黄杏元，马劲松. 地理信息系统概论[M]. 北京：高等教育出版社，2008：7.

2. 软件

软件是整个信息系统的核心关键，是支持数据信息的收集、输入、存储、管理、加工和输出等功能的计算机程序系统。它能够接收有效的数据信息，正确地处理、分析数据，为系统用户提供实用的信息，并存储信息为将来所用。[1]

3. 应用人员

应用人员包括信息系统开发人员和用户。信息系统并不是一个自动的系统，从应用开发到使用维护都需要外部人员的操作。在信息系统的开发过程中，无论是系统开发的可行性分析、设计方案、总体物理模型等，都需要依托应用人员的工作。而在信息系统的使用过程中，为了能使系统有效、顺畅地运行，则需要对信息系统进行管理和维护。[2]

4. 信息

信息系统所收集、管理、处理和更新的对象都是信息，换言之，信息是整个信息系统构成的基础。[3]

四、信息系统的种类

（一）按面向对象来划分信息系统的种类

信息系统按照面向对象可划分为面向数据资料的信息系统、面向业务过程的信息系统和面向金融经济的信息系统等几类。[4]

1. 面向数据资料的信息系统

面向数据资料的信息系统是以科研人员和第一线工作人员为主要服务对象的具有数据资料收集、存储、管理与处理功能的信息系统。如今被广泛应用于资源管理、区域规划、国土监测、辅助决策等行业领域中的地理信息系统（Geographical Information System，GIS）就是面向数据资料的信息系统。地理信息系统是在计算机硬件、软件系统的支持下，对整个或者部分地球表层（包括大气层）的有关地理分布数据，多种地理实体、地理现象数据及其空间关系数据，包括空间定位数据、图形数据、遥感图像数据、属性数据等进行采集、储存、管理、运算、分析、显示和描述的一种空间信息系统。[5]

2. 面向业务过程的信息系统

面向业务过程的信息系统是以各级业务管理和决策人员为主要服务对象的具有

---

[1] 倪金生,曹学军,张敏.地理信息系统理论与实践[M].北京:电子工业出版社,2007:2.
[2] 黄杏元,马劲松.地理信息系统概论[M].北京:高等教育出版社,2008:20.
[3] 倪金生,曹学军,张敏.地理信息系统理论与实践[M].北京:电子工业出版社,2007:2.
[4] 薛姝.房地产估价[M].北京:高等教育出版社,2010:288.
[5] 汤国安.地理信息系统教程[M].北京:高等教育出版社,2007:4.

"物质或精神产品生产过程"和"产品流通过程"的信息收集、存贮、管理和处理功能的信息系统。目前,面向业务过程的信息系统主要有四类:事务处理系统(Transaction Processing Systems,TPS)、企业管理信息系统(Management Information Systems,MIS)、决策支持系统(Decision Support Systems,DSS)和办公自动化系统(Office Automation Systems,OAS)。[1]

从早期的事务处理系统到之后的企业管理信息体统,再到决策支持系统,代表了面向业务过程的信息系统发展的三个阶段,而既需要利用计算机进行一般性的事务、信息和文字处理,又具有网络通信和辅助决策功能的办公自动化系统是 TPS 事务处理系统、企业管理信息系统和决策支持系统的一种特殊的综合应用。[2]

3. 面向金融经济的信息系统

面向金融经济的信息系统是以各国政府或者集团公司为主要服务对象,由这些组织或机构按照地区、行业所建立的具有收集、处理和汇总各地区、各行业的经济信息功能的信息系统,主要有金融信息系统、股市信息系统、税收信息系统和国家经济信息系统等。[3] 国家经济信息系统是 1986 年经国务院批准建设的由国家、省、地、县四级政府部门信息中心构成的完整体系,是我国迄今为止最大的跨地区、跨部门的综合性经济信息系统,由国家信息中心同全国省级、副省级、地市级和县级信息中心构成。目前,全国 31 个省(自治区、直辖市)、16 个副省级省会城市、计划单列市、地级市和 1 200 多个县均成立了信息中心,包括北京市、天津市、上海市等。按照国务院批准的"国家经济信息自动化管理系统一期工程总体方案",国家经济信息系统是运用现代信息技术、数量经济学和管理科学,对经济和有关社会信息进行收集、加工、存贮、分析和传递的人机结合的系统。其目标是辅助宏观经济决策,即及时而准确地为中央和地方各级政府及宏观经济管理部门提供各种信息服务和辅助决策手段;引导微观经济运行,即充分利用系统拥有的信息资源和现代化技术手段,及时提供、发布指导性经济信息,引导企业的经营方向和行为;提供信息咨询服务,即利用系统拥有的信息资源,为社会公众提供广泛的经济信息咨询和服务。[4]

(二)按主要功能来划分信息系统的种类

信息系统按照主要功能可划分为数据处理系统、办公自动化系统、管理信息系统、信息检索系统、决策支持系统、战略情报系统等几类。

---

[1] 李杰. 房地产估价[M]. 北京:人民交通出版社,2007:263.
[2] 李杰. 房地产估价[M]. 北京:人民交通出版社,2007:263—264.
[3] 李杰. 房地产估价[M]. 北京:人民交通出版社,2007:264.
[4] 请参阅 http://www.sic.gov.cn/web/Column.asp? ColumnId=5。

1. 数据处理系统(Data Processing System,DPS)

数据处理系统是指运用计算机处理信息而构成的软件系统,其主要功能是将输入的数据信息进行加工、整理,计算各种分析指标,从而转变为易于被人们所接受的信息形式,并将经过处理的信息进行有序存储,随时通过外部设备传输给信息使用者。[①]

2. 办公自动化系统(Office Automation System,OAS)

办公自动化系统是利用技术手段提高办公效率,使企业内部工作人员之间方便快捷地共享信息资源,高效地协同工作,从而实现办公自动化处理的软件系统。[②]

3. 管理信息系统(Management Information System,MIS)

管理信息系统是一个由人、计算机、网络通信设备等硬件和软件组成的,具有进行管理信息的收集、加工、存储、传输、维护和使用功能的系统。一个完整的管理信息系统应包括决策支持系统(DSS)、工业控制系统(CCS)、办公自动化系统(QA)、数据库、模型库、方法库、知识库和与上级机关及外界交换信息的接口。[③]

4. 信息检索系统(Information Retrieval System,IRS)

信息检索系统是根据信息用户特定的信息需求而建立的具有收集、加工、存储和检索有关信息的功能的程序化系统,其主要目的是为用户提供信息服务。信息检索系统的三个基本要素为人、检索工具(包括设备)和信息资料。[④]

5. 决策支持系统(Decision Support System,DSS)

决策支持系统是管理信息系统向更高一级发展所产生的先进的信息管理系统,是以决策者为主要服务对象,通过数据、模型和知识,以人机交互方式进行半结构化或非结构化决策的计算机应用系统,其主要目的是帮助决策者提高决策水平和质量。[⑤]

6. 战略情报系统(Strategic Intelligence System,SIS)

战略情报的概念与普通信息不同,它与国家对外国情报收集、处理、分析等进而确定国策的谍报(intelligence)相近,是为最终说明当前国策的重要性,而选择、评价、判断情报,再生成更有价值、更深刻的情报内容的系统。其特征是以国家之间的他国、军队之间的敌军、企业之间的竞争对手为对象,并以确定竞争优势为目的。战略情报系统也可称为战略信息系统(Strategic Information System,SIS),从宏观层面讲,此系统也可归为决策支持信息系统,特别是在企业级别上。战略情报系统由情报的输入、处理、存储(情报库)和输出几大要素组成。[⑥]

[①] 薛姝. 房地产估价[M]. 北京:高等教育出版社,2010:288.
[②] 薛姝. 房地产估价[M]. 北京:高等教育出版社,2010:288.
[③] 陈德良. 管理信息系统[M]. 北京:人民邮电出版社,2009:5.
[④] 薛姝. 房地产估价[M]. 北京:高等教育出版社,2010:289.
[⑤] 薛姝. 房地产估价[M]. 北京:高等教育出版社,2010:289.
[⑥] 汤鸿,郭贯成. 房地产估价[M]. 2版. 南京:东南大学出版社,2017:241

第二节 房地产估价信息系统概述

一、房地产估价信息系统的含义

如今,房地产估价管理正面临着现代科学技术突飞猛进带来的巨大压力。只有依靠现代科学技术,革新管理手段,提高管理水平,从基础着手,搞好房地产估价管理信息系统基础设施建设,才能实现房地产估价立体化综合管理的工作目标。[1]

房地产估价信息系统是指以各类与房地产估价有关的信息为主要对象,具备收集、编辑、处理和分析房地产信息以及自动生成房地产估价报告等功能的信息管理系统。[2]

二、房地产估价信息系统的组成

房地产估价信息系统是以计算机为核心、以房地产估价为目的的计算机信息系统。它把有关房地产价格评估的信息存储于计算机,在系统软件和应用软件的支持下,实现房地产价格的评估,有关信息的查询、更新、统计分析等功能。整个系统由计算机硬件系统、计算机软件系统和数据库三大部分组成。[3]

计算机硬件系统组成:主机、输入设备、存储设备、输出设备。

计算机软件系统组成:系统软件、房地产估价软件等应用软件。

数据库:公共数据库、基础数据库、估价项目数据库。

三、房地产估价信息系统的建立

随着房地产估价管理体制改革的不断深入,新时代下的房地产估价管理工作早已无法离开信息技术的依托和支持,针对如今房地产估价信息系统中存在的估价理论依据不严谨、估价方法不科学、估价报告不规范、估价数据资料不共享等问题,房地产估价信息系统的建立需要从数据库设计、结构设计和功能设计三方面着手。

(一)数据库设计[4]

由于政府相关部门对房地产估价管理信息系统缺乏统一的战略规划,因而造成了各部门条块分割。针对如今各类房地产估价信息的收集来源不同、数据冗余等现象,

---

[1] 景亚平,谭敬胜.房地产估价信息系统的研究[J].长春工程学院学报,2001(2):20—23.
[2] 薛姝.房地产估价[M].北京:高等教育出版社,2010:295.
[3] 汤鸿,郭贯成.房地产估价[M].2版.南京:东南大学出版社,2017:243—246.
[4] 景亚平,谭敬胜.房地产估价信息系统的研究[J].长春工程学院学报,2001(2):20—23.

数据库的设计必须考虑到应用规范式理论来设计数据库的结构,以此有效地消除数据冗余的问题。系统数据库的基本组成见图12—1。

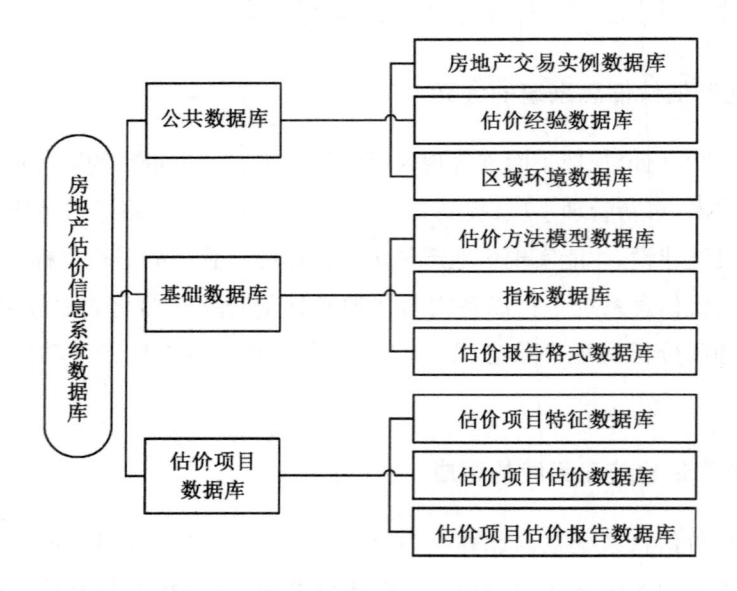

```
                              ┌─ 房地产交易实例数据库
                 ┌─ 公共数据库 ─┼─ 估价经验数据库
                 │             └─ 区域环境数据库
                 │
房地产估价         │             ┌─ 估价方法模型数据库
信息系统数据库 ──┼─ 基础数据库 ─┼─ 指标数据库
                 │             └─ 估价报告格式数据库
                 │
                 │                 ┌─ 估价项目特征数据库
                 └─ 估价项目数据库 ─┼─ 估价项目估价数据库
                                   └─ 估价项目估价报告数据库
```

资料来源:曲世军. 房地产估价信息系统开发与应用问题的研究[C]//国际房地产估价论坛——估价与财产保护论文集(第一册),2008:31—37.

图12—1 房地产估价信息系统数据库的基本组成

1. 公共数据库

(1)房地产交易实例数据库,主要存储实际发生的房地产交易实例的属性数据,包括交易时间、交易房地产所在的区域情况(例如宗地位置、面积、楼层、周围配套设施等)、交易价格等。

(2)估价经验数据库,主要存储房地产估价师们在进行房地产估价过程中凭借自身经验和知识对各类房地产估价参数进行处理和修正的结果。不断累积的数据可为日后估价师处理房地产估价提供宝贵的意见。

(3)区域环境数据库,主要存储各个区域内房地产的地理位置、公共设施、交通便捷程度等影响房地产价格的区位状况,便于应用比较法进行房地产估价。

2. 基础数据库

(1)估价方法模型数据库,以《房地产估价规范》为理论依据,主要存储包括成本法、比较法、收益法、路线价法和长期趋势法等估价方法的计算公式、参数含义和逻辑关系。

(2)指标数据库,主要存储在房地产估价过程中不同估价方法所使用到的各类指标,包括土地基准地价指标、房地产重置成本指标、收益指标、折旧评定标准、房地产税费标准等。指标数据库需要根据实际情况进行实时更新。

(3)估价报告格式数据库，以《房地产估价规范》为依据，提供估价报告模板，房地产估价师也可根据自身需求在此基础上进行修改。

3.估价项目数据库

(1)估价项目特征数据库，主要存储描述估价对象的区域位置、占地面积、用途、权属、结构特点、楼层、层高、朝向、通风与采光情况、新旧程度等特征数据。

(2)估价项目估价数据库，主要存储估价对象面积、折旧、所有权(使用权)年限、已使用年限、收益等估价指标。

(3)估价项目估价报告数据库，主要存储估价项目输出的按特定估价报告格式生成的估价报告。

(二)结构设计[①]

房地产估价信息系统结构主要包括输入子系统、处理子系统和输出子系统三大模块，见图 12—2。

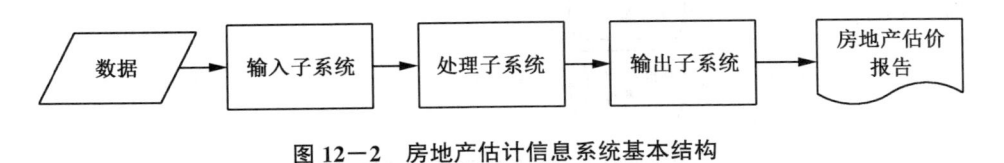

图 12—2　房地产估计信息系统基本结构

1.输入子系统

该系统主要输入房地产估价过程中所需的特征数据，以便进行下一步的处理，并将输入的数据存储到房地产估价信息系统的基础数据库和公共数据库，见图 12—3。

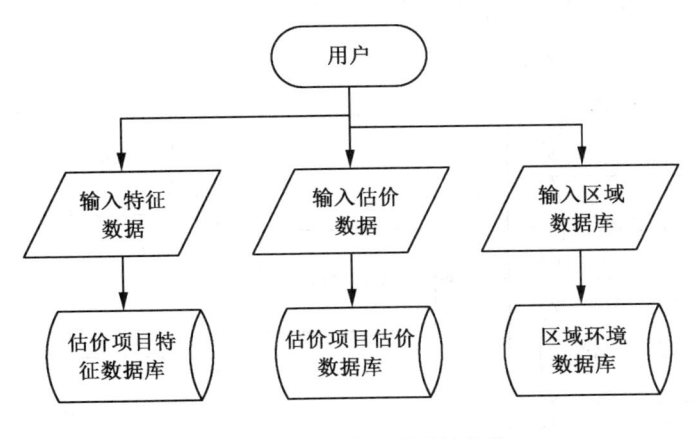

图 12—3　输入子系统结构

---

① 景亚平，谭敬胜.房地产估价信息系统的研究[J].长春工程学院学报，2001(2):20—23.

2. 处理子系统

该系统主要包括估价方法的确定、房地产估价项目的估价以及估价报告的撰写三部分。首先，根据之前输入的数据，结合系统中估价方法模型数据库，确定此例房地产估价项目使用的估价方法；然后，根据确定的估价方法以及项目数据进行房地产估价；最后，将求取获得的房地产估价结果撰写成最终的房地产估价报告，见图12－4。

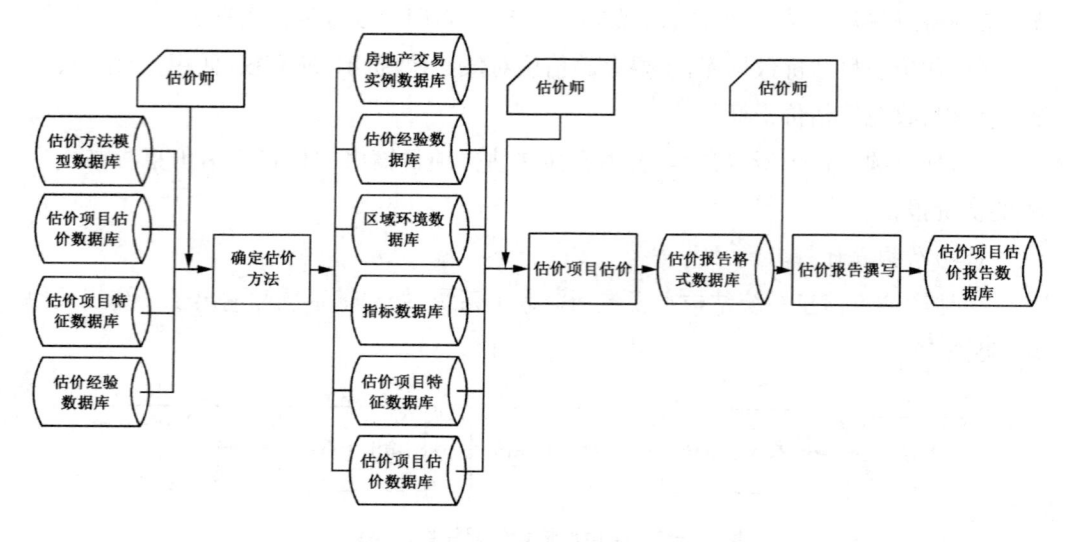

图 12－4 处理子系统结构

3. 输出子系统

该系统主要输出之前获得的房地产估价报告，也可根据房地产估价师的实际需求将估价过程中的项目数据、区域数据等其他数据以一定格式进行输出，见图12－5。一般房地产估价系统基本工作流程如图12－6所示。

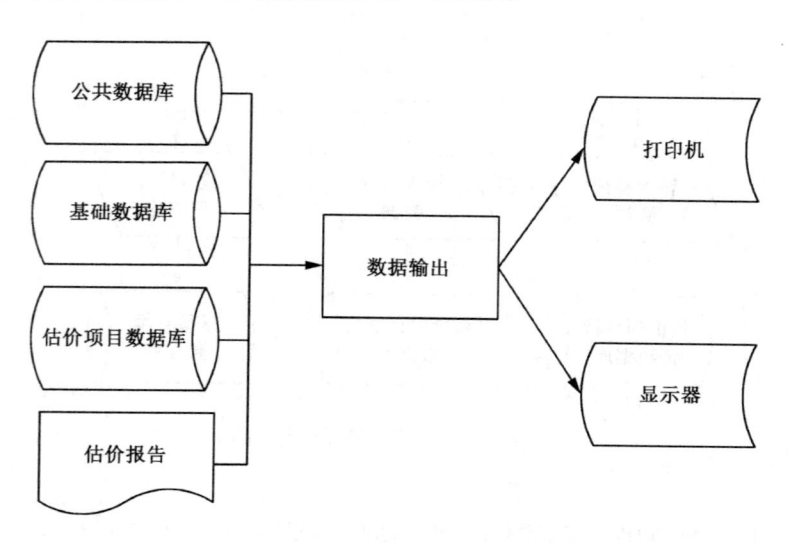

图 12－5 输出子系统结构

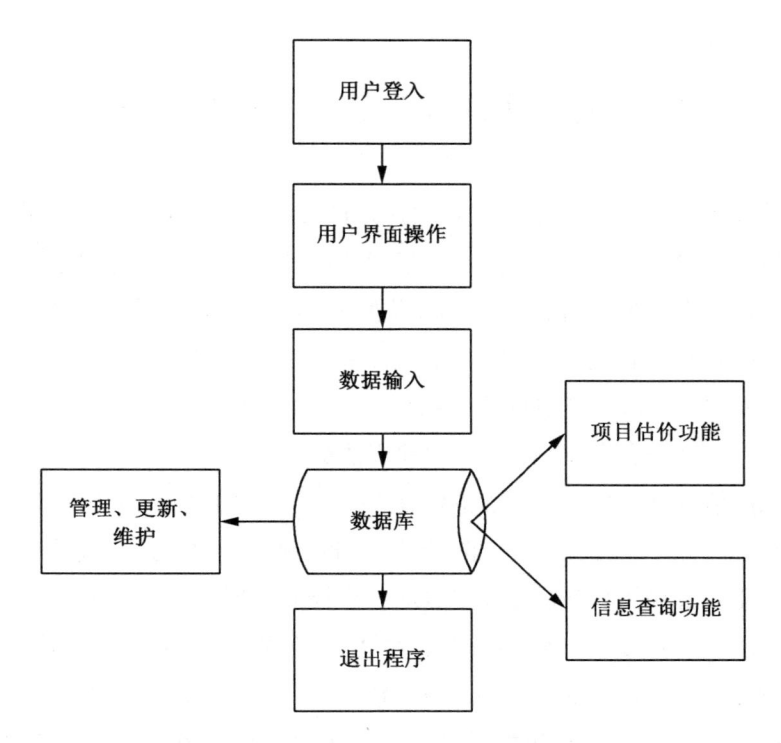

图 12—6　房地产估价系统基本工作流程

(三)功能设计[①]

房地产估价信息系统的功能设计需实现房地产估价管理信息的大范围、多层次、全方面的传输、处理和利用,具备信息收集、传输、存储、处理、分析、利用、维护和更新等功能。

1. 数据管理

这一功能主要包括各类房地产估价数据的收集、输入、分析、存储、修改、查询、处理、输出、备份等功能。

2. 房地产项目估价

这一功能主要包括估价方法确定、估价方法修正、项目估价以及估价报告撰写等功能。

3. 系统维护和扩展

这一功能主要根据不断更新发展的估价方法、指标数据以及房地产交易实例等对房地产估价信息系统进行维护,并针对用户需求提供二次开发的扩展。

---

① 景亚平,谭敬胜.房地产估价信息系统的研究[J].长春工程学院学报,2001(2):20—23.

第三节　与房地产估价有关的主要信息系统

随着计算机科学技术的发展，我国对房地产行业的管理工作逐渐从手工管理阶段迈入计算机管理时代。从 20 世纪 80 年代后期起，国家、地方政府和企业开始着手建立各类房地产管理系统。例如，1986 年，黑龙江省牡丹江市利用计算机管理房地产档案资料；1989 年，哈尔滨电工学院开发建立了私有房地产档案管理信息系统；1996 年，牡丹江市开发建立了房地产估价信息系统；2002 年，由世联地产、同济大学和上海亿图信息科技有限公司合作开发建立了房地产估价信息系统等。[①]

与房地产估价有关的信息系统主要有两类：一类是国家为了更有效地管理房地产行业，由建设主管部门与其他相关部门等国家部门投资开发的信息系统；另一类则是由房地产企业或者软件开发企业根据房地产市场需求所投资开发的信息系统。企业开发的信息系统又分为对外界开放的估价系统和不对外开放的内部估价系统。

目前，随着互联网、大数据、人工智能的发展，很多互联网企业以及一些房地产估价机构紧跟时代潮流，积极在房地产自动估价、在线估价领域开拓，以房地产自动估价为基础，逐渐发展成为房地产数据的提供商，在房地产估价行业开辟了新的业务，开发了针对个人用户的 App 或微信公众号，方便公众对房屋进行询价。

下面简要介绍在房地产业界和房地产估价行业中较知名的估价系统[②]，主要是针对住宅的估价。各系统的估价操作大同小异。

一、房天下"查房价"评估系统

"房天下"（http://www.fang.com）原名"搜房网"，成立于 1999 年，是中国的一个大型房地产门户网站，网络业务覆盖了全国 314 个城市。其业务覆盖房地产所有行业，包括新房、二手房、租房、别墅、写字楼、商铺、家具、装修装饰等。旗下的研究集团（中国指数研究院）是由国内外几十位行业专家和数家学术机构共建的整合了中国房地产指数系统、搜房研究院、中国别墅指数系统、中国房地产 TOP 10 研究组等研究资源的研究机构，旨在全方位服务于中国的商业经济，是中国目前最大的房地产专业研究院。

房天下"查房价"评估操作简介：

[①] 薛姝. 房地产估价[M]. 北京：高等教育出版社，2010：289.
[②] 对机构及其系统的介绍资料来自机构官方网站。

第一步，进入房天下网主页，单击"查房价"。

第二步，进入"查房价"界面，在"房源评估"中，输入待评估房产的小区名、朝向、面积、所在楼层、所在建筑物总楼层，然后单击"立即评估"。系统会根据输入的数据自动输出总价、单价的评估结果。

房天下网提供的"查房价"功能简单易操作，其评估功能主要是给网民初步了解房价，其中的房地产评估报告也非正式的房地产估价规范的格式。因此，房地产评估机构真正处理业务时还需要专门的房地产估价系统。

二、CREIS 中指评估系统

CREIS 中指评估系统（https://industry.fang.com/gujia/system）以房天下海量数据为基础，通过自动估价模型与互联网技术的有机结合实现房产价值高精度、低成本的实时评估。该系统的核心——中指自动估价模型以房地产估价理论和仿真估价师作业流程建立技术路线，运用数学统计方法针对不同特征市场构建房产价值自动评估模型，其评估结果已通过国际估价协会的 IAAO 比率检验。

CREIS 中指评估系统的主要功能与提供的服务如下：

（1）自动估价。针对金融机构、评估机构、经纪机构等，通过运用中指评估模型实现房产价值的在线自动评估，并出具评估报告。用户可通过 PC 端、移动端 24 小时实时查询。

（2）在线委托平台。针对金融机构、评估机构、经纪机构等，聚集数百家国内知名评估机构，提供及时高效的房屋价值评估服务。

（3）押品信息标准化与批量复估。针对金融机构，综合运用海量数据和分词技术实现批量押品信息标准化拆分和缺失信息补充，为金融机构管理和系统无缝对接提供支持。快速批量复估押品价值，并根据评估结果编制分析报告，为金融机构跟踪押品价值、管控金融风险提供全方位解决方案。

三、房价网房价估值系统

房价网（http://www.fangjia.com）成立于 2006 年，隶属于上海估家网络科技有限公司，是免费的、客观公正的第三方线上房产估价平台、房产大数据服务商，是推动房产大数据在中国广泛应用的先驱者。目前，房价网的房产大数据已覆盖全国超过 360 个城市及地区，广泛应用于银行、互联网金融、行业企业、政府部门、咨询研究机构及全球商业连锁、物流等领域，数据覆盖率与用户访问量均居行业前列。

房价网运用 AVM（自动估价模型）、机器学习、NLP（自然语言处理）和 OLKD（网络知识发现）等自有专利技术，并结合多元化的数据采集渠道，历经十年精耕与积累，建立了中国领先的房产大数据库(CPDB),并致力于将基于地理位置的大数据服务运用于各个领域。

在房价网首页可以选择城市,输入房屋的关键信息,对房屋价值进行估价。

四、云房数据系统

云房数据(http://www.yunfangdata.com)房地产估价系统是北京云房数据技术有限责任公司开发的估价系统。它集合采集全交易链条数据(土地、增量房、存量房、租赁),多来源融合房管局、土地局、税务、交易平台、银行、评估、经纪公司等数据,建立了覆盖334个城市、约45万小区、1.4亿户数据的楼盘字典。合作评估机构达100余家,房屋交易契税和房地产税批量评估项目覆盖30余家税务局,并与阿里司法拍卖、诸葛找房、Q房网、百度房产等互联网企业合作。

其在线房产估值系统算法模型经历四次迭代,运用AI+GIS技术,综合7类估值模型算法与多维度特殊因素修正,活跃小区估值准确率达95%,90%以上小区可自动出值,估值准确性与数据覆盖度行业领先。在线房产估值系统覆盖房屋抵押业务全生命周期,为银行提供贷前获客、在线房产自动估值、风控内评、小区评级、押品价值实时监测、押品地址标准化、押品价值批量重估等服务。

公司研发了"房估估""评E评""外采系统(实地查勘)""批量估价系统"等。

(一)"房估估"

"房估估"与房天下网的"查房价"类似,输入房屋主要信息,便可以自动评估出房价。在"房估估"手机端查房价,关注微信公众号后,进入"房产评估"—"查房价",选择城市,输入楼盘名称和建筑面积后,快速估值,也可注册后进行精准估值。在网页端查房价,打开网址,输入相关小区、房屋等基本信息后估价。

(二)"评E评""外采系统""批量评估系统"

"评E评"系统是专业的估价系统,可以房屋地址自动出值,支持评估机构客户业务无缝接入、评估机构微信端业务委派,支持报告模板自定义、报告电子盖章、查勘数据无缝接入、案例数据接入、报告二维码、图片智能排版、预评报告直接转正式报告。

"外采系统"是房地产实地查勘时,移动端App形式的房产现场查勘工具,支持手机、PAD等移动设备的安装使用,通过移动拍照、现场录入最终一键将所有房产查勘数据回传至平台,完全实现了移动端作业。

"批量评估系统"是为客户提供房地产批量估价的系统,在线上根据要求操作后,可由系统批量评估房地产价格。操作步骤:登录系统—新增评估业务—下载模板—在模板中录入估价对象信息—导入信息文件—提交业务—查看结果。

五、世联 EVS 自动估价系统

世联 EVS 自动估价系统(http://evs.worldunion.cn/)是由深圳市世联土地房地产评估有限公司结合其 15 年专业评估经验而自主研发的与电子商务相结合开发而成的快速估价系统,并获得了国家版权证书(软著登字第 084195 号)和深圳"科技进步奖"。该系统以数据库资料为基础支撑,应用比较法、收益法、成本法、假设开发法、基准地价法等评估方法进行厂房、办公、土地等物业的评估。世联 EVS 自动估价系统被誉为是一套"利用了 GIS 技术和房地产估价理论及实务建立的行之有效的估价信息系统",在深圳的银行网点的使用率达到 95% 以上。该系统通过网络服务于公共大众,使用者可以在网站上进行图形查询、自动估价、住宅案例查询、工商案例查询、楼盘信息查询等。

世联 EVS 自动估价系统核心功能如下:第一,地图查询,可在 GIS 地图上查询某楼盘周边的配套信息、交通情况、城市区位;第二,自动估价,10 秒钟实现某个楼盘单个房号的自动评估总值和预计税费;第三,楼盘信息查询,包括楼盘在房地产二级市场面市时的所有属性信息,如发售时点价格等;第四,交易案例查询,如楼盘成为二手楼盘后在三级市场上的价格表现、历史价格走势。

六、中估联行旗下中估联数据中心的"V 估价金融版""V 估价微信版"估价系统

"中估联行"全称中估联行不动产估价联盟(China Appraisal Association,http://www.appraisalchina.com/),是由中国各地最优秀的房地产估价咨询机构组成,通过联盟成员机构之间资源共享、优势互补、联动协作、集约发展等合作形式,打造全国不动产估价顾问领域具备最强实力和最高水平的综合服务平台,从而为广大客户提供更为专业化、全国化、信息化、便利化的优质服务。中估联行下的中估联数据(http://www.caadt.com/)开发了多种系统,其中的"V 估价微信版"是对个人用户开放的房价查询系统,个人用户可以在微信上进行有限次数的房价查询,出具报告等增值项目需付费;"V 估价金融版"有先进的地址搜索引擎,自动匹配产证地址,各类单据全程线上传递,配合电子章更加安全可靠,单据报告定制化,满足客户业务与管理需求。

七、上海城市房地产估价有限公司的房地产价值管理系统

上海城市房地产估价有限公司(http://www.surea.com)的房地产价值管理系统(http://www.surea.com/Home/Article?id=84)将计算机辅助批量评估技术与大数据挖掘分析技术深度结合,实时监测市场波动,动态管理风险敞口,降低客户从贷前至贷后的管理成本,打造全面、高效、灵活的房地产价值管理系统。目前系统尚不对

外界开放。

其功能及提供的服务主要有五项。一是不动产抵押评估在线服务：迅捷价格查询，先进的地址搜索引擎，帮助客户快速找到目标物业；拥有上海市 12 000 余个住宅小区信息以及 1 800 余个办公项目信息，其中住宅覆盖率约 98％。二是全面项目管理：账户分层管理，辖区业务一目了然；多类型业务支持，满足不同业务模式需求。三是风险评级：根据影响房地产价格因素的理论，结合宏观经济等各类外部数据，运用一系列统计学方法运行及运算；在为客户降低专业评判成本的前提下，将客户的业务效率提升到最大化，同时有效控制客户的放贷风险。四是押品批量复估：利用智能匹配引擎，在辅助客户完成数据清洗的同时，为客户的大量存量押品进行当下时点的价格重估。五是压力测试：分析资产质量变化新趋势和风险特征，发现可能存在的风险脆弱环节。

另外，上海城市房地产估价有限公司有微信公众号，也可以评估房价。

八、其他房地产估价信息系统

（一）基于时空维的房地产估价信息系统[①]

在传统的地理信息系统中，空间信息包含图形信息、拓扑关系和属性描述三个方面的信息。基于时空维的房地产估价信息系统是通过在对象结构的适当层次上附加时间维的方式，结合我国目前房地产估价的现状与特点而设计实现的。

系统的主要功能包括：第一，地图管理：实现与房地产估计任务有关的各种专题图图层的新建、添加、删除、显示、隐藏、放大、缩小、漫游、标注、投影选择与转换、保存等操作。第二，项目评估：接收用户输入的与房地产评估项目有关的数据，并对数据进行分析、估价、修正和输出。第三，数据管理：实现房地产估价系统中各类数据库中数据的管理、更新、维护等操作。第四，空间查询与分析：包括图形属性双向查询、缓冲区分析、叠加分析、空间几何分析、专业分析等，便于辅助估价过程。第五，数据输出：根据用户需求输出经过计算机处理的数据。第六，窗口管理：提供房地产估价常用的辅助工具。

（二）基于 MapX 的房地产估价信息系统[②]

基于 MapX 的房地产估价信息系统是基于可视化语言 Visual Basic 和 GIS 控件 MapX 而设计实现的房地产估价系统。该系统具有获取管理估价数据、信息查询检索、信息分析统计量算、决策支持和成果输出等功能。系统小巧灵活，操作简便，实用性强，能够高效率、高质量地整合房地产估价信息资源，可移植性强，便于系统的扩展。

---

① 郭小龙.基于时空维的房地产估价信息系统研究[J].城市勘测，2008(5)：44—48.
② 桑振平，张合兵，刘文锴.基于 MapX 的房地产估价信息系统研究[J].河南科技学院学报，2008.36(3)：117—119.

本章小结

信息，简而言之，是经过加工处理的数据，是客观事物存在方式和运动状态的反映，并且不受载体的物理设备形式改变而改变，向人们或者机器提供各种关于现实世界的知识，对接收者的决策具有价值，并对其行为产生影响。数据是客观事物存在方式和运动状态反映的记录，是信息的载体和表现形式。数据不仅包括数字和符号，而且包括文字、声音、图标和图像等。信息和数据既有联系又有区别。信息是数据表达的内容，数据则是信息的表现形式。信息是抽象出来的逻辑意义，数据则是具体的物理形式。具体来说，通过对数据的记录、处理、储存等操作，获得有用的信息。

信息系统就是将大量相互关联、相互作用的信息（数据）集合成整体的信息处理工具，是硬件和软件相结合的有机整体，是计算机技术和信息资源管理相结合的产物。信息系统按照面向对象可划分为面向数据资料的信息系统、面向业务过程的信息系统和面向金融经济的信息系统等几类。信息系统按照主要功能可划分为数据处理系统、办公自动化系统、管理信息系统、信息检索系统、决策支持系统等几类。

房地产估价信息系统是指以各类与房地产估价有关的信息为主要对象，具备收集、编辑、处理和分析房地产信息、自动估价、批量估价以及自动生成房地产估价报告等功能的信息管理系统。房地产估价信息系统的建立需要从数据库设计、结构设计和功能设计三方面着手。与房地产估价有关的信息系统主要有两类：一类是国家为了更有效地管理房地产行业，由建设主管部门与其他相关部门等国家部门投资开发的信息系统；另一类则是由房地产企业或者软件开发企业根据房地产市场的需求所投资开发的信息系统。

习题

一、选择题

1. 信息的特点主要有客观性、实用性、（　　）。
   A. 传输性和共享性　　　　　　B. 传输性和间接性
   C. 直接性和共享性　　　　　　D. 高速性和间接性

2. 信息系统由计算机硬件、软件、应用人员、（　　）和信息组成。
   A. 输入设备　　　　　　　　　B. 输出设备
   C. 方法　　　　　　　　　　　D. 数据

3. 房地产估价信息系统数据库中的公共数据库主要由（　　）构成。
   A. 房地产交易实例数据库、估价经验数据库、指标数据库
   B. 估价经验数据库、估价项目估价数据库、估价项目估价报告数据库
   C. 房地产交易实例数据库、估价经验数据库、区域环境数据库
   D. 估价方法模型数据库、指标数据库、区域环境数据库

二、判断题

1. 信息和数据既有联系又有区别，数据是信息的表达内容，信息则是数据的表现形式。（　　）

2.信息系统所收集、管理、处理和更新的对象都是信息和数据,换言之,信息和数据是整个信息系统构成的基础。   (   )

3.信息系统按主要功能可划分为数据处理系统、办公自动化系统、管理信息系统。   (   )

4.房地产估价信息系统结构主要包括输入子系统、处理子系统和输出子系统三大模块。
                                                                (   )

5."房天下"网成立于1998年,是中国的一个大型房地产门户网站,网络业务覆盖了全国大部分城市。   (   )

三、名词解释

1. 信息
2. 数据
3. 信息系统
4. 房地产估价信息系统
5. 办公自动化系统
6. 管理信息系统

四、简答题

1. 简述什么是数据与信息,以及它们之间的关系。
2. 简述信息的特点。
3. 简述信息系统的定义、组成及其分类。
4. 简述房地产估价信息系统的含义。
5. 试述房地产估价系统的建立过程。
6. 简述与房地产估价有关的主要信息系统。

五、论述题

结合实际,试述我国房地产估价业的现代化水平。

课堂自测题	拓展资料
(二维码)	(二维码)
阅读书目	
(二维码)	

第十三章　房地产批量自动估价

学习目的

知识目标：掌握房地产批量自动估价的有关概念，以及标准价调整法、多元线性回归分析法在批量估价中的应用；熟悉房地产批量估价的程序和批量自动估价系统组成。

能力目标：了解批量自动估价的特点以及其他批量估价方法、模型、批量自动估价的局限性，并能够在估价实践中寻找相应的方法与措施，减少可能由此带来的不利影响。

思政目标：通过学习，了解自动估价可能存在的缺陷，不能盲目相信自动评估结果，需要结合自己的评估经验对评估结果进行校验，确保评估结果准确可靠。

关键概念	思维导图

第一节　批量自动估价概述

一、基本概念

(一) 批量估价的出现

批量估价最早出现在国外的房地产税收估价中。国外对房地产保有环节征税很早就开始了,例如,美国房地产税制度从欧洲人殖民时期就已开始,至今已有几百年的历史。国外房地产税的征收,是对全国范围内的所有房地产征税,因纳税金额是基于房地产的价值,所以需对所有的房地产价值进行评估,评估的工作量是巨大的。

若对每宗房地产的价值进行单独评估,则成本巨大,由此便产生了批量估价(Mass Sppraisal)。批量评估思想最早可追溯到 1919 年,到 20 世纪 70—80 年代,批量估价在欧美等西方国家兴起。随着计算机技术、信息技术以及当前大数据、人工智能技术的发展,批量估价应用于房地产税的税基评估,已经成为一种有较大影响力的评估方式。

(二)国内外批量估价的实践经验[①]

批量估价技术在国外主要应用于房地产持有环节的税基评估,英国、美国、加拿大等国的批量估价实践较早,经验丰富。这些国家大多在 20 世纪 80—90 年代开始实施房地产批量估价,以多元回归模型为主要估价方法,建立 CAMA 系统,估价对象多为住宅,美国、加拿大除住宅外也有商业、工业类型房地产的批量估价。其他较早开展批量估价实践的国家有荷兰、澳大利亚、南非、新加坡等。

中国的房地产估价和批量估价虽然起步较晚,但是随着批量估价技术的引入,许多城市在十多年前就开始在批量估价方面进行积极探索实践,取得了一定的经验和成果。

理论研究上,不少学者把批量估价技术引入中国,翻译、整理了相关领域的文章和研究成果,同时发表了不少研究论文,进一步探讨了批量估价技术在中国本土的应用。

实践探索方面,广东省深圳市于 2007 年开展了房地产税基评估研究,随后几年相继建立起不同类型的房地产评估技术标准,并于 2016 年开始探索房地产的整体估价。浙江省杭州市于 2009 年开始采用收益法对商业房地产进行批量估价。2009 年,山西省太原市建设存量房计税价值管理系统,开展税基的批量估价,也取得了较好的效果。黑龙江省哈尔滨市同样把批量估价技术应用于存量房计税价格的评估。

(三)批量估价的定义

批量估价是相对于单宗房地估价(Single-property Appraisal,又称为个案估价)而言的。中国住房和城乡建设部、国外几大国际评估组织从不同角度对批量估价进行了定义。

中华人民共和国住房和城乡建设部 2013 年 6 月发布的《房地产估价基本术语标准》(GB/T 50899—2013)把批量估价定义为"基于同一估价目的,利用共同的数据,采用相同的方法,并经过统计检验,对大量相似的房地产在给定日期的价值或价格进

---

① 张然,杜清运,唐琳. 城市商业房地产整体估价[M]. 北京:人民出版社,2018:12—13,41—44.

行评估"①。

国际评估准则理事会(International Valuation Standard Council,IVSC)在其标准中将批量估价表述为在给定的时间,使用系统、统一的评估技术方法,并考虑到统计检验和分析,对多种类型的财产进行评估的活动。

美国评估促进会评估准则委员会(The Appraisal Standards Board of the Appraisal Foundation)在其制定的USPAP中对批量评估的定义是"在某一日期通过采用标准化方法、引用共同数据、进行统计测试等方法对某类群体性资产进行评估的过程"②。

国际估税官协会(International Association of Assessing Officers,IAAO)在其准则中将批量估价描述为利用常见数据、采用标准化方法且通过统计检验,对一批房地产在特定时点的价值进行评估的过程。③

(四)批量估价中涉及的其他概念

1. 自动评估模型(Automated Valuation Model,AVM)

自动评估模型是在自动化系统中开发出来的数学评估模型,它将批量评估的各个步骤整合到一个计算机评估程序中,是一个程序化的批量评估过程,是批量评估程序的自动化。AVM的一个与众不同的特征是它通过数据建模而获得市场价值的估计值,利用市场的历史数据,如近期交易价格、房地产特征信息等,形成大批量房地产的个体价值。

2. 地理信息系统(Geographic Information System,GIS)

地理信息系统是一种特定的空间信息系统、数据库管理系统、地图系统。它在计算机软、硬件系统支持下,对整个或部分地球表层(包括大气层)空间中的有关地理分布数据进行采集、储存、检索、管理、运算、分析、控制、显示和描述,能够将不同层次的基础地图的空间数据(土地信息)和特征数据综合起来。

3. 计算机辅助批量评估(Computer-Assisted Mass Appraisal,CAMA)

在批量估价中,根据其是否有计算机辅助可以分为人工手动批量评估和计算机辅助批量评估。随着计算机技术、大数据、人工智能(AI)的发展,目前在应用中的批量评估系统均为CAMA系统。

在实践中,批量自动估价技术逐步与地理信息系统(GIS)、大数据、人工智能(AI)

---

① 中华人民共和国住房和城乡建设部,中华人民共和国国家质量监督检验检疫总局.房地产估价基本术语标准(GB/T50899—2013)[S].2013.
② 美国评估促进会评估准则委员会.美国评估准则[M].王诚军,译.北京:中国人民大学出版社,2009:8.
③ International Association of Assessing Officers (IAAO). Standard On Mass Appraisal of Real Property [S]. 2013.

等技术相结合,显示出与其他学科和技术相融合的趋势,并且取得了良好的效果,大大节约了评估成本,提升了批量评估系统的效率。

房地产批量自动估价是基于大数据、地理信息系统、人工智能,运用传统的估价方法和这些估价方法以外的方法、模型,对大批量估价对象实现的自动价格评估。它是计算机技术、房地产数据和估价的有机结合,是计算机模拟房地产估价的过程。

从广义上理解,凡是一次性评估大量房地产价值或价格都称为批量估价;而从狭义上说,批量估价可理解为计算机的批量自动估价。

二、批量自动估价的特点

房地产批量估价是估价中的一个新兴领域,以传统的估价理论为基础,但与传统的估价又有显著差异,其差异主要体现在批量自动估价与个案估价的比较、批量自动估价与人工估价的比较两个方面。

(一)批量自动估价与个案估价相比较

批量自动估价与个案估价在估价对象、估价程序、估价方法、估价实现手段、评估质量控制、估价精确度等方面都具有不同特点,具体如表13—1所示。

表13—1　　　　　　　批量自动估价与个案估价特点比较

比较内容	传统个案估价	批量自动估价
估价对象	单宗或少量的房地产,一次评估数量少	一定范围内所有(多宗)、大量的房地产,一次评估数量多
估价程序	接受估价委托,明确估价对象,收集资料,实地查勘,选择评估方法,测算价值,出具估价报告	与个案估价大体相同,在实地查勘方面有所不同,没有或部分进行实地查勘
估价方法	以经济理论为基础的三大估价方法	以传统估价方法为基础,利用统计方法、数学模型、计算机程序进行估价
估价实现手段	以估价人员的劳动为主要手段实现,自动化程度低	主要以计算机程序运行实现估价,自动化程度高
评估质量控制	依靠评估人员的职业道德、业务水平、从业经验、估价企业内部质量控制手段	对模型设定进行校准和检验,利用大样本、大数据对评估对象进行归类,通过比率进行评估质量分析,从而达到较全面了解和控制评估质量的目的
估价精确度	较为精确	较为粗略

资料来源:樊慧霞.优化我国房地产税基批量评估方法体系的政策建议[J].科学与管理,2011,31(1):53—55.

(二)批量估价与人工估价相比较

1. 节省工作时间,大大提高工作效率

采用传统个案估价,实地查勘、市场调查、收集资料、寻找案例等工作都需占用一定的时间;批量估价则利用大数据、估价模型,借助计算机强大的数据处理能力和计算能力,在很短的时间内迅速完成房地产评估;大大缩短了估价时间,提高了工作效率。

2. 动用的人员数量少,评估成本低[①]

基于计算机数据处理的优势,采用批量评估技术可以节约时间、人力、物力等多方面的成本;大批量的估价若由估价人员完成,则会大大增加估价成本。

3. 最大限度保证估价结果的客观公正性、准确性

批量估价利用计算机程序处理数据,计算房地产价格,在评估过程中,主观判断的因素较少,人为影响估价结果情况较少;在传统个案估价中,较易出现人为影响估价结果的情况。

4. 对估价对象的动态估价[②]

批量自动估价可以在短时间内对大批量的估价对象进行估价,并且能及时反映估价对象在不同价值时点的价值或价格;人工估价虽然也可以在不同的价值时点估价,但在时效性上远不及批量估价。

三、批量自动评估技术上的可行性

房地产批量自动估价既有房地产估价方面的理论基础,又有其他学科、理论在应用方面的支持,技术上完全可行,逐步成为房地产估价的新兴领域。

(一)估价理论基础及方法

房地产估价理论自诞生起已有百多年历史,发展至今已经相当成熟,有效地指导了房地产估价的实践活动。房地产估价方法中的三大方法(比较法、收益法、成本法)的理论基础属于经济学范畴,比较法的理论基础是替代原理,收益法的基础是预期原理,成本法的理论依据是生产费用价值论。三大估价方法和其衍生的其他估价方法是整个估价理论方法的核心,也为批量自动估价奠定了理论基础。只有在深刻研究传统的估价理论方法的基础上,才能更好地做好批量自动估价。

(二)其他学科、技术为批量自动估价提供有力支持

统计学是收集和分析数据的科学,通过收集、整理、分析数据认识客观世界,发现现象背后的客观规律。房地产批量自动估价的一大特点是估价对象数量大,统计学为

---

① 晏小满.商业银行房地产抵押评估风险控制——基于批量评估技术视角[J].知识经济,2014(12):97.
② 晏小满.商业银行房地产抵押评估风险控制——基于批量评估技术视角[J].知识经济,2014(12):97.

房地产批量自动估价中研究、分析数量方面的规律提供了有效的方法。

批量估价中的多元回归方法便是统计学的方法，通过研究估价范围内总体中一定数量的房地产样本数据，估计和推断估价范围内总体房地产特征与价值间的关系，根据这些特性，对估价范围中任意个体的相关变量进行预测，建立相关数学模型，评估估价范围内所有房地产价值。

此外，IT技术的诞生和发展改变了整个社会的生产、生活方式。计算机软硬件技术、大数据处理技术、地理信息系统（GIS）、人工智能技术助力批量估价的自动化、智能化。计算机软硬件技术作为现在信息处理的主要技术手段，解放人的劳动，高效地完成各项任务，可使估价自动化；大数据技术处理信息的种类多、数据量大、速度快，符合批量估价量大的特点；地理信息系统GIS记录了各种地理信息，作为基础的数据库为估价提供数据、信息；人工智能更是目前的技术前沿，是未来科技发展的主要方向。

房地产批量自动估价离不开这些理论、技术的发展和应用，这些理论和技术相互结合使房地产批量自动估价成为可能。

四、批量评估市场需求分析及应用

目前自动批量评估可以大范围应用于如下两个领域：一是在金融机构的贷前审批询价、贷后管理的押品价值评估中；二是在房地产税收评估中。

我国房地产市场上有数量庞大的房屋，其中，数量最多、与群众关系最为密切的住宅往往涉及金融机构的贷款和税务机关的征税。征税和贷款都是基于房屋价值而确定的，若需要在短时间内对数量庞大的房屋进行价值评估，则传统的人工估价会耗费大量人力、物力、财力，且无法满足金融机构、税务机关对房地产价值评估的时效性要求，于是批量自动估价就有了市场基础。

（一）金融机构在贷前审批、贷后管理环节给自动估价、批量估价带来的机遇

房地产抵押估价分为抵押贷款前估价和抵押贷款后重估。金融机构在贷前审批过程中，传统估价结果会受到较多人为因素的干扰，例如，借款人想获得较高的贷款成数，金融机构的销售部门为了自身的业绩和同行的竞争，少数估价机构出于自身利益的考虑而迎合委托人的需求，部分估价人员未对估价对象进行全面了解或不够谨慎，这些情况都极易高估房地产价值，给金融机构带来风险。

此外，很多金融机构只是在贷款的申请审批环节进行一次估价，但是贷款偿还期是一段很长的时间，在此期间，房地产市场不断变化，抵押物本身也可能发生变化，抵押物的价值是动态变化的，那么采用一次性估价的金融机构无法及时掌握抵押物价值

的变化情况,导致估价对于风险的防范作用有限。[1]

批量自动估价能很好地解决上述问题。因批量估价是计算机基于大数据、测算模型,通过程序自动得出的结果,整个过程很少或没有估价人员的参与,可有效避免估价过程中估价人员对估价结果的影响,最大程度保证估价结果的客观公正。

需要指出的是,房地产抵押贷款前的估价不宜使用批量估价,还是要以个案估价方式为主。因为批量估价虽然可以对估价对象进行估价,但由于一般没有实地查勘环节,只能反映估价对象的价值或价格,无法对估价对象的情况作更详细的描述,不利于金融机构对抵押物进行全面的了解。

在贷后管理阶段,金融机构对房地产抵押品的价值变化是比较关心的。如果要对数量庞大的房屋在短时间内进行价值评估,则传统个案估价方式显然无法满足金融机构对房地产价值评估的时效性要求,而批量估价能在短时间内对大量抵押品估价,弥补了传统估价在这方面的不足。[2]

(二)批量估价在房地产税收中的应用

在房地产税收估价中,从国外的实践情况来看,都是以批量评估为主。我国目前房地产税收估价中批量估价还未大范围应用,但从前期理论研究到试点实践,都明确把批量估价作为主要方法。这里的税收估价可以是房地产交易环节的税收,也可以是持有环节的税收。

《关于推广应用房地产估价技术加强存量房地产交易税收征管工作的通知》(财税〔2011〕61号)提出:"应用房地产批量估价技术确定存量房交易价格估值,不得使用其他方法进行评估。"《房地产估价规范》提出:"对同类房地产数量较多、相互之间具有一定可比性的应税房地产,应优先选用批量估价方法进行估价。对同类房地产数量较少、可比性差、难以采用批量估价方法估价的应税房地产,应采用个案估价方法进行估价。"[3]可见,对于房地产税收估价采用批量估价,各方意见是较一致的。

五、房地产批量自动估价程序

房地产批量自动估价与传统个案估价一样,也要遵循一定的程序,其中某些步骤与个案估价相似。批量自动估价的自身特点在估价程序中主要体现在自动估价模型(AVM)的使用上。批量自动估价的程序主要分为以下几个步骤。

---

[1] 晏小满.商业银行房地产抵押评估风险控制——基于批量评估技术视角[J].知识经济,2014(12):97—109.
[2] 晏小满.商业银行房地产抵押评估风险控制——基于批量评估技术视角[J].知识经济,2014(12):97—109.
[3] 中华人民共和国住房和城乡建设部.房地产估价规范(GB/T50291—2015)[S].北京:中国建筑工业出版社,2015:29.

(一)批量估价业务的承接

批量估价作为一项房地产估价活动,是新兴的估价业务,委托人首先想到的是专业的房地产估价机构,但很多传统的估价机构是不具备批量估价能力的。目前国内批量估价业务占估价业务比例很小,还不是估价机构的主营业务,但批量估价不断发展,是现实市场新的需求,也是相关业务机构的盈利增长点。

批量估价有一定的技术门槛,具备批量估价能力的机构在市场上不多,但批量估价业务也不多,相关有能力的机构已经形成竞争关系。有些委托人直接委托相关机构估价,但更多的是通过招投标形式展开。在市场经济条件下,获得批量估价业务必须主动开拓市场,以自身的技术和服务赢得市场。

(二)确定估价的基本事项[①]

估价机构在接受委托的同时,一些基本的批量估价事项应予以确定。

1. 确定估价目的

确定批量估价的用途,比如是为了确定税基,还是为了了解估价对象的市场价值等。估价目的应该明确具体,而不应是含糊的。

2. 确定价值时点

房地产在不同的时间点上有不同的价值,价值时点可以是过去、现在或将来,通常情况下是评估现在的价值。

3. 确定估价对象

批量估价中的估价对象是多宗房地产,具有数量大、分布广的特点。确定估价对象首先是确定估价对象的合法性,合法性是房地产估价的前提。然后确定估价对象的范围:是完整的房地产还是房地产中的某个部分,是否包括房屋中的装修、设备,等等。通常批量估价中估价对象的范围相对个案来说较狭窄,不包括个案估价中的装修。

4. 确定价值类型

确定估价对象具体的价值类型,不同价值类型会得出不同的评估价值,价值类型及内涵一般是由估价目的决定。目前,批量估价应用于金融机构的贷款管理和房地产税收估价,评估的都是市场价值,所以价值类型以市场价值为主。

(三)实地查勘

批量估价对象数量大,不可能对所有估价对象一一进行查勘,只能以估价对象分区、分组作整体、粗略的查勘。根据估价对象的房屋类型有不同的处理方式,在实际操作中,对住宅类房地产的查勘范围少于商业类的查勘范围。

[①] 中国房地产估价师与房地产经纪人学会. 房地产估价理论与方法[M]. 北京:中国建筑工业出版社,2017:402—407.

(四)确定影响房地产价值的特征

批量估价中所用到的一些方法是以影响房地产价值特征为基础建立模型,明确影响特征是关键。通常影响房地产价值的特征体现在区域状况、实物状况这两个主要方面。[1]

(五)数据收集与标准化处理[2]

数据收集与处理对于批量估价特别是计算机辅助批量评估(CAMA)是必不可少的步骤。数据可通过不同的方式如由估价委托人提供、通过网络等多种渠道收集;收集完毕后进行标准化处理,成为可供计算机处理的形式。标准化处理的过程包括数据的抓取、清洗、剔除、编码等。

(六)建立批量估价模型[3]

批量估价模型是批量估价的关键。在分析了房地产价值和影响其价值的特征后,要建立适宜的数学模型进行估价。对于计算机辅助批量评估(CAMA),还需建立自动评估模型(AVM)。模型建立的依据是基本的估价方法(比较法、收益法、成本法等),并结合相关的统计方法和数学模型。

(七)校准估价模型与检验

模型校准和检验是保证客观的关键,是分析数据、确定模型相关参数的过程。模型应采用公认技术进行校正和标准化,包括但不限于多元线性、非线性回归和自适应估计等。[4]

(八)批量估价

证实估价模型有效后,就可以用估价模型对大量的估价对象进行批量估价,得出估价结果。

(九)复核估价结论[5]

得出估价结果后,估价人员应对估价结果进行复核,以保证估价结果的客观、准确、真实。但根据实际情况,有时估价结果还需进行人工调整。

(十)出具报告

批量估价完成后,应当向委托人出具报告,做关于估价结果的专业性结论,并提出意见。报告的内容、形式与个案估价大致相同,包括估价规范中对估价报告的要求,只是在

---

[1] 美国评估促进会评估准则委员会. 美国评估准则[M]. 王诚军,译. 北京:中国人民大学出版社,2009:36.
[2] International Association of Assessing Officers (IAAO). Standard On Mass Appraisal of Real Property [S]. 2013.
[3] International Association of Assessing Officers (IAAO). Standard On Mass Appraisal of Real Property [S]. 2013.
[4] 美国评估促进会评估准则委员会. 美国评估准则[M]. 王诚军,译. 北京:中国人民大学出版社,2009:39.
[5] 美国评估促进会评估准则委员会. 美国评估准则[M]. 王诚军,译. 北京:中国人民大学出版社,2009:36.

涉及两种估价不同点上有所区别。例如，城市动拆迁中采用基准价格调整法估价，把估价范围内所有估价对象作为整体，出具整体估价报告，报告应对房地产分组依据、标准房地产的设定、标准房地产价格的评估过程进行说明，针对估价范围内每个估价对象，出具简易分户报告。在批量自动估价中，应对使用的 AMV、校验技术等进行说明。

第二节　批量自动估价方法

一、批量自动估价的理论基础

批量自动估价的理论基础是传统估价的三大基本方法，即比较法、收益法和成本法。根据基本方法的不同，批量估价分为基于比较法的批量估价、基于收益法的批量估价、基于成本法的批量估价。[①] 批量自动估价使用的仍是传统估价的三大基本方法，其他方法作为校准辅助、批量处理的手段。

二、批量自动估价主要方法介绍

（一）三大基本方法——比较法、收益法、成本法

比较法：选取一定数量的可比实例，将它们与估价对象进行比较，根据其间的差异对可比实例成交价格进行处理后得到估价对象价值或价格的方法。

收益法：预测估价对象的未来收益，利用报酬率或资本化率、收益乘数将未来收益转换为价值得到估价对象价值或价格的方法。

成本法：测算估价对象在价值时点的重置成本或重建成本和折旧，将重置成本或重建成本减去折旧得到估价对象价值或价格的方法。

房地产估价三大基本方法在前面章节已有详细介绍，本章不再赘述。

（二）标准价调整法

1. 标准价调整法的概念与步骤

标准价调整法也称为间接比较法，是对估价范围内的所有估价对象进行分类或分组，使同类或同组的房地产具有相似性，在每组内选定或设定标准房地产，并运用比较法、收益法、成本法等方法测算标准房地产价值或价格，利用有关调整系数将标准房地产价值或价格调整为各宗被估价房地产价值或价格的方法。[②] 标准价调整法的一般

[①] 中华人民共和国住房和城乡建设部，中华人民共和国国家质量监督检验检疫总局. 房地产估价基本术语标准（GB/T50899—2013）[S]. 2013.

[②] 中华人民共和国住房和城乡建设部，中华人民共和国国家质量监督检验检疫总局. 房地产估价基本术语标准（GB/T50899—2013）[S]. 2013.

公式为：

$$V=V_s+V_{ad} \qquad (13-1)$$

式中，V 为估价对象房地产价值，V_s 为标准房地产价值，V_{ad} 为对标准房地产价值的调整。

标准价调整法估价的一般步骤如图 13-1 所示。

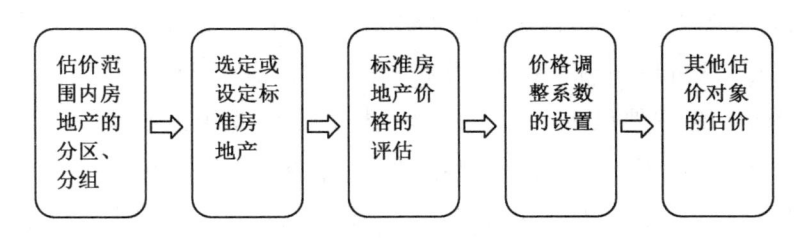

图 13-1 标准价调整法估价一般步骤

2. 标准价调整法的适用范围

标准价调整法可用于住宅、商业、办公、工业类型的房地产的批量估价。在住宅类房地产估价中，因住宅特征属性相似程度比较高，标准价调整法应用较广泛，特别在中国城市房地产拆迁估价中运用较多。办公和工业房地产与住宅类似；而商业房地产的差异较大，影响价格的因素比较复杂，所以在应用标准价格调整法时，相似房地产需从大范围到小范围多次进行分组和价格调整。[①]

3. 标准价调整法的优势与不足

标准价调整法在较小范围的估价对象中，测算比较简单，可以达到较高的覆盖率，具有较强的实用性。其不足之处是在较大的估价范围内，人力成本和时间成本较高。此外，在标准房地产的估价、调整系数设置方面，对估价人员的经验要求较高，价格调整系数可能因为外部因素的变动而需定期维护，若调整不及时，则会造成评估价格与实际情况不符。

(三)基于计算机大数据处理及比较法的批量自动估价

1. 计算机大数据批量估价的概念

计算机大数据批量估价方法是基于大数据、地理信息，对挂牌案例和交易实例处理后建立数据库，从数据库中选取一定数量的可比案例，采用比较法对可比案例价格进行调整，得到估价对象价值或价格的方法。目前，从网络上可以获取大量的挂牌案例数据，搜集到大量的成交实例，计算机大数据批量估价方法使用计算机技术对房地产大数据进行抓取、处理，方法本质上是个案估价，使用的是比较法。批量指的是利用

---

① 肖历一. 房地产批量评估技术的应用分析[J]. 中国房地产，2016(9):34.

计算机强大的数据处理能力批量处理数据估价。此方法得益于互联网的发展以及数据抓取技术的成熟。

2. 计算机大数据批量估价的步骤

计算机大数据批量估价的步骤比较简单，即房地产大数据的抓取、处理、存储，通过计算机程序采用案例选取模型选取案例，应用比较法对估价范围内的房地产批量估价。

(1) 数据的抓取与处理。随着中国互联网和房地产市场的发展，很多房地产的信息网站及房地产中介网站相继出现。互联网上有大量信息发布平台，为房产中介提供了房源发布的渠道，主要包括这样几类：第一类如搜房、安居客等房产专业网站；第二类如网易、搜狐、新浪等门户网站的房地产频道，地方区域性的网站、信息分类网站如58同城、赶集网等的房产频道；第三类是中介自建的网站，如链家、中原、房多多等。这些网站上有大量的房源信息，数量可达几十万条，而且定时更新。此外，这些网站上的房源信息是面向公众的，提供的房源信息都已经按城市、行政区域、板块、小区、房屋类型、面积、价格段等作了分类，以方便公众了解信息。

网站上的房源信息基本覆盖了城市的所有区域，如此大量的房源信息为大数据的应用提供了有力支撑。我们可通过网络爬虫及数据抓取软件对网站信息进行抓取，获得数据；获取数据后，因为许多房源信息是重复的，还有非正常市场价格的信息，所以还需对数据进行筛选处理，即数据清洗；对数据处理之后，存储于数据库中，这些数据即比较法中的案例。

(2) 可比案例的选取与估价。计算机大数据批量估价方法中可比案例的选取是此方法的关键，依靠的是程序的算法。算法根据案例选取模型进行案例的选取。与传统个案估价不同，计算机算法选取的案例要远远多于估价规范中所要求的数量，凡是符合要求的，都会被选到，因此，案例选取模型的优劣决定了估价的质量。

3. 计算机大数据批量估价方法的适用范围

计算机大数据批量估价方法目前仅应用在住宅类型的房地产估价中，因为只有住宅类的信息在网上有大量的数据可获取。商业类、办公类、工业类等其他常见的房地产可获取的数据量有限，无法使用此方法进行批量估价。

4. 计算机大数据批量估价方法的优势与不足

优势在于自动化程度高，作业效率高，因为数据的获取和处理、批量估价工作主要都依靠计算机程序来完成，整个过程中只需少量的人工参与，保证了估价的高效。

不足之处在于批量估价的准确度取决于数据数量和质量，如某些偏僻地区或规模较小的小区挂牌量较少，或网上信息不准确，在无人工干预的情况下会出现无法估价或估价不准确等情况。

(四)多元线性回归分析法

1.多元回归分析法的概念

多元回归分析法是指在相关变量中将一个变量视为因变量,其他一个或多个变量视为自变量,建立多个变量之间线性或非线性数学模型数量关系式,并利用样本数据进行分析。该方法是在大量样本的基础上,通过对变量、误差的假定,用最小二乘法来拟合因变量与自变量的关系,从而建立数学模型进行分析。

多元回归分析方法分为多元线性回归和多元非线性回归,多元非线性回归在应用难度、应用成本方面较线性回归高,所以房地产批量估价中主要还是以多元线性回归方法为主。本章主要介绍多元线性回归。

多元回归分析法的理论基础为特征价格理论。特征价格理论认为,商品自身有多种属性或特征,这些不同的特征共同决定了商品的价格,当某种特征发生变化,商品的价格也会随之发生变化。

房地产的价格是典型的特征价格,受到房地产自身特征的综合影响,表现为区域状况影响因素,如商服繁华度、交通状况、配套设施等,实物状况影响因素包括面积、楼层、朝向、景观、室内装修等。

在批量估价中,把房地产价值或价格作为因变量,把影响房地产价格的特征因素作为自变量,通过分析这些影响房地产价格的因素建立回归模型,进行批量估价。多元线性回归分析模型为[①]:

$$Y = b_0 + b_1 X_1 + b_2 X_2 + \cdots + b_n X_n \tag{13-2}$$

式中,Y 为房地产价格,b_0 为常数项,X_n 为影响房地产价格的因素特征,b_n 为影响价格特征因素的系数。

2.多元线性回归方法应用的主要步骤[②]

(1)估价对象分组:对估价范围内的所有估价对象房地产进行分组,使同一组内的房地产具有相似性。

(2)样本数据选取:在估价区域内选取一定数量的样本,调查样本的基础数据和交易信息,样本要有代表性,数据要准确。

(3)建立影响房地产价格因素体系:通过调查分析,找出可能影响估价对象房地产价值的特征变量,并进行赋值。

(4)模型拟合:观察、分析特征变量的变动规律,用统计软件进行分析,对模型和特征变量赋值并不断地尝试和修正,找出合理的价格和各特征变量之间的定量关系,构

[①] 柴强.房地产估价[M].8版.北京:首都经济贸易大学出版社,2016:364.
[②] 肖历一.房地产批量评估技术的应用分析[J].中国房地产,2016(9):32.

建多元线性回归模型。

(5) 模型检验：建立的模型是否有效，需要通过经济意义检验、统计检验、计量经济学检验、模型预测检验。其中统计检验包括了拟合优度检验、显著性检验；计量经济学检验包括多重共线性检验及异方差检验等。通过上述所有检验，可认为模型建立成功。

(6) 应用模型进行批量估价：对特征变量进行赋值，代入经检验的模型进行自动计算，得出估价范围内所有估价对象的房地产价值。

3. 多元线性回归分析方法的适用范围

多元线性回归分析方法是一种统计学方法，用于分析价格与影响价格的特征之间的相关关系。这种相关关系存在于所有房地产类型中，因此，各种类型的房地产都适用。[1]

4. 多元线性回归分析方法的优势与不足

多元线性回归分析方法具有较高的可操作性，回归模型相对较简单，通过软件容易计算。由于多元线性回归分析法是种被广泛应用的统计方法，具有较好的解释性，所以在房地产估价领域应用该方法，得出的结论具有很好的接受度。市场稳定时，特征因素与房地产价值或价格关系稳定，模型的更新维护成本低。[2]

多元线性回归分析方法的不足在于对样本数据的准确性要求较高，应用模型计算的结果与样本数据的准确性直接相关。在不同市场或不同区域中，影响房价的特征变量是不同的，所以针对不同的情况要建立不同的模型。变量的选择较为主观，在实际操作过程中不可能穷尽所有的价格影响因素，当市场不稳定时，需调整模型。[3]

三、其他批量估价技术方法、模型介绍

除了以上介绍的批量估价的主要方法外，还有其他一些技术方法。例如国际估税官协会(International Association of Assessing Officers, IAAO)介绍的自适应估计、人工神经网络、时间序列[4]，此外还有模糊数学方法、粗糙集方法、空间滞后模型、空间误差模型等。本节选取其中几个方法作简要介绍。

(一) 自适应估计校准技术

自适应性估计校准技术是一种反馈机制，通过追踪模型、反馈结果，以最新的数据

---

[1] 肖历一. 房地产批量评估技术的应用分析[J]. 中国房地产, 2016(9): 33.
[2] 肖历一. 房地产批量评估技术的应用分析[J]. 中国房地产, 2016(9): 33.
[3] 肖历一. 房地产批量评估技术的应用分析[J]. 中国房地产, 2016(9): 33.
[4] International Association of Assessing Officers (IAAO). Standard on Automated Valuation Models [S]. 2013.

持续调整房地产估价模型。在批量估价中，根据新的评估结果、新的数据，对模型进行自动化校准，整个过程不断利用新的价格信息调整房地产的价值。自适应估计技术将初始模型得出的价值与最新的价格信息进行不断对比，直到得出估价模型中最小误差的系数为止。

自适应性估计校准技术虽然是由计算机自动执行的，但是否成功运用也依赖于估价人员的建模能力和对模型的调整能力。

(二)人工神经网络

人工神经网络是通过计算机程序对人脑神经元网络进行抽象，建立运算模型，由大量的节点(或称神经元)相互连接构成，按不同的连接方式组成不同的网络。人工神经网络分为三个层次：输入层、隐含层、输出层。由输入层输入变量，经过隐含层的处理，输出层输出结果。在网络中，每个节点代表一种特定的输出函数，每两个节点间的连接都代表一个对于通过该连接信号的加权值，称之为权重，这相当于人工神经网络的记忆。

人工神经网络应用于批量估价，原理是模拟人类的思维模式，模仿大脑神经网络结构和功能，建立一种用于批量估价的信息处理系统，该系统具有高度的非线性，能够进行复杂的逻辑操作和非线性关系实现。通过大规模并行、分布式存储和处理、自我适应和自我学习，使之适用于处理需要同时考虑多因素和条件、不精确和模糊的信息处理问题。

人工神经网络通过对样本案例的学习，寻找房地产价格与其影响因素之间存在的客观规律。对于某类房地产，只要能够在市场上找到该类房地产一定数量的成交案例，就可以使用此方法。使用人工神经网络法进行批量估价，可减少人为因素对估价的影响，使结果更加客观。

(三)时间趋势分析

时间趋势分析即指数分析，通过开发一个乘数因子或指数，更新现有评估值。该方法的优点是能够快速得出结果，但缺点是可靠性和精确程度都不如多元回归分析，一般在财产特征信息不足以应用多元回归分析时才采用。

(四)模糊数学方法

模糊数学(Fuzzy Mathematics)是研究和处理模糊性现象的一种数学理论和方法。研究对象是不确定性和不清晰的事物或现象，其基本思想是以"模糊集合论"为基础，用精确的数学手段对现实世界中大量存在的模糊概念和模糊现象进行描述、建模，对这些现象进行恰当处理。

房地产估价中的模糊性表现为房屋和房屋之间的相似程度，即在多个属性上相似，如所处区域、周边环境、配套设施、建筑年代、房屋面积、楼层等，但这是相似，不是完全等同,本质上和模糊数学思想是统一的,可以在相似的房地产之间建立模糊集合,也就是房地产分区、分组,进行可比实例的选择。由此,模糊数学可以用来处理房地产分区、分组。①

通过计算房地产属性的隶属度,再计算房地产的贴近度,在贴近度计算中赋予不同属性的隶属度值相应的权重,从而得出房地产之间的相似程度,进行房地产分组。

(五)基于粗糙集的方法

粗糙集理论是一种处理不确定性的数学工具,能有效地分析不精确、不一致、不完整等各种不完备的信息,还可以对数据进行分析和推理,从中发现隐含的知识,揭示潜在的规律。

粗糙集方法是对多元回归方法在应用上的改进,把粗糙集方法分析后的房地产特征纳入多元回归模型。粗糙集方法和回归模型组合使用,能够在分类情况不变的基础上,深入分析属性的依赖度和重要度,挖掘出对决策属性有关键性影响的核心属性,识别出对房价影响不大的冗余属性。②

四、批量自动估价技术方法的选用

在批量估价实践中,往往使用一种以上的批量估价方法进行估价,因为每种方法都有着自身的优势与不足,单一方法可能无法满足批量估价业务的要求,所以往往是两种或多种方法结合使用,如计算机大数据批量估价技术与标准价调整法结合使用。计算机大数据处理的方法较多依赖网络上所抓取的数据,如遇到某些区域数据量不足或不准确时,需要制定这些区域的房屋的标准价,可结合标准价调整法共同估价。

在批量估价业务中,选用哪种批量估价技术方法要结合估价业务的具体要求和各个批量估价方法技术的特点,同时考虑估价作业的方案、估价成本等因素综合决定。

第三节 房地产批量自动估价系统组成

批量自动估价系统是将房地产估价理论、方法,估价人员的专业经验及相关数据、模型整合为一个综合系统,通过计算机系统对数据存储、分析、自动估价模型的运用,从而实现房地产批量自动评估。自动估价系统的组成不尽相同,一个完整的批量估价

---

① 刘洪玉,李妍.基于模糊数学的房地产批量评估[J].清华大学学报(自然科学版),2017,15(11):1202—1206.

② 王吓忠,邱岳.基于粗糙集的房地产税基批量评估应用[J].福州大学学报(哲学社会科学版),2015,29(6)26—34.

系统通常包含多个子系统,每个子系统又包含多个模块。

批量估价系统以批量估价功能为核心,其他功能为辅助。在完整的批量估价系统中,数据库系统和批量估价系统是必需的,其他子系统根据实际情况配备。

一、数据库系统

数据库设计是系统设计的核心之一,是批量自动估价的前提。数据库系统实现的主要功能是数据的收集、存储、处理及在批量估价中的数据调取,可采用 Microsoft SQL Server 数据库管理系统或者 Oracle 数据库管理系统来构建,两者都是关系型数据库,数据库主要围绕不同类别的数据建立。不同类别的数据主要包括以下几个:

(1)房屋价格数据:经过标准化处理的交易数据、挂牌数据、前期积累的评估数据。
(2)区域空间属性数据:交通、商服设施、公建配套设施信息数据。
(3)小区及楼栋基本属性数据:小区竣工日期、小区类型、容积率、绿化率、楼栋层高、朝向等。
(4)房屋基本属性数据:房屋类型、建筑面积、房屋户型、平面类型、楼层、朝向等。
(5)估价参数数据:模型参数、估价方法参数。

如果是基于地理信息系统的批量估价,那么相关的地理信息数据应作为数据库系统的一部分。

二、批量估价系统

估价系统是另外一个核心部分,是自动估价模型(AVM)运行的系统,这部分主要是靠计算机程序,通过调用数据库中各类型数据,对估价对象进行批量估价,其过程如图 13—2 所示。

数据调用 ⇒ AVM估价 ⇒ 得出批量估价结果

图 13—2　估价系统的运行

三、批量估价分析系统

批量估价分析系统是分析批量估价结果的子系统,分析的目的是更好地批量估价,从估价结果中得出结论。系统中可设计统计功能、图表制作功能等。

四、估价管理系统

估价人员通过管理系统对其他子系统进行管理,如模型、参数的调整,资料的归档,用户的管理,等。在估价管理系统中,可根据实际情况开发不同功能的模块,例如:估价查询模块,方便相关人员查询、搜索估价结果;报告生成模块,批量自动估价后应出具相应的报告,因估价对象数量多,很多情况下都是出具整体报告,同时出具批量估价结果。

自动估价系统可以在机构内部使用,也可以通过互联网对外界开放;可以作为一个独立的系统单独存在,亦可以把整个批量估价系统作为子系统嵌入到另外的相关系统中。

第四节 房地产批量自动估价案例

一、标准价格调整法的应用

【例13—1】 某市地铁1号线某站点建设工程地块范围内涉及国有土地上的房屋征收。征收范围为××路1025号、1027号共两幢多层住宅楼内所有房屋。住宅楼每幢5层,无电梯,每层为1梯4户,共计40户。估价范围内土地权属性质为国有建设用地使用权,使用权取得方式为出让,土地用途为住宅,建筑类型为成套住宅,房屋用途为居住,房屋结构为混合,竣工时间均为1998年,房屋权属性质均为私有,价值时点为2018年10月12日。现需评估这40套房屋于价值时点的市场价值。

经估价人员实地查勘,1025号内估价对象房屋状况见表13—2,1027号与1025号同期建造,为同小区房屋,在房屋类型、面积、朝向、户型、结构、竣工年代上极相似,现以1025号所有房屋估价为例。

表13—2 　　　　　　　　1025号内估价对象房屋状况

房屋坐落	建筑面积(平方米)	朝向	户型
××路1025号101	54.78	东南	2室户
××路1025号102	50.42	南	2室户
××路1025号103	42.83	南	1室户
××路1025号104	72.15	西南	2室1厅
××路1025号201	54.78	东南	2室户
××路1025号202	50.42	南	2室户
××路1025号203	42.83	南	1室户
××路1025号204	72.15	西南	2室1厅
××路1025号301	54.78	东南	2室户

续表

房屋坐落	建筑面积(平方米)	朝向	户型
××路1025号302	50.42	南	2室户
××路1025号303	42.83	南	1室户
××路1025号304	72.15	西南	2室1厅
××路1025号401	54.78	东南	2室户
××路1025号402	50.42	南	2室户
××路1025号403	42.83	南	1室户
××路1025号404	72.15	西南	2室1厅
××路1025号501	54.78	东南	2室户
××路1025号502	50.42	南	2室户
××路1025号503	42.83	南	1室户
××路1025号504	72.15	西南	2室1厅

(一)估价技术路线

由于估价范围内的房地产具有相似性,可以运用标准价调整法进行估价,选取标准房屋,对标准房屋进行估价,得出标准房屋的房地产价值,对标准房地产的价值进行调整,评估出估价范围内所有估价对象的价值。

1.标准房屋价格的求取

标准房屋价格的求取采用比较法,基本公式如下:

$$
\begin{aligned}
比较价值 = &可比实例成交价格 \times 交易情况修正系数 \\
&\times 市场状况调整系数 \times 房地产状况调整系数
\end{aligned}
\quad (13-3)
$$

式中,房地产状况包括区位状况、实物状况和权益状况。

2.各个被征收房屋价格的求取

将各个被征收房屋与标准房屋进行比较、分析,分别确定层次、朝向和其他影响房地产价值的调整因素及其调整系数,在标准房屋价格基础上进行调整,最终得到各个被征收房屋的价值,计算公式为:

$$
\begin{aligned}
被征收房屋价值 = &标准房屋价值 \times (1+因素调整系数1) \\
&\times (1+因素调整系数2) \times \cdots \times (1+因素调整系数 n)
\end{aligned}
\quad (13-4)
$$

(二)确定标准房屋

经实地查勘,××路1025号102室,户型为2室户,房屋朝向为南,在估价范围内具有典型性、代表性,故选定此房屋为标准房屋(见表13-3)。

表 13—3　　　　　　　　　　　　　　标准房屋基本情况

坐落	房屋类型	建筑面积（平方米）	建筑结构	朝向	所有权性质	户型	竣工年代
××路 1025 号 102	成套住宅	50.42	混合	南	私有	2 室户	1998 年

（三）估价测算过程

用比较法测算得出标准房屋的单价为 28 000 元/平方米，其他各被征收房屋的价格通过对标准价格进行楼层、面积、朝向、其他因素等的调整得到。

1. 制定调整系数

有些地区有现成的调整系数，有的地区调整系数需根据项目制定。该市发布的国有土地上房屋征收评估技术规范中居住房屋的楼层调整系数（无电梯）、朝向调整系数如表 13—4 和表 13—5 所示。

表 13—4　　　　　　　　　居住房屋楼层调整系数（无电梯）

楼层	1	2	3	4	5	6	7
1	0%	0%	0%	0%	0%	0%	0%
2		2%	2%	2%	2%	2%	2%
3			1%	4%	4%	4%	4%
4				−0.5%	4%	4%	4%
5					−1%	2%	2%
6						−1.5%	0%
7							−2%

表 13—5　　　　　　　　　　居住房屋朝向调整系数

东	南	西	北	东南	西南
−2%	0%	−2%	−2.5%	−1.0%	−1.0%

该市没有统一的面积和户型调整系数，估价人员根据该市房地产交易情况，结合本项目实际情况，制定了面积、户型调整系数，如表 13—6 和表 13—7 所示。

表 13—6　　　　　　　　　　居住房屋面积调整系数

≤45 平方米	45～70 平方米	70～90 平方米	90～120 平方米
1%	0	−1%	−2%

表 13—7　　　　　　　　　　　居住房屋户型调整系数

1室户	2室户	2室1厅	2室2厅
—1%	0%	0%	—1%

2.计算估价范围内其他估价对象价格

因为标准房屋设定为102室,则102室各项因素调整系数均为0%,其他房屋的各项因素调整系数以102室为基准确定。以101室为例,101室各项因素调整系数如下:

楼层调整系数:0%—0%=0%

面积调整系数:0%—0%=0%

朝向调整系数:—1%—0%=—1%

户型调整系数:0%—0%=0%

根据标准价调整法公式,可得:

101室的评估单价=标准价×(1+楼层调整系数)×(1+面积调整系数)
　　　　　　　　×(1+朝向调整系数)×(1+户型调整系数)
　　　　　　=28 000×(1+0)×(1+0)×(1—0.01)×(1+0)
　　　　　　=27 720(元/平方米)

同理,对估价范围内所有估价对象进行楼层、朝向、面积、户型调整,计算估价范围内其他估价对象价格,得出整幢楼各房屋的价格如表13—8所示。

表 13—8　　　　　　　　　估价范围内估价对象价格的估计结果

房屋坐落	建筑面积(平方米)	朝向	户型	楼层调整	面积调整	朝向调整	户型调整	评估单价(元/平方米)
××路1025号101	54.78	东南	2室户	0.00%	0.00%	—1.00%	0.00%	27 720
××路1025号102	50.42	南	2室户	0.00%	0.00%	0.00%	0.00%	28 000
××路1025号103	42.83	南	1室户	0.00%	1.00%	0.00%	—1.00%	27 997
××路1025号104	72.15	西南	2室1厅	0.00%	—1.00%	—1.00%	0.00%	27 443
××路1025号201	54.78	东南	2室户	2.00%	0.00%	—1.00%	0.00%	28 274
××路1025号202	50.42	南	2室户	2.00%	0.00%	0.00%	0.00%	28 560
××路1025号203	42.83	南	1室户	2.00%	1.00%	0.00%	—1.00%	28 557
××路1025号204	72.15	西南	2室1厅	2.00%	—1.00%	—1.00%	0.00%	27 992
××路1025号301	54.78	东南	2室户	4.00%	0.00%	—1.00%	0.00%	28 829
××路1025号302	50.42	南	2室户	4.00%	0.00%	0.00%	0.00%	29 120
××路1025号303	42.83	南	1室户	4.00%	1.00%	0.00%	—1.00%	29 117
××路1025号304	72.15	西南	2室1厅	4.00%	—1.00%	—1.00%	0.00%	28 541

续表

房屋坐落	建筑面积（平方米）	朝向	户型	楼层调整	面积调整	朝向调整	户型调整	评估单价（元/平方米）
××路1025号401	54.78	东南	2室户	4.00%	0.00%	−1.00%	0.00%	28 829
××路1025号402	50.42	南	2室户	4.00%	0.00%	0.00%	0.00%	29 120
××路1025号403	42.83	南	1室户	4.00%	1.00%	0.00%	−1.00%	29 117
××路1025号404	72.15	西南	2室1厅	4.00%	−1.00%	−1.00%	0.00%	28 541
××路1025号501	54.78	东南	2室户	−1.00%	0.00%	−1.00%	0.00%	27 443
××路1025号502	50.42	南	2室户	−1.00%	0.00%	0.00%	0.00%	27 720
××路1025号503	42.83	南	1室户	−1.00%	1.00%	0.00%	−1.00%	27 717
××路1025号504	72.15	西南	2室1厅	−1.00%	−1.00%	−1.00%	0.00%	27 168

通过标准价格调整法批量评估1025号内所有20户的房地产市场价值，同理也可以评估出1027号内20户的房地产市场价值。

二、多元线性回归方法的应用

【例13—2】 使用多元线性回归方法对某地临江地区的高层住宅进行批量估价，估价目的是为征收房地产税提供价值参考。

（一）确定估价范围及房地产分组

估价范围为临江地区的住宅，住宅种类有几种，有20世纪80—90年代建成的多层房屋，90年代建成的高层房屋，以及2000年后建成的多、高层房屋。首先，根据建成年代、建筑类型等对这些房屋进行分组，使同一组内的估价对象具有相似性。此次使用多元线性回归分析法对2000年后建成的、距离江较近的高层住宅进行批量估价。

（二）样本数据的收集

因房地产市场受政策调控，近一年半时间内的市场比较平稳，房价波动较小，选择此期间200多套成交房屋作为样本，剔除一些非正常交易价格的样本，如表13—9所示。

表13—9　　　　　　　　　　相关区域房地产中介成交情况

房屋地址	总价（万元）	单价（元/平方米）	面积（平方米）	交易日期
××路18幢1902室	6 118	150 901	405.49	2017/10/24
××路18幢1802室	6 062	147 318	411.54	2017/12/28
××路18幢1901室	5 929	146 219	405.49	2017/9/15
××路18幢2001室	5 833	143 875	405.49	2018/4/25

续表

房屋地址	总价(万元)	单价(元/平方米)	面积(平方米)	交易日期
××路15幢2002室	3 561	141 653	251.44	2019/1/2
××路18幢1702室	5 793	140 788	411.54	2017/10/24
××路6幢1802室	4 136	140 096	295.24	2018/1/6
××路6幢2002室	3 720	138 021	269.57	2017/11/18
××路18幢2002室	5 596	138 021	405.49	2017/11/26
××路18幢1801室	5 631	136 842	411.54	2017/11/14
××路18幢1602室	5 585	135 731	411.54	2017/5/26
××路18幢1701室	5 568	135 320	411.54	2017/10/13
××路15幢1802室	3 438	133 734	257.15	2019/1/5
××路19幢1602室	4 866	133 504	364.54	2018/9/11
××路6幢1702室	3 924	132 909	295.24	2018/2/3
××路20幢1101室	4 806	131 764	364.8	2018/9/15
××路7幢501室	3 914	131 648	297.31	2018/8/29
××路6幢1602室	3 869	131 061	295.24	2017/9/4
××路8幢502室	3 881	130 950	296.4	2017/11/17
××路18幢801室	5 389	130 950	411.54	2017/11/15
××路18幢1601室	5 360	130 238	411.54	2017/8/13
××路15幢1702室	3 336	129 748	257.15	2019/3/18
××路16幢1902室	4 423	128 024	345.54	2019/3/12
××路18幢1202室	5 195	126 248	411.54	2017/3/29
××路15幢1602室	3 242	126 106	257.15	2019/1/4
…	…	…	…	…
××路1幢402室	900	80 942	111.19	2017/12/27
××路2幢802室	900	80 637	111.61	2018/5/31
××路4幢3404室	1 169	80 207	145.81	2019/1/6
××路6幢1903室	1 040	79 359	131.05	2019/2/15
××路3幢202室	668	78 311	85.3	2018/5/2
××路3幢803室	880	78 208	112.52	2018/12/15
××路2幢2601室	3 000	77 069	389.26	2018/12/19
××路1幢1001室	2 970	67 196	441.99	2018/4/19
××路3幢2002室	520	64 959	80.05	2018/4/20
××路3幢1103室	700	64 874	107.9	2018/3/19

(三)建立影响房地产价格的因素体系

1. 选择影响房地产价值的特征

估价范围内的基础设施、公建配套设施、商服繁华度、周边环境的区域状况因素大体上相似,对区域内同类房地产价格影响较小,经估价人员调查,对房地产价格存在影响的特征主要是房地产的实物状况,包括面积、楼层、朝向、室内装修、一般景观、特殊景观、房型、竣工年限、小区环境、是否学区房等。

2. 因变量、自变量分析

因变量为估价范围内 2000 年后建造的高层住宅单价。

自变量分析：

(1)面积:面积大小关系到总房价的高低,是影响房价的因素之一,故列为自变量。

(2)楼层:楼层也是影响房价的因素,列为自变量。

(3)一般景观:高层建筑一般都有景观,在城市中体现为城市景观。高层建筑中楼层与景观效果一般是等效的,景观随着楼层的升高越来越好,一般景观和楼层对房价的影响相似,因一般景观较难量化,以楼层作为影响因素,则剔除一般景观因素。

(4)特殊景观:估价范围内区域临江,有比较好的江景,江景在该地是特殊景观,对房屋的价格影响较大,区域内高层住宅分为可看到江景的住宅及不可看到江景的住宅,故此因素列为自变量。

(5)朝向:估价范围内绝大多数住宅都朝南,少量朝西的,对住宅有一定影响,列为自变量。

(6)房型:房型在估价范围内对价格影响较小,故剔除。

(7)竣工年限:竣工年限是影响房价的因素之一,列为自变量。

(8)室内装修:室内装修价在估价范围内对房价影响较小,故剔除。

(9)是否学区房:估价范围内无学区,故剔除。

(10)小区环境:估价对象范围内高层住宅的小区环境相似,对房价影响较小,故剔除。

3. 模型自变量赋值

本案例把上述分析中对房价有影响的因素作为自变量。剔除影响较小的因素,列为自变量的因素有面积、楼层、特殊景观、朝向、竣工年限 5 个特征因素。

根据估价人员的经验对自变量赋值。其中,面积、楼层为定量指标,用实际值;朝向为定性指标,区域内房屋多为朝南,朝向赋值为 0,其他少量以西为主,没有朝北的房屋,则朝西赋值为 −1;因特殊景观即江景对房价影响较大,对于在能看到江景的小区里 6 层及以上看得到江景的房屋赋值 0,在能看到江景的小区里 5 层及以下和看不到江景的小区房屋赋值 −2;竣工年限以 2000 年后每晚 5 年作为区别进行赋值,

2000—2005年赋值为0,后每晚5年,赋值增加1。

(四)模型拟合、建立回归方程

用SPSS22.0统计分析软件进行回归模型拟合,拟合分析结果如表13-10所示。

表13-10　　　　　　　　　变量拟合分析结果

模型	非标准化系数		标准化系数	T	显著性	共线性统计数据	
	B	标准错误	Beta			允差	VIF
1(常数)	90 718.559	4 255.829		21.316	0.000		
面积	-25.268	6.897	-0.161	-3.664	0.000	0.664	1.507
特殊景观	323.365	1 785.406	0.019	0.181	0.856	0.119	8.427
朝向	-12 884.935	3 533.751	-0.373	-3.646	0.000	0.123	8.144
竣工年限	14 798.713	721.797	1.069	20.503	0.000	0.471	2.122
楼层	92.967	202.582	0.019	0.459	0.647	0.722	1.385

从表13-10中可看到自变量中楼层和特殊景观显著性不强,朝向和特殊景观的VIF值大于5接近于10,有弱的共线性存在,未通过共线性检验。

为了解决这些问题,需调整自变量及相关赋值。考虑到朝向存在共线性,调整为与特殊景观合并成特殊景观因素。重新赋值为:朝西赋值-2(有特殊景观),朝南赋值0(无特殊景观);楼层按1-7层分别赋值为-2、-1、-0.5、0、0、0.5、1.0,7层以上每层赋值增加0.25,其他因素赋值不变。调整后,自变量为面积、楼层、特殊景观、竣工年限4个特征因素。

重新拟合结果见表13-11。

表13-11　　　　　　　　　变量重新拟合分析结果

模型	非标准化系数		标准化系数	T	显著性	共线性统计数据	
	B	标准错误	Beta			允差	VIF
1(常数)	103 512.499	1 751.310		59.106	0.000		
面积	-25.217	6.885	-0.161	-3.662	0.000	0.663	1.507
特殊景观	-6 732.187	308.319	-0.389	-8.329	0.000	0.585	1.711
竣工年限	14 797.382	720.800	1.069	20.529	0.000	0.471	2.124
楼层	103.157	190.015	0.235	2.580	0.012	0.838	1.193

得到回归方程为:

$P=103\,512.50-25.22\times$面积$-6\,732.19\times$特殊景观赋值$+14\,797.38\times$竣工年限赋值$+103.16\times$楼层赋值

该模型的意义为：在同一组房地产中，103 512.45 可理解为区域内同类型房地产的基础价格。系数表示在其他变量保持不变的情况下，某一变量变动一个单位，房地产单价相应的变动量。面积每增加 1 平方米，则单价下降 25.22 元/平方米；楼层每上升 1 层，则单价上涨 103.16 元/平方米；特殊景观房屋赋值每提高 1 个单位，价格增加 6 732.19 元/平方米（注：虽然系数前面为负号，但特殊景观的赋值为 −2，或可理解为无特殊景观房屋，单价下降 6 732.19 元/平方米）；竣工年限自 2000 年起，每晚 5 年，单价增加 14 797.38 元/平方米。

（五）模型检验

对模型分别进行检验，其结果分别如表 13−11 至表 13−13 以及图 13−3 所示。

由表 13−12 可知，模型拟合优度调整 R^2 为 0.656，接近于 1，模型具有相对较好的解释能力。D-W 统计量为 1.535，接近于 2，因而不存在序列相关。

表 13−12　　　　模型检验的拟合优度及 D-W 统计量

模型	R	R^2	调整后 R^2	标准偏斜度错误	Durbin-Watson
1	0.813[a]	0.662	0.656	10 074.572 5	1.535

由表 13−13 可知，模型的 F 值为 129.48，其显著性值为 0.000，故该方程通过 F 检验。

表 13−13　　　　模型的 F 检验结果

模型		平方和	df	平均值平方	F	显著性
1	回归	5.257E+10	4	1.314E+10	129.482	0.000[b]
	残差	2.690E+10	265	101 497 010.070		
	统计	7.947E+10	269			

由表 13−11 可知，模型 T 检验的显著性值接近于或等于 0，故通过 T 检验；多重共线性检验的 VIF 值明显小于 10，即模型中解释变量之间不存在多重共线性，多重共线性检验通过。

由图 13−3 可知，模型残差分布较接近正态分布，残差散点基本成直线趋势，无极端值。用估价区域内其他近期成交的房屋的价格对方程检验，通过模型计算的价格与实际成交价格较为接近，可认为此方程有效。

（六）模型的应用

若评估模型对应区域内同组的某套房屋价格，则将此套房屋的影响因素面积、特殊景观、竣工年限、楼层对应的特征数据收集整理、量化赋值后，代入方程，即可计算出评估价格。

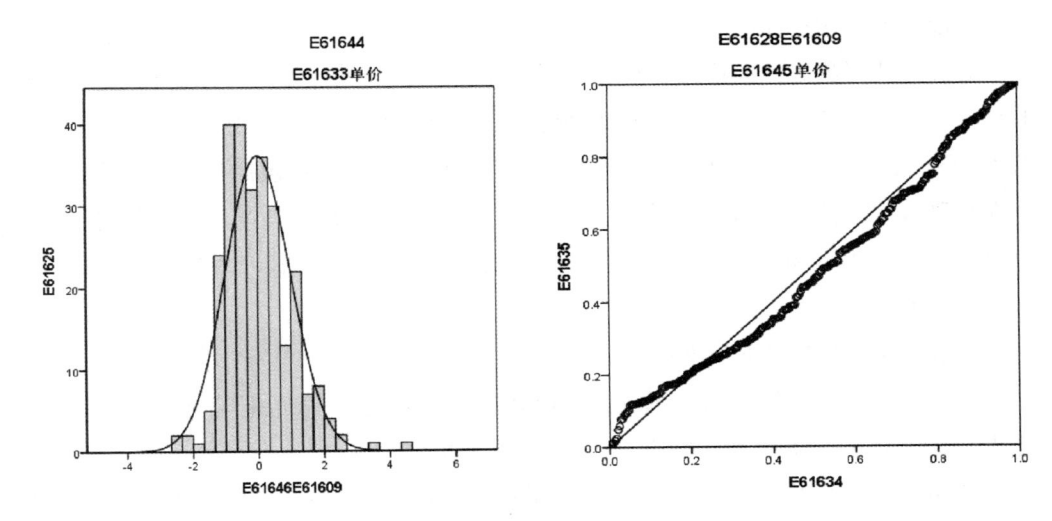

图 13-3 残差直方图及累积概率

例如,对区域内一套位于 5 层、面积 70.5 平方米、朝南、竣工于 2008 年的房屋进行估价,把特征值代入方程即可计算得到估值。

估价对象评估单价＝103 512.50－25.22×70.5－6 732.19×0＋14 797.38×1
　　　　　　　　＋103.16×0

＝116 532 元/(平方米)

对同一组的其他所有估价对象进行自变量赋值,代入回归方程后即可批量估价,利用 CAMA 系统则可以实现批量自动估价。

三、基于计算机大数据处理及比较法的批量自动估价应用

【例 13-3】 某市商业银行委托××估价机构对该行近 15 万套房地产抵押品进行贷后复评估,估价目的是了解估价范围内估价对象的价值变化状况,价值类型是市场价值。

整个过程分为估价委托人提供估价对象数据、估价方数据处理、批量自动估价、结果复核四个环节。

(一)委托方提供数据

估价委托人提供估价对象的数据,包括估价对象所处区域、具体地址、面积、楼层、竣工时间等信息。

(二)数据处理、修复

批量估价的原始属性数据的处理修复是复评的一项核心工作。由于数据源和房屋地址不同,数据质量参差不齐。在海量房产的批量评估工作中,地址解析与匹配的

能力直接决定了批量评估的效率。

估价方利用数据标准化处理平台(简称DSP)对数据进行处理。数据标准化处理平台在目前主流大数据分布式计算处理框架Spark的基础上,采用全文检索引擎技术,基于自有的评估行业数据集,根据输入数据特点和用途进行包括数据实时清洗、实时流处理、高效批处理及缓存等分布式的多样化集群处理等工作。计算机将估价对象的物业类型、区域分布等宏观指标进行分类,与数据库中的数据,针对物业的小区、楼栋和房屋属性进行匹配。

数据处理主要有以下步骤：

(1)通过使用数据标准化处理平台,采用模式识别、地址库匹配等方法,对原始数据进行第一次清洗,修复噪声数据,筛选出异常数据。

(2)对于(1)的处理结果,基于自建的数据库对地址信息进行智能识别解析并分离出地址的相关各部分,比如按市、区县、街镇、路、楼栋、室号等划分。

(3)针对(1)(2)未能正常处理的房屋信息,及时获取并进行数据整理分析。对需要现场核查的信息,安排人员负责实地调研勘察并实时反馈处理平台。对于仍未能核实的房屋信息,及时与原始数据提供方联系并确认。

(4)获取基础信息之后,房屋地址、房屋、楼栋、小区等属性信息均得到最大程度匹配,数据标准化处理平台将相关信息进行整合、智能修正、模糊匹配并达到最终标准化,实现在非常短的时间内汇总处理结果,形成批量评估的标准化数据并导出到基数库,完成最终修正匹配工作。

(三)批量自动估价

批量自动估价系统自动调取基数库数据,从大数据中心快速获取空间数据、真实房源房屋价格数据、影响参数数据等多层次异源异构数据体系,对估价对象进行估价。

1. 单一估价对象的自动估价

利用大数据分析筛选模型,在全系统智能化计算的基础上,基于其他评估模型,智能化动态匹配可比案例,动态设定标准化的房价区域特征因素、个别特征因素相关权重与隶属度标准,结合比较法全程智能化动态评估房屋价值。

2. 批量自动评估

批量评估是在单套房屋评估的基础上,基于计算机集群分布式多线程处理机制,全面提升计算机群组自动计算能力与水平,在原有计算能力基础上成几何倍数增加估价线程,在同时间周期内完成多物业类型多套房屋的批量估值工作。

(四)估价结果复核

批量自动估价系统估价结束后,对于估价结果需要进行人工复核,因为目前计算机大数据处理方法不能做到数据的全覆盖,因此,在大批量的估价结果中,有些估价结果可能是不准确的,还有些因数据缺失估不出结果,这些都需人工介入,复核完成后,把估价结果提交委托人。

第五节 房地产批量自动估价的局限性与展望

批量估价系统是一个有机的整体,批量评估结果的准确性、合理性依赖于所用数据的质量、模型的有效性和评估系统的稳定性,如果没有这些作为保障,批量自动估价系统所得出的估价结果就不能保证其可靠性。批量评估因自身的特点导致了其自身的局限性。

一、批量自动估价的局限性

(一)不能做到无死角、全覆盖的估价

批量估价中基于计算机大数据处理的方法,对数据的依赖度较大。由于数据的缺失、质量问题,或者模型的问题,会导致估不出价格,或者估出价格不准确的情况,还需人工补充和复核。

(二)不能反映估价对象个体变化带来的价格变动

批量估价未进行实地查勘或不完全查勘,在房地产本身发生变化的情况下,批量估价不能及时发现并对估价结果进行调整,即批量估价能及时反映房地产市场整体变化带来的估价对象价格变化,但不能反映估价对象个体变化带来的价格变化。

(三)应用范围相对狭窄

目前房地产批量自动评估的估价对象相对单一,主要应用在住宅类的价格评估中。房地产具有独特性,但是居住类型的房屋数量庞大,房屋和房屋之间差异相对较小,相似程度高,有一定的可比性和替代性,这些特点契合了批量估价的优势,适合用批量估价技术评估房地产价格。办公楼、店铺、商业综合体、工业房地产等其他类型的非居住类房地产则区别于住宅,在数量上相对少,自身具有独一无二性,其估价往往要运用多种方法,涉及更多的数据及更复杂的计算模型,影响其价格的因素也比较复杂,使得计算机对非居住类房地产准确地自动批量估价有一定难度。

二、批量自动估价的展望

(一)加强相关专业人才的培养

我国房地产估价行业起步较晚,伴随着房地产业的发展及金融业的发展,也已走过 20 多年,在市场业务拓展、理论方法研究、人才的培养方面形成了一套自身的体系,但仍存在不少的问题。

房地产估价机构普遍存在专业技术力量薄弱、人才储备不足、信息化水平低、管理方法落后等问题,这些先天性的不足客观上制约了新技术的推广和应用。

房地产批量估价技术是综合了房地产估价、地理信息系统(GIS)、数据科学、计算机技术、人工智能(AI)等多学科的技术,对人才的培养也提出了更高的要求。

针对批量估价这个房地产估价中的新领域,在现有的体系中,首先,估价行业协会应对估价人员进行专业培训、继续教育,组织相关的专题培训,确保房地产估计人员掌握房地产批量评估涉及的评估知识;其次,在高校的人才培养上,可以考虑在评估专业中开设涉及批量估价的课程,自行或与相关企业合作开展相关项目的实践操作,使在校学生能了解到行业最新的发展状况;最后,现有的社会估价机构应该重视批量估价这个新领域,加大批量估价的投入和研究,使新思想、新方法、新技术尽早在行业中运用,共同推动行业整体的发展。①

(二)对批量自动估价的展望

目前,大数据在社会生产中发挥着越来越重要的作用,可以说,数据是一种生产资料,估价行业也不例外。房地产估价或者资产评估从某种程度上讲就是对数据的处理和加工。与此同时,随着人工智能中机器学习、深度学习、神经网络的发展,计算机的智能程度会越来越高。

基于以上因素,计算机智能化估价有很大的发展空间,未来房地产批量自动估价必定会从目前简单的居住类房屋的批量自动估价发展到非居住类房屋的批量自动估价。目前的自动估价系统中某些工作还需较多的人工干预,如技术参数、修正因子、算法模型的调整等,未来计算机能自我学习,将越来越少地依赖人工或者完全不依赖人工而完成估价作业,且估出的价格更合理、准确。

本章小结

批量估价是基于同一估价目的,利用共同的数据,采用相同的方法,并经过统计检验,对大量相似的房地产在给定日期的价值或价格进行评估。目前主要的批量估价方法有标准价调整法、多元线性回归分析法、基于计算机大数据批量处理的比较法等。标准价调整法是对估价范围内的所有估价对象进行分类或分组,使同类或同组的房地产具有相似性,在每组内选定或设定标准房地产,测算标准房地产价值或价格,利用有关调整系数将标准房地产价值或价格调整为各宗被估价房地产价值或价格的方法。多元回归分析法是指在相关变量中将一个变量视为因变量,其他一个或多

---

① 刘华,杜康丽,伍岳.美国房地产税批量评估体系及借鉴[J].国际税收,2018(1):68.

个变量视为自变量,建立多个变量之间线性或非线性数学模型数量关系式,并利用样本数据进行分析。此外,还有自适应估计、时间序列分析、人工神经网络、模糊数学方法等。

标准价调整法、多元线性回归分析法、基于计算机大数据批量处理的比较法都有各自的应用步骤、适用范围及优缺点,对这些方法的深刻认识将有助于方法的应用。

房地产批量自动估价结合了传统的估价理论方法和现代计算机技术、大数据处理技术。房地产批量自动估价在我国刚起步,还有较大的发展空间。

习题

一、名词解释
1. 批量估价
2. 个案估价
3. 标准价调整法
4. 房地产批量自动估价系统

二、单项选择
1. 下列估价中,不宜选用批量估价方法评估的是(　　)。
A. 房地产抵押贷后估价
B. 房地产抵押贷前估价
C. 快速评估某区域内几条街道或一条街道所有临街土地的价值或价格
D. 房地产税基估价

2. 下列说法不正确的是(　　)。
A. 批量自动估价耗费人力、物力较人工估价少
B. 批量自动估价的精确度比人工个案估价精确度高
C. 批量估价一次估价的估价对象数量众多
D. 批量自动估价可以选用的估价方法比人工、个案估价的多

3. 下列各项中,(　　)不属于房地产批量估价系统的子系统。
A. 数据库系统　　　　　　　　B. 批量自动估价系统
C. 房地产勘查系统　　　　　　D. 估价管理系统

三、多项选择
1. 下列选项中,(　　)可用于批量估价。
A. 比较法　　　　　　　　　　B. 多元线性回归分析法
C. 路线价法　　　　　　　　　D. 标准价调整法
E. 修复成本法

2. 多元线性回归分析法的主要步骤包括(　　)。
A. 房地产分组
B. 选取样本数据,确定影响房地产价格的因素

C. 选取可比案例

D. 构建回归模型，模型检验

E. 运用模型进行批量估价

3. 下列各项中，（　）对于评估住宅、商办、工业类型房地产都可选用。

A. 多元线性回归分析法

B. 标准价调整法

C. 基于计算机大数据处理及比较法的批量估价方法

D. 模糊数学方法

4. 除了主要的批量估价方法外，（　）也用于批量自动估价。

A. 人工神经网络　　　　　　　　B. 时间序列分析

C. 损失资本化法　　　　　　　　D. 自适应估计

四、简答题

1. 多元线性回归模型的优势与不足有哪些？

2. 房地产批量自动估价系统由哪些部分组成？

五、计算题

1. 运用标准价调整法对估价范围内的所有估价对象进行批量估价。估价范围为整幢楼1—6层所有房屋，每层4户，共计24户。标准房屋设定为202室，房屋建筑面积为50.42平方米，朝向为朝南，室内装修状况为精装。假设标准房屋的价格已通过比较法求出，为30 000元/平方米。朝向、建筑面积、楼层调整系数参照本章例13—1中的调整系数。室内装修调整系数为：毛坯0%，简装2%，精装4%。根据表13—14中的房屋情况对24户房屋进行批量估价。

表 13—14　　　　　　　　　　估价对象基本情况

房屋坐落	建筑面积(元/平方米)	朝向	室内装修状况
××路888号2单元101室	54.78	东	简装
××路888号2单元102室	50.42	南	简装
××路888号2单元103室	42.83	南	精装
××路888号2单元104室	72.15	西	毛坯
××路888号2单元201室	54.78	东	精装
××路888号2单元202室	50.42	南	简装
××路888号2单元203室	42.83	南	简装
××路888号2单元204室	72.15	西	简装
××路888号2单元301室	54.78	东	精装
××路888号2单元302室	50.42	南	精装
××路888号2单元303室	42.83	南	简装

续表

房屋坐落	建筑面积(元/平方米)	朝向	室内装修状况
××路888号2单元304室	72.15	西	精装
××路888号2单元401室	54.78	东	毛坯
××路888号2单元402室	50.42	南	简装
××路888号2单元403室	42.83	南	精装
××路888号2单元404室	72.15	西	毛坯
××路888号2单元501室	54.78	东	简装
××路888号2单元502室	50.42	南	简装
××路888号2单元503室	42.83	南	精装
××路888号2单元504室	72.15	西	精装
××路888号2单元601室	54.78	东	简装
××路888号2单元602室	50.42	南	毛坯
××路888号2单元603室	42.83	南	精装
××路888号2单元604室	72.15	西	简装

2.试运用多元线性回归分析法,分析估价范围内对估价对象的房地产价格影响较大的因素,并且建立回归方程。估价对象范围内房屋已分组,为2010年后新建的、竣工时间相近的同类型高层住宅,分属同区域内不同板块。样本从这些房屋中选取。其中,A板块离市中心最近,B、C板块次之;a、b、c、h小区为开发商精装修,其他小区不计装修;f、g小区就建在轨道交通站点旁,轨道交通为地面高架运行,对周边产生一定噪声影响;各小区都无特殊景观。样本具体条件见表13-15。

表13-15　　　　　　　　　　　　样本具体条件

房屋坐落	总价(万元)	单价(元/平方米)	面积(平方米)	房型	装修	板块
k小区19号402室	195	38 303	50.91	1房1厅	不计装修	A
k小区8号2102室	208	38 026	54.7	1房1厅	不计装修	A
l小区1号1203室	276	40 919	67.45	2房1厅	不计装修	B
l小区1号202室	278	41 215	67.45	2房1厅	不计装修	B
f小区7号405室	298	43 175	69.02	2房1厅	不计装修	A
f小区7号205室	291	42 161	69.02	2房1厅	不计装修	A
f小区7号405室	298	43 175	69.02	2房1厅	不计装修	A
k小区14号2103室	265	38 113	69.53	2房1厅	不计装修	A
d小区72号201室	308	42 261	72.88	2房1厅	不计装修	A

续表

房屋坐落	总价（万元）	单价（元/平方米）	面积（平方米）	房型	装修	板块
j 小区 5 号 802 室	295	39 507	74.67	2 房 1 厅	不计装修	C
j 小区 6 号 603 室	290	38 837	74.67	2 房 1 厅	不计装修	C
j 小区 6 号 802 室	298	39 908	74.67	2 房 1 厅	不计装修	C
a 小区 32 号 802 室	350	39 624	88.33	2 房 2 厅	开发商精装修	A
l 小区 9 号 1002 室	339	42 012	80.69	2 房 2 厅	不计装修	B
l 小区 4 号 803 室	340	40 797	83.34	2 房 2 厅	不计装修	B
a 小区 33 号 502 室	410	46 438	88.29	2 房 2 厅	开发商精装修	A
a 小区 34 号 702 室	500	40 930	122.16	3 房 2 厅	开发商精装修	A
a 小区 52 号 1402 室	550	39 232	140.19	4 房 2 厅	开发商精装修	A
a 小区 54 号 1001 室	350	39 696	88.17	2 房 2 厅	开发商精装修	A
a 小区 54 号 1602 室	340	39 193	86.75	2 房 2 厅	开发商精装修	A
l 小区 1 号 2004 室	352	41 490	84.96	2 房 2 厅	不计装修	B
n 小区 1 号 901 室	365	42 615	85.65	2 房 2 厅	不计装修	A
m 小区 5 号 1502 室	335	39 104	85.67	2 房 2 厅	不计装修	B
a 小区 54 号 803 室	430	38 809	110.8	3 房 2 厅	开发商精装修	A
a 小区 55 号 1101 室	450	50 156	89.72	2 房 2 厅	开发商精装修	A
a 小区 55 号 1103 室	365	40 787	89.49	2 房 2 厅	开发商精装修	A
a 小区 55 号 401 室	410	45 698	89.72	2 房 2 厅	开发商精装修	A
a 小区 56 号 1202 室	405	45 798	88.43	2 房 2 厅	开发商精装修	A
a 小区 57 号 1501 室	450	50 516	89.08	2 房 2 厅	开发商精装修	A
a 小区 57 号 1801 室	476	53 435	89.08	2 房 2 厅	开发商精装修	A
a 小区 58 号 1002 室	450	39 795	113.08	3 房 2 厅	开发商精装修	A
a 小区 59 号 1302 室	510	41 889	121.75	3 房 2 厅	开发商精装修	A
a 小区 60 号 701 室	420	47 037	89.29	2 房 2 厅	开发商精装修	A
a 小区 60 号 901 室	400	44 797	89.29	2 房 2 厅	开发商精装修	A
i 小区 20 号 1002 室	344	38 883	88.47	2 房 2 厅	不计装修	C
m 小区 5 号 1403 室	347	39 111	88.72	2 房 2 厅	不计装修	A
a 小区 61 号 802 室	450	50 391	89.3	2 房 2 厅	开发商精装修	A
a 小区 61 号 903 室	435	48 717	89.29	2 房 2 厅	开发商精装修	A
a 小区 61 号 903 室	360	40 318	89.29	2 房 2 厅	开发商精装修	A

续表

房屋坐落	总价（万元）	单价（元/平方米）	面积（平方米）	房型	装修	板块
a 小区 63 号 701 室	500	41 068	121.75	3 房 2 厅	开发商精装修	A
b 小区 11 号 1803 室	390	46 680	83.55	2 房 2 厅	开发商精装修	A
b 小区 21 号 803 室	405	46 180	87.7	2 房 2 厅	开发商精装修	A
b 小区 3 号 1103 室	399	44 681	89.3	2 房 2 厅	开发商精装修	A
b 小区 5 号 1602 室	401	44 860	89.5	2 房 2 厅	开发商精装修	A
b 小区 5 号 803 室	400	44 698	89.49	2 房 2 厅	开发商精装修	A
m 小区 3 号 301 室	360	40 263	89.41	2 房 2 厅	不计装修	A
b 小区 6 号 1202 室	392	44 489	88.11	2 房 2 厅	开发商精装修	A
b 小区 6 号 1401 室	400	45 574	87.77	2 房 2 厅	开发商精装修	A
b 小区 7 号 1704 室	395	44 312	89.14	2 房 2 厅	开发商精装修	A
j 小区 2 号 1801 室	360	40 197	89.56	2 房 2 厅	不计装修	C
j 小区 9 号 1101 室	351	39 165	89.62	2 房 2 厅	不计装修	C
b 小区 8 号 1002 室	392	44 490	88.11	2 房 2 厅	开发商精装修	A
b 小区 8 号 1401 室	405	46 143	87.77	2 房 2 厅	开发商精装修	A
j 小区 9 号 2201 室	356	39 617	89.86	2 房 2 厅	不计装修	C
j 小区 8 号 2808 室	357	39 784	89.86	2 房 2 厅	不计装修	C
j 小区 1 号 2902 室	345	38 193	90.33	2 房 2 厅	不计装修	C
l 小区 10 号 1401 室	427	43 027	99.24	2 房 2 厅	不计装修	B
l 小区 11 号 2103 室	420	42 321	99.24	2 房 2 厅	不计装修	B
l 小区 3 号 1203 室	409	40 867	100.08	2 房 2 厅	不计装修	B
l 小区 3 号 2103 室	427	42 665	100.08	2 房 2 厅	不计装修	B
l 小区 8 号 1101 室	415	41 343	100.38	2 房 2 厅	不计装修	B
m 小区 2 号 203 室	430	39 273	109.49	2 房 2 厅	不计装修	A
b 小区 8 号 1702 室	405	45 965	88.11	2 房 2 厅	开发商精装修	A
b 小区 8 号 1803 室	376	44 324	84.92	2 房 2 厅	开发商精装修	A
c 小区 10 号 302 室	426	55 462	76.81	2 房 1 厅	开发商精装修	A
h 小区 101 号 2802 室	477	56 736	84.16	2 房 2 厅	开发商精装修	A
h 小区 101 号 3602 室	476	56 640	84.16	2 房 2 厅	开发商精装修	A
d 小区 107 号 901 室	540	42 881	125.93	3 房 2 厅	不计装修	A
f 小区 17 号 601 室	550	43 150	127.46	3 房 2 厅	不计装修	A

续表

房屋坐落	总价（万元）	单价（元/平方米）	面积（平方米）	房型	装修	板块
i 小区 15 号 101 室	500	38 708	129.17	3 房 2 厅	不计装修	C
i 小区 14 号 302 室	537	39 587	135.65	3 房 2 厅	不计装修	C
i 小区 15 号 201 室	510	37 596	135.65	3 房 2 厅	不计装修	C
o 小区 12 号 1502 室	529	38 966	135.76	3 房 2 厅	不计装修	C
j 小区 7 号 1703 室	520	38 257	135.92	3 房 2 厅	不计装修	C
f 小区 8 号 1403 室	590	42 915	137.48	3 房 2 厅	不计装修	A
h 小区 101 号 3603 室	476	56 640	84.16	2 房 2 厅	开发商精装修	A
g 小区 33 号 101 室	600	38 178	157.16	4 房 2 厅	不计装修	C
g 小区 27 号 402 室	624	38 965	160.35	4 房 2 厅	不计装修	C
e 小区 122 号 201 室	820	42 577	192.59	5 房 3 厅	不计装修	A

课堂自测题	案例 13－1
案例 13－2	案例 13－3
拓展资料	阅读书目

第十四章　房地产估价业务和人才培养中的社会主义核心价值观

学习目的

知识目标：通过学习，理解房地产估价业务、估价人员与社会主义核心价值观的关系。

能力目标：通过学习，学生能够以社会主义核心价值观武装自己，并运用于房地产估价业务和未来人才培养实践。

思政目标：培养学生树立正确的价值观，具备更强的社会责任感，能够在房地产估价实践中理解并遵守房地产估价职业道德和规范，以严谨求实的工作态度、坚持不懈的科学精神，坚持规范执业、诚信执业，发扬传承评估人精益求精、一丝不苟的工匠精神。

关键概念	思维导图

第一节 社会主义核心价值观与房地产估价业务和人才培养的关系

一、社会主义核心价值观的概念与内涵

2012年11月,中共十八大报告提出要大力加强社会主义核心价值体系建设,首次提出社会主义核心价值观的基本内涵为"倡导富强、民主、文明、和谐,倡导自由、平等、公正、法治,倡导爱国、敬业、诚信、友善,积极培育和践行社会主义核心价值观"。社会主义核心价值观是对社会主义核心价值体系的凝练总结,把针对国家、社会、公民的价值要求融为一体,既吸收继承了中华优秀传统文化和世界文明的有益成果,也体现了社会主义本质要求,展示出我们党与时俱进的时代精神。[1] 提倡和弘扬社会主义核心价值观,是凝魂聚气、强基固本的基础工程,有利于在意识形态层面引领实现中华民族伟大复兴。

在社会主义核心价值观中,"富强、民主、文明、和谐"是社会主义核心价值观的最高层次,是国家层面的价值目标,反映了全体人民实现中华民族伟大复兴的共同理想,对其他价值观具有统领作用;"自由、平等、公正、法治"是社会主义核心价值观在社会层面的价值目标,体现了中国特色社会主义的基本属性,是党始终坚持的价值理念,反映了人民对社会前进发展的诉求标准;"爱国、敬业、诚信、友善"融合了中华民族的传统美德,结合当代社会的道德标准,贯穿于公民社会生活的各个层面,是社会主义核心价值观在公民层面的价值要求,也是每个公民都应遵守的基本道德规范。

二、社会主义核心价值观与房地产估价业务的关系

近年来,随着房地产评估行业的快速发展,房地产评估行业在市场经济中的作用越发突出。作为具备服务性和咨询性的中介行业,房地产评估从单一的评估业务发展到涉及房地产抵押、保险以及企业并购重组、破产清算、土地拍卖等各项经济活动[2],在促进国有经济和其他经济成分发展、推动体制改革、完善金融市场等方面发挥着不可或缺的基础性作用。因此,从国家层面来讲,房地产评估业务的不断发展和完善,对实现符合社会主义核心价值观的经济价值目标,促进市场经济的快速发展,具有重要意义。

---

[1] 习近平. 在北京大学师生座谈会上的讲话[EB/OL]. [2014—05—04]. http://www.gov.cn/xinwen/2014—05/05/content_2671258.htm? gs_ws=tsina_635348790066490438.

[2] 康鹏,李海丽. 当前房地产评估行业问题及对策分析[J]. 价值工程,2015,34(30):15—17.

房地产评估业务的对象是房地产,而房地产不仅关系到国民经济的发展,更从各个方面牵动着社会的和谐稳定,影响着人民的生活水平。房地产评估业务通过对房地产价值进行公平、合理的评估,能够为不同类型的房地产业务提供专业的咨询性意见,减少房地产交易中的不平等、不和谐因素,维护房地产市场秩序,促进房地产行业的健康发展。房地产评估业务为企业、居民等不同经济主体的房地产经济活动提供保障,顺应了社会主义核心价值观在社会层面的价值目标追求,有利于促进社会公平,保障和改善民生。

在房地产评估行业产生和发展过程中,国家颁布了一系列评估准则和法律法规,如《中华人民共和国资产评估法》《房地产估价规范》《资产评估行业财政监督管理办法》等,不断完善评估行业的法治建设,强化评估的法律地位,保证评估的业务来源,维护评估的合法权益,反映了社会主义核心价值观在行业层面的具体要求。准则法规的完善能够提高评估业务的规范化程度,保证行业的公正、平等,对推动房地产评估业务的健康发展起着重要作用。

三、社会主义核心价值观与房地产评估人才培养的关系

社会主义核心价值观对房地产评估人才培养具有引领和指导作用。对房地产评估人才进行社会主义核心价值观教育,有利于完善行业的人才队伍建设,提高行业的公信力。社会主义核心价值观在个人层面的价值目标,要求房地产评估行业不断提高从业人员的业务能力。评估人员需要不断吸收学习房地产评估的基础知识和专业知识,在实际操作中提高自己的认知、理解、分析和判断能力,才能保证对房地产进行合理估价,提供合法专业的意见。

社会主义核心价值观也对房地产评估人员的思想道德素养和职业道德素质培养提出了要求和目标。首先,房地产评估人员需要具备基本的思想道德素养,热爱祖国,拥护党的基本路线,科学积极的世界观、人生观和价值观,以及良好的社会责任感和法律意识。其次,房地产评估人员需要具备一定的职业道德素质。房地产评估的作用之一是维护市场秩序。作为市场秩序维护者,房地产评估人员必须坚守公正、客观、诚信的职业态度,这是房地产评估人员价值观的根基。[1]

为了践行和培育社会主义核心价值观,建设符合社会主义核心价值观要求的高质量评估人才队伍,需要通过强化房地产评估行业的培训机制,健全内部管理,逐步构建评估人才社会主义核心价值观教育的行业环境。通过完善评估师考试制度,以及加强继续教育和行业培训,提高评估队伍的知识储备和专业技能。通过健全评估机构内部

---

[1] 熊伟. 注册资产评估师胜任能力研究[D]. 东北财经大学,2011.

的人员管理制度,建立合理的竞争、惩罚和奖励机制,形成遵纪守法、客观公正、诚实守信、谨慎从业的行业氛围,为房地产评估行业健康绿色发展提供优质的人力资源。

第二节 社会主义核心价值观体现之一——和谐

一、和谐的概念与内涵

和谐,即配合适当、和睦协调,是中华民族的千年梦想,是植根于东方文化的一种独特价值追求。早在春秋战国时期,多位圣贤就提出了对"和"的畅想。无论是孔子"和为贵""君子和而不同,小人同而不和"的主张,还是孟子对"天时不如地利,地利不如人和"的阐释,这一切都没有脱离中华"和文化";而后世的每一次革新变法,如康有为的"大同书"、梁启超的"新民学说"、孙中山的"三民主义"和"天下为公",无不体现着中华民族对社会和谐的向往与追求。[①]

实现社会和谐也是中国共产党不懈奋斗的目标。中国共产党第十六届中央委员会第四次全体会议正式提出了"构建社会主义和谐社会"的概念。[②] 中共十八大报告再次将和谐作为社会主义核心价值观在国家层面的一个重要内容,高度强调在倡导社会主义核心价值观时必须坚持以人为本,处理好个人自身的和谐,人与人之间的和谐,社会各系统与各阶层之间的和谐,个人、社会与自然之间的和谐,整个国家与外部世界的和谐。[③] 和谐是社会主义现代化国家在社会建设领域的价值诉求,也是经济社会和谐稳定、持续健康发展的重要保证。

房地产估价能够解决房地产市场失灵,将房地产市场引向理性,维护房地产市场秩序,维护房地产权利人和利害关系人的合法权益,在促进社会和谐方面发挥着独特的积极作用。

二、和谐对房地产估价行业发展的要求

(一)住宅评估回归居住本质

"住有所居"是安居乐业的起点,是维护社会和谐稳定的基石,也是实现中国特色社会主义的内在要求。改革开放以来,特别是20世纪90年代以后,我国房地产市场

[①] 孟宪生.社会主义核心价值观中"和谐"的内涵及建设[J].思想理论教育导刊,2015(7):67—70.
[②] 新华网.中国共产党第十六届中央委员会第四次全体会议公报[J].四川党的建设(农村版),2004(10):4—5.
[③] 陈涛,梁俊玲.中办印发《关于培育和践行社会主义核心价值观的意见》[J].实践(党的教育版),2014,32(2):4.

得到了快速持续的发展,大幅改善了千万家庭的住房条件,有力推动了社会经济发展。但随着时间的推移,房地产行业在高歌猛进的同时,城镇住房价格持续飙升、房地产行业金融风险剧增等问题也逐渐突显,而出现上述问题的一个重要原因是房地产市场上炒房成风。

住房既具有商品属性和经济功能,又具有民生属性和社会功能,若过度强调前者,则会扭曲住房的正常供需关系,使住房脱离最初的居住属性,沦为投资和投机的工具,进而偏离其用于解决人民居住需求和改善民生这一根本方向。在中共十九大报告中,党中央明确将"房子是用来住的,不是用来炒的"作为住房政策的指导思想[1],这反映了广大人民群众的心声,也强调了住房的根本属性。

在当前的市场经济背景下,若任由市场自主决定价格,那么具有居住和投资双重属性的商品住房难免成为投资炒作的对象。因此,对房地产市场实施一定程度的政府干预,以及引入一个公正专业的市场定价第三方显得尤为关键。房地产估价产生的原因是为房地产交易提供符合国家政策的公正价格尺度,能够测算出达到交易或预期交易双方自主、共同意愿表示的价格,即挖掘出房地产评估价格的本质。正是由于房地产估价具有上述作用,因而能够在稳定房地产交易价格方面产生独特的积极影响,进而推动房地产市场的平稳、持续、健康发展,最终实现人与市场之间的和谐。

(二)第三方评估兼顾房地产各方利益

在房地产交易市场上,买卖双方一般均是理性的经济人,如买方不肯多花一分钱购买,卖方不愿少得一分钱出售。与此同时,买卖双方具有完全不同的心态,如买方的心态是出价不能高于类似房地产的正常成交价格、预期利用该房地产所能带来的收益或者重新购建的价格;卖方的心态是要价不能低于类似房地产的正常成交价格、已投入的开发成本与期望利润之和。[2] 正是由于买卖双方存在直接的利益冲突,因此,在确定房地产的最终交易价格时,不可避免会产生价格纠纷,而房地产估价的出现,如同在买卖双方之间构建起一座桥梁。房地产估价主要借助房地产估价机构这类不依附于他人、不受他人束缚且具有专业能力的第三方中介机构。此机构通过掌握和遵循房地产价格形成和变动的客观规律,采用科学的估价方法,得到一个对买卖双方均公平合理的评估价值。因此,房地产估价能够有效解决房地产买卖双方之间的价格分歧,维护和谐的交易市场。

房地产估价减少各方纠纷的作用不仅体现在房地产交易市场上,其在司法判决以及拆迁赔偿等领域还扮演着日渐关键的润滑剂角色。在司法仲裁和司法鉴定领域,房

---

[1] 习近平.决胜全面建成小康社会 夺取新时代中国特色社会主义伟大胜利——在中国共产党第十九次全国代表大会上的报告[R/OL]. https://news.cnY.cn/native/gd/20121027_524003098.shtml.

[2] 柴强.房地产估价[M].8版.北京:首都经济贸易大学出版社,2016:257.

地产估价已不是单纯的价值估算,其能够客观公正地为当事人提供法律帮助,切实维护当事人的合法权益免受侵害,而且从专业角度为办案法官提供有力的证据支持,成为法官在调解纠纷和仲裁过程中的一项重要的手段。近年来,因城市房屋拆迁引发的行政纠纷成为社会关注的热点和行政审判的难点。拆迁双方的争议焦点往往集中在被拆迁房屋的价值补偿上,而房地产估价成为解决纠纷的关键途径。《国有土地上房屋征收与补偿条例》第十九条规定:"被征收房屋的价值应由具有相应资质的房地产价格评估机构按照房屋征收评估办法评估确定。"因此,估价机构对被拆迁房屋出具的价格评估报告成为行政决定和行政审判的关键性证据,是行政机关作出补偿决定的重要依据。

房地产估价通过解决买卖双方的价格分歧、司法仲裁的调解纠纷以及拆迁征收的补偿纠纷,为构建稳定的和谐社会创造条件,促使人与人之间的和谐最终得以实现。

(三)构建和谐的房地产估价竞争市场

2000年政府大力推进房地产估价机构与政府部门脱钩,使其改制为独立承担民事责任的自主运行企业。[①] 脱钩改制打破了政府过度干预的管理模式,有助于形成自由竞争的房地产估价市场。房地产估价机构与政府脱钩之后,其竞争意识及风险观念均得以加强,这也进一步推动了房地产估价行业的整体发展。截至2017年底,全国共有房地产估价机构5 500余家。[②] 但由于行业内存在供过于求的情况,大多数评估机构面临着较大的生存压力。在经济效益的冲击下,部分房地产估价机构为了获取更多的经济效益,采取不正常的竞争手段,例如恶意压低收费标准、向委托方支付回扣等,导致行业恶意竞争激烈。不正当的竞争在无形中影响了我国房地产估价行业的健康、有序发展,行业整体的信用声誉遭受强烈冲击,直接损害了各房地产估价机构之间的和谐关系。

在此背景下,政府部门和行业协会积极颁布各类规章制度来规范各估价机构的行为,努力为行业实现有序和谐的竞争环境创造良好条件。《中华人民共和国资产评估法》第二十条对评估机构招揽业务的手段进行了严格而具体的规定:"评估机构不得以恶性压价、支付回扣、虚假宣传,或者贬损、诋毁其他评估机构等不正当手段招揽业务。"作为房地产估价的自律管理组织,中国房地产估价师与房地产经纪人学会以及各

[①] 请参阅中华人民共和国国务院于2000年5月发布的《关于经济鉴证类社会中介机构与政府部门实行脱钩改制意见的通知》(国办发〔2000〕51号)。

[②] 王欢欢,程敏敏. 2017年中国房地产估价行业现状与2018年走势分析[R]. 中国房地产发展报告,2018:171—180.

地方房地产估价师协会也发布了各类自律公约[①][②],以抵制行业内不正当的竞争行为,并对机构及其人员招揽业务的方式进行严格的规范与监督。相信在政府和行业协会积极创造良好规范的行业大环境下,房地产估计机构会自觉规范执业并约束从业人员的职业操守,减少估价市场的不正当竞争,使得行业能够健康有序发展,实现行业内各机构之间的和谐。

三、案例分析

(一)正面案例

1. 案例介绍

某区政府于2013年成立某片区征地拆迁指挥部,在该片区范围内进行征地拆迁。2015年5—8月,该区政府多次与拆迁户罗某协商安置补偿事宜,但均未能达成协议。2015年8月3日,该区政府作出房屋拆迁补偿决定及补偿决定公告,给予罗某3 000元/平方米的补偿价格。罗某不服该补偿决定书,向法院提起行政诉讼。法院在审理调查之后发现,该区政府并未选择具有相应资质的房地产估价机构按照房屋征收评估办法对被征收房屋价值进行评估,因此,其作出的房屋征收补偿决定不具有合法性。法院按规定通知了双方当事人,以摇号抽取的方式确定某房地产估价机构为鉴定机构。房地产估价机构在对罗某被拆迁房屋的价值进行评估之后,给出了每平方米3 500元的价格。最终,法院判决撤销该区政府作出的房屋拆迁补偿决定,责令该区政府依据估价机构出具的评估报告重新作出行政行为。对此判决,双方均未提出上诉。

2. 分析

近年来,房地产估价在解决拆迁补偿纠纷问题上发挥出重要作用,其借助专业的估价技术方法,为办案法官提供有力的证据支持,已经成为法官在调解和仲裁过程中的一种重要的依据。从这一角度来看,房地产估价为构建稳定的和谐社会创造了条件。

(二)反面案例

1. 案例介绍

W市人民政府国有资产监督管理委员会(简称国资委)于2012年建立评估中介机构库,入库公司将获得承接国有资产评估业务的资格。最终,国资委通过招投标的

---

① 深圳市不动产估价行业反不正当竞争公约[J].中外房地产导报,1999(23):53.
② 厦门市房地产中介行业协会.厦门市房地产(土地)评估行业制止不正当竞争及反商业贿赂行为自律公约(2011年3月17日修订)[EB/OL].http://www.xmfzx.cn/news_view.asp?id=2929&tid=191.

方式,从市区内20多家房地产评估机构中选取了5家具备资质的机构。建库的整个过程公开、公平、公正,且符合法定程序。但W市国资委在建库之后,并未动态管理库内成员,以致在建库3年服务期内达到入库标准的甲房地产估价机构仍无法入库参与竞争。2016年,甲机构以侵犯公平竞争权为由,将W市国资委以及库内5家估价机构告上了法庭。

2. 分析

《国务院关于促进市场公平竞争维护市场正常秩序的若干意见》(国发〔2014〕20号)明确规定,政府管理部门应取消市场准入数额限制,大力引进中介机构公平参与市场竞争。W市国资委在3年内未动态管理库内成员的方式客观上剥夺了市区内包括甲在内的其他估价机构参与市场竞争的机会,也直接影响了W市房地产估价行业有序、和谐的竞争市场,严重损害了各房地产估价机构之间的和谐关系。

第三节 社会主义核心价值观体现之二——敬业

一、敬业的内涵

敬业在中华民族传统文化中具有深厚的根基和悠久的历史,孔子的"事思敬、执事敬"就表现了对敬业这一美德的重视。随着时代的发展,今人从事的行业与古人从事的行业有了很大的区别,但是,敬业所提倡的精神内涵是不变的。无论是实现全面建成小康社会和全面建设社会主义现代化国家"两个一百年"奋斗目标,还是实现中华民族伟大复兴,都需要每个人爱岗敬业、各司其职,以此贡献自己的力量。敬业要求劳动者更加自律,对于自己的工作,不仅仅满足于完成,而是要对自己提出更高的标准和要求。换句话说,不仅要将工作做完,还要将工作做好。[①]

二、敬业对房地产估价的要求

(一)估价前收集丰富的资料,进行实地考察

评估资料是房地产估价人员进行估价工作的基础,估价人员必须获得真实可靠的评估资料才能开展评估工作。每宗待估房地产都有各自独特的资料信息,比如地理位置、面积大小、新旧程度、用途等,不能不加区分一概而论。因此,敬业的房地产估价人员必须积极主动地广泛搜寻丰富的数据资料,包括查看相关证明文件、进行现场调查以及其他有效途径。

---

① 李丽丽.论社会主义核心价值观之敬业[J].中国特色社会主义研究,2015(5):78—83.

《中华人民共和国资产评估法》第二十五条规定:"评估专业人员应当根据评估业务具体情况,对评估对象进行现场调查,收集权属证明、财务会计信息和其他资料并进行核查验证、分析整理,作为评估的依据。在评定估算房地产价值之前,评估师必须进行现场勘查,了解被估资产的具体状态和实际情况。在搜集评估资料过程中,尽可能地搜集丰富详细的资料,并对评估活动中的有关文件和资料的真实性、准确性、完整性进行核查和验证。"

(二)估价时采用多种评估方法

资产评估有三种基本的评估方法,即比较法、成本法和收益法,房地产估价同样有这三种方法,同时还有假设开发法、基准地价修正法等常用方法。一般而言,每种评估方法所得到的评估结果都会有所不同。为了保证评估结果的准确性,房地产估价人员应当通过多种评估方法之间的相互验证,得出更加科学、合理、客观的评估结果。[1]

对此,《中华人民共和国资产评估法》第二十六条规定:"评估专业人员应当恰当选择评估方法,除依据评估执业准则只能选择一种评估方法的外,应当选择两种以上评估方法,经综合分析,形成评估结论,编制评估报告。评估机构应当对评估报告进行内部审核。"

在房地产评定估算环节,评估人员必须遵循《房地产估价规范》,选择科学的评估方法,按照法律规定的程序进行评估。对于可以采用多种评估方法进行评估的房地产,评估人员应主动采用多种评估方法,使最终结果更加客观合理。

(三)资产评估专业的学生应保持学习力[2]

学习力是敬业价值观对资产评估专业学生提出的更高要求。作为学生,在校学习期间应当勤学好问、融会贯通,不断提高自身的知识水平,打好扎实的知识基础。正如习近平总书记所说:"知识是每个人成才的基石,在学习阶段一定要把基石打深、打牢。"[3]只有这样,才能更好地做到知行合一,将学到的知识落实到将来的工作中,更好地完成自己的本职工作。

(四)房地产估价人员应接受继续教育

《中华人民共和国资产评估法》第十三条规定,评估专业人员应当履行"完成规定的继续教育,保持和提高专业能力"的义务。《注册房地产估价师继续教育实施办法(暂行)》第二条规定:"注册房地产估价师继续教育是注册房地产估价师持续执业的必

---

[1] 如何理解评估专业人员应当选择两种以上评估方法并经综合分析形成评估结论[J]. 中国资产评估, 2017(3):14.

[2] 颜琴. 论社会主义核心价值观的践行——以工会工作者敬业精神为视角[J]. 中国劳动关系学院学报, 2014,28(5):33—36.

[3] 习近平. 在北京大学师生座谈会上的讲话[R/OL]. www.moe.gov.cn/jyb_xwfb/moe_176/201805/t20180503_334882.html.

备条件之一。注册房地产估价师有义务接受并按要求完成继续教育,注册房地产估价师所在单位有责任督促本单位注册房地产估价师按要求接受继续教育。"

继续教育要求房地产估价师及时了解国内外评估行业的发展动态、相关理论研究与方法应用的新进展,以及与房地产估价有关的新兴业务等。参加并完成继续教育能够使房地产估价人员及时更新知识体系,提高专业胜任能力。

三、案例分析

(一)正面案例

1.案例介绍

2018年5月,××地产公司由于涉及Z市和L市两地法院经济案件而被立案调查。同年7月,Z市中级人民法院依法委托××房地产估价有限公司对××地产公司位于Z市的A商城和L市的B商城进行评估。A商城于2017年10月竣工,一共有7层楼,截至案发时一至五楼的商铺已全部出租出去并开始营业,六至七楼处于空置状态。B商城于2018年4月竣工,一共5层楼,目前完全空置。

××房地产估价有限公司在接受该订单后随即指派张某、赵某、武某三位注册房地产估价师负责该商城的评估工作。在接受任务后,三位估价师立即开展评估工作。针对两处不同地区不同状态的房地产,三位估价师进行了细致的实地查勘,包括商城的面积、装修、位置、四至、周围的商业繁华程度、周围的交通便捷度、商城内部设施及物业管理情况等。在接下来的估价过程中,估价师们严格按照规范准则要求,合理假设、全面考虑,在规定的时间内出具了估价报告,且各方都表示接受该估价结果。由于该地产公司涉及的案件案情复杂、牵涉面广,而且两处商城的评估价值对案件进展十分重要,张某、赵某、武某三位估价师尽职尽责、毫不懈怠的敬业精神为法院的工作提供了极大的帮助。

2.分析

在本案例中,张某、赵某、武某作为房地产估价人员,认真负责、兢兢业业的工作态度为房地产估价人员树立了榜样。房地产估价人员面对的是国民经济中具有重要作用的房地产,每一位房地产估价人员的工作都可能会影响到房地产市场的交易秩序和健康发展。因此,评估人员应当严格要求自己,爱岗敬业,对自己的工作负责,努力形成对行业积极的影响,避免形成不好的影响。

(二)反面案例

1.案例介绍

2013年,××土地与房地产评估咨询有限公司受罗某委托,对罗某名下位于F市S区D街13号之1—11号商铺的房地产的抵押价值进行评估,为F市国能机电实业有限公司在××银行申请两笔授信贷款办理房地产抵押贷款提供价值参考依据。××土地与房地产评估咨询有限公司承接上述业务后,指派了黄某、毛某作为该业务的估价师。2013年9—11月,黄某、毛某在对罗某上述商铺的抵押价值评估过程中,没有尽职进行实地查勘和核实产权资料,错误评估抵押物价值并出具两份内容严重失实的《房地产抵押估价评估报告》(错评抵押物评估价值为3 357万元,后经评估抵押物评估价值约700多万元),导致××银行采信了评估报告后,先后审批通过发放贷款人民币2 600万元给F市国能机电实业有限公司,扣除银承保证金600万元,实际敞口为2 000万元。F市国能机电实业有限公司、罗某在取得贷款后没有归还贷款,造成××银行的重大损失。

法院认为,黄某、毛某是具有房地产估价师资格的注册估价师,应当在全面认真仔细审查、核实相关资料的情况下作出估价并出具相应的房地产评估报告,但其二人在履职过程中,未严格按行业规范亲自到现场查勘、未认真审查资料即出具估价意见,属于严重不负责任的行为,主观上均具有过失。在本案件中,黄某、毛某身为注册房地产估价师,在履行房地产评估工作过程中严重不负责任,造成严重后果,最终判决两人犯出具证明文件重大失实罪。[①]

2.分析

黄某和毛某身为注册房地产估价师,在房地产估价过程中没有完成法律要求的现场调查这一关键环节,这不仅是对自己职业的不负责,更是对委托人和整个社会的不负责,造成了十分恶劣的影响。广大房地产估价人员一定要以此为鉴,谨记敬业这一原则,在评估过程中,严格按照评估的相关法律法规、技术规范和行规行约进行评估工作,不得随意删减评估程序,以认真负责的态度做好每一个评估环节。

第四节 社会主义核心价值观体现之三——法治

一、法治的内涵

法治作为社会主义核心价值观的构成要素之一,与其他社会主义核心价值观有所区别。首先,法治有着特殊的职能作用。法治在实践过程中有具体的司法、执法环节,相比其他社会主义核心价值观而言,其形成和运作具有强制性。法治是对平等、公正

[①] 请参阅黄慧与毛素娟、广东世纪人土地与房地产评估咨询有限公司出具证明文件重大失实罪2016刑终833二审刑事裁定书,http://wenshu.court.gov.cn/content/content? DocID=d4e5e288-de17-4420-9c2f-a72b00ecdcd2.

的具体抽象和保护,并且在价值观失位时,法治能够很好地补位。[①] 其次,法治是社会主义核心价值观践行的有力保障。法律对规范行为的标准是具有客观性的,从而可以作为工具在核心价值观的培育和践行中发挥重要作用[②],同时也为社会主义核心价值观的有序运行设立底线,促进各社会主义核心价值观践行的现实状态不断靠近理想状态[③]。

随着建设社会主义法治国家进程的不断推进,法治体系逐渐健全,法治在社会主义核心价值观中的地位将更加重要。[④] 在国家层面,法治可以对权利的任意行使进行约束;在社会层面,法治可以通过对行为的是非判断影响社会价值观念的形成;在个人层面,法治不仅规定了个人应尽的义务,同时还对个人依法享有的权利提供保障。[⑤]

二、法治对房地产估价的要求

(一)估价人员行为的合法性

目前我国房地产估价制度是依据《中华人民共和国城市房地产管理法》建立的,但是《中华人民共和国城市房地产管理法》中与房地产估价直接相关的条款不是很多,对房地产估价业务的很多具体方面没有进行明确规定。《中华人民共和国资产评估法》的出台填补了资产评估行业基本法的空白,为包括房地产估价在内的各种估价业务提供了法律基础。过去房地产估价师在开展评估业务时碰到的《中华人民共和国城市房地产管理法》未涉及的事项,现在可以遵循《中华人民共和国资产评估法》的规定处理。

2016年7月2日出台的《中华人民共和国资产评估法》是评估行业的基本法。该法第十三条规定:"评估人员应当对评估活动中使用的有关文件、证明和资料的真实性、准确性、完整性进行核查和验证。"相比起《房地产估价规范》中"对搜集的估价所需资料应进行检查"的规定,《中华人民共和国资产评估法》对评估人员的要求更加严格。同时,该法也对评估人员的权利进行了规定,如评估人员有权要求委托人提供评估相关资料和必要协助,有权拒绝委托人或其他人员的非法干预等。这些法律条款对评估人员的权利提供了保障,是对评估人员的一种保护。

另外,《中华人民共和国资产评估法》第十四条规定:"评估专业人员不得允许他人以本人名义从事业务,或者冒用他人名义从事业务,不得签署本人未承办业务的评估报告。"这表明法律禁止评估行业存在"挂靠行为"。

---

① 亓利,韩泊尧,王培洲. 培育和践行社会主义核心价值观需要法治思维[J]. 科学社会主义,2015(6):83—87.
② 刘风景. 核心价值观建设的法治之维[J]. 中国社会科学院研究生院学报,2015(04):63—69.
③ 亓利,韩泊尧,王培洲. 培育和践行社会主义核心价值观需要法治思维[J]. 科学社会主义,2015(6):83—87.
④ 刘风景. 核心价值观建设的法治之维[J]. 中国社会科学院研究生院学报,2015(4):63—69.
⑤ 陈金钊. 对法治作为社会主义核心价值观的诠释[J]. 法律科学(西北政法大学学报),2015,33(2):3—17.

(二)估价机构行为的合法性

《中华人民共和国资产评估法》对评估机构的行为进行了相关规定和约束。例如,该法第四十七条规定,评估机构"以恶性压价、支付回扣、虚假宣传,或者贬损、诋毁其他评估机构等不正当手段招揽业务的由有关评估行政管理部门予以警告,可以责令停业一个月以上六个月以下;有违法所得的,没收违法所得,并处违法所得一倍以上五倍以下罚款;情节严重的,由工商行政管理部门吊销营业执照;构成犯罪的,依法追究刑事责任"。有些省市行业协会为了落实该项规定而制定评估收费标准。例如,河南省土地估价师协会发布了实施《河南省土地评估收费意见(试行)》的通知,为河南省的土地评估收费制定了标准。评估机构应当遵守行业规定,共同维护行业秩序。

三、案例分析

(一)正面案例

1. 案例介绍[①]

2014年8月25日,F市C区人民法院依法受理黄某与林某离婚纠纷一案。在案件受理过程中,C区人民法院委托HM资产评估房地产土地估价有限责任公司(以下简称HM公司)对位于××路××号××小区4号楼1001单元的夫妻共同财产进行评估。HM公司于2015年6月12日出具第一份估价报告,评估价格为1 691 000元,后HM公司申请撤回该份估价报告,法院予以准许并另行委托XM诚信资产评估有限责任公司(以下简称XM公司)进行评估,最终作为一审判决依据的是XM公司的评估值1 879 000元。

该离婚案件经C区人民法院和F市中级人民法院审结,于2016年7月14日生效,判决结果为该房屋归黄某所有,并且黄某需支付补偿金给林某。黄某认为HM公司的评估结果与XM公司的评估结果相差188 000元,使其多支付94 000元,于是向F市中级人民法院提起上诉,要求该部分损失由HM公司承担。F市中级人民法院认为房产价格系房产市场价值的反映,不同的评估机构和人员对同一房产的估价结果存在合理范围的差异属于正常现象,不能将在不同评估活动中的估价结果上的差异认定为损失。因此,F市中级人民法院对黄某的该主张不予支持。

2. 分析

房地产估价人员按照法律规定和估价规范等进行的估价行为,得出的估价结果只是对委托人提供指定用途下的交易价值参考,与最终成交价值没有必然联系。同样,

---

① 请参阅 http://wenshu.court.gov.cn/content/content?DocID = 53b55a2e - 4fca - 47d6 - ac34 - a858009ea6ae。

不同评估机构和评估人员对同一房地产进行评估得到的评估结果之间存在合理差异也属于正常情况,委托人或者其他方不能以此为理由要求评估机构和人员对价差负责。只要房地产估价机构和人员依法从事评估活动,法律会对其合法权益给予保护。

(二)反面案例

1. 案例介绍①

2018年3月1日,H省Q县人民检察院向H省Q县人民法院提起公诉,指控被告人王某犯伪造公司印章罪。2018年5月24日,Q县人民法院公开审理了本案。经Q县人民法院审理查明,2016年8月20日,王某与××房地产估价有限公司(以下简称××公司)签订协议,约定除去工程师费用和税费后双方平分利润。但是实际上该份协议并没有被履行,王某只是每年给××公司5万元的挂靠费用,就开始在Q县承揽二手商品房评估业务。2016年10月,王某在网上购买了伪造的××公司公章和公司法人魏某某以及注册房地产估价师王某某、邱某某的名章。王某在没有评估资质的情况下,利用私刻的公章和名章,非法出具房地产估价报告,谋取非法利润。

Q县人民法院认为,被告人王某的行为严重扰乱社会秩序,构成伪造公司印章罪,鉴于被告人王某自愿认罪但有犯罪前科,综合考虑后决定对被告人从重处罚,判处有期徒刑两年,缓刑三年。

2. 分析

本案中王某向××公司支付挂靠费用后承揽评估业务属于非法行为,挂靠不代表有评估资质,在不具有评估资质的情况下,出具的房地产估价报告不具有法律效力。另外,王某私刻评估机构公章和注册房地产估价师名章也属违法行为,理应受到法律制裁。在实际工作过程中,房地产估价人员应该严格按照法律法规、技术规范和行规行约进行评估,确保评估行为的合法性。

第五节　社会主义核心价值观体现之四——公正

一、公正的内涵

公正,即公平、正义。无论是实现共同富裕这一社会主义发展的最终目标,还是实现人的自由而全面发展,公正都是其基本条件。首先,公正能实现社会公正有序的发展,从而使得每个个体都有自由全面发展的可能性;其次,公正能激发并维持个体发展

---

① 请参阅 http://wenshu.court.gov.cn/content/content? DocID = dda1f0f9 - 76f7 - 44b5 - bc09 - a95e0092ca65。

的积极性,提供一个更加利于发展的环境。[①] 就社会主义经济体制而言,公正可以对人们商品交易中的行为进行规范,使市场上各参与主体公平交易、公平竞争,更加有助于社会主义经济体系的健康发展。[②]

二、公正对房地产估价的要求

对于房地产估价行业而言,做到评估的公正尤其重要。不公正的评估过程会得出不公允的评估结果,影响人们正确地认识房地产的客观价值,从而可能导致房地产资源的不合理配置,甚至造成浪费。除此之外,一次不公正的评估活动如果没有被及时发现并处理,可能会被后来的评估专业人员选择作为参照案例,进而影响到更多其他的评估结果的公正性。因此,房地产市场的健康运行与发展必须保证评估行为的公正。

《中华人民共和国资产评估法》第四条规定:"评估机构及其评估专业人员开展业务应当遵守法律、行政法规和评估准则,遵循独立、客观、公正的原则。"第十三条规定,评估专业人员"与委托人或者其他相关当事人及评估对象有利害关系的,应当回避"。如此规定都是为了使得评估专业人员在评估过程中避免受到其他利益相关方的干扰,秉持独立、客观、公正的原则,实事求是地进行评定估算,从而得到客观、公允的评估结果。

评估专业人员在对房地产价值进行评估时不仅要做到自身评估程序的公正,同时对于委托方或者被估对象管理层提供的资料还应保持公正的态度。委托方或被估对象管理层可能无意造成信息错误,可能故意虚报瞒报评估所需信息。评估专业人员在发现这些资料存在错误或异常点时应该主动调查,积极求证,不能对于已经发现或本应发现的问题视而不见,更加不能包庇委托方或被估对象管理层。

三、案例分析

(一)正面案例

1.案例介绍

许某于2015年6月将自己位于S省×市××区××路××号××小区407单元的房屋作为抵押向银行贷款500万元,期限为3年。2018年6月,贷款到期,许某无力偿还该笔贷款,银行将许某告上法庭。××区人民法院经审理调查后决定拍卖该套房屋,拍卖所得用于补偿银行的放贷损失。为了确定拍卖的保留价格,法院依法委托

---

① 段妍.社会主义核心价值观中"公正"真谛及其实现路径[J].思想理论教育导刊,2016(4):83—87.
② 陈延斌.公正观:社会主义核心价值观体系建设的着力点[J].马克思主义与现实,2013(3):186—191.

××房地产估价有限公司对该套房屋进行估价。××房地产估价有限公司接受该笔业务后指派陈某和董某两位注册房地产估价师开展估价工作。

2018年9月,许某为了让自己的房子流拍而找到陈某,表示希望陈某能够提高评估价格并承诺另给陈某5万元的"好处费",陈某当即拒绝了许某的要求。许某被拒后恼羞成怒,找来李某甲和李某乙在许某下班的路上拦截陈某并对其进行威胁。陈某随后报警,警方逮捕了李某甲和李某乙。2018年10月,陈某和董某在规定期限内出具了估价报告,并被××区人民法院作为定案依据。宣判后,许某认为陈某和董某严重低估了房屋价值,不服一审结果,提起上诉,要求××房地产估价有限公司和陈某、董某赔偿180万元损失。×市中级人民法院受理后认为没有证据表明评估程序存在不当或机构人员不具备相应资质,最终驳回上诉,维持原判。

2. 分析

在本案中,陈某始终恪守公正、直道而行,不管是面对金钱的诱惑还是武力的威胁,都选择秉持心中的公平和正义。每一位估价人员都应该在心中树立公正这一信仰,因为公正是作为一名估价人员对估价工作最好的热爱和尊重。

(二)反面案例

1. 案例介绍[①]

2018年11月2日,广西柳州市中级人民法院公开宣判了号称史上最大骗贷案的广西中美天元集团420亿元银行骗贷案。经柳州市中级人民法院查明,2010年12月至2014年8月,被告人吴某甲(被告单位广西中美天元实际控制人)、朱某、杨某等五人通过中美天元集团操控多家公司和他人以银行承兑汇票、信托贷款等方式向相关银行申请贷款、票据承兑、金融票证。在被告人吴某甲、吴某乙等人的授意下,包括评估人员黄某、陈某在内的相关人员分工负责,在申请贷款过程中伪造相关公司财务会计报表、审计报告、完税凭证、购销合同、土地权属证书、土地评估报告、土地他项权利证明书等,向银行申请贷款、票据承兑、金融票证,共取得393笔420亿余元。

被告人示意评估人员陈某高估抵押地块价值并承诺给予一定的好处,于是涉案评估人员在没有到现场实地勘察的情况下仅凭几张照片就得出虚高的评估结论,甚至帮助被告人伪造评估资料,最终出具了不符合法律规范的评估报告。

2014年9月24日,陈某和黄某因涉嫌帮助高估抵押物价值,被检察机关以涉嫌骗取贷款罪批准逮捕。柳州中级人民法院审理后认为被告人陈某、黄某作为评估公司的人员,明知被告单位骗取银行贷款、票据承兑、金融票证仍然提供帮助,是共犯中的

[①] 中美天元420亿骗贷案判了,涉案评估人员获刑![EB/OL].[2018-11-12]. http://www.sohu.com/a/274736412_99913655.

从犯,在一审判决中与其他数名从犯一起被判处1.5~8年不等有期徒刑。

2. 分析

在本案中,房地产估价人员黄某、陈某为了获取非法利润,无视评估资料的真假,违背公正性原则故意提高待估房地产的评估价格,最终获罪而被逮捕判刑。房地产估价人员应当引以为戒,在工作过程中时刻秉持公正性原则,不被金钱收买,不被他人利用,坚守内心的公正。

第六节 社会主义核心价值观体现之五——诚信

一、诚信的概念与内涵

诚信,即诚实守信。"诚"意味着不歪曲主观现状和客观事实,传达事物真实的讯息。"信"是指要对自己所作出的承诺负责,言而有信,诺而有行。诚信是中华民族的传统美德,也是市场经济契约精神的基本要求。市场经济的商品交换通过契约形式使人与人之间彼此独立又相互依赖。为防范机会主义对经济的有序运行造成损害,必须通过诚信这一道德准则来使各行各业正常运转免于混乱。

二、诚信对房地产估价的要求

(一)评估专业人员应履行诚信义务

房地产评估行业的每一位从业人员都要对自己严格要求,在每项业务中时刻遵守诚信的道德准绳。《中华人民共和国资产评估法》第十三条规定,评估专业人员应当履行下列义务:诚实守信,依法独立、客观、公正从事业务;对评估活动中知悉的国家秘密、商业秘密和个人隐私予以保密。该法第十四条进一步规定,评估专业人员不得有下列行为:采用欺骗、利诱、胁迫,或者贬损、诋毁其他评估专业人员等不正当手段招揽业务;允许他人以本人名义从事业务,或者冒用他人名义从事业务;签署本人未承办业务的评估报告;签署虚假评估报告或者有重大遗漏的评估报告等。在房地产评估业务中,从业人员坚守诚实守信的行为准则,既是对个人职业道德素养的基本要求,也是促进房地产评估行业健康发展的重要保证。

随着评估行业发展,评估从业人员之间的竞争越发激烈,评估人员通过欺骗、隐瞒重要信息等方式招揽客户,或者为了自身利益而满足客户不正当要求的失信行为时有发生。为避免这些损害行业诚信的行为,评估师应恪守评估准则的要求,诚实正直,通过提高自身业务水平来提高客户的信赖,不以个人的名义独自承揽评估业务,不得允许其他机构和个人借用自己的名义代为进行相关评估工作,评估人员应当对自己的职业行为负责。

(二)评估机构应独立、客观、公正开展业务

《中华人民共和国资产评估法》第十七条规定:"评估机构应当依法独立、客观、公正开展业务,建立健全质量控制制度,保证评估报告的客观、真实、合理;应当依法接受监督检查,如实提供评估档案以及相关情况。"评估机构应该严格遵守实事求是的诚信准则,在客观事实的基础上依次推进评估业务的开展,保证评估报告的真实性和合理性。出具报告时应保证内容齐全、实事求是、用词准确,对评估过程中的特殊事项应予以充分披露,保证评估报告与底稿的一致性。在接受监督检查时,应提供真实信息,不得有遗漏、隐瞒等行为。

《中华人民共和国资产评估法》第十九条规定:"委托人要求出具虚假评估报告或者有其他非法干预评估结果情形的,评估机构有权解除合同。"评估机构受理评估业务时,应全面了解评估目的,注意委托方评估动机的合法性,拒绝客户提出的刻意高估、低估等违反评估方法和准则的不当要求,保持客观公立的立场,保证评估机构和评估结果的公信力。

(三)评估程序应规范符合要求

《中华人民共和国资产评估法》第二十二条至三十二条对房地产评估程序进行了明确的规范。房地产评估机构和评估从业人员应当严格按照房地产评估程序进行评估,规范执业行为,提高诚信水平,为最终评估结果的有效性和公信力提供保障。遵守诚信原则,正确履行评估程序,不仅能够保证客户的利益,还能在发生冲突和纠纷时为评估机构和评估人员的合法权益提供保障。

(四)加强房地产评价诚信道德建设

为进一步提高房地产评估行业的公信力,应该从各个层次加强诚信道德建设。大力加强对房地产评估从业人员职业道德和专业能力的继续教育,提高诚信观念和道德素养。提高行业的诚信制度建设,强化行业自律监管体系和对评估机构的外界监管体系[1],建立失信的惩罚机制。减少守信成本,增大失信损失,改善评估职业环境[2],引导房地产评估的自发诚信行为。通过采取各种措施来营造行业的诚信氛围,发展行业诚信文化,促进房地产评估行业建设与社会和谐发展并轨前进。

---

[1] 注册会计师、注册资产评估师行业诚信建设纲要[J].中国注册会计师,2003(1):5—6.
[2] 陆树程,张鹏远.论培育和践行诚信价值观的动力机制[J].苏州大学学报(哲学社会科学版),2017,38(4):48—54.

三、案例分析

（一）正面案例

1. 案例介绍

2015年1月，J公司受托对C市某市场7万平方米的部分房产进行抵押评估。该部分房屋包含数个楼层和附楼，按当时的市场价格出售为5亿元左右。然而在J公司进行搜集资料、实际勘察时发现，该部分房屋的二层和三层及附楼部分已经分别转让了5年或6年不等的经营权。因此，J公司在进行评估时，扣除了这部分经营权的价格，最终得出了33 800余万元的房产抵押价格。但委托方认为这个估价结果与他们5亿元左右的期望值相去甚远，坚持要求J公司作出该部分房产5亿元的评估结论，并出具评估报告。面对他们的要求，J公司坚持原则，反复耐心地进行了解释，婉拒了其适当上浮估价结果的要求。但该委托方仍不接受，并称当地某评估机构可以作出这样的估价，如不满足要求他们就另请评估公司。后经多次协调，该客户仍坚持原要求。根据谨慎性原则和公司诚信，J公司最终婉拒了该项目。

2. 分析

房地产评估机构在进行评估时，应根据评估对象的客观情况，选择合适的评估方法并进行计算，不得受外界的干扰随意改变评估方法和结果，对待评估资料应秉持公正客观的标准进行筛选修正，不得刻意高估或者低估。《中华人民共和国资产评估法》第十九条规定，委托人要求出具虚假评估报告或者有其他非法干预评估结果情形的，评估机构有权解除合同。是否敢于拒绝大客户的不合理要求，是衡量评估机构诚信度的重要标尺。[1] 在本案中，J公司面对委托方的不合理要求并没有改变评估方法，并对评估原则进行反复解释。在委托方仍是固执己见时，J公司选择拒绝该项目。J公司在面对大客户的不合理要求时没有妥协退让，守住了诚信的价值底线。

（二）反面案例

1. 案例介绍

G房地产估价有限公司（以下简称G公司）成立于2007年1月11日，主要经营范围为房地产估价、咨询服务等。2015年，美资Y企业委托G公司为其购买的S楼盘2号楼5101室的房屋进行估价。此房为复式高档房，面积938.34平方米，Y企业买入价为2 400万元，即便按年末房价涨到高点每平方米4万元估算，其真实交易额也不超过4 000万元。Y公司为了用房子抵押取得银行贷款，给G公司暗中输送利益，G

---

[1] 诚信为本 打造品牌——成都精至诚房地产评估有限责任公司经营管理之道[J]. 中国房地产估价师 2003(2):1.

公司最终给这套房产的估值高达1亿元。G公司估计该套房源价值1亿元的理由是周边另一楼盘T开盘售价达到11万元/平方米,而S楼盘这套51层的房屋面积达到900多平方米,房型之大,景观之独特,在该地区也属相对稀有。估价师以此为由,根据T楼盘的售价,将这套2号楼5101室的房源估价为10万元/平方米。按七成贷款计算,仅这一套房,Y企业就可从银行获得7 000万元,除去真实房款,其从银行套现4 600万元。但直到G公司制作咨询报告的当年,T楼盘连一套房子都没有售出。以一个没有成交的楼盘做参照物,显然是违反估价规则的。即使T楼盘的房屋当时就有成交,也只能作为个案,并不能反映S楼盘所在地区的房价。最终这起违规估价事件作为全国房地产交易秩序专项整治工作典型案例之一被建设部公开通报。

2. 分析

《中华人民共和国资产评估法》第二十条规定,评估机构不得利用开展业务之便,谋取不正当利益,出具虚假评估报告或者有重大遗漏的评估报告。评估机构和评估人员不得出具含有虚假、不实的误导性结论。在本案例中,G公司收取Y公司输送的利益,没有依据评估规则选取合适的房屋参照物,刻意提高了该房屋的评估价格,最终提供虚假评估并出具不合理的评估报告,通过执业便利为Y公司谋取不正当利益。评估机构和评估人员应当拒绝外界利益诱惑,遵守诚信的社会主义核心价值观,保持客观、公正、中立的评估立场。显然,G公司的做法违反了《中华人民共和国资产评估法》中的相关规定,也违反了诚信的执业道德准则。

第七节 社会主义核心价值观体现之六——平等

一、平等的概念与内涵

平等,是指人们在经济、政治、文化等方面享有同等的权利,包括权利平等、机会平等以及结果平等。平等是人类社会的终极理想状态。无论是我国古代贤人"不患寡而患不均""等贵贱、均贫富"的倡导,还是《世界人权宣言》中"人人生而自由,在尊严和权利上一律平等"的思想,都充分体现了古今中外各个个体、各个社会对于平等的认识与追求。

平等,也是社会主义制度的重要准则。中共十八大报告将平等作为"积极培育和践行社会主义核心价值观"的重要内容,倡导通过平等的社会机制和价值引导,既保障公民个人享有平等的权利,也保证每个人基于社会贡献所得到的权利、利益和尊重。

房地产估价领域也处处体现着平等的理念。例如,估价的前提假设之一为估价对象在价值时点的房地产市场是公开、平等、自愿的交易市场。《中华人民共和国资产评估法》第三十五条规定:"评估机构、评估专业人员加入有关评估行业协会,平等享有章程规定的权利,平等履行章程规定的义务。"此外,平等还体现在房地产估价过程当中,估价机构应平等对待不同的估价当事人、估价目的以及估价对象。

二、平等对待房地产估价的要求

(一)平等对待不同的估价当事人

首先,估价机构在执行业务程序时,应坚持自身与委托人地位的平等性,不可因为委托人负责支付估价服务费用而主动迎合委托人的意愿,对房地产价值作出片面或者虚假的结论。《中华人民共和国资产评估法》第十九条规定:"委托人要求出具虚假评估报告或者有其他非法干预评估结果情形的,评估机构有权解除合同。"其次,估价机构还应当平等对待各估价当事人,正确处理当事人之间的关系,不可因为估价当事人的性质差异、地位差异、贫富差异而动摇评估策略,进而损害其他当事人的合法权益。在评估过程中,估价师应先"换位思考",即假定自己分别为不同当事人时,评估价值的高低会对自己有何影响,再以专家的身份反复、精细地权衡,最终确定一个对各当事人而言均平等合理的评估价值。

(二)平等对待不同的估价目的

在《房地产估价规范》第五章中,按照房地产估价的不同需要,估价目的划分为房地产抵押、税收、征收征用、拍卖变卖、分割合并、损害赔偿、保险、转让、租赁、纠纷、投资基金物业、为财务报告服务、建设用地使用权出让、企业各种经济活动、其他估价目的共十五类。《中华人民共和国资产评估法》第三条规定:"自然人、法人或者其他组织需要确定评估对象价值的,可以自愿委托评估机构评估;涉及国有资产或者公共利益等事项,法律、行政法规规定需要评估的,应依法委托评估机构评估。"因此,估价目的还可以划分为必须评估的法定估价目的以及自愿评估的非法定估价目的。

在面对不同估价目的的业务时,估价机构应当一视同仁、平等对待。在受理委托人自愿选择评估的非法定业务时,估价机构不可因其违法成本、不良影响相比法定业务而言较低,就有意无意地避开或遗漏某些必要评估程序,以及忽略或放弃某些关键的评估依据,选择"走过场"而忽视了评估质量。差异对待不同估价目的的业务,不但违反了房地产估价的职业道德,而且不利于房地产估价行业良好信誉的建立以及持续性的发展。

(三)平等对待同一区位的不同评估对象

不可移动性是房地产最重要的特征,也是房地产不同于其他资产、商品的主要之处。不可移动的特性决定了房地产只能在其特定的周边环境中使用,其使用功能只能借助于周边环境发挥作用,其使用价值的高低在很大程度上也取决于周边环境的优劣,同一区位内的房地产往往在经济价值方面存在可比性。因此,在房地产估价过程中,区位是估价机构在确定房地产价值中的主要因素之一。《房地产估价规范》第四章规定,估价师在运用比较法时首先需要选取房地产市场上可比的交易实例,而这一步骤中的实例往往是在同一区位的交易市场上选取的。由此可见,比较法的使用体现了房地产估价平等对待同一评估区位的不同评估对象。

三、案例分析

(一)正面案例

1. 案例介绍

银行在审核购房贷款时,为控制自身贷款风险,往往将房产评估作为贷款的前置条件,要求估价机构对购房者抵押的房屋价值进行评估,因此,购房者需额外缴纳一笔评估费用。但据市场上多数购房者反映,所谓评估,大多是花钱买报告的"走过场"。购房者在交完费用之后,既见不到估价人员,也看不到评估报告。在市场乱象丛生的环境下,甲房地产估价机构依旧坚守职业道德,严格遵守《中华人民共和国资产评估法》以及《房地产估价规范》,要求机构内所有房地产估价师必须亲自到达估价对象现场,实地查勘估价对象状况,完整实施必要的估价程度,还要求进行实地拍摄取证。

2. 分析

《中华人民共和国资产评估法》第二十五条规定,评估专业人员应当根据评估业务具体情况,对评估对象进行现场调查,收集权属证明、财务会计信息和其他资料并进行核查验证、分析整理,作为评估的依据。甲房地产估价机构遵守有关规定,未选择"走过场式"的评估方式,从而保证了评估的质量,其行为值得肯定,但这类正常行为不应该成为一种"鲜见"。估价机构对待任何估价目的的业务均应当平等,不可因该业务的报酬费用高低或者违法成本较小而选择区别对待,避开或遗漏必要的评估程序。

(二)反面案例

1. 案例介绍

N市政府需要对市区内某一老旧小区进行拆迁改造,因而将拆迁评估业务委托给甲房地产估价机构。甲机构在受理该评估业务时了解到以下内容:一方面,N市政府出于城市建设开发成本的考虑,要求甲机构能够控制评估价格(即压低价格);另一方面,负责此拆迁项目的政府工作人员A某为该老旧小区的拆迁户,A某出于个人利益的考虑,希望甲机构能够给予其一定的价格照顾(即调高价格)。甲机构为了维护与政府部门的良好合作关系,在认真考虑了上述诉求之后,最终给出了被征收房屋普遍低于类似房地产平均价值的估价,但给予A某的住房略高于均价的估价。

2.分析

在此案例当中,甲机构出具的估价结果存在不当之处。首先,甲机构未平等对待不同的估价当事人,其为了维护与政府的合作关系,出具的被征收房屋的评估价值低于房屋征收决定公告之日被征收房屋类似房地产的市场价格,损害了拆迁户的合理权益;其次,甲机构未平等对待同一区位中的不同评估对象,在同一老旧小区、被征收房屋条件接近的情况下,应当一视同仁,不可给予A某房屋较高的估价。

本章小结

随着房地产行业的快速发展,房地产评估行业在市场经济中的作用越发突出。就国家层面而言,房地产评估业务的不断发展和完善,对实现符合社会主义核心价值观的经济价值目标、促进市场经济的快速发展,具有重要意义。

为了践行和培育社会主义核心价值观,建设高质量评估人才队伍,我们必须接受并执行社会主义核心价值观对房地产行业和评估人员提出的更高要求:"和谐"要求房地产估价行业促使住宅回归居住本性,评估过程中兼顾房地产各方利益,构建和谐的房地产估价竞争市场;"敬业"要求评估人员估价前收集丰富可靠的资料,评价时采用多种评估方法,保持学习力,在参加工作后接受继续教育;"法治"要求房地产估价人员行为合法,估价机构行为合法;"公正"要求房地产估价人员在对房地产价值进行评估时不仅要做到自身评估程序的公正,同时还要对委托方或被估对象管理层提供的资料保持公正态度;"诚信"要求每一位房地产评估行业的从业人员时刻遵守诚信的道德准绳,对于评估行业则应加强诚信道德建设;"平等"要求房地产估价人员平等对待不同的估价当事人,平等对待不同的估价目的,平等对待同一区位的不同评估对象。

社会主义核心价值观对房地产评估人才培养具有引领和指导作用。对房地产评估人才进行社会主义核心价值观教育,有利于完善行业的人才队伍建设,提高行业的公信力,为房地产评估行业健康绿色发展提供优质的人力资源。

习题

一、名词解释

1. 社会主义核心价值
2. 和谐
3. 敬业
4. 法治
5. 公正
6. 诚信
7. 平等

二、单项选择

1. "对房地产估价人员来说,不仅要将评估工作做完,还要将其做好。"这句话体现了(　　)的社会主义核心价值观。
   A. 和谐　　　　　B. 敬业　　　　　C. 法治　　　　　D. 公正

2. (　　)是其他社会主义核心价值观践行的有力保障。
   A. 公正　　　　　B. 和谐　　　　　C. 敬业　　　　　D. 法治

3. 评估专业人员在发现委托方或者被估对象管理层提供的资料存在错误或异常点时,应该主动调查,积极求证,不能对已经发现或本应发现的问题视而不见,更加不能包庇委托方或被估对象管理层。这体现了社会主义核心价值观中的(　　)。
   A. 公正　　　　　B. 平等　　　　　C. 敬业　　　　　D. 法治

4. 房住不炒,住宅评估回归居住本性,体现了社会主义核心价值观中的(　　)。
   A. 公正　　　　　B. 和谐　　　　　C. 平等　　　　　D. 诚信

三、多项选择

1. 估价时采用多种评估方法这一做法与(　　)的社会主义核心价值观相契合。
   A. 和谐　　　　　B. 敬业　　　　　C. 法治　　　　　D. 诚信
   E. 平等

2. 为了使得评估专业人员在评估过程中避免受到其他利益相关方的干扰,公正地进行评估,当委托人是估价人员的(　　)时,估价人员应当回避。
   A. 亲属　　　　　B. 领导　　　　　C. 朋友　　　　　D. 同事
   E. 情侣

3. 在房地产估价中,平等体现在(　　)等几个方面。
   A. 平等对待不同的估价当事人　　　　B. 平等对待不同的估价目的
   C. 平等对待同一区位的不同评估对象　　D. 平等对待不同的评估机构

4. 在房地产估价中,诚信体现在(　　)等几个方面。
   A. 评估专业人员应履行诚信义务　　　　B. 评估机构应独立、客观、公正开展业务
   C. 评估程序应规范符合要求　　　　　　D. 加强房地产评价诚信道德建设

四、简答题

1. 请说明如何在评估工作中体现敬业这一社会主义核心价值观。
2. 试述法治对房地产估价人员提出了哪些要求。
3. 请简述房地产估价师的敬业要求。
4. 在房地产估价业务中,和谐体现在哪些方面?

五、论述题

1. 试述在评估工作中保证公正的原因。
2. 试述社会主义核心价值观与房地产评估行业发展的关系。

课堂自测题	拓展资料
QR	QR
阅读书目	
QR	